의암 손병희와 3·1운동

의암 손병희와 3·1운동
: 통섭의 철학과 운동

오문환 정혜정 김용휘 고건호 홍경실 김정인
윤석산 이동초 김용직 고정휴 성주현 장석흥

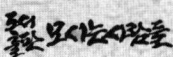

머리말

의암 손병희와 3·1운동: 통섭의 철학과 운동

오 문 환

의암 손병희는 천도교의 지도자였을 뿐만 아니라 3·1독립운동의 지도자이기도 했다. 의암은 1904년부터 민회를 중심으로 전개한 갑진개혁운동을 통하여 자주적으로 사회적 근대성을 수립하고자 하였으며, 1905년에는 동학에 서구 근대적 종교성을 통섭하여 천도교로 개명하면서 근대적 제도종교로 정립하고자 하였다. 1912년에 「무체법경」 등을 포함한 주요 저서를 통하여 유교와 불교에서 일반화된 성심性心 개념으로 종교철학을 체계화하였다. 이를 기반으로 하여 1919년에는 민족 해방을 위하여 개신교 및 불교와 연대하여 3·1독립운동을 주도하여 민족 통합의 민주공화국을 건설하고자 하였다.

이 책은 이와 같은 의암 손병희의 철학과 실천운동을 '통섭' 개념으로 접근하고자 하였다. 동학을 천도교로 이름을 바꾼 데서 서구의 근대적 종교제도를 '통섭'하고 있음을 볼 수 있으며, 갑진개혁운동에서는 사회적 차원에서의 근대성의 '통섭'을 볼 수 있을 것이다. 1912년경에 발표되는 주요 저서들에서는 '성심性心' 개념을 통하여 유불

선이라고 하는 동양 전통 종교철학이 '통섭'되고 있음을 볼 수 있다. 1919년의 3·1운동에서는 기독교 및 불교와의 '통섭'을 볼 수 있을 뿐만 아니라 서구의 근대적 사조를 민족주의와 '통섭'하여 민족 보전과 세계평화로 나아가려는 정신을 볼 수 있다. 이러한 이유로 이 책은 '통섭'의 개념으로 의암 손병희를 재조명하고자 한다. 전방위적 '통섭'이 가능하기 위해서는 새로운 바탕에서 모든 것들을 받아들여 새롭게 창조할 수 있는 '무극대도' 또는 '무체법'이 깔려 있음도 기억해야 할 것이다.

이 책은 총 4부로 구성되었다.

제1부는 의암의 종교철학에서 중심적 위상을 점하고 있는 성심性心 개념을 종교철학적으로 분석하는 글 2편을 실었고, 의암이 어떻게 동학을 근대적 종교성을 정립해 나가는지의 과정을 종교학과 철학의 시각에서 접근한 2편의 논문을 실었다. 따라서 제1부에서는 의암이 천도교를 통하여 전통적 성심으로 전통 종교철학을 통섭하고, 천도교의 개명을 통하여 근대적 종교성을 통섭하고자 하였음을 잘 볼 수 있을 것으로 기대한다.

제2부는 한국 사회를 어떻게 근대화시킬 것인가의 문제를 갑진개혁운동을 통하여 분석하는 연구들이다. 갑진개혁운동은 이른바 '흑의단발黑衣斷髮'이나 '민회民會'라는 개념에서 볼 수 있듯이 아래로부터의 사회·정치적 차원에서의 근대성을 구현하는 문제를 제기하고 있다. 3편의 논문을 통하여 이러한 개혁운동을 주로 서구와 일본의 영향이 크지 아니면 조선왕조의 전면적 개혁운동을 펼친 동학의 연

장선상에서 볼 것인지의 쟁점적 주장을 볼 수 있을 것이다.

제3부는 3·1독립운동의 역사적 전개와 사회 운동적 성격 임시정부의 수립, 민주공화국으로의 이행 등을 다룬 논문 4편으로 이루어졌다. 3·1독립운동을 통하여 전 종교인의 연대를 통한 전 민족적 통합과 함께 나아가 동양평화의 길까지 선도하는 정신으로 대의를 펼치면서 전개한 3·1독립운동 과정을 생생히 돌아볼 수 있으며, 새로운 사회운동으로서의 성격과 함께 왕정에서 민주공화국으로 이행해 나가는 과정과 그 정치철학을 볼 수 있다. 의암의 교정일치敎政一致의 원형을 볼 수 있을 것이다.

제4부는 의암 사후 1920년대 이후에 복잡다단하게 펼쳐지는 좌우 대립, 민족 자주와 현실적 근대화의 대립, 교단 내의 계파 갈등 등을 포함하여 한국 사회의 갈등과 맞물리는 천도교의 갈등을 볼 수 있을 것이다. 통섭의 약화와 대립의 심화는 천도교 내에서만 진행된 것이 아니라 한국 사회도 같은 길을 가게 된다. 이 갈등·대립의 현장에서 통합의 길을 걷는 천도교를 3편의 논문이 분석적으로 잘 드러내주고 있다. 이 시기는 오늘을 사는 천도교인뿐만 아니라 한국인에게 큰 교훈을 주는 시기이기도 하다. 분열과 대립은 결국 한반도의 분단을 초래하고 자주적 근대성의 쇠락을 보여준다.

의암 손병희는 동학이 서구 근대성을 만나서면서 독자적인 길을 열어 나가는 격동의 시기에 중요한 역할을 했던 인물이다. 동학혁명 9월 봉기의 통령으로 일본군과의 전쟁을 이끌었으며, 갑진개혁운동을 통하여 이용구의 일진회와 갈등하면서 민회 건립과 일련의 사회

개혁운동을 이끌었으며, 3·1독립운동으로 전 민족적 단합을 통한 민족 해방과 동아시아 평화를 선도하였다. 이와 같은 역사적·정치적 사업은 후천 오만년 개벽 문명이라고 하는 보다 근본적인 종교적인 안목과 비전에 기초하고 있다.

  이 책에서는 종교와 정치가 통섭되고, 민족과 세계평화가 통섭되고, 영성과 천지만물이 상호 통섭되고 있음을 볼 수 있을 것이다. 그렇지만 이 책은 의암 손병희의 통섭적 철학과 운동에 대한 본격적 연구라기보다는 기초적인 연구라 할 수 있다. 앞으로 보다 심층적이고 폭넓은 연구가 진행되기를 바란다.

  이 책의 기획에서부터 논문 투고까지 흔쾌한 도움을 주신 필진 선생님들께 깊은 감사의 말씀을 드린다. 또한 어려운 가운데서도 출판을 맡아 주신 〈모시는사람들〉 대표님께도 감사드린다.

2008년 1월

오문환

의암 손병희와 3·1운동: 통섭의 철학과 운동

차 례

5 | 머리말 / 오문환

제1부 통섭의 종교 철학: 전통과 근대의 통섭

17 | 의암 손병희의 성심관:

『무체법경』을 중심으로 / 오문환

 1. 「무체법경」의 구조 / 17
 2. 성심 분별 / 19
 3. 성품 공부: 견성 / 26
 4. 마음공부: 각심 / 32
 5. 성심불이: 진심불염 / 43
 6. 하나로 돌아감 / 47

51 | 의암 손병희의 심성론과 한울 이해:

불교적 심성론을 중심으로 / 정혜정

 1. 머리말 / 51

2. 의암의 성심신삼단의 심성론 / 53

3. 본래아로서 삼성과 삼심: 주재성과 전일성 / 73

4. 본래적 자아의 실현과 성심신의 수행 / 78

5. 맺는 말 / 82

85 | 한말 동학의 천도교 개편과
       인내천 교리화의 성격 / 김용휘

1. 종교의 사회적 역할과 방법 / 85

2. 천도교 개편에 따른 교리의 변화 / 87

3. 천도교 개편과 인내천 교리화의 한계 / 106

4. 동학 초기의 시천주 체험에 바탕한 실천 / 115

119 | 천도교 개신기 '종교'로서의 자기 인식 / 고건호

1. 동학의 천도교 개신 / 119

2. 1900년대 초 계몽 언론의 종교관 / 122

3. 천도교의 '종교'로서의 자기 인식 / 136

4. 맺는 말 / 149

제2부 갑진개화운동: 사회적 근대성의 통섭

155 | 천도교 정신사의 맥락에서 본 갑진개혁운동 / 윤석산

1. 연구의 과제와 접근 방법 / 155

2. 수운의 동학 창도와 근본 정신 / 158

3. 해월에서의 후천개벽운동의 전개 / 162

4. 의암에서의 문명개화의 사상과 갑진개혁운동 / 171

5. 다시개벽의 정신과 갑진개혁운동 / 177

179 | 갑진개화운동의 근대 통섭주의 철학 / 홍경실

1. 동학의 적자 천도교 / 179

2. 인내천사상의 계보학적 이해 / 182

3. 갑진개화운동과 남겨진 과제 / 200

205 | 갑진개화운동의 정치사적 의미 / 김정인

1. 갑진개화운동의 정치사적 의미 / 205

2. 동학·천도교의 정치 동향 / 206

3. 동학·천도교의 정치 개혁 노선 / 214

4. 천도교 정치운동의 좌절 / 228

제3부 3·1독립운동: 정치적 근대성의 통섭

231 | 사회운동으로 본 3·1운동 / 김용직

1. 서론 / 231

2. 운동 집단의 형성 과정 / 234

3. 시간성: 정치적 기회의 확장 / 244

4. 직접 집합 행동: 시위의 파도 / 247
5. 민중 동원의 유형 / 267
6. 결론 / 275

277 | 3·1운동과 천도교단의 임시정부 수립 구상 / 고정휴

1. 독립선언과 정부 수립 문제 / 277
2. 천도교단과 3·1운동 / 281
3. 대통령제 임시정부 조직안 / 289
4. 조선민국임시정부의 선포 / 305
5. 정부 조직안의 특징과 의의 / 320

323 | 3·1운동 시기 일제 언론의 한국 통치에 관한 논조 / 이동초

1. 문제제기 / 323
2. 3·1운동기 일제 신문의 보도와 사설 개관 / 327
3. 3·1운동 발발 초기 신문 사설의 논조 / 336
4. 3·1운동 최고조기의 신문 사설의 논조 / 347
5. 3·1운동 퇴조기의 신문 사설의 논조 / 360
6. 3·1운동 소강기의 지배 체제 개편과 신문 사설의 논조 / 367
7. 3·1운동기 일제 종합잡지의 한국 통치에 관한 논조 / 372
8. 맺는 말 / 378

383 | 천도교의 민주공화주의 사상과 운동 / 오문환

    1. 민주공화주의와 3·1운동 / 383

    2. 천도교의 민주공화주의 사상 / 388

    3. 천도교의 민주공화주의 실천 운동 / 402

    4. 맺음말 / 414

제4부 1920년대 이후 천도교 민족운동: 통섭의 약화와 갈등적 근대성

419 | 1920년대 전반기 천도교의 노선 갈등과 분화 / 김정인

    1. 천도교의 노선 갈등과 분화 / 419

    2. 근대화 노선을 둘러싼 갈등과 분화 / 421

    3. 신구 분화 이후 천도교 계파의 노선과 갈등 / 448

451 | 1930년대 천도교의 반일 민족통일전선운동
    : 조국광복회를 중심으로 / 성주현

    1. 머리말 / 451

    2. 조국광복회의 통일전선운동과 천도교 / 455

    3. 천도교 조직과 조국광복회 지회 / 474

    4. 맺음말 / 485

489 | 천도교 구파의 6·10만세운동 / 장석흥
    1. 6·10만세운동의 새로운 이해를 위한 시각 / 489
    2. 1920년대 중반 천도교 세력의 분화 / 492
    3. 천도교 구파의 노선과 사회주의와의 연대 / 498
    4. 천도교 구파와 만세운동의 추진 / 510
    5. 만세운동의 사전 발각과 일제의 탄압 / 522
    6. 천도교 계열의 역할과 의의 / 527

참고문헌 / 530

찾아보기 / 551

제1부

통섭의 종교 철학: 전통과 근대의 통섭

의암 손병희의 성심관: 『무체법경』을 중심으로 | 오문환

의암 손병희의 심성론과 한울 이해: 불교적 심성론을 중심으로 | 정혜정

한말 동학의 천도교 개편과 인내천 교리화의 성격 | 김용휘

천도교 개신기 '종교'로서의 자기 인식 | 고건호

제1부는 의암의 종교철학에서 중심적 위상을 점하고 있는 성심性心 개념을 종교철학적으로 분석하는 글 2편을 실었고, 의암이 어떻게 동학을 근대적 종교성을 정립해 나가는지의 과정을 종교학과 철학의 시각에서 접근한 2편의 논문을 실었다. 따라서 제1부에서는 의암이 천도교를 통하여 전통적 성심으로 전통 종교철학을 통섭하고, 천도교의 개명을 통하여 근대적 종교성을 통섭하고자 하였음을 잘 볼 수 있을 것으로 기대한다.

의암 손병희의 성심관:
『무체법경』을 중심으로

오문환[*]

1. 「무체법경」의 구조

　성심性心은 의암 손병희의 종교철학의 핵심을 차지하고 있음에도 불구하고 심도 있게 연구되지 않고 있다.[**] 성심은 주로 「무체법경」에서 논의되었다. 따라서 성심을 논의하기 이전에 「무체법경」의 구조를 살펴볼 필요가 있다.

　대부분의 동양 고전처럼 「무체법경」도 서론인 <성심변>에서 핵심 주제를 내걸고 있다. 서론 첫 문장이 성심에 대한 새로운 이해이다. 성이 닫혔을 때에는 원리원소原理原素로 정의하고 열렸을 때는 거울로 정의하고, 만리만사가 열린 성품인 거울에 들어서 최초의 움직임이 생겨나는 것이 마음이라고 정의하고 있다.[1] 이러한 정의는 매우

---

[*] 서강대 강사
[**] 『동학학보』10권 1호(2006.6)

독특하다. 또한 마음이 생겨나는 최초의 시점을 의암은 '나', 즉 '본래의 나'라고 하여 「무체법경」의 핵심적 논제가 바로 체가 없는 '본래의 나'에 대한 논의임을 분명히 하였다.

'본래의 나'를 논하기 이전에 현재의식의 나에 대한 논의가 선행될 필요가 있다. 그러므로 의암은 먼저 인간 존재 일반에 대한 이해를 제2장 <성심신삼단>에서 제시하고 어떤 수행 과정을 통하여 '본래의 나'가 회복되는지 절차 과정을 여섯 개 장에 걸쳐서 논의하고 마지막 장에서 '본래의 나'에 대한 결론을 <진심불염>으로 마감하고 있다.

「무체법경」의 본령을 이루는 성심수련은 먼저 수련의 의미, 과제, 절차, 결과를 여섯 개 장을 통하여 순차적으로 전개하고 있다. ㉠<신통고>와 <견성해>는 견성각심見性覺心의 수련론으로 신에 통한다는 의미와 성품을 본다는 의미를 분석하고 있다. ㉡성심수련의 과제는 <삼성과>에서 논의되고, 수련의 단계는 <삼심관>에서 펼쳐지고 있다. <삼성과>는 수련의 세 과목이 원각성·비각성·혈각성으로 표현되고 있다. 셋을 모두 관觀해야 완전한 견성이라 하겠다. <삼심관>은 수련의 세 단계로서 궁극의 '자유심'에 이르러야 마음을 깨달아

---

1 의암 손병희의 저서는 崔起榮·朴孟洙 編, 『韓末天道敎資料集』1·2, 서울: 國學資料院, 1997을 저본으로 한다. 이 글에서는 천도교중앙총부에서 펴낸 포덕 138년 3판 인쇄본을 활용하며 의암성사법설의 편명만 표기한다. 「無體法經」의 경우는 장의 제목만 표기한다. <性心辨>, '性闔則 爲萬理萬事之原素 性開則 爲萬理萬事之良鏡 萬理萬事入鏡中 能運用曰心 心卽神 神卽氣運所致也'

신에 통하게 된다고 하였다. ㉢성심수련의 결과는 <극락설>과 <성범설>에서 묘사되고 있다. 극락은 마음이 잠잠한 데에 이르러야 들어갈 수 있으며, 성인의 경지는 물질 등과 같은 겉모습(相)에 빼앗긴 마음(魔奪心)으로는 갈 수 없고 오로지 위하고 위하는 마음(爲爲心)으로만 들어갈 수 있음을 논파하고 있다.

<진심불염眞心不染>은 「무체법경」의 결론이다. 참 마음이란 성심불이性心不二의 경지로 마음이 성품과 하나가 되어 더할 것도 덜할 것도 없으며, 구할 것도 해야 할 것도 없으며, 오로지 우주본체의 공도公道에 따라서 성심본체의 공행公行을 할 뿐인 경지로 그리고 있다.

이러한 「무체법경」의 구조에 따라서 성심론을 전개해 보자. 우선 성심이 어떻게 구분되는지를 살펴볼 필요가 있다.

2. 성심 분별

성심을 의암은 여러 곳에서 다양하게 분별적으로 설명하고 있다. 성심 분별은 유가의 경우에는 이기理氣 분별에 견줄 수 있고, 불가의 경우에는 공색空色 또는 성상性相 분별에 견줄 수 있을 것이다. 성과 심은 어떻게 이해되고 있는가?

<성심변>에서 열린 성은 거울로, 닫힌 성은 원리원소原理原素로 표현된다.[2] 성을 두 가지 상태로 구분하는 점이 유가나 불가와는 우선

---

2 <性心辨>, '性闔則 爲萬理萬事之原素 性開則 爲萬理萬事之良鏡'

다르다. 유가의 경우에는 성은 내재화된 천명 또는 구체화된 천리의 성격을 갖는다. 모종삼은 전통적인 상제, 천도, 천명 등의 개념과 비교할 때 성性 개념은 '내재적이며 실체화된 존재(內在而落實的存在)'의 뜻이 강하다고 하여 칸트의 '물자체' 개념에 견주었다.3 역易의 단상에서 "건도 변화가 성과 명을 각각 바로 정한다(乾道變化各正性命)."고 한 것이나 『중용』의 '천명지위성天命之謂性'에서 천도의 내재화 또는 구체화로서의 성性을 잘 볼 수 있다. 불가의 경우 성은 법성法性, 불성佛性, 자성自性으로 이해된다. 불가에서 성은 초월·내재의 이원성을 극복하는 중요한 개념이다. 즉, 초월적 보편성의 법성이나 불성의 개념이 내재화된 자성의 개념과 동시적으로 사용되고 있다.

 성을 원리原理로 보는 입장은 이미 유가와 불가에서 일반적으로 받아들여지고 있다. 그러나 원소元素라고 할 때의 성은 유가와 불가에서 찾기 어렵다. 단지 유가와 불가의 경우에는 성이 모든 존재의 형이상적 근원자로서의 의미로는 사용되지만 의암처럼 분명하게 보이지 않는 원소라고는 하지 않았다. 이 보이지 않는 원소를 재료로 우주만물이 만들어졌다는 점에서 모든 존재자들의 궁극적 재료는 똑같다고 할 수 있다. 이 점이 의암이 보는 성품의 뚜렷한 특징이다.

 한 가지 더한다면 성이 닫혔을 때와 열렸을 때로 나눈다는 점이 의암이 성을 보는 또 다른 특성이다. 닫혔을 때란 마음이 성품을 가려서 환영을 만드는 상태(心幻性)라 하고, 열렸을 때란 성품이 마음을 낳을 때(性生心)이라고 하였다. 성품이 닫힌 상태란 이미 마음이 생겨

---

3 牟宗三, 民79, 『心體與性體』, 臺北: 正中書局, p.217.

나서 그 영향력이 압도적으로 되어 성을 재료로 하여 환영적인 작품을 만든 상태다. 즉, 성품이 마음의 영향력 아래에 놓였을 때인 것이다. 반면 열린 상태란 여전히 성품이 마음을 낳는 상태로서 마음이 아직까지 성품을 압도하여 묶거나 환영을 만들지 못한 상태라 할 수 있다. 즉, 마음이 성품 아래 잠재된 상태라 할 수 있다.

여기에서 알 수 있는 것은 성을 설명하면서 이미 마음이 등장하였다는 점이다. 성품이 열린 상태에서는 마음작용이 현저하지 않지만 닫힌 상태에서의 주인공은 마음이다. 따라서 성심의 선후 관계를 따지기가 매우 어려움을 알 수 있다.

성심의 선후 관계에 대한 보다 구체적인 논의는 「후경(2)」에서 이루어지고 있다. 선후 관계는 매우 중요하기 때문에 원문을 볼 필요가 있다. "진성이 시작이 있기 전에 있었다면 처음이 있은 뒤에 생겨난 사람이 어떻게 이를 알 수 있겠는가?"[4]라는 제자의 질문에 대하여 의암은 사람은 비록 우주의 시작이 있고서야 태어났지만 사람의 본래 성품과 본래 마음에는 시작도 끝도 없기 때문에 알 수 있다는 취지로 대답을 한다. 이 대목에서 의암은 '성은 인연 없이 생함이 있다'[5]고 설명한다. 성심본체는 인연 없이 본래 있다는 것은 성심이 선후가 없이 본래부터 둘이 함께 있었음을 말한다. 그러므로 태초에 성심본체가 있었다고 할 수 있다. 성심본체는 스스로 있는 존재 자체이다. 따라서 성심본체가 있음으로써 하늘도 생겨났고 땅도 생겨

---

4 「後經(2)」, '眞性 已在有始之前 有始後之人 豈能知有性乎'
5 「後經(2)」, '無漏無增 性心之始 也 故知本性之無緣有生'

났고 사람도 생겨났다. 사람은 하늘과 땅 다음에 태어났지만 성심본체를 온전히 그대로 갖추고 있으므로, 다시 말해 비록 사람은 늦게 태어났지만 태어나기 이전과 죽은 이후에 본래부터 존재하는 성심본체를 가지고 있기 때문에 성심본체를 알 수 있다는 것이다. 그러므로 의암이 "천만 년 전의 사람이나 천만 년 후의 사람이나 현재의 사람이 같은 것을 알 것"6이라고 한 것은 다름 아닌 성심본체는 시간에 관계없이 똑같다는 뜻이다.

<성심변>에서 마음에 대한 설명은 조금 어렵게 되어 있다. 의암은 "만리만사가 거울 중에 들어서 능히 운용하는 것을 일러 심이라 한다."7고 표현하였다. 마음은 물론 신神과 기운氣運, 조화造化 등의 개념으로 표현되었다. 마음, 신, 기운, 조화는 위에서 보았듯이 인연이 없이, 시작도 없이 본래부터 있었다. 단지 닫힌 성품인 만리만사가 열린 성품인 거울 속에 들어와서 스스로 움직이기 시작하는 것을 마음이라 한다는 것이다. 마음은 고요하여 움직이지 않는 성품과 뚜렷하게 구분되어 스스로 움직이는 특성을 지닌다. 이렇게 스스로 움직이는 최초의 시점을 '나'라고 하며 이 '나'로 말미암아 하늘이 태어났고, 땅도 태어났고, 시간이 태어났고, 공간이 태어나게 된다고 의암은 말한다.8 이 최초의 움직임으로 말미암아 천지도 태어났고 시

---

6 「以身換性說(2)」, '千萬年前人이나 千萬年後人이나 現代人이 同一한 것을 知할지니…'

7 <性心辨>, '萬理萬事入鏡中 能運用曰 心 心卽神 神卽氣運所致也'

8 <性心辨>, '運用最始起點曰我 我之起點 性天之所基因 性天之所根本 始乎天地未判之前而 是時 億億萬年自我而始焉 自我至天地之無而 是時億億萬

공간도 태어났기 때문에 천지도 시공간도 오로지 이 '나'로 말미암은 것이라 하겠다. 이 '나'가 바로 '본래의 나'다. '본래의 나'에 대하여 의암은 <삼성과>에서 자세하게 묘사하였다. '본래의 나'는 「무체법경」의 중심적 테마이다.

'본래의 나'는 인연 없이 존재하며, 천지가 갈리기 이전(天地未判之前)에 존재하며, 성품하늘의 존재 바탕이다. <삼성과>에서 의암은 '본래의 나'에 대하여 다음처럼 명료하게 기술하고 있다. "변함이 없으나 스스로 화해 나며, 움직임이 없으나 스스로 나타나서 천지를 이루어내고 도로 천지의 본체에서 살며, 만물을 생성하고 편안히 만물 자체에서 사니, 다만 천체를 인과로 하여 무선무악하고 불생불멸하나니 이것이 본래의 나니라."9 「무체법경」은 인연도 없으면서 스스로 태어난 '본래의 나'를 회복하는 노정 절차를 체계적으로 설명한다. '본래의 나'를 설명하면서 의암은 고요하고 무형한 본체가 활발하고 유형한 현상이 이미 하나임을 역설하고 있다.

그렇지만 성심의 분별을 좀 더 부연할 필요가 있다. 왜냐하면 의암 자신도 「무체법경」 전편에 걸쳐서 성심 분별을 여러 방식으로 설명하고 있기 때문이다. <성심신삼단>에서 성은 "이理로서 공공적적하고 무변무량하며 무동무정한 원소"10로 설명되고 있고, 마음은

年 亦至我而終焉'
9 <三性科>, '無變而自化 無動而自顯 天地焉成出 還居天地之本體 萬物焉生成 安居萬物之自體 只爲天體因果 無善無惡 不生不滅 此所謂本來我也'
10 <性心身三端>, '性 理也 性理 空空寂寂 無邊無量 無動無靜之原素而已'

"기이며 이 마음기운은 원원충충하고 호호발발하고 동정변화가 적중치 않는 적이 없다."11고 설명되고 있다. 성이 공공적적하다는 것은 비고 고요하다는 뜻이며, 마음이 원원충충하다는 것은 원만구족 圓滿具足할 뿐만 아니라 우주에 가득 차 있다는 뜻이다. 성심을 이기로 설명하는 방식은 이미 송명대 유학자들을 포함한 조선 성리학자들의 전공으로 따로 논의할 필요는 없을 것이다.

「후경(1)」에서 이러한 성심 분별은 비유적으로 설명되고 있다. "성품은 달이 만경창파에 떨어져 숨은 것과 같고 마음은 불이 천리장풍에 활활 타오르는 것과 같다."12고 비유되고 있다. 성품은 우주의 삼라만상의 가장 깊은 곳에 떨어져 새겨지지 않은 곳이 없으며 마음은 우주만유를 밝게 비치는 불빛과 같아서 모르는 것이 없다는 것이다. 하늘성품이 떨어져 내려와 일체 만유에 타고 있으니 우주가 존재하는 것이며, 또한 하늘마음이 만유를 밝히는 태양빛처럼 우주를 밝히고 있으니 우주가 존재할 수 있다는 것이다. 즉, 성심이 있기에 우주가 있다고 하겠다. 우주와 나의 본체는 성심이니 이를 회복하는 것이 이후에 전개되는 성심수련의 요체라 하겠다.

「후경(2)」에서 성심을 유무로 설명한다. 성품은 비고 고요하니 없는 것처럼 보이고 마음은 활발하니 있는 것처럼 보인다. 그렇지만 성심은 유무가 갈리기 이전이요, 천지가 갈라지기 이전이니 성심을 있다거나 없다거나 말할 수는 없다. 의암은 "성품은 비고 고요함도

---

11 〈性心身三端〉, '心 氣也 心氣圓圓充充 浩浩潑潑 動靜變化無時不中者'
12 「後經(1)」, '其性 如月落隱萬頃蒼波 其心如火起燒千里長風'

없으며 빛깔도 형상도 없으며 움직임도 고요함도 없으나, 그러나 기운이 엉기어 혈맥이 서로 통하면 때가 있고 움직임이 있나니, 이것을 한울이 있다, 사람이 있다, 정이 있다, 신이 있다 말하는 것이니라. 보통 사람의 눈은 다만 자신의 감각 영식으로써 광내에서 대조할 뿐이요, 광외에 한량없이 넓고 큰 본성은 알지 못하느니라."13라고 설명한다.

성품이란 무한 고요를 의미하며 마음이란 무궁 조화를 의미한다. 무한 고요를 사람들은 '없다(無)'고 말하지만 실상은 없는 것이 아니며 무궁 조화를 '신이 있다'고 말하지만 신이라는 어떤 실체가 있는 것이 아니다. 유무에 사로잡히면 성심도 구분하기 어렵거니와 성심 본체에 대해서는 새삼 말할 필요가 없다. 그렇지만 유무의 개념으로 의암은 성심을 구분하면서도 통전적 하나임을 밝힌다.

성심이 분별되지 못하면 어둠속의 미분화의 암흑이니 모든 것이 잠들어 있다. 어둠 속에서 의암은 성심을 구분하여 개명을 시킨다. 성품과 마음을 밝게 나누어 먼저 인간 존재를 규명하고 다음으로 인간 존재의 완성을 향한 길을 제시한다.

---

13 「後經(2)」, '性無空寂 無色相 無動靜 然 氣凝血脈相通 有時有動 此之謂有天有人 有情有神 凡夫凡眼 但以自身感覺靈識 對照於光內 不知光外 無量廣大之性'

3. 성품 공부: 견성

<성심관>의 본령은 견성각심見性覺心이라는 수련에 있다고 할 수 있다. 「무체법경」의 상당 부분이 성심수련에 할애되고 있다. 견성이나 각심은 불가적 표현이다. 붓디Bhuddi 또는 보디Bhodii의 구현은 견성으로 번역된다. 붓디를 이루면 붓다Buddha가 되고 보디를 이루면 보디사트바Bodhisattva가 된다. 성심수련은 견성각심의 의미, 과제, 절차, 결과를 다루고 있다. 여기에서는 견성의 의미, 성품공부의 세 과목, 성품공부의 결과를 다룬다.

1) 견성의 의미: 해탈

<견성해>는 말 그대로 견성의 의미를 풀이한다. 그렇지만 견성의 의미가 보다 명료하게 제시된 곳은 「무체법경」의 결론이라고 할 수 있는 제9장 <진심불염>이다. 그러므로 먼저 견성이 무엇인지를 <진심불염>의 표현을 인용하여 살펴보자. "해탈은 곧 견성하는 법이니 견성은 해탈에 있고, 해탈은 자천자각에 있느니라."[14] 해탈은 마음이 일체의 현상과 겉모습으로부터 벗어났다는 뜻이다. 본래의 실상, 즉 성품을 보면 인연을 따라서 출몰하는 겉모습으로부터 해방된다는 뜻이다. 슬픔과 기쁨, 만남과 헤어짐, 탄생과 죽음, 증오와 사랑, 착함과 악함, 옳음과 그름 등과 같

---

14 「眞心不染」, '解脫 卽見性法 見性在解脫 解脫在自天自覺'

이 출몰하는 일체의 현상에서 벗어나는 것이다. 그리하여 본래의 실상은 태어난 적도 없으며 사라진 적도 없는 성품이며, 더할 것도 없으며 덜할 것도 없는 본성이며, 슬픈 적도 없으며 기쁜 적도 없는 법성法性임을 깨달을 때 비로소 마음이 자유로워진다는 것이다. 본래부터 가지고 있는 이 자성自性에 이를 때 삼라만상의 현란한 현상에서 오는 희로애락으로부터 해탈된다는 것이다.

해탈은 내가 곧 하늘임을 깨달을 때 이루어진다. 나는 곧 하늘로서 보아도 보이지 않으며, 잡아도 잡히지 않으며, 들어도 들리지 않는 '본래의 나'임을 깨닫는 것을 의암은 '자천자각自天自覺'이라 하였다. 내 하늘을 내가 깨달아 나에게도 매이지 않으며, 하늘에도 매이지 않으며, 일체 현상에도 매이지 않으니 나는 그대로 자유 자체이다. 따라서 견성은 해탈이며 자천자각이며 자유다.

일체 만유의 겉모습(相)에 매이지 않으며, 물들지 않으며, 흔들리지 않는다. 마음이 만들어낸 일체의 전도망상轉倒妄想으로부터도 자유롭다. 심지어 일체의 신으로부터도 자유롭다고 하겠다. 해탈한 마음은 매일 곳이 없으며, 장애물이 없으며, 적이 없다. 오직 고요하고 빈 성품을 볼 뿐이며, 오직 하늘을 볼 뿐이다. 나도 하늘이며, 타자도 하늘이며, 자연도 하늘이므로 모두가 하나일 뿐이다. 그러므로 대자유다. 삼라만상이 하나의 하늘로서 다 '본래의 나'이므로 일체 모든 일을 내 뜻대로 할 뿐이다. 그러므로 의암은 "내 성품을 내가 보는 것이므로 견성은 내 마음대로 할 수 있고, 수심守心도 내 마음을 내가 지키는 것이므로 내 마음대로 할 수 있다."15고 하였다.

마음이 비고 고요한 경지에 이르러 하늘과 하나가 되는 경지가 곧 견성이다. 마음이 사라지므로 일체가 적막寂寞할 뿐이다. 이 빈 마음이 아무것도 생각을 하지 않으면 형상도 없고, 자취도 없고, 상하도 없다. 비고 고요한 내 성품을 비고 고요한 상태대로 두게 되면 이것을 일러 무형천無形天 또는 무정리천無情理天이라 부른다.

그러나 이 똑같은 마음을 물건 안으로 보내면 정이 생겨나게 된다. 그러므로 이 마음을 정 있는 하늘이라 한다. 삼라만상에 들어가 정이 생겨나는 것을 유정천有情天, 유정심천有情心天이라고 표현하였다. 정 있는 하늘이란 활동하는 마음을 일컫는다.

그리고 하늘마음이 견고하게 고착되어 굳어버린 것을 진진몽몽塵塵蒙蒙한 습관천習慣天이라고 한다. 이곳에는 하늘이 티끌의 형상에 갇혀 있게 되고 오직 관성만이 지배할 뿐이다. 관성만 있는 물질계도 알고 보면 하늘마음이 완전히 굳어져서 된 것이다.

견성은 이처럼 빈 데서 하늘을 보고, 마음에서 하늘을 보고, 사물에서 하늘을 보는 가운데에서 완성된다. 의암은 성품하늘, 마음하늘, 몸하늘을 하나로 통하면 황황상제가 된다고16 하였다. 형이상·형이하·인간이 모두 하나의 하늘마음에서 왔으며 이를 보게 될 때 사람은 신이 된다는 뜻이다.

---

15 〈見性解〉, '我性我在 見性守心 我之任意也'
16 〈性心身三端〉, '性心身三端合以示之分以示之 三端無一非道非理 吾亦此 三端 合以覺得獨坐皇皇上帝之位'

2) 견성의 과목: 원각성 · 비각성 · 혈각성

성품은 셋으로 나누어진다. 객관적 · 보편적인 천도 셋으로 나뉘는 것과 마찬가지로 인간 존재도 셋으로 나뉜다고 <성심신삼단>에서 설명된다. 성품 · 마음 · 몸이 그것이다. 그러나 성심신은 비록 겉으로는 셋이지만 그 내면에 있어서는 하나의 하늘이 관통되어 있다. 하나의 하늘이 셋으로 나누어진 것이 <견성해>에서는 성천性天 · 심천心天 · 신천身天이라 하였다.17 이 표현들은 매우 흥미롭다. 같은 하늘이 셋으로 갈라져 드러난 것을 표현한 것이다. 이처럼 성품은 셋으로 나누어 볼 수 있다.

성품의 과목을 셋으로 구분한 것이 <삼성과>이다. 원각성圓覺性 · 비각성比覺性 · 혈각성血覺性이 그것이다. 원각성은 무형천과 성품하늘을 깨닫는 것이며, 비각성은 습관천과 몸하늘을 깨닫는 것이며, 혈각성은 유정천과 마음하늘을 깨닫는 것이라 할 수 있다. 무형의 이치나 원리의 근본 바탕인 하늘을 깨닫는 것이 원각성이라면, 유형의 상에서 하늘을 즉각卽覺하고 즉입卽入하는 것을 비각성이라 할 수 있다. 혈각성은 사람의 길흉화복과 흥망성쇠의 인과를 온전히 깨닫는 것이라 할 수 있다.

천지인은 모두 본래의 하늘성품에서 말미암았기 때문에 성품을 깨닫는다는 것은 그 비롯하여 온 바를 깨닫는 것이다. 그러므로 의암은 원각성을 '만법의 인과'로, 비각성을 '만상의 인과'로, 혈각성을

---

17 <見性解>, '覺所左岸性天理天 覺所右岸 心天身天'

'화복의 인과'라고 하였다. 성품을 깨닫는다는 것은 우주의 전체 이치와 법칙의 근본 바탕을 깨닫는 것이며, 우주 삼라만상의 형상이 그렇게 된 인과를 깨닫는 것이며, 부귀영화와 빈궁영욕의 인생사가 그리 된 인연을 깨닫는 것이다. 천지인 세 곳에서 두루 성품을 볼 때 비로소 견성하였다고 말할 수 있을 것이다.

유가적 용어로는 만법의 인과를 천지天地라 하였고, 만상의 인과를 음양陰陽이라 하였고, 화복의 인과를 귀신鬼神이라 하였다. 즉, 만법은 천지를 인과로 하고, 만상은 음양에서 태어나 운영되고, 사람의 화복은 귀신이 좌우한다고 보았던 것이다. 수운은 이 세 성품을 하나로 관통하여 보는 것을 "천지 역시 귀신이오 귀신 역시 음양"[18]이라고 표현하였다.

이 셋에서 하나의 성품을 보면 무극대도에 통하여 도를 이루게 된다. 그렇다면 견성하면 어떤 결과가 나오는가?

3) 견성의 결과: 극락

하늘성품은 불택선악不擇善惡하고 정시정문正示正聞하므로 모든 이치와 법칙은 공평무사하며, 모든 형상과 색깔은 질서정연하며, 화복길흉은 뿌린 그대로 거두게 마련이다. 따라서 성품을 보는 사람은 자신의 삶에 불평불만이 없으며, 자연과 더불어 무위이화하며, 공공적적한 평안에 머문다. 이러한 상태를 극락이라 한다.

---

18 『용담유사』「도덕가」

극락은 잠잠한 것이니 일체가 안식에 든다. <극락설>은 이 잠잠한 근본 뿌리가 굳건치 못하면 잎도 푸르지 못하고 꽃도 붉지 못하다고 한다. 뿐만 아니라 봄도 오지 아니하고 가을도 오지 아니한다고 하였다.19 우주 순환도 이 잠잠한 근본에 의지하니 성품은 일체 만유의 중심축이라 하겠다. 일체 만유가 근본 뿌리를 모두 다 이 잠잠한 성품에 내리고 있으니 사람이 잠잠함을 얻지 못하면 머리에서 나오는 생각도 지혜롭지 못하고, 가슴에서 나오는 정도 두텁지 못하고, 입에서 나오는 말도 착하지 못하고, 사지육신에서 나오는 행동도 또한 바르지 못할 것이다. 반대로 사람이 이 잠잠한 것을 얻으면 공간적으로는 만사형통萬事亨通이요 시간적으로는 삼세형통三世亨通이라 하겠다. 통하지 아니하는 곳이 없으며 통하지 아니하는 때가 없는 것이다.

의암은 마음으로써 도를 쓰는 사람은 반드시 잠잠한 성품을 얻어 써야 하며, 말로써 세상을 쓰는 사람도 반드시 마음 안의 잠잠한 것을 써야 한다고 강조하고 있다. 잠잠한 것은 세상을 떠나 따로 있지 아니하므로 세상을 태평하게 하는 것은 결국 바른 말에 있다고 강조한다.20 바른 말은 마음의 잠잠한 가운데 얻는 것이니 세상사도 또한 잠잠한 근본을 알지 못하면 거칠어지고 퇴보하게 될 것이다. 그

---

19 <極樂說>, '默必爲性本 若不固其根 葉不靑花不紅 言必爲心本 若不淸其源 春不來秋不來'
20 <極樂說>, '擧心而用道者 性不得黙裏 道必歸虛 擧言而用世者 道不得心裏 世必歸荒 用道用世 在性在心 世平國平 有言有正'

러므로 세상을 바로잡는 것도 또한 견성이며 지상천국의 건설도 견성에 기초하고 있음을 알 수 있다. 세상의 평화는 견성에 의하여 도래한다고 하겠다.

견성한 사람이 세상을 다스리면 극락이고 그렇지 않으면 난세亂世다. 의암은 견성하여 "귀신이 있으면 요순堯舜의 다스림이요 그렇지 않으면 걸주桀紂의 어지러움이라."고21 하였다. 성인과 악인의 구분이 다른 곳에 있는 것이 아니라 오직 견성 여부에 있음을 알 수 있다.

4. 마음공부: 각심

마음이 성품의 중심자리에 들어서 활발하게 작용하게 되면 이를 일러 신통神通하였다고 하고 천황씨가 되었다고 한다. 우선 마음공부의 의미를 신통의 개념을 통하여 이해해 보고, <삼심관>에서 제시되는 마음의 세 경지를 묘사해 보고, 마지막으로 마음공부의 완성태인 성인에 대하여 살펴본다.

1) 각심의 의미: 신통

<신통고>에서 의암은 대신사께서 천황씨를 자처하신 것은 다름이 아니라 견성각심을 하였다는 의미로 이해하였다. 이어서 견성각심을

21「偶吟」, '有鬼神則 堯舜治 無鬼神則 桀紂亂'

하였다는 것은 마음이 한편으로는 고요한 성품자리에 닿았으며 다른 한편으로는 티끌이 자욱한 습관천을 포용하였다는 의미로 해석하였다.22 하늘과 땅을 한마음 안에 받아들여 천지가 마음 안에 들어오게 되었다는 뜻이다. 이때의 마음을 일컬어 천황씨라 이르며 신통하였다고 한다.

신통하였다는 것은 어떤 경지를 일컫는가? 신통은 마음이 성품 속에 들어가서 그 변화와 능력이 무궁해지는 경지다. 마음이 성품 속에 있게 되면23 어찌하여 무궁한 지혜와 능력이 생기게 되는가? 그것은 마음이 성품을 자유자재로 사용할 수 있기 때문이다. 성품은 우주가 있기 이전부터 우주가 없어진 이후까지 영생하는 무한지혜, 무한능력, 무한기운이기 때문에 마음이 성품자리를 확고하게 잡게 되면 마음은 무한성 자체를 무궁토록 사용할 수 있게 된다.

의암은 성품자리의 무한성을 부정적 화법으로 표현하였다. "성품은 본래 무도 아니고, 유도 아니고, 드러난 것도 아니고, 의존적인 것

---

22 〈神通考〉, '大神師之自謂天皇氏 非自居天上 但以見性覺心 居於三界天之最上天也 明矣 故 空空寂寂之無形天 圓圓充充之有情天 塵塵濛濛之習慣天 俱在性心左右之玄眞兩方'

23 〈神通考〉, '心在性裏' 이 구절은 '마음이 성 안에 있다'는 뜻으로 「後經2」에 있는 '心入性裏'와 구분해야 한다. 〈神通考〉의 '心在性裏'는 마음에 성의 속 알맹이가 있다, 혹은 마음이 성의 속에 있다는 의미이고 「後經2」의 '心入性裏'는 마음이 성품 안에 완전히 들어가 버려서 비고 고요하게 되는 경지를 뜻한다. 따라서 표현은 비슷하지만 의미는 다르다. 「後經2」, '心入性裏則空空寂寂 性入心裏則 活活潑潑 空寂活潑起於自性自心 自性自心吾心本地 道求何處必求吾心'

도 아니고, 서 있는 것도 아니고, 선한 것도 아니고, 악한 것도 아니고, 처음도 아니고, 나중도 아니다."24 '무엇이 아니다(Non-X)'라는25 표현은 불가 이전에 인도에서 일반적으로 구사되는 방식이다. 신의 유무를 묻는 물음에 대하여 부처는 긍정도 부정도 하지 않았다는 일화는 유명하다. 궁극의 경지는 긍정과 부정을 넘어서기 때문이라고 한다.

마음이 유무를 넘어서고 생사를 넘어서고 시간을 넘어서는 전지전능한 성품 본체를 자유롭게 쓸 수 있게 되면 '천만변화를 마음대로 하고, 조화술수를 뜻대로 하게 되는 것'26이다. 즉, 성품을 얻은 마음은 원하는 그대로 모든 것들을 이루고 구현할 수 있게 된다. 그러므로 의암은 다음처럼 말한다. "마음이 흰 것을 구하고자 하면 흰 것으로 보이고, 붉은 것을 구하면 붉은 것으로 보이고, 푸른 것을 구하면 푸른 것으로 보이고, 노란 것을 구하면 노란 것으로 보이고, 검은 것을 구하면 검은 것으로 보이느니라."27 모든 일이 마음대로 된다는 뜻이다. 수운은 「탄도유심급」에서 "한 생각이 이에 있으면 만사가 뜻대로 된다."28고 하였다. 불가에서는 '일체유심조一切唯心造'라 하였다.

---

24 〈神通考〉, '性本無無 無有 無現 無依 無立 無善 無惡 無始 無終'
25 산스크리트어로는 Nitti Nitti라 한다. '무도 아니다'로 번역할 수 있다.
26 〈神通考〉, '心在性裏 變化無雙 造化不測'
27 〈神通考〉, '心以白欲求則以白示之 以紅求之則 以紅示之 以靑求之則 以靑示之 以黃求之則 以黃示之 以黑求之則 以黑示之'
28 「歎道儒心急」, '一念在玆 萬事如意'

성품을 얻은 마음은 곧 신이다. 그러므로 모든 일을 내 마음대로 하게 된다. 내 마음대로 한다고 하지만 실상은 하늘의 뜻대로 하는 것이기 때문에 염려할 이유가 없다. 누구나 태어날 때 이 성품을 갖고 태어났으니 이 성품 속에 마음이 있게 되면 누구나 신이 된다. 그러므로 '사람이 하늘이다(人乃天).' <신통고>에서 묘사된 이 경지가 바로 '신통'의 경지이자 '각심'의 경지라 하겠다.

마음이 성품을 얻어 쓰게 되면 일체만사가 뜻대로 이루어지게 된다. 모든 것이 이 마음을 좇아 나오니 내 마음이 고요하면 곧 극락이요, 천지가 밖에 있는 것이 아니라 내 마음 안에 들어 있으며, 내 마음을 움직이면 풍운조화도 또한 자동적으로 따르게 되는 것이다.29 또한 이 마음은 원만구족圓滿具足하여 모든 것을 갖추었으니 마음 밖에 따로 생로병사도 없으며, 희로애락도 없으며, 극락·천국도 없다. 그러므로 의암은 "내 마음을 깨달으면 상제가 곧 내 마음이요, 천지도 내 마음이요, 삼라만상이 다 내 마음의 한 물건이니라."30라고 하였다. 그러므로 마음 밖에는 구할 것도 없으며, 찾을 것도 없으며, 얻을 것도 없으며, 볼 것도 없다. 그러므로 이 성품을 얻은 마음이야말로 모든 것을 얻은 마음이라 하겠다.

세상 사람들이 이러한 마음의 신통력을 의심하지만 그것은 철학의 협견에서 나온 비방일 뿐이며 신통력은 성심수련에서 자연스럽게 나오는 경계라고 하였다.31 따라서 편협한 비방에 개의할 것이 아니

---

29 <神通考>, '見性覺心 我心極樂 我心天地 我心風雲造化'
30 <神通考>, '我心覺之 上帝卽我心 天地我心 森羅萬相 皆我心之一物也'

라 의암은 수운이 강조한 '집중執中'을 강조한다. 성性에는 속 알맹이 란 뜻이 내포되어 있다. 만리만사의 속 알맹이는 하늘이므로 집중은 하늘을 굳게 잡으라는 뜻이다. 그 속에서 나오는 일체의 기운, 마음, 조화, 귀신을 깨달아 쓰는 것을 각심이라 할 수 있다.

2) 각심의 세 단계: 허광심 · 여여심 · 자유심

<삼심관>에 각심은 세 단계 또는 세 경지로 묘사되고 있다. 허광심虛光心 · 여여심如如心 · 자유심自由心이 그것이다. 각심은 내 마음을 내가 깨닫는 것이므로 대상이 아닌 성심수련을 통한 주체의 변화 과정이다.

허광심은 빈 가운데 빛을 느끼는 마음의 단계이다. 우주만물은 모두 성품을 근본 재료로 하고 성품을 이치로 하여 만들어졌기 때문에 마음으로 현재의 상相을 뚫고 들어가게 되면 원리원소로서의 성품을 볼 수 있게 된다. 허광심의 단계에서는 원리원소가 빈 가운데 빛으로 느껴지게 됨을 알 수 있다. 이때 보는 것은 육안이 아니라 심령이라 할 수 있다. 정확하게 표현하면 허광심이 보는 것이다.

표면을 뚫고 이면裏面을 관통할 수 있을 만큼 마음이 집중되어 고요해야(寂寂不昏) 하며 마음이 별처럼 밝아야(惺惺不昧)[32] 할 것이다. 마음에 번뇌망상이 많으면 어지러워 고요하지 못하며 마음이 티끌세상에 물들게 되면 밝지 못하므로 마음이 일체의 상相을 여의어야 한

---

31 <性心身三端>, '此不知神通力之自然生於性心修煉 但以哲學陜見 興其誹謗者'
32 「三心觀」, '惺惺不昧 寂寂不昏'

다. 마음이 전도망상과 티끌세상에서 자유롭지 않고서는 고요하고 밝을 수 없으므로 무엇보다도 먼저 마음을 비워야 한다. 탁한 기운을 쉬면 맑은 기운이 생기고, 망상을 그치면 참됨이 떠오르고, 집착을 놓으면 빈 가운데 빛은 자동으로 떠오른다.

해월은 태양이 밝은 것은 누구나 알지만 도의 밝음은 나 혼자 안다고33 하였다. 마음이 비치는 바를 따라 움직이다가 본성의 태양으로 돌리게 되면(回光返照) 비고 고요한 성품자리를 보게 된다. 삼라만상의 차별상이 사라지고 빈 빛만이 환할 뿐이다. 그러나 마음공부가 이곳에서 그치는 것이 아니다. 여여심으로 나아가야 한다.

여여심은 '삼라만상이 본래 나와 한 몸이며 오직 하나이며 둘이 아닌'34 경지이다. 여여如如는 산스크리트어로는 타타타Tathata이며, 불가에서는 여래如來, 진여眞如, 실상實相 등으로 번역되고 있다. 현재 있는 그대로의 본 모습이며 더할 것도 없으며 덜할 것도 없다. 마음에서 일체의 경계선이 모두 무너져 내려서 삼라만상이 일체 평등한 경지이다. 오는 그대로 모든 것이 진리 그 자체이다.

삼라만상이 비고 고요하므로 물을 것도 없으며 찾을 것도 없으며 구할 것도 없다. 당연히 피아彼我, 생사生死, 선악善惡이 없다.35 중국 선불교의 제3조 승찬은 「신심명」에서 "지극한 도는 어려움이 없으며 오직 간택하는 것을 싫어한다."36고 하였다. 마음이 비어 고요에

---

33 「降書」, '日之明兮人見 道之明兮獨知'
34 「三心觀」, '森羅萬相 本吾一體 唯一無二'
35 「三心觀」, '我我彼彼 善善惡惡 好好惡惡 生生死死 都是法體自用 人何作成'

들었으니 이것 저것을 선택할 수도 없으며, 세상의 번뇌망상이 끊어졌으니 세상의 그 어떤 것도 이 마음을 흔들거나 물들이지 못한다.

성심본체는 본래 비고 고요하여 체가 없으니 그러면 여여심은 성심본체에 이른 것인가? 그렇지 아니하다. 성심본체는 자유심에 이르러 궁극에 이른다.

비고 끊긴 여여심은 성심본체인가? 아니다. 성심본체는 공단空斷이 아니라고 한다. 그러므로 의암은 "하늘은 공이 아니며 사물 또한 끊이지 않으니 도가 어찌 빈 데 그치며 사물이 어찌 끊긴 데 그치리오."37라고 하였다. 비었다는 것은 고요한 마음이 유무형의 우주에 꽉 차 있다는 뜻이며, 끊어졌다는 것은 마음이 색色에 물들지 않으며 사물에 흔들리지 않는다는 의미이다. 성심본체는 너무 정묘하여 유무형의 우주 사이에 아니 있는 곳이 없으며 동시에 성심본체는 너무 미묘하여 삼라만상을 빠짐없이 간섭하고·명령하고·통일한다. 만약 성심본체가 공단에 머문다면 우주가 어떻게 태어날 수 있으며, 땅은 어떻게 만유를 기를 수 있으며, 사람은 어떻게 생각을 할 수 있겠는가? 하물며 성심본체가 공단에 머문다면 무극한 대도를 어찌 가르칠 것이며 무궁한 대덕을 어찌 베풀겠는가? 성심본체는 없으면서 오히려 있는 현묘함과 신묘함 자체이니 본래 없으면서 있는 것이다.

하늘과 땅이 있는 것으로 보아 반드시 대도가 스스로 통하여 대덕을 무진장으로 베푼 것이 분명하며, 사람과 문명이 있는 것으로 보

---

36 僧粲,「信心銘」, '至道無難 唯嫌揀擇'
37 「三心觀」, '天亦不空 物亦不斷 道何止空 物何止斷'

아 반드시 대도에 통한 사람이 대덕을 크게 베푼 것이 분명하다. 대도에 통하여 대덕을 베푼 주인공은 성심본체이며 성심본체는 본래 스스로 말미암았기에 자유다. 세상은 성심본체의 표현이요, 사람은 곧 성심본체니 세상도 자유요 사람도 본래 자유다. 사람은 자유심에 들어 비로소 궁극의 깨달음에 이른다. 이 자유심이 성심본체이며 곧 천도·천덕이다. 천도는 공도公道이며 천덕은 공행公行이니 자유심은 곧 공도공행이다. 공도공행하니 하늘이 하늘 길을 가고 하늘이 하늘 일을 할 뿐이다. 의암의 표현이 아름답기에 조금 길지만 그대로 인용한다.

> 살려고도 하지 아니하고 죽으려고도 하지 아니하며, 없으려고도 하지 아니하고 있으려고도 하지 아니하며, 착하려고도 하지 아니하고 악하려고도 하지 아니하며, 기쁘려고도 하지 아니하고 노하려고도 하지 아니하여, 일동일정과 일용행사를 내가 반드시 자유롭게 하나니 좋으면 좋고, 착하면 착하고, 노하면 노하고, 살면 살고, 죽으면 죽고, 모든 일과 모든 쓰임을 마음 없이 행하고 거리낌 없이 행한다.38

밥을 먹으면서도 먹는지 모르며, 일을 하면서 일하는지 모르며, 살면서 사는지 모른다. 모르는 그 가운데서 모든 일이 되어가니 이

---

38 「三心觀」, '不爲生不爲死 不爲無不爲有 不爲善不爲惡 不爲喜不爲怒 一動一靜 日用行事 吾必自由 好則好 善則善 怒則怒 生則生 死則死 每事每用 無心行無碍行'

것이 하늘이 스스로 자기 일을 할 뿐이다. 뒤쳐가거나 앞서가지 아니하니 모든 일이 때에 맞지 않음이 없다. 무위이화하니 대자유다.

3) 각심의 결과: 성인

자유심을 쓰는 사람이 성인이다. 성인은 천도를 가며 천덕을 행한다. 또는 공도를 가며 공행을 한다고도 표현할 수 있다. 그러나 범인은 빼앗긴 마음(魔奪心)을 쓰며 천도를 벗어나고 천덕을 행치 아니한다. 즉, 사사로운 길을 가면서 사특한 행을 일삼는다. 이로부터 세상의 혼돈이 왔으며 인과의 사슬에 얽매여 길흉화복에서 벗어나지 못한다. 성인은 자유롭지만 범인은 그렇지 못하다. 그러나 <성범설>에는 "성품은 본래 한 근원이요, 마음은 본래 한 한울이요, 법은 본래 한 체이니 어찌 성인과 범인이 있으리오."[39]라 한다.

성인과 범인이 따로 존재하는 것이 아니라 본래 하나라는 것이다. 성인은 이를 알아서 옮기지 아니하고 범인은 이를 몰라서 하나의 성품, 하나의 하늘, 하나의 법체에서 옮긴다. 즉, 성인은 하늘 길을 걷지만 범인은 삿된 길을 걷는다. 성인은 하늘의 덕을 베풀지만 범인은 해害를 끼친다. 성인은 지공무사至公無私하지만 범인은 지극히 사사롭다. 성인은 오로지 남을 위하고 위하는 마음뿐이다. 이 마음을 위위심爲爲心이라고 한다. 그러나 범인은 남에게는 해를 끼치면서 오로지 자기만을 위할 뿐이다. 이 마음을 마탈심魔奪心이라 한다. 성인

---

[39] <聖凡說>, '性本一源 心本一天 法本一體 何有聖凡'

은 위위심을 쓰지만 범인은 마탈심을 쓴다. 성인은 하늘마음을 지키지만 범인은 다른 것에 하늘마음을 늘 빼앗긴다.

마탈심은 마魔에게 빼앗긴 마음이다. 위하고 위하는 마음을 물질·아집·명예·부귀·권력 등과 같은 마에 빼앗겼기 때문에 마탈심이라 한다. 마탈심은 먼지만큼 많으며 인구수만큼이나 많다. 마탈심은 산산조각 난 갈라진 마음이다. 마탈심의 대표는 역시 물질에 빼앗긴 마음인 물정심物情心이다. 마음을 쓰는 데 따라서 성인과 범인이 갈라질 뿐 성범은 본래 하나이다. 마음을 쓰는 작은 차이가 어떻게 천지 현격의 차이를 가져오는지 다음의 말에 잘 표현되어 있다.

> 성인은 내 성품을 물들이지 아니하고, 내 마음을 변치 아니하고, 내 도를 게으르게 하지 않는지라, 마음을 쓰고 세상을 쓰는 데 하나라도 거리낌이 없으며, 마음을 가지고 도를 쓰는 데 선이 아니면 행치 아니하며, 바른 것이 아니면 쓰지 아니하며, 옳은 것이 아니면 행치 아니하며, 밝은 것이 아니면 하지 아니 하느니라. 범인은 내 성품을 내가 알지 못하고, 내 마음을 내가 알지 못하고, 내 도를 내가 알지 못하여, 마음을 쓰고 세상을 쓰는 데 스스로 외도를 쓰며 악을 행하고 패도를 행하며 정의가 아닌 것을 행치 않는 바 없느니라.40

---

40 〈聖凡說〉, '聖人 我性不染 我心不變 我道不惰 用心用世 一無拘礙 持心用道 非善不行 非正不用 非義不行 非明不爲 凡人 我性 我不知 我心 我不知 我道 我不知 用心用世 自用外道 行惡行悖 非正非義 無所不行'

성인의 위위심에서 천지도 생겨나고, 세계도 탄생했고, 도道도 밝혀졌다.41 하늘의 위하고 위하는 마음으로 인하여 처음으로 태어난 찬란한 우주를 선천개벽이라 하고 후천 천황씨의 위하고 위하는 마음으로 인하여 처음으로 태어난 찬란한 도덕문명을 다시개벽 또는 후천개벽이라 한다. 위위심은 공공적적한 성품을 한편으로 하고 진진몽몽한 티끌세상을 다른 한편으로 그 중간에 위치하여42 두 세계를 회통시켜 하늘도 새롭게 하고 티끌세상도 새롭게 하고 인간 세상도 새롭게 한다. 두 세계가 위위심으로 소통되고 보면 성인도 없으며 범인도 없다.

그러므로 의암은 '성인은 큰 장애요 세상은 작은 장애'43라고 하였다. 마음이 비고 고요해져 하늘이 이미 들어왔으며 마음이 활발하고 원원충충하여 삼라만상의 티끌 안에 통하고 미치지 아니하는 곳이 없으니 무엇이 되고자 함이며 무엇에서 벗어나고자 하는가? 있는 그대로가 하늘 한 몸(天體)이며, 하늘 이치(天理)에서 한 걸음도 벗어나지 않으며, 하늘 길(天道)을 바르게 걷고 있으니 이 사람을 성인이라 하고 이 마음을 위위심이라 한다.

위위심이 있음으로써 나도 이롭고(自利心), 타인도 이롭고(利他心), 모두가 화합하고(共和心), 자유롭고(自由心), 즐겁다(極樂心).44 마탈심은

---

41 〈聖凡說〉, '始生爲爲心 爲爲心始生 天地生焉 世界生焉 道亦必生'
42 〈聖凡說〉, '人生厥初 實無一毫持來 只將寶鏡一片 反照虛空 左邊一岸 如如寂寂 右邊一岸 塵塵濛濛 居其兩間'
43 〈三心觀〉, '聖亦大障 世必小障'
44 〈聖凡說〉, '聖人之爲爲心 卽自利心 自利心生則 利他心自生 利他心生則

정반대다. 마탈심은 나에게도 해롭고, 다른 사람들에게도 해롭고, 인간 사회를 분열시키며, 강제하고 억압하며, 날마다 고통의 바다이다. 그러므로 마탈심은 멸망의 지름길이다. 한 개인에게 마탈심이 생기면 그 개인이 망하고, 한 국가에게 마탈심이 생기면 그 국가가 망하고, 한 문명에 마탈심이 생기면 그 문명이 망하게 된다고 의암은 강조한다. 따라서 세상의 번영과 자유는 오직 성인의 위하고 위하는 마음에 달려 있다고 하겠다.

5. 성심불이: 진심불염

〈진심불염〉은 「무체법경」의 결론이다. 줄곧 성심에 대하여 논하다가 마지막 장에서는 참된 마음에 대하여 논한다. 참 마음은 어떤 마음인가? 비고 고요하지만 삼라만상에 통하는 마음이며 늘 같은 마음이다. 또한 유무형의 우주 전체를 안에 품은 한마음이다. 고요하고 비었으니 무한을 품은 마음이며, 우주 간에 미치지 아니하는 곳이 없는 무궁한 마음이다. 가장 높고, 깊고, 크고, 너른 마음이다.

아무리 많은 말로 아무리 오래도록 이야기한다고 하여도 이 마음을 그려내거나 표현하거나 보여줄 수는 없다. 보이지 않는 것을 어떻게 보여주며, 들리지 않는 것을 어떻게 들려주며, 잡히지 않는 것을 어떻게 형용할 수 있겠는가? 그러므로 수운은 '그렇지 아니하다(不然)'고 하였다. 생각이 끊어지고, 말이 끊어지고, 일체 감각이 끊어

共和心自生 共和心生則 自由心自生 自由心生則 極樂心自生'

지므로 그렇게 표현한 것이다. 그러나 마음이 성품과 같아지면 불연不然을 지금·여기에서 그대로 구현할 수 있으니 이 마음은 신의 조화이며, 영령靈의 표현이며, 영부靈符이다. 이 마음이 곧 무극한 도이면서 무궁한 운이다. 하늘마음과 사람마음이 둘이 아니요, "나와 하늘이 둘이 아니요, 성품과 마음이 둘이 아니요, 성인과 범인이 둘이 아니요, 나와 세상이 둘이 아니요, 삶과 죽음이 둘이 아니니라."45 즉, 성심이 둘이 아니다.

성심불이性心不二의 경지를 표현하는 불가의 개념이 '여래장자성청정심如來藏自性淸淨心'이다. 여래장은 초월적 보편성인 여래가 모든 존재자들에게 본래 갖추어졌음을 표현하기 위함이요, 자성은 내 안의 성품이 곧 불성임을 드러내기 위함이요, 청정심은 이 자성이 본래 깨끗하고 흔들리지 않지만 활발하게 작용하고 있음을 나타내기 위함이다. 청정심은 티끌에 물들지 않으며 아상我相에 사로잡히지 않는다. 티끌이라 하지만 청정심에게는 여래장이며, 아집이라고 하지만 청정심에게는 자성일 뿐이다. 즉, 상즉상입相卽相入이다. 티끌이 즉 불성임을 알며, 티끌의 겉모습에서 그대로 그 안의 불성을 본다. 그러므로 어떻게 여래장에 물들며 어떻게 자성에 집착할 수 있겠는가? 집착하려 하지만 본래 비었으니 잡을 곳이 없으며, 물들려 하지만 본래 비었으니 그림자가 물속에 드리워도 젖지 않는 것과 같다.

'나'와 사물은 똑같이 티끌일 뿐이다. 하나의 티끌에 만 가지 티끌에 물들었다는 것은 있을 수 없으니 의암은 이것이 해탈의 길이라

---

45 〈眞心不染〉, '我天不二 性心不二 聖凡不二 我世不二 生死不二'

한다. 분명히 알아듣지 못하는 것을 우려하여 의암은 사람이 물건을 취하는 것은 정 있는 티끌이 정 없는 티끌을 취하거나 버리는 것은 당연한 것이니 이를 물들었다고 할 수 없다고 다시 부연한다.46 물들었다는 것은 나와 사물을 차별하는 마음에서 생기는 것이니 나와 사물은 본래 비었다고 하면 물드는 주체도 비었고 물드는 대상도 비었으니 자연히 해탈이다. 나라는 생각(我相)과 사물이라는 생각(物相)은 본래 실상이 아니요 전도망상일 뿐이니 이 망상을 벗어던지면 똑같은 티끌일 뿐이니 티끌이 티끌에 물들 수는 없다.

하늘이라 또는 사물이라 하는 것은 내 마음이 부르는 이름일 뿐이며 본래 비고 고요하며 깨끗한 줄을 알면 비가 억수로 와도 의건(衣巾)이 젖지 않으며, 진흙탕 길을 걸어도 버선과 신발이 더러워지지 않음을 수운과 해월은 직접 보여주었다. 이 경지를 성심본체라 한다. 의암은 "거울이 없으면 만 티끌이 어디에 붙겠는가."47라고 하였다. 육조 혜능도 "밝은 거울은 경대鏡臺가 아닌데 티끌이 어디에 붙겠는가."48라고 말하였다. 밝은 거울은 물들지 않는 마음을 비유함이니 먼지가 일어나거나 붙을 여지가 없다.

---

46 <眞心不染>, '我是我也 我爲一塵 物是物也 物爲萬塵 我塵物塵 都是一塵 何能染此 何能染彼 然而 我爲有情 物爲無情 以有情奪無情 理所固然 有心有奪 是謂塵染 實有不然 再思再思'
47 「偶吟」, '若使本無鏡 萬塵何處着'
48 '菩提本無樹 明鏡亦非臺 本來一無物 何處惹塵埃 보리라는 나무는 본래 없고, 명경도 또한 대가 아닐세, 본래 한 물건도 없거늘, 어느 곳에 티끌이 일어나리요.'

성심본체에 대한 의암의 묘사는49 신묘神妙와 현묘玄妙의 지경이라 범접하기 어렵다. 그러므로 의암의 표현을 조금 풀어 헤쳐 이야기할 필요가 있다.

성심본체는 인과법이 없이 스스로 있으며, 성심본체는 증득하거나 수련으로 얻는 것도 아니며, 어떤 형상으로도 형용해 낼 수 없다. 성심본체는 현재의 심신이 완전히 떨어져 나가고 현재의 우주가 다 없어져 버릴 때 오로지 홀로 본래 드러나는 참 존재이다. 허공과도 같아서 취하려 하여도 얻을 수는 없으며, 버리려고 하여도 버릴 수가 없다. 한 생각이 떠오르면 그 즉시로 오고 한 생각이 사라지면 그 즉시로 없어져 왕래의 자취가 묘연하다. 오고간다고 하지만 성심본체는 우주에 꽉 차 있으니 본래 왕래가 없는 것이다. 또한 정해 놓고 머무는 자리가 따로 없으니 우주 간에 아니 계신 곳이 없다. 성심본체는 너무나 미세하여 아무리 보려고 하여 볼 수 없고 아무리 말하려 해도 표현할 길이 없으니 예부터 귀신조화라 하였다. 그렇지만 사람이 성심본체에 이르면 능히 이 무극하고 무궁한 물건을 스스로 움직이고 스스로 사용하고 자유자재로 쓸 수 있다. 의암이 "만 가지 지혜와 만 가지 능력을 자유로 쓴다."50고 하는 것은 성심본체가 쓰는 것이다. 또한 의암은 "만법이 내게 있으니 멀리 구하지 말라. 한 조각 마음머리가 고금을 부르고, 강산을 호령하고, 일월을 바르게 한

---

49 〈眞心不染〉, '性心本體 非因非果 無證無修 亦無相貌 如虛如空 取不能得 捨不能棄 往來自在 常無住處 微妙而難見難言 然而人能自動自用'
50 「偶吟」, '萬智萬能我自由'

다."51고 하였다.

성심본체는 하나에서 나왔으니 일체 만유가 뿌리를 하나의 근본에 내리고 있다. 이 하나에는 여러 가지 이름이 있으나 아직 하나의 지경에 들지 못한 마음들이 부르는 이름이지만 하나에 들게 되면 일체의 이름을 여의게 된다. 이름을 여의면 만기만상萬機萬相이 그대로 성심본체 아님이 없다. 마음이 성심본체의 지경에 들지 아니하고 천경만독千經萬讀을 하고 천상만배千像萬拜를 한들 아무런 소용이 없다.52 「무체법경」은 바로 이 '성심본체'의 진리를 밝히며 '본래의 나'의 실상을 드러내는 것으로 끝을 맺고 있다.

6. 하나로 돌아감

「무체법경」을 중심으로 살펴본 의암의 성심관에는 불가적 개념이 적지 않게 활용되고 있다. 수운과 해월의 담론과 사뭇 다르다. 그럼에도 불구하고 의암의 성심관은 수운과 해월의 심법과 하나로 통해 있다. 주문의 시천주를 해월은 천지부모로 표현하였고 의암은 성품으로 표현하였다. 또한 조화정을 해월은 식고로 설명하였고 의암은 마음으로 설명하였다. 「무체법경」은 성심 분별에서 시작하여 성심수

---

51 「偶吟」, '萬法在我勿求遙 一片心頭古今招 號令江山正日月'
52 「後經(2)」, '爾不覺自性自心 雖身破如塵 終不得大成 爾不知自性自大 自心有道 雖說得千經萬讀必不辨'

련의 과정을 걸쳐서 궁극적 경지인 성심본체로 돌아가고 있다. 「무체법경」을 통하여 의암은 인내천人乃天을 체계적이며 논리적인 짜임새를 갖춘 성심의 종교철학으로 정립하였다.

　의암은 '오심즉여심吾心卽汝心'과 '귀신자오야鬼神者吾也'라고 하는 동학 심법의 근본을 성심 두 개념으로 성공적으로 설명하였다. 의암은 유가적 담론과 불가적 담론을 성심관을 통하여 회통시킨 것이다. 수운의 유가적 통로와 해월의 선가仙家적 통로에 더하여 의암에 의하여 천도의 본원에 진입해 들어가는 불가적 통로가 새로 열린 것이다. 보편적 진리로 나아가는 통로는 철학과 수행에서 매우 중요하다.

　진리로 나아가는 통로는 문명권에 따라서 구체적이며 특수적이기 때문에 그 제한성을 넘어서기가 매우 어렵다. 그러므로 각 문명권은 각자의 독특한 통로에 강하게 집착하는 양상을 보인다. 이처럼 문명권의 특수성을 넘어서지 못할 때 갈등의 씨앗이 잠재한다. 현재 중동의 갈등에서 우리는 문명 충돌을 실감할 수 있다. 그러나 한반도에서는 오히려 서구적 근대성의 갈등을 보고 있는 것은 역사의 아이러니가 아닐 수 없다. 소통 가능성은 통합 가능성이다. 의암의 성심관에서 소통 불가능한 일은 없으며, 풀지 못할 매듭은 없으며, 해결 못할 문제는 없다는 가르침을 얻을 수 있다.

　동학·천도교에서는 진리 본체로 나아가는 유가적·선가적·불가적 통로가 복합적으로 열려 있다. 여러 통로들이 열려 있으므로 통로들 간의 의사소통과 통합성이 다른 어떤 종교보다도 높은 것이 그 특징이다. 종교학자들은 이러한 특징은 흔히 '종합주의Syncretism'나 '종교적 다원주의'와 같은 개념으로 설명한다. 그보다는 오히려 종교

소통이나 종교 통일이라는 표현이 적합한 것으로 보인다. 또는 종교 '본원주의'라고도 할 수 있다. 모든 종교는 근본적으로 하나의 근원에서 나왔다는 의미에서 '본원주의'라 하겠다. 그 본원을 수운은 '용담연원龍潭淵源'과 '구미산의 개화開花'로 표현하였다. '천도天道'란 모든 종교와 문명 그리고 우주의 본원이다. 동귀일체同歸一體, 동귀일심同歸一心, 만화귀일萬化歸一은 이 본원으로의 회귀이다.

인천에서 서울 가는 길을 물으면 동쪽으로 가라고 한다. 춘천에서 서울 가는 길을 물으면 서쪽으로 가라고 한다. 수원에서 서울 가는 길을 물으면 북쪽으로 가라고 한다. 개성에서 서울 가는 길을 물으면 남쪽으로 가라고 한다. 수많은 종교들이 진리를 묻는 사람들에게 근원으로 가는 길을 가르쳐 주고 있다. 그 본원에서 바라보면 '동서남북'은 모순되지 않으며 모두 진리로 가는 길이다. 본원에 이른 마음은 스스로 구한 것을 가지고 자기가 옳다고 주장하지도 않을 뿐만 아니라 남이 틀리다고 주장하지도 않는다. 일체의 표현과 일체의 체가 사라진 본원이 무체법이다. 그러므로 무체법은 진리와 자유 그리고 평화의 법이라 할 수 있다.

의암 손병희의 심성론과 한울 이해
: 불교적 심성론을 중심으로

정혜정*

1. 머리말

   1860년 수운 최제우가 창도한 동학은 해월 최시형, 의암 손병희로 계승되면서 유·불·도 삼교합일의 창조적 사유가 심화·전개되는 양상을 띤다고 할 수 있다. 포함삼교包含三教의 풍류도로 표방되었던 우리 고유의 전통 사유는 고대 삼국, 고려, 조선을 거치는 동안에도 유불도의 삼교합일적 사유가 공존하였고 다양한 스펙트럼 속에서 전개되었다고 본다. 조선의 통치이념이 되었던 주자학 자체도 불교와 도교에 영향받아 체계화된 것임을 부인할 수 없을 것이다. 물론 유가적 인륜을 절대적 규범으로 삼고 이를 이理로 설정해 갔던 것에 초점을 둘 때 당연히 주자학은 유교 전통으로 이해되어야겠지만 주자학의 심성론 역시 유·불적 사유 체계의 교섭을 떠나서는 이해될

---
* 동국대 강사

수 없을 것이다. 조선 심성론과 의암 손병희의 심성론 역시 그러한 맥락에서 이해될 수 있다. 심성론은 주자의 심통성정론心統性情論에서 출발하는 성리학적 사유체계라 할 것이다. 그러나 주자의 심성론 자체가 불교를 채용한 것이기에 주자의 심성론에는 대승기신론에서 말하는 일심이문一心二門의 마음 구조가 묻어난다. 일심이문의 일심은 진여문眞如門과 생멸문生滅門을 통합하고 있는데 주자의 성과 정이 각각 기신론의 진여와 생멸에 해당한다 할 것이다. 주자는 유교를 중심에 놓고 불교에 영향받아 심성론을 전개해 갔다고 할 것이다. 주자학의 이기심성론은 퇴계와 율곡과 같은 조선의 성리학자들에 의해 논쟁적으로 발전되었음은 잘 알려진 바다.

한편 조선 시대에 오면 불가에서도 심성론이 전개되는데 이는 불교에 중심한 유불 결합적 전개로 논의되는 주된 주제이기도 하였다. 성리학과 불교를 결합시켰던 불교 선사들, 즉 세종대의 득통 기화, 명종대의 허응당 보우, 숙종대의 운봉 대지로 이어지는 계보가 그것이다. 본고는 특히 의암의 심성론이라 할 수 있는 성심신삼단론을 이러한 심성론적 전통을 참고해 가면서 이해하고 의암이 주장하는 본래적 자아를 고찰해 보고자 한다.

의암은 수운이 말한 시천侍天의 한울을 성천性天, 심천心天, 신천身天으로 구분하여 이것이 인간의 본래아本來我임을 말했다. 이는 공적활발空寂活潑과 전일성을 의미하는 것으로서 주자학적 자아개념과 구별되고 현대적 자아개념과도 다르면서 불교적 사유를 강하게 나타낸다고 할 수 있다.

일반적으로 자아自我라는 개념은 현대적 의미에 있어서 전체와 분리된 독립적 자율의 주체로서 자신의 동일성 또는 연속성을 의식하는 주체를 의미한다. 자아실현의 교육 목적이라는 것도 개인이 가진 개별적 재질과 능력을 사회적으로 실현하는 주체로서의 사회적 지위의 경쟁, 성공으로 이어진다. 그러나 이는 사회적 자아 정체성으로서 사회화의 작동에 불과하다. 의암이 주장하는 인간 본래의 나(자아)는 전체와 분리될 수 없을 뿐만 아니라 인간 주관과 객관이 통일된 주체임을 전제하고 있다. 인간의 진정한 자아란 그 자체가 우주와 하나인 전일적 자아인 동시에 주재성을 지닌다. 그러나 만물의 체용이 되는 이러한 인간의 본래적 자아가 실현되기 위해서는 신체를 승화시켜 지각 경험의 표상들을 정화해 가는 이신환성以身換性의 수행이 필요하다고 의암은 말한다.

2. 의암의 성심신삼단의 심성론

1) 심성론의 유불 결합적 전통

주자학에 의하면 인간과 만물은 우주 보편의 이理를 부여받아 형기形氣를 입고 태어난다. 특히 인간 안에 부여된 이理를 성성이라 하고 인간 본성으로서 성性은 곧 이理로서 인의예지를 일컫는 것이고 정情은 기氣로서 칠정을 의미한다. 또한 이와 기는 체용의 관계로서 서로 떨어질 수 없고 그렇다고 섞이지도 않는 결합체이다(不相離不相雜). 하지만 주자가 이기를 체용 관계로 놓았어도 이선기후理先氣後,

이존기비理尊氣卑로 흘러 상호 융섭이 아닌 이원론이 되고 말았다. 따라서 주자의 심心은 성性과 정情을 통섭(心統性情)하지만 성만이 순선한 것이기에 심은 순선한 것이 아니다. 그러나 퇴계에 의하면 성은 심의 체體이고 정은 심의 용用이다. 성이 대상(物)에 감感하여 비로소 움직이는 것을 정이라 하고 심은 성과 정을 통수하는 것으로 그 본질은 하나라고 주장하였다. 따라서 퇴계는 이발理發과 기발氣發의 호발互發을 말하여 성·정의 체용體用을 아우르는 순선한 사단의 발현을 이발이라 하였고 심을 태극으로 놓았다.1 득통 기화는 성과 정을 논하는데 성을 진심에 놓고 정을 망심에 놓고 있다. 득통의 이러한 논리는 대승기신론의 일심이문一心二門과 가깝다 할 것이다. 즉 일심은 두 가지를 융섭하고 있는데 첫 번째는 진여문의 진심眞心이고, 두 번째는 생멸문의 망심妄心이다. 진심과 망심은 모두 하나다.2

> 情이 性에서 생겨남은 구름이 하늘에서 일어남과 같으며, 情을 떠나 性을 밝힘은 구름이 걷히어 푸른 하늘이 나타남과 같다. 情에 얕고 두터움이 있음은 구름에 맑고 흐림의 차이가 있는 것과 같다. 구름에 맑고 흐림의 차이가 있으나 하늘의 빛을 가리우는 것은 매한 가지이며 情에 두텁고 얕음의 다름이 있으나 性을 가리움은 마찬가지이다. 구름이 일어남에

---

1 『退溪先生文集』, 卷37, 書, '心靜而太極之體具 心動而太極之用行 故云心爲太極'
2 『顯正論』, '衆生心者 亦有二種 一眞如門眞心也 二生滅門妄心也 然二門無碍 都是一心 … 以是二門不相離故'

해와 달이 빛을 빼앗겨 天下가 어두워지며 구름이 걷힘에 빛이 온 세계를 비추어 우주가 廓然해 진다. 불교에 비유하자면 청명한 바람이 떠도는 구름을 쓸어감과 같다.3

한편 보우는 성리학에서 말하는 사단과 칠정의 정을 모두 성의 작용으로 보아 일심의 발현으로 놓고 있다. 여기서 보우가 쓰는 성性은 불성에 가까워 보인다.

> 마음은 고요하여서 사념이 없다. 그러면서 하늘과 땅과 만물의 이치를 가지고 있지 않음이 없어서 신령스러워 어둡지 아니하고 하늘과 땅과 만물의 일을 응하지 아니함이 없어서 일찍 한 생각도 사사로워서 치우치고 사특함이 있지 아니하다. 그러기에 하나의 성품이 발하면 측은한 마음과 수오하는 마음과 사양하는 마음과 옳고 그름을 따지는 마음으로부터 기뻐하고 성내고 슬퍼하고 즐거워하는 것의 온갖 일에 따라 응하는 것이 마치 거울이 물건을 비추듯 하여서 일찍 한 가지의 일도 그릇됨이 없으니 이것은 사람의 마음이 본래 바르고 순수하여서 섞임이 없는 이유이다.4

---

3 『顯正論』, '情生於性 猶雲起於長空 去情顯性 猶雲開而現大淸也 情有薄者焉 有厚者焉 猶雲有淡者焉 有濃者焉 雲有濃淡之異 而掩天光則一也 情有厚薄之殊 而礙性明則同也 雲起也 日月收照而天下暗然也 雲開也 光被大千而宇宙廓如也 雲起也 日月收照而天下暗然也 雲開也 光被大千而宇宙廓如也 佛敎比之 則若淸風之掃浮雲也'

4 虛應堂 普雨, 「一正論」, 『韓國佛敎全書』, 7~581中, '其心寂然無思. 而天地萬物之理 無所不該 靈然不昧 而天地萬物之事 無所不應 而未曾有一念之

왜냐하면 원래 성리학에 있어 사단四端은 순수무잡한 것이지만 칠정七情은 삿되고 치우치기 쉬운 것이다. 그러나 보우에게 있어서는 이 모두가 성품의 발함으로써 하나의 올바른 작용일 뿐이다.5 또한 성리학에서 성性은 이理로서 순수무잡한 것이지만 심은 성과 정情을 통괄하는 것이므로 기에 해당한다. 성즉리性卽理이지 심즉리心卽理가 아닌 것이다. 그러나 보우는 심이 만물의 이치를 구비하고 있고 본래 바르며(正) 순수무잡하기 때문에 심(성)이 발하여 생기는 사단과 칠정 모두 순수하다. 보우에게 있어 심과 성은 모두 순선한 체體에 해당한다 할 것이다.

한편 심心을 체體로 성性을 용用으로 놓은 경우도 있다. 숙종대 운봉雲峰 대지大智의 『심성론心性論』에 의하면 "사람마다 원만하고 공적空寂한 마음의 본체를 가지고 있으니 그 본체는 눈으로 보거나 귀로 들을 수 없으나 태허太虛를 품고 사람마다 광대하고 영통靈通한 본성

事以偏之邪之也 是故一性之發 惻隱羞惡辭讓是非 以至喜怒哀樂 隨應萬事 如鏡照物 而未曾有一事之錫 此人心之所以爲本 正而純粹無雜者也.'

5 성리학자들과 보우의 사칠론(四七論)을 비교해 보면, 보우에게 있어 사단과 칠정은 모두 性이 발한 것으로 순수무잡하고, 주자에게 있어서 사단은 성에서 발한 것, 칠정은 형기(혹은 찌꺼기)에서 발한 것이다. 또한 퇴계의 경우는 성이 발한 것은 사단이요 기가 발한 것은 칠정이다. 그리고 고봉과 율곡의 입장은 이기묘합 속에서 기가 발한 것이 사단·칠정이다. 즉 여기서 사단은 칠정에 포함되는 것으로 사단, 칠정 모두가 기발의 정이다. 단지 사단과 칠정을 구분하는 것은 발한 상태에서 과불급의 차이와 정도에 따른 것일 뿐이다.(정혜정,「허응당 보우의 일정론과 사상적 의의」,『동양철학』23, 한국동양철학회, 2005.7, 재인용)

적인 작용을 지니고 있으니 그 작용은 공간적 제약을 벗어나 온 법계에 두루한다."6고 했다. 운봉은 심을 체로, 성을 용으로 놓고 있는 것이다. 의암은 운봉과 달리 성을 체로 놓고 심心·신身을 용으로 놓았다. 그러나 이는 어디까지나 관념상의 구분이기에 성심이라 하든 심성이라 하든 모두 하나의 통체이다. 운봉에 의하면 인간은 공적한 체體와 온 세계에 두루 작용하는 체·용을 지닌 것이다. 이는 의암이 말하는 공적활발과 같다고도 할 것이다. 또한 운봉은 병을 비유로 들어 말하기를 "중생의 법신은 하나의 자그마한 병속에 있는 허공과 같아서 각 사람의 성性이 된다. 즉 그 한정됨을 알 수 있으니 허공이 비록 끝이 없지만 병으로 한정되는 것이다."7라고 했다.8 여기서 병은 의암에 의하면 심·신에 해당하고 허공은 곧 의암에게 있어 공적空寂의 성性이라 할 것이다. 다만 의암은 비유를 듦에 있어서 병의 허공 대신 작용을 강조하는 의미에서 등불로 설명하는 차이가 있다.

묻기를 어떠한 방법으로 그 큰 장애를 벗어나서 그 진성을 볼 수 있습

---

6 雲峰, 『心性論』, 人有圓滿空寂之心體 絶視聽而含太虛 人有廣大靈通之性用 離方處而周法界.
7 雲峰, 『心性論』, '衆生法身 如一小瓶空 於一人爲性 則其恨可知也 虛空雖有無邊 以瓶爲限矣'.
8 이 瓶空의 비유는 율곡도 사용한 바가 있다. "물은 그릇을 따라서 모가 나고 둥글며, 허공은 병을 따라 작고 커진다."(『栗谷全書』 卷9, 「四七論」, 水遂方圓器 空隨小大瓶) 병 안에 허공이 있다는 비유는 불교에서 인용한 것이다. 율곡에게 있어서도 性은 心中의 理요 心은 性을 담는 그릇이다.

니까. 대답하기를 해와 달은 비록 밝으나 검은 구름이 가리면 병 속의 등불과 같다. 성의 맑고 깨끗한 것을 많은 장애물이 둘러서 진흙 속에 묻힌 구슬과 같으니….9

의암에 있어서 성性은 공적한 것으로 체에 해당하고 심心은 활발活潑로서 용에 해당하는 것으로 양자가 완전히 통섭되어 있다(卽體卽用). 의암의 성性은 공적空寂으로서 만물을 변화·생성케 하는 근거가 된다. 이러한 의암의 심성론은 조선 시대의 불교적 심성론과 맞닿아 있다. 이 불교적 심성론은 대승기신론의 입장을 대부분 반영한 것이다. 이러한 양상은 조선 후기에서도 그대로 나타나고 있다. 중생심, 자성청정심 등으로 불리는 일심一心은 무한한 작용력을 지닌 통일적인 마음으로서 불성이고 여래장으로 이 마음에는 두 가지 측면이 있다(一心二門). 하나의 마음이 둘로 나뉘었다는 것이 아니라 두 가지 관점에서 접근할 수 있다는 것을 의미한다. 하나는 진여의 마음(眞如門)이고 또 하나는 생멸의 마음(生滅門)이다. 진여의 마음은 불변의 관점에서 바라본 것이고 생멸은 변화의 관점에서 바라본 것이다. 불교의 심성론에서 말하는 일심一心은 곧 진여와 생멸의 체용을 결합하여 일컫는 궁극자로서 의암의 '천天(한울님)'에 해당하는 것이라 보아도 될 것이다. '심즉천心卽天'인 것이다. 즉 의암의 천은 성심의 공적활발이다. 성의 공적함은 곧 진여요 무체성으로 진진여여眞眞如如이다.10 또

---

9 『後經(二)』.
10 『後經(二)』.

한 한울의 작용, 즉 영적靈迹은 활기活氣로서 무극계이며11 천지무궁의 근본12으로 이해된다. 여기서 활기란 활동의 기를 의미하는 것으로서 활활발발하여 물이 방금 솟는 듯하고 불이 활활 붙는 듯한 기운이다. 의암은 유가에서 말하는 원형이정의 천리도 활동,13 즉 작용으로 놓고 있다. 일찍이 운봉선사는 "역易의 도道는 태극에서 근원한 것이고 태극은 또 무극을 근본으로 한 것이다. 무극은 담적허명하고 십허를 포괄한다. 즉 부처의 법신이다. 무극 가운데 영묘한 것이 일어나는데 이것이 태극이다. 영묘靈妙함이 발현하는 것이다."14라고 하였다. 운봉이 말하는 심성의 체용은 무극과 태극이 각각 체용으로 설명되면서 의암이 말한 공적활발의 체용을 해석할 수 있는 단서가 된다 하겠다.

2) 의암의 공적활발의 성심론과 불교적 이해

의암은 수운이 말한 시천을 각천覺天으로 이해하면서 그 각천이란 성심신삼단의 깨달음으로 의미지었다. 즉 의암에게 있어 한울(天)이란 곧 성천性天, 심천心天, 신천身天15 삼단이 결합되어 이루어진 것으

---

11 『大宗正義』.
12 『授受明實錄』.
13 『明理傳』.
14 雲峰禪師, 『心性論』, '夫易之爲道 原於太極 而太極又本乎無極 無極者湛寂虛明 抱括十虛之謂也 卽佛之法身是也 極乎無極之中 靈妙將發謂之太極 太極者含畜一眞 充塞六合之謂也 靈妙發矣'.

로 의암에게 있어서 성性, 혹은 성리性理는 성리학에서 말하는 성즉리性卽理의 성리라기보다는 불가佛家의 불성佛性에 가까운 개념이라 할 수 있다. 북송 도학이 성립할 때 '이성理性'이라는 말이 당시에 보편적으로 사용되었는데 그 이성에서 허虛無의 개념을 걷어내고 오로지 유적有的 윤리 규범으로서 인의예지를 제시한 것이 주자이다.16 물론 삼라만상에 불성이 내재해 있다는 불교의 '이성'과, 전체의 이理는 하나라는 주자의 이일분수理一分殊의 '이일理一'은 상통해 보인다. 인간에게 부여되어 있는 이가 성性이므로 불교의 불성이든 도학의 성性이든 전일성全一性에 있어서 유사한 측면을 지닌다.17

의암에게 있어서도 성리性理는 인·의·예·지를 성리로 삼는 주자학과는 달리 공공적적空空寂寂하고 무변무량無邊無量한 것으로 동정動靜이 없는 근원이다. 또한 마음은 기氣로써 두루 충만하여 다함없이 크다. 그러므로 의암은 성과 심을 체용 일치의 차원에서 합하여 쓴다. 어떻게 보면 성이라 하고 심이라 하는 것은 관념상의 구분이기도 하다. 성과 심은 하나로서 분리될 수 없는 것으로 성리가 없으면 마음이 없는 목인木人과 같고 심기가 없으면 물 없는 고기와 같다.

性은 이치니 性理는 空空寂寂하여 가이 없고 양도 없으며 움직임도 없

---

15 『無體法經』, '覺所左岸 性天理天 覺所右岸 心天身天…性心身三端 合以示之 分以示之 三端無一 非道非理'.
16 쓰치다 겐지로, 『북송도학사』, 서울: 예문서원, 2006, 222쪽.
17 주자의 性은 인의예지의 선천적이고 도덕적인 본성이지만 주자의 심통성정론은 불교 기신론에 영향 받은 바 크다.

고 고요함도 없는 원소일 뿐이다. 마음은 기운이니 심기는 圓圓充充하여 넓고 넓어 흘러 물결치며 움직이고 고요하고 변하고 화하는 것이 때에 맞지 아니함이 없다. 이러므로 이 두 가지에 하나가 없으면 성품도 아니요 마음도 아니다. 밝히어 말하면 성리가 없으면 마음이 없는 木人과 같고 심기가 없으면 물 없는 곳의 고기와 같다.

즉 성리는 본래 공적하고 무선무악無善無惡, 무시무종無始無終한 것이요, 마음은 본래 활발한 것이지만 마음 역시 무를 갖추고 있다.18 마음이 성性 속에 들면 공공적적하고 성이 마음속에 들면 활활발발하다. 그러므로 성심性心은 공공적적·활활발발한 것이라 하였다.

> 마음이 성품 속에 들면 空空寂寂하고 성품이 마음속에 들면 活活潑潑해진다. 비고 고요하고 활발한 것은 내 성품과 내 마음에서 기인된 것이요 내 성품과 내 마음은 내 마음의 본바탕이니 도를 어느 곳에서 구할 것인가 반드시 내 마음에서 구할 것이다.19

성은 공적空寂이다. 인간은 공적함을 바탕으로 한 활발의 활동체이다. 활발이라고 하는 것은 정지하는 바 없이 무한·무궁하기 때문이다. 이것이 한 상태에 고정되어 다시 다른 대립으로 옮아갈 수 없

---

18 『後經(一)』.
19 『後經(二)』, '心入性裏則 空空寂寂 性入心裏則 活活潑潑 空寂活潑 起於自性自心 自性自心 吾心本地 道求何處 必求吾心'

는 때는 죽음을 의미한다. 우리의 본래 자아는 언제나 창조적이고 자유이고 무한히 활동한다. 이는 현상을 만들어내고 움직이게 하는 근거가 된다. 공空이기 때문에 없는 곳이 없고 작용하지 않는 데가 없는 것이다. 그러기에 활활발발의 생명 약동이 이어져 존재를 생성한다. 생명 약동의 한 순간 한 순간이 점점이 이어져 우리 삶이 이루어진다. 그러므로 공적활발의 성심을 갖춘 인간 삶은 능동적인 생명의 활동이 된다.

> 성리는 공적하나 자체 秘藏 중에 크게 활동할 동기가 갖추어져 있다. 만물이 크게 활동할 본지를 삼은 것이요 마음은 작게 활동하는 기관이다.[20]

그러므로 인간은 실체적 존재가 아니라 활동적 존재이다. 생명의 활동 그 자체가 진리를 형성한다. 인간 마음의 직접 경험으로서의 활동이 존재를 이루는 것이다. 내가 있어 대상을 경험하는 것이 아니라 활동 경험이 나를 만들면서 천지합일의 대활동을 지향한다. 의암에게 있어 진정한 자아는 이러한 우주합일적 활동에 도달하는 것에 있다. 불교에서 말하는 것처럼 자기와 우주는 동일의 근저를 가지고 있다. 아니 바로 동일물이다.

의암이 말하는 공적활발은 분명 유가의 심성心性과 대조된다. 『주자어류』에서 주자는 "붓다는 만리萬理가 모두 공空이라고 주장하고

---

[20] 『무체법경』 「見性解」

우리 유학은 만리가 모두 실實이라고 주장한다."고 하였다. 주자는 정이가 그랬던 것처럼 불교·도교와 혼용된 도학적 전통 가운데 무無를 걷어내 오로지 성性을 규범적 인의예지의 유有로 놓았다.21 그러나 모든 존재가 무 없이는 존재할 수 없음을, 그리고 개체와 전체가 일치되는 것은 본허本虛·본공本空이기 때문임을 불교는 말한다. 의암의 한울도 공空을 수반하기에 만물이 성장하고 세계가 개벽되며 인간 개체가 전체가 될 수 있다.22 의암은 한울을 불공不空이라고도 했는데 의암이 말하는 불공不空의 의미는 "비고 빈 것이 본래 빈 것이 아니다(空空本無空)."라고 설명하였다.23 그리고 '처음이 없는 성품은 바로 '무체성無體性'으로 '생사도 없고 더함도 샘도 없으며(不有生死無漏無增)', '본성의 인연 없이 생겨남(無緣有生)'이니, '진진여여眞眞如如'라 하였다. 불교에서도 진여24란 본체를 뜻하는 것으로 참된 실상

---

21 有의 입장에서 理를 생각한 유자들의 시도는 불교의 허에 대한 실의 주장과 평행하고 있는 것으로 불교에 대한 사상적 열등감의 불식에도 도움이 되는 것이었다. 그 중에서도 '유'의 장에 일관할 수 있는 원리로서의 '이'를 체계적으로 제시할 수 있었던 것은 주자 이전에 정이로부터 시작한다. 이는 중국의 전통사상이 불교를 경유하여 도학으로 흘러간 것이라 할 것이다.(쓰치다 겐지로, 『북송도학사』, 앞의 책, 66쪽, 참고)
22 정혜정, 「동학사상의 탈근대성과 교육철학적 전망」, 『동학학보』10권1호, 2006.6, 57쪽.
23 『後經』.
24 범어로 Tathātā라 칭하는 진여는 우주 만유에 널리 상주불변하는 본체를 일컫는다. 이는 오직 성품을 증득한 사람만이 알 수 있는 것이며 거짓이 아닌 진실이란 뜻과 변하지 않는 여상(如常)함을 뜻하여 진여라 한다. 대승기신론에서 진여는 잠연적정한 무활동체가 아니고 이것이 무명의 연을

의 모습을 말한다.

일찍이 달마는 "사물이 생겨날 때는 본래의 공空이 생겨나는 것이지만 사물이 사라질 때는 본래의 공이 사라지는 것"25이라고 했다. 마음은 활동하면서 항상 공이므로 유가 아니며 공이면서 항상 활동하고 있으므로 무無도 아니다.26 즉 마음은 실체가 없으므로 유가 아니며 인연에 의하여 일어나므로 무도 아니다. 실제로는 하나도 생겨나는 일이 없고 하나도 사라지는 일이 없다. 자기 마음이 본디부터 비어 있다는 것을 안다면 마음은 아무 것에도 지배되지 않는다.27 이는 모두 공空과 불공不空을 함께 표현한 것으로 승조의 '진공묘유眞空妙有', 지눌의 '공적영지空寂靈知',28 해월의 '허령虛靈'과 상통한다 할

만나면 진여의 체가 온통 그대로 일어나 생멸변화하는 만유가 되거니와 진여의 자체는 조금도 변전되는 것이 아니라 말한다.
25 야나기타 세이잔 주해, 양기봉 역, 『달마어록』, 김영사, 1993, 75쪽.
26 위의 책, 194쪽.
27 달마에 의하면 여래라 칭하는 것은 그대로의 진리를 깨닫고 물질세계로 나오기 때문이다(解如應物). 붓다 또한 이법 그대로 깨달으면서도 깨달음을 대상에게 사로잡히지 않으므로 붓다라 한다 하였다.(위의 책, 90쪽.)
28 지눌이 말한 '공적영지'를 뜻하는 '진심(眞心)'과 통한다. 지눌의 공적(空寂)은 의암의 성리(性理)를, 지눌의 영지(靈知)는 의암의 마음을 지칭하는 것이라 할 수 있다. "공적하기에 모양이 없고 모양이 없으므로 크고 작음이 없다. 크고 작음이 없으므로 한계가 없고 한계가 없기 때문에 안팎이 없으며 안팎이 없기 때문에 멀고 가까움이 없다. 멀고 가까움이 없기 때문에 저것과 이것이 없고 저것과 이것이 없으므로 가고 옴이 없으며 가고 옴이 없으므로 나고 죽음이 없고 나고 죽음이 없으므로 예와 지금이 없으며 예와 지금이 없으므로 미혹과 깨침이 없고 미혹과 깨침이

것이다. 원래 불교가 말하는 공은 '진공묘유'의 공으로서 주자가 이해하는 바와 같이 허虛만을 주장함은 아니었다.29 이런 의미에서 볼 때 의암의 공적활발로서 성리 이해는 불교에 가깝다 할 것이다.

    無로써 無를 보면 無 역시 有요 無로써 有를 보면 有 역시 無이다. … 眞眞如如하여 無漏無增하다.30

없으므로 범부와 성인이 없으며 범부와 성인이 없으므로 더럽고 깨끗함이 없고 더럽고 깨끗함이 없으므로 옳고 그름이 없으며 옳고 그름이 없으므로 모든 이름과 말이 있을 수 없다. 그러나 모든 법이 다 공한 곳에 신령스런 앎이 어둡지 않아 무정한 것과는 같지 않게 성이 스스로 신령스러이 아나니 이것이 바로 인간의 비고 고요하며 신령스러이 아는 청정·공적한 마음의 본체라 한 것이다. 「修心訣」, 『韓國佛敎全書』4冊, p.710c, '不空之體 曰亦無相貌 … 旣無相貌 還有大小麼 旣無大小 還有邊際麼 無邊際故無內外 無內外故無遠近 無遠近故無彼此 無彼此則無往來 無往來則無生死 無生死則無古今 無古今則無迷悟 無迷悟則無凡聖 無凡聖則 無染淨 無染淨則無是非 無是非則一切名言 俱不可得 旣揔無如是一切根境 一切妄念 乃至種種相貌 種種名言 俱不可得 此豈非本來空寂本來無物也 然諸法皆空之處 靈知不昧 不同無情 性自信解 此是汝空寂 靈知淸淨心體 而此淸淨空寂之心'.

29 도가에서는 無를 빈 그릇의 쓰임에 비유하기도 한다. 그릇의 虛가 그릇이 되게 한다. 그러나 일반적으로 선불교에서 無는 깨달음의 경지에서 인식된다. 선사들은 그 경지가 언어가 끊어지고 생각이 끊어진 곳에서 체험되므로 사람들에게 표현할 때는 때로 "할!"을 외치거나 동문서답으로 표현했다.

30 『後經(二)』.

임제 선사에 따르면 활발발지活潑潑地야말로 사람이 사람다운 점이고 그것은 인간의 본질로서 실체성의 부정을 의미하는 것이다. 그러나 그 부정은 체용 일치, 유무 중도中道로 귀결된다. 성性은 항상 상相의 체로서 무無이고 상相은 체體의 용用으로 하여 고정적인 형形을 붙잡아 두지 않는 것이다. 말하자면 성性도 상相도 일체의 실체적인 것을 인정하지 않는 곳에 진정한 활동성이 있다는 것이다. 그것은 반야적인 공空 무자성의 작용이다.31 임제는 이를 성의 작용(性用)으로 파악한다. "주재자는 성性이고 성은 곧 나이며 내외 동작이 모두 이 성으로 말미암는 것이다(作者性也 性卽我也 內外動作 皆由於性)." 즉 성性은 곧 나我이고 나는 주재자가 됨을 그는 말한다.32 의암에게 있어서도 인간이 한울이고 주재자인 것은 공적활발의 성심천性心天이기 때문이다.

내 마음은 곧 천지 만물 고금세계를 스스로 주재하는 하나의 조화옹이다.33 이 조화옹되는 마음이란 본래 비인 것으로 변함이 없으나 스스로 화해 나며, 움직임이 없으면서도 스스로 나타나 천지를 만들고 다시 천지의 본체에 살아 만물을 내며 만물 자체에서 산다.34

---

31 柳田聖山, 『臨濟錄』, 東京: 大藏出版株式會社, 1972, 333~334쪽.
32 松本史朗, 『禪思想批判的研究』, 東京: 大藏出版株式會社, 1994, 243~244쪽, 재인용.
33 『無體法經』 「見性解」, '我心則天地萬物 古今世界 自裁之一造化翁 是以心外無天 心外無理 心外無物 心外無造化'
34 『神通考』 「心本虛」

의암은 "무릇 성이란 비고 고요하나 자체의 비장秘藏한 속에 크게 활동할 만한 동기가 있다."35 하였다. 비장은 불교의 여래장如來藏을 떠올리게 하는데 운봉 선사는 여래장이 곧 나(我)라고 하였다. 나는 여래장의 뜻으로 일체 중생이 모두 불성을 가지고 있는 것이 나의 뜻이다. 의암이 말하는 '공적空寂'과 '활발活潑'36의 불이불염不二不染의 진심眞心37은 곧 여래장과 통해 보인다.

성性과 심心은 현묘해서 물건에 응하여도 자취가 없으나 성性은 본래 없는 것도 없고, 있는 것도 없고, 나타난 것도 없고, 의지한 것도 없고, 선한 것도 악한 것도 없고, 처음도 나중도 없는 것이요, 마음은 본래 빈 것이다.38 이것이 의암이 말하는 인간의 본래적 자아(本來我)이다.39

무자성無自性, 즉 무체無體를 바탕으로 하기에 응물무적應物無迹, 무형유적無形有迹이 성립한다. 나도 없고 몸도 없고 마음 또한 없다.40 그러므로 본성의 인연 없이 생함이 있음41을 알라고 의암은 말한

---

35 『無體法經』, '夫性理 空寂自體秘藏中 有大活動的動機'.
36 禪家에서 活潑은 깨달음에 철저한 禪者의 언동을 일컫는 것으로 물고기의 팔팔한 모습에 비유한 말이다. 潑은 물고기가 뛰는 모습을 의미한다. (『임제록』, '無相無形 無根無本 無住處活潑潑地')
37 『無體法經』, '故眞心 不二不染 天體自用 自地自用 吾用自由'
38 『無體法經』「神通考」
39 『無體法經』「三性科」
40 『詩文』
41 의상의 화엄사상에 있어서 모든 것은 인연으로 말미암기에 인연(연기) 이전에는 존재가 있을 수 없다. 하지만 이를 性의 입장에서 보면 연(緣)

다.42 가는 것도 없고 오는 것도 없는 내 마음을 길이 지키어 옮기지 아니하고 바뀌지도 아니하는 큰 도를 창명하라면서 무형유적은 우리 도의 조화43라 하였다.

3) 성심신삼단의 결합체로서의 한울 이해

의암은 성(性理)44이 표현된 것이 몸이고 마음은 성리가 몸에 부여될 때 생기는 것으로 성리와 몸 둘 사이에서 만리만사를 형성하는 중추가 마음이라 하였다.

> 무릇 마음은 몸에 속한 것이다. 마음은 바로 성(리)이 몸으로 나타날 때 생기어 형상이 없이 성리와 몸 둘 사이에 있어 만리만사를 소개하는 요긴한 중추가 된다.45

이전에 성기(性起)의 법체가 있다.(「法界圖記叢髓錄」, 『韓國佛敎全書』6冊, p.779b, '問若緣起法隨起無側者 唯是緣前無法之義耶 答就緣論之 緣前無法 就性論之 緣前有法 何者 就緣論時現於今日緣中之五尺是緣起本法 無側而立 故緣以前無一法也 就生論時 本有性起法體也') 무자성이기에 본성의 인연 없이 중중무진(重重無盡)하게 존재(법계)를 일으킨다.

42 위의 책.
43 『降書』
44 의암은 한울을 性靈, 靈性, 性理로도 말한다. 일반적으로 서양철학에서 靈性(Spirituality)이란 육체와 대립되는 개념으로 인간을 구성하는 한 부분이다. 그러나 현대에 와서 영성이란 말은 불교의 불성, 힌두이즘의 아트만도 포괄하는 진리적 개념으로도 지칭되고 있다.

인간이 태어나기 전 우주 근원의 이치가 있고 이것이 인간 생명으로 드러난 몸은 한울 이치(성리)의 표현이다. 만물에는 우주 근원의 이치와 불성과 같은 근본 성품이 부여되어 있으며 각각의 개별 존재로 표현된 것이 만물이다. 인간 몸으로 한정지어 표현된 한울은 다른 개체와는 달리 한울과 몸의 관계를 이어주는 마음을 형성한다. 성리(영), 마음, 몸 삼단三端은 결합되어 있다. 이와 같이 의암의 삼단론은 성심신의 결합체이지만 성심만을 말해도 무방할 것이다. 신체는 지각 경험을 형성하는 감관적 활동체를 의미하여 마음(心)과 합한 개념으로 묶여져 쓰인다.

> 깨달은 왼쪽은 性天·理天이요 깨달은 바른쪽은 心天·身天이다. 靈이 발현하는 本地는 我性·我身에 있다. 성도 신체도 없으면 이치도 한울도 없다. 이치도 내 한울(아천) 다음에 이치요 과거도 역시 내 마음이 있은 후에 과거가 있다.46

의암에게 있어 성과 이는 같은 개념으로 쓰이고 있고 심과 신 역시 심신일여의 의미 속에서 사용되고 있음을 볼 수 있다. 불교나 의암에게 있어 몸은 모두 생물학적 몸을 의미하기보다도 감관을 통해 형성되는 지각 경험과 마음(정신)의 표상들을 연관하여 지칭하는 개

---

45 『無體法經』, 「성심신삼단」
46 『無體法經』, 「見性解」, '覺所左岸 性天理天 覺所右岸 心天身天 靈發本地 我性我身 性無身無 理無天無 理亦我天後理 古亦我心後古'

념으로서 신체는 곧 마음이 된다. 의암은 이렇게 인간을 성심신삼단의 결합체로 보면서도 그 시작은 몸·마음에서 출발하고 이 몸·마음은 성천에서 기인함을 설명한다.

> 성이 닫히면 모든 이치와 모든 일의 원소가 되고 성이 열리면 모든 이치와 모든 일의 좋은 거울이 된다. 모든 이치와 모든 일이 거울 속에 들어 능히 운용하는 것을 마음이라 이른다. 이 운용의 첫 시작점을 나라고 한다. 따라서 나의 시작은 성천의 기인한 바다.47

성품이 본체로서 합하여 있으면 모든 이치와 일의 원소가 되고 성이 작용하여 열리면 모든 이치와 일이 성의 거울 속에 들어 운용하는데 이를 마음이라고 의암은 칭한다. 즉 성은 거울이라 할 수 있고 마음은 거울에 비친 모습이라 할 수 있는데 거울에 비친 모습과 거울은 둘이 아니게 된다. 우리가 거울을 볼 때 거울에 비친 자기를 보듯이 보는 나와 보여지는 모습은 둘이 아닌 것이다.

일찍이 마조선사는 "마음은 거울에 비친 모습과 같다. 마음에 거울이 있고 거기에 비친 대상은 바로 모든 만상(諸法)이다. 이 마음이 대상을 취하면 곧 밖의 인연과 서로 관계를 맺게 되는데 이것이 바로 생멸의 이치요 또한 법을 취하지 않는 것은 진여의 이치이다."48

---

47 『無體法經』, 「성심변」, '性合則 爲萬理萬事之原素 性開則 爲萬理萬事之良鏡 萬理萬事入鏡中 能運用曰心 … 運用最始起點曰我 我之起點 性天之所基因'

라고 했다.

운봉도 말하기를 "심은 거울의 몸체와 같고 성은 거울의 빛과 같다." 하여 명칭은 다르지만 그 실제는 하나임을 보이고 있다. 그러므로 진심이 바로 성이다.49 거울과 형상이 걸림이 없기 때문이다. 마음과 인식하는 대상 역시 그러하다. 경계(대상) 밖에 마음이 없고, 마음 밖에 경계가 없으니, 마음과 경계가 걸림 없기 때문이다.50 성이 일어나 모습(상)이 되면 경계와 지혜는 뚜렷하고 모습(상)이 성을 얻어 원융하면 몸과 마음은 확연히 깨닫는다.

의암에 있어서도 마음이 곧 세계가 되는 것은 성품이 열림에 따라 거울이 운용되어 대상 세계를 형성하기 때문이다. 주관과 객관은 분리될 수 없다. 내 마음을 대상 밖으로 보내면 형상도 없고 자취도 없고 위도 없고 아래도 없으며 내 마음을 대상 안으로 보내면 억천만상과 삼라미진이 다 내 성性이요, 내 마음이다. 물질은 단순한 대상 물질이 아니라 자기 마음이 그것을 그려 내는 것이다.51

인간 마음이 대상 밖으로 보내진다는 것은 마음이 고요히 가라앉

---

48 『馬祖語錄』, '心眞如者譬如明鏡照像 鏡有於心 像有諸法 若心取法 卽涉外因緣 卽是生滅義 不取諸法 卽是眞如義'(이리야 요시타카, 박용길 역, 『마조어록』, 고려원, 1988, 66쪽 참고)

49 『心性論』, '心如鏡之體 性如鏡之光云云 體相異稱 其實一也 故云現示眞心卽性'

50 『心性論』, '又鏡如心也 像如境也 像外無鏡 鏡外無像者 此喩中鏡像無碍 境外無心 心外無境者 此法中心境無碍'

51 앞의 책, 114~136쪽.

혀져 공적한 성리천에 든 상태를 뜻하고 마음이 대상 안에 두어져 있다는 것은 모든 존재를 두루 드러내는 세계가 됨을 의미한다. 불교 화엄에서 '탁사현법託事顯法'이라 한 것처럼 진리의 성품은 오직 현상을 의지해서만 자신을 드러낼 수 있듯이 우주 근본 이치인 성性은 심천心身을 통해서 드러난다.52 성리와 몸은 사람이 사람 노릇하는 자료요, 마음은 사람이 사람 노릇하는 주장主掌이다. 물에 비유하면 성리는 물이요, 물이 능히 움직이며 흐르는 힘은 마음이요, 흐르는 물을 받는 곳은 몸이다. 그러므로 마음은 성령을 수련하고 몸을 보호하는 데 그 본질이 있다.53

율곡은 일찍이 "성은 물과 같으니 맑은 그릇에 물을 담은 것은 성인이요, 그릇 가운데 모래나 흙이 있는 것은 중인中人이요 진흙 가운데 물이 있는 것은 하등 사람들이다."54라고 했다. 그릇인 심신心身, 즉 형질을 승화시키는 가운데 진리의 성품이 나타난다. 따라서 성과 마음과 몸 세 가지 중 먼저 할 것은 성이다. 성이 주체가 되면 성性

---

52 유가의 경우도 天을 형이상자로서 포함하지 않는 것이 없는 우주생명의 통일체로서 보는 입장이 있다. 정호는 "무릇 天이 싣고 있는 것은 소리도 없고 냄새도 없으니 그 체를 易이라 부르고 그 理를 道라 부르며 그 작용을 神이라 부르고 그것이 인간에게 명해진 것을 性이라 부른다."『河南程氏遺書』, 卷第一, 4쪽, '蓋上天之載 無聲無臭 其體則謂之易 其理則謂之道 其用則謂之神 其命於人則謂之性'(황종원, 「중국유학의 생철학과 동학의 생태적 이념」,『한국사상사학』25, 2005.12, 255쪽, 재인용).
53 『其他』
54 『栗谷全書』, 卷9, 四七論, '性如水 淸淨器中儲水者 聖人也 器中有沙泥者 中人也 全然泥土中有水者 下等人也'.

의 권능이 몸의 권능을 이기고 몸이 주체가 되면 몸의 권능이 성품의 권능을 이긴다.55

3. 본래아로서 삼성과 삼심: 주재성과 전일성

의암이 말하는 '본래의 나'라는 것은 무체를 인과로 하기에 '무선무악'하고 '불생불멸'56하는 자아라고 말한다.57 의암이 말하는 본래 아는 보려 해도 볼 수 없고 들으려 해도 들을 수 없고 물으려 해도 물을 수 없고 잡으려 해도 잡을 곳이 없다. 항상 머무는 곳이 없이(無住處) 능히 움직이고 만법이 스스로 몸에 갖추어지며 만물이 자연히 난다. 움직임이 없으나 스스로 화해 나타나서 천지를 이루어내고 천지의 본체에서 살며 만물을 생성하고 편안히 만물 자체에서 사는 것이 본래아이다. 선천과 후천 세계가 다 내가 태어남으로 말미암아 시작되어 모든 만물이 나(본래아)를 체로 하고 나를 용으로 한다. 여기에 본래적 자아의 주재성과 전일성이 있다.

---

55 『無體法經』
56 불교의 십지경에서는 性을 불생불멸이라 설명하고 모든 것이 이 법 가운데 현전하는 것임을 아는 것이 곧 반야바라밀이라 말한다.(『十地經』, 卷 5, 大正藏10, 556b, '於性不生不滅法中現前之忍 是彼般若波羅密多'.)
57 위의 책, 三性科, '常無住處 不能見動靜 以法而不能法 萬法自然具體 … 無變而自化 無動而自顯 天地焉 成出 還居天地之本體 萬物焉生成 安居萬物之自體 只爲天體因果 無善無惡 不生不滅 此所謂本來我也'

나를 체로 하고 용으로 하는 것에는 세 가지 성성이 있다. 첫째는 원각성圓覺性, 둘째, 비각성比覺性, 셋째, 혈각성血覺性이다. '원각성'은 만법萬法으로 인과를 삼아 함이 없이 되는 성품이고, 천지만물이 조판되기 전 무위無爲로 이루어지는 인과관계를 말한다. '비각성'은 만상萬象으로서 인과를 삼아 나타남이 있으나 헤아림이 없는 성품이다. 또한 '혈각성'은 화복禍福으로서 인과를 삼아 선도 있고 악도 있어 수시로 서로 보는 것이니 선을 위하여 세상의 성과를 얻으려는 사람은 좋은 화두化頭를 가려야 할 것이라 한다. 이러한 세 가지 성성으로 과목을 삼아 잘 지키어 잃지 않으면 성품을 보고 마음을 깨닫는 것이 시각時刻에 달려 있다58고 하였다. 이는 불교의 삼성, 즉 원성실성, 의타기성, 변계소집성을 의암이 동학적 담론으로 풀이한 것이라 할 수 있다. 즉, 원각성은 불교 삼성 가운데 원성실성, 비각성은 의타기성, 혈각성은 변계소집성에 대응한다 할 것이다.59

---

58 『無體法經』, 「삼성과」, '無變而自化 無動而自顯 天地焉 成出 還居天地之本體 萬物焉生成 安居萬物之自體 只為天體因果 無善無惡 不生不滅 此所謂本來我也 … 我體用之 實有三性 一曰圓覺性 二曰比覺性 三曰血覺性 圓覺性以爲萬法因果 無爲而爲故 守心煉性者 不得法體因果 難得善果 比覺性以爲萬相因果 有現無量 修心見性者 若非正觀思量 不得眞境 血覺性以爲禍福因果 有善有惡而無時相視 爲其善而世得果者 擇其好好化頭 以此三性爲科 善守不失 見性覺心 有時有刻'

59 모든 존재방식과 본성을 有와 無, 假와 實이라 하는 것으로부터 갖가지 因緣의 가립된 존재가 생겨나는데 이를 실체라 誤認하는 것을 변계소집성(遍計所執性), 모든 존재는 인연에 의해 일어난다고 하는 의타기성(依他起性), 그 진실의 체인 眞如의 원성실성(圓成實性), 이 3종을 三性이라

한편 불교 유식에서는 삼성三性의 전의轉依와, 삼무자성三無自性에 따라 성소작지成所作智, 묘관찰지妙觀察智, 평등성지平等性智, 대원경지大圓境智의 사지四智를 이루는데 의암도 이를 이룬 마음을 종합하여 허광심虛光心, 여여심如如心, 자유심自由心의 삼심三心으로 나누어 설명한다. '허광심'이란 마음을 비고 고요하게 한 마음이요, '여여심'이란 비고 고요한 마음으로 인하여 평등하게 세계와 하나되는 마음이며 '자유심'은 모든 일과 쓰임에 있어서 마음 없이 행하고 거리낌 없이 자유롭게 행하여 공도공행公道公行을 이루는 것이다.

道에는 세 가지 마음의 단계가 있다. 마음을 닦고 성품을 보는 자는 이 세 가지 단계의 묘법이 아니면 善果를 얻을 수 없다. 첫째는 虛光心이니 한울과 한울, 물건과 물건이 각기 성품과 마음이 있어 자체가 스스로 움직이는 것이 다 법상과 색상에 말미암은 것이다. 부지런히 하여 쉬지 않고, 깨달아서 어둡지 아니하며 적막하여 혼미하지 아니하고 빈 속에서 빛이 나면 반드시 모든 이치가 갖추어 있어 형상없는 법체가 깨닫는 곳에 나타나며 형상 있는 色體가 돌아오는 빛이 돌려 비치어 밝지 아니한 곳이 없고 알지 못함이 없다. 이를 허광심력이라 한다. 이에서 또 한 단계를 올라가면 둘째는 如如心이다. 한번 윗 지경에 뛰어 오르면 비이고 비어 고요하며 물을 것도 없고 들을 것도 없으니 마음과 같고 참과 같아서 삼라만상과 본래 내 몸 일체도 오직 하나요 둘이 아니다. 나와 너, 선과 악, 좋

한다. 삼성은 각각 자성이 없고 空이므로 三性三無自性이라 부른다.(『成唯識論』, 大正藏 31, 45c)

은 것과 나쁜 것, 나고 죽는 것이 모두 이 법체의 스스로 하는 작용인 것이니 사람이 어찌 지어서 이루리오. 또한 법 가운데 묘하게 작용하는 것이 다 내 성품과 마음이라 성품과 마음의 본체는 비이고 또 끊겼으니 무엇을 이밖에 구하리오마는 쉬고 쉬어 숨을 돌려 다시 한층계를 더 나아가라. 셋째는 自由心이니 한울도 비지 아니하며 물건도 또한 끊기지 아니하니 도가 어찌 빈 데 멎으며 물건이 어찌 끊긴 데 멎으리오. 성리는 근본과 끝이 없어 이치는 처음과 나중이 없고 다만 내 마음 한 가닥에 기인하여 만법만상을 헤아려 생각할지니라. … 모든 일과 쓰임을 마음 없이 행하고 장애가 없으면 이를 한울본체의 공도공행이라 한다.60

의암이 말하는 삼심三心에서 허광심은 사지四智61 가운데 성소작

---

60 『無體法經』, 三心觀, '道有三心階梯 修心見性者 若非三階梯妙法 難得善果 一曰虛光心 天天物物 各有性心 自體自動 皆有法相色相也 修者念頭 必在兩端 勤勤不息 惺惺不昧 寂寂不昏 虛中生光 必是萬理具存 無相法體 覺所現發 有相色體 回光返照 無所不明 無所不知 此曰 虛光心力 止此不求 吾必不贊 自肅奮發 且進一階 二曰 如如心 一超上界 空空寂寂 無問無聞 如心如眞 森羅萬象 本吾一體 唯一無二 我我彼彼 善善惡惡 好好惡惡 生生死死 都是法體自用 人何作成 且以法中妙用 皆吾性心 性心本體 空亦斷矣 何求此外 休休喘息 更加一層 三曰自由心 天亦不空 物亦不斷 道何止空 物何止斷 性無本末 理無始終 但因吾心 一條 萬法萬相 量而考之 … 每事有用 無心行無碍行 此之謂天體公道公行'
61 사지(四智): 성소작지란 자타(自他)가 마땅히 해야 할 것을 성취하는 智, 묘관찰지는 제법(諸法)을 바르고 정당하게 관찰하고 추구하는 智, 평등성지는 제법의 평등을 알고 평등을 구현하는 智, 대원경지는 거울과 같이 법계의 만상(萬象)을 그대로 현현하는 智를 말한다.(『成唯識論』, 大正

지成所作智와 묘관찰지妙觀察智에, 여여심은 평등성지平等性智에, 그리고 자유심은 대원경지大圓境智에 해당하는 개념이라 할 수 있다.

　도를 닦는 세 가지 단계 중에서 첫째 단계인 '허광심'은 쉬지 않고 부지런히 하여 마음을 닦고 성품을 보아 '성성불매惺惺不昧'하고 '적적불혼寂寂不昏'하여 빈 가운데서 빛이 남을 뜻한다. 이는 무형의 법체가 나타나 유형의 모든 현상을 이로부터 두루 비치니 밝지 않은 곳이 없고 알지 못하는 바가 없다.62 둘째 단계는 '여여심'으로 한번 경계를 뛰어 오르면 '공공적적空空寂寂'하고 '여심여진如心如眞'하여 온 우주와 하나됨이다. 나와 너, 선과 악, 좋음과 나쁨, 생과 사가 모두 이 법체가 스스로 하는 작용이기에 삼라만상과 내 몸은 일체요 법 가운데 묘한 작용이 모두 나의 성품과 마음이다. 성품과 마음의 본체는 공空이기에 일체가 하나되고 평등한 여여심을 이룬다. 셋째 단계는 자유심으로 한울 또한 '불공不空'하고 만물 또한 끊어지지 아니한다. 여여심처럼 마음과 성품이 허무로서 그치는 것이 아니라 삼라만상의 모든 현상에 집착이 없는 무심행無心行과 걸림이 없는 무애행을 통해 현실에서 구체화되는 것이다. 이것이 바로 한울본체의 공도

　藏 31, 39a)
62 한울과 한울, 만물과 만물이 각기 성품과 마음이 있어 자체가 스스로 움직이는 것이 다 법상과 색상에 말미암은 것이다. 수행하는 사람이 깨달아서 어둡지 아니하고 적적하여 혼미하지 아니하면 빈 가운데서 빛이 난다. 반드시 모든 이치가 갖추어 있어 형상 없는 법체가 깨닫는 곳에 나타나며 형상 있는 색체에 돌아오는 빛이 돌려 비치어 밝지 아니한 곳이 없고 알지 못할 곳이 없으니 이것을 허광심력이라 이른다.

공행이라 하는 것이요 인간이 한울의 조화를 실현하는 단계이다.

4. 본래적 자아의 실현과 성심신의 수행

1) 성인과 범인의 차이

의암에게 있어 성인聖人과 범인凡人의 차이는 깨달음에 있다. 자기 마음과 성성을 자기가 깨달으면 몸이 바로 한울이요(身天), 마음이 바로 한울(心天)이나 깨닫지 못하면 세상은 세상대로 사람은 사람대로 있다. 그러므로 의암은 각성覺性한 자를 성인(해탈자)이라 이르고, 깨닫지 못한 사람을 범인이라 한다.63

> 해탈은 곧 견성법이니 견성은 해탈에 있고 해탈은 자천자각에 있다. … 만법만상이 일체 마음에 갖추어져서 사리가 등지지 않으면 나와 한울이 둘이 아니요, 성과 마음이 둘이 아니요, 성인과 범인이 둘이 아니요, 나와 세상이 둘이 아니요, 나와 세상이 둘이 아니요, 삶과 죽음이 둘이 아니다. 그러므로 진심은 둘도 아니요 물들지도 않는다.64

---

63 『無體法經』「神通考」
64 『無體法經』「眞心不染」, '解脫卽見性法 見性在解脫 解脫在自天自覺… 萬法萬相 一切具心 事理不錯 我天不二 性心不二 聖凡不二 我世不二 生死不二 故眞心 不二不染'

또한 성인은 진심眞心을 회복한 자를 의미하는데 이는 본래아를 위하는 위위심爲爲心, 즉 자리심自利心과 이타심利他心을 갖는다. "상구보리上求菩利 하화중생下化衆生"의 의미처럼 본래아의 성품인 한울을 위하는 자리적 마음이 이타심, 공화심, 자유심, 극락심을 갖춘다.

> 사람이 태어난 처음에는 실로 한 티끌도 가지고 온 것이 없고 다만 보배로운 거울 한 조각을 가진 것뿐이다. 이 거울이 허공에 도로 비치어 한편은 如如寂寂하고 또 한편은 티끌이 자욱하다. 이 사이에서 비로소 위위심, 즉 자리심이 비로소 생기어 천지가 생기고 세계가 생기고 도가 생긴다. 성인은 다만 이 한 마음으로 항시 쉬지 아니하고 천지만물을 다 본래아를 위하는 위위심에 실었으나 범인은 위위심이 없어 다만 오늘 보는 것으로서 오늘 마음을 삼고 또 내일 보는 것으로서 내일 마음을 삼아 방향을 알지 못하고 본성의 본래를 알지 못한다. … 성인의 爲爲心은 곧 자리심이니 자리심이 생기면 이타심이 저절로 생기고 이타심이 생기면 공화심이 저절로 생기고 공화심이 생기면 자유심이 저절로 생기고 자유심이 생기면 극락심이 저절로 생긴다.65

흔히 대부분의 사람은 탐착의 마음인 물정심物情心에 얽매여 본래

---

65 위의 책, 「聖凡說」, '聖人 我性不染 我心不變 我道不惰 用心用世 一無拘碍 持心用道 非善不行 非正不用 非義不行 非明不爲 凡人 我性我不知 我心我不知 我道我不知 … 性本無賢愚 然用心必有賢愚 聖人之爲爲心卽自利心 自利心生則 利他心自生 利他心生則 共和心自生 共和心生則 自由心自生 自由心生則 極樂心自生'

한울을 돌아보지 못한다. 그러나 성인聖人은 항상 나의 본래아를 잊지 않고 굳건히 지켜 모든 이치가 본체를 갖추게 하고 망념이 없어 해탈심解脫心을 행한다.66 따라서 의암에 의하면 인간은 물정심을 갖느냐 해탈심을 갖느냐에 따라 한울과 합하느냐 합하지 못하느냐가 정해지고 성인과 범인이 구별된다. 물정심은 곧 일정한 틀로 물들여지는 습관을 의미한다. 다수의 사람이 다 여기에 얽매어 벗어나지 못한다. 그리하여 나의 본래성(본래아)을 돌아보지도 않고 찾지도 않고 다만 물정심으로써 세상에 행하니 이를 범인의 어리석음이라 이른다. 그러나 범인과 성인은 하나이다. 운봉선사도 미혹됨과 깨달음, 범인과 성인은 비록 다르지만 그 실제는 중생심이라 했다.67

2) 성심신의 수행으로서 이신환성

의암은 본래적 자아를 실현하고 회복하기 위해 마음을 다스려 몸을 성(性靈)으로 바꾸는 이신환성以身換性을 말하게 된다.

몸을 성령으로 바꾸라는 것은 대신사의 본뜻이다. … 육신으로 성령을

---

66 위의 책, 「眞心不染」, '乳兒眼見物 發愛心 喜而笑 奪物 怒而厭 此曰物情心 物情心卽第二天心 人人億億 皆留不脫 然我本來天 不顧不尋 但以物情心 行于世 此曰凡愚 聖賢不然 恒不忘我本來 固而守之 强而不奪故 觀得萬理根本 萬理具體 徘徊心頭 圓圓不絶 自遊遊不寂于慧光內 萬塵之念 自然如夢想 是謂解脫心 解脫卽見性法 見性在解脫 解脫在自天自覺'
67 雲峰禪師, 『心性論』, '然則迷悟凡聖、雖異、其實衆生心也'

바꾸는 사람은 먼저 괴로움을 낙으로 알아야 한다.68 … 한울님께 복록 정해 수명을랑 내게 비네 하였으니 이것은 몸으로써 성령과 바꾸어야 한다는 말씀이다. 한울이 있음으로써 물건을 보고 한울이 있음으로써 음식을 먹고 한울이 있음으로써 길을 간다는 이치를 투철하게 알라.69

몸으로 성령을 바꾸려는 사람은 먼저 괴로움을 낙으로 삼아야 한다.70 인간 주체가 깨닫고자 하면 육체가 힘들고 괴로움이 많다. 그러나 육체가 안락하고자 하면 주체인 성령性靈은 들뜨게 된다.

결국 이신환성이란 물정심의 신체를 승화 또는 성화하는 수련을 의미한다. 사람의 정신 작용은 마음 내부의 생명 사건으로 그치지 않고 신체의 표출을 구할 뿐 아니라 그 표출 운동을 통하여 발전되고 완성된다. 신체 없이 나라고 할 것은 없다. 본래적 나는 승화된 신체다. 감관에 의해서 사실의 세계와 진리의 세계가 결합하듯이 나의 경험 활동에 의해서 진리의 세계와 결합한다. 신체가 나로서 승화되지 않는 그만큼 외부 대상 세계와 대립하고 하나가 되지 못하는 것이다. 몸은 진리를 담아야 할 그릇과 같다. 모든 활동은 육체의 운동을 통해서 가능하다. 진정한 자아는 곧 '승화된 신체'로서 이는 곧

---

68 『이신환성설(一)』, '以身換性 大神師本旨 … 肉身性靈換者 先苦樂知可.'
69 『이신환성설(二)』.
70 이러한 의암의 이신환성은 나아가 성신쌍전(性身雙全)으로 발전하여 천도교 강령이 된다. 인내천주의에 있어 성신쌍전은 개성의 완전 해방과 사회적 생활의 완전 해방을 말한다(김병제, 「성신쌍전의 의의」, 『신인간』 79호, 1934.5).

성리가 '물질화된 인격'이라 할 것이다. 인간에게 단련이나 숙련이 없다면 신체 운동이 순화될 수 없다. 신체의 승화 없이 자기 순화는 있을 수 없다. 신체가 일단 승화되면 자아의 공적활발적 생명은 그대로 몸으로 표현되는 것이다. 자기 순화가 신체의 순화이고 신체 순화가 곧 자기 순화란 의미에서 의암의 신체론 역시 심신일체론이라고 부를 수 있다. 진리의 표현은 인간의 순수한 신체라고 말하여도 좋다.

5. 맺는 말

의암은 수운의 시천을 인내천으로 표현하면서 인간의 성性・심心・신身 삼단의 본래적 자아가 한울임을 말한다. 본래적 자아란 성천性天과 심신천心身天의 체용이 일치된 공적활발空寂活潑을 의미한다. 의암에 있어서 성性은 공적한 것으로 체體에 해당하고 심心은 활발活潑로서 용用에 해당하는 것으로 양자가 완전히 통섭되어 있다. 주자의 심성론에 있어 성性은 인의예지의 선천적이고 도덕적인 본성이지만 의암의 성은 공적空寂으로서 만물을 변화・생성케 하는 근거가 된다. 이러한 의암의 심성론은 조선 시대의 불교적 심성론과 맞닿아 있다. 일찍이 선가에서 임제 선사 역시 인간 심성을 공적활발이라 하였고 조선 후기 운봉선사는 유가의 무극과 태극을 각기 체와 용으로 놓고 무극을 담적허명湛寂虛明하고 십허를 포괄하는 것으로, 그리고 태극을 무극 가운데 일어나는 영묘함의 발현으로 설명했다. 운봉에 의해 빚어진 심성의 체용은 무극과 태극의 체용으로 설명되면서 의암이 말한 공적활발을 해석할 수 있는 단서가 된다 하겠다. 의암이 말하는 성품의 공적이란 현상을 만들어내고 움직이게 하는 근거가 된다. 공空이기 때문에 없는 곳이 없고 작용하지 않는 데가 없는 것이다. 그러기에 활활발발의 생명 약동이 이어져 존재를 생성한다. 즉 마음이란 본래 빈 것으로 변함이 없으나 스스로 화해 나며, 움직임이 없으면서도 스스로 나타나 천지를 만들고 다시 천지의 본체에 살아 만물을 내며 만물 자체에서 산다. 이것이 인간의 본래아本來我이다.

이러한 한울님관에 따라 의암은 본래아로서 삼성삼심三性三心의 본래아적 한울 심성을 설명한다. 삼성은 원각성圓覺性, 비각성比覺性, 혈각성血覺性을 말하고 삼심은 허광심虛光心, 여여심如如心, 자유심自由心을 말한다. 삼성의 혈각성은 화복禍福으로 인과를 삼기에 선악이 있는 것으로 선을 위하여 노력할 것을 말하고 비각성은 만상萬象으로 인과를 삼아 나타남이 있으나 헤아림이 없는 성性이다. 원각성은 모든 존재로 인과를 삼아 작위함이 없이 이루는 성이다. 그리고 삼심에 있어 허광심이란 마음을 비고 고요하게 한 마음이요, 여여심이란 비고 고요한 마음으로 평등히 세계와 하나되는 마음이며, 자유심은 모든 일과 쓰임에 있어서 마음 없이 행하고 거리낌없이 자유롭게 행하여 공도공행公道公行을 이루는 마음이다. 따라서 이러한 삼성과 삼심으로 말미암아 모든 만물이 나(본래아)를 체로 하고 나를 용으로 한다. 그러므로 인간의 본래적 자아는 주재성과 전일성, 무궁성의 한울님이다. 근대교육의 핵심은 이성 연마에 의한 자아의 지배와 확산에 있었다. 그러나 자아는 개체에 한정되는 자아가 아님을 의암은 말한다. 우리의 진정한 자아는 개체적 자아로서 대립과 경쟁을 통한 사회적 자아실현이 아니라 전체가 나임을 자각하라고 의암은 말한다. 진정한 자아실현은 자기가 곧 세계임을 알고 그 한울을 위하고 기르는 주재적·전일적 자아실현이다. 그리고 여기에는 신체를 승화시켜 나가는 이신환성以身換性의 수행이 수반된다.

한말 동학의 천도교 개편과
인내천 교리화의 성격

김용휘*

1. 종교의 사회적 역할과 방법

인간의 인지 발달과 과학의 성과는 종교를 인간의 삶 밖으로 완전히 밀어낼 것이라는 전망과는 달리, 21세기 최첨단 디지털 문명 속에서도 종교는 더욱더 번창하고 있다. 이는 종교의 사회적 역기능과 때론 심각한 부작용에도 불구하고 여전히 과학이나 철학으로는 해소될 수 없는 형이상학에 대한 열망 때문인 듯하다. 인간 존재의 유한성과 불확실한 미래, 죽음에 대한 불안, 어찌 할 수 없는 욕망 등은 과학적 탐구나 철학적 성찰로는 쉽게 해결하기 힘든 난제들이다. 때문에 인간은 유한한 현실 너머 삶의 궁극적 기반을 확보함으로써 불안을 극복하고 안식을 얻고자 하며, 영원하고 무한한 삶으로의 초월을 꿈꾼다.

---

* 군산대 연구교수

그러므로 종교는 눈에 보이는 현상계 너머 더 영원하고 본질적인 것, 이 우주의 근원적 실재에 대한 물음, 인간의 본성, 또는 '어떻게 살아야 할 것인가?'라는 물음을 가지고, 실재와 가치에 대한 진리와 실천을 담보해 내고자 한다는 데 그 존재 의의가 있다고 할 수 있다. 그렇게 해서 나온 종교적 가르침은 개인의 신앙을 통해 삶의 지표가 되게 하고, 모든 윤리적 선택의 기준이 되는 세계관으로서 작용하며, 부패하고 혼란한 사회 변혁의 동인으로 작용하기도 한다. 반면 변화하는 시대적 상황에 탄력적으로 대응하지 못하고 기성 권력과 유착하여 스스로 권력화하는 한편, 배타적인 교리를 통해 자기 조직의 확대만을 기하는 경우에는 오히려 바람직한 진보와 개혁을 가로막는 역기능을 가져오기도 한다. 때문에 우리는 끊임없이 이런 종교의 역기능을 경계하면서 그것의 바람직한 기능—특히 사회적 역할에 대해서—에 봉사할 수 있도록 견인하지 않으면 안 된다.

본 연구는 이런 종교의 사회적 역할과 바람직한 방향성이란 문제의식을 바탕으로, 그 구체적 사례의 하나로서 한국의 자생종교이면서 근현대사에 지대한 영향을 끼친 동학을 살펴보고자 한다. 이를 통해 동학의 역사에서 진행되어 온 교리화의 성격과 문제점을 분석함으로써 앞으로 동학이 우리 사회에 어떤 의미를 줄 수 있는지를 고민하고자 하였다. 방법론적으로 먼저 1905년도를 전후한 동학의 천도교 개편 과정에서 나타난 교리화의 문제를 우선 검토해 보고자 한다. 이 과정에서 왜 동학 초기에 중시되었던 시천주侍天主가 간과되면서 인내천이 중심에 등장하게 되었는지, 그리고 그렇게 됨으로써 동학의 성격이 어떻게 바뀌게 되었는지를 살펴보고자 한다.1

2. 천도교 개편에 따른 교리의 변화

1) 인내천의 대두

해월海月 최시형崔時亨의 사후 한때 풍전등화 같은 위기에 처했던 동학교단은 의암義菴 손병희孫秉熙(1861~1922)[2]가 교권을 장악하면서 재정비되고, 이 과정에서 동학은 새로운 방향을 모색하게 된다. 이 모색의 한가운데에서 문명개화에 대한 지향이 새롭게 싹튼다. 동학농민운동의 과정에서 수많은 교도들을 희생시키면서 느낀 처절한 무력감은 일본에 대한 분노를 넘어 강력한 힘에 대한 의지를 불태웠던 것 같다. 이는 단지 동학교단만의 문제가 아니라 다 쓰러져가는 조선의 운명과도 무관하지 않은 문제였다. 손병희는 동학의 재건과 동학의 공인, 나아가 동학교단을 주체로 한 보국안민輔國安民의 길을 찾고 싶었던 것으로 보인다. 그것은 떠오르는 태양과도 같은 서양의

---

[1] 天道敎 改新과 관련된 기존의 연구는 다음과 같다. 최동희, 「Ⅳ. 天道敎의 思想」, 『韓國宗敎思想史3』, 연세대학교출판부, 1999; 신일철, 「천도교의 민족운동」, 『동학사상의 이해』, 사회비평사, 1995; 황선희, 「1900年代 天道敎의 開化運動」, 『중제장충식박사화갑기념논총』, 단국대출판부, 1992; 황선희, 『한국근대사상과 민족운동Ⅰ-동학·천도교편』, 혜안, 1996; 최기영, 「韓末 東學의 天道敎로의 개편에 대한 검토」, 『한국학보』76; 고건호, 『韓末 新宗敎의 文明論: 東學天道敎를 中心으로』, 서울대박사논문, 2002.

[2] 1861년 철종12년 청주군 대주리에서 출생. 字는 應九, 號는 義菴, 父는 懿祖, 母는 崔氏이다. 懿祖의 서자로 태어났으며 22세에 東學에 入道하였다.

근대 문명을 배워서 우리도 그들과 같은 강력한 힘을 가지는 것이었다. 문명개화를 통한 부국강병이 곧 조선의 국운을 살리는 길이었고, 동학을 재건하는 길이라고 여겼던 것이다. 그의 일본 외유는 이런 생각에서 결행된 것이었다.

> 우리 도를 세계에 밝히 들어내고자 할진댄 문명의 바람을 배불리 먹어서 문명의 영수가 되지 못하고는 뜻을 이룰 수 없으니 내 십년을 작정하고 외국을 유람하야 문명 성질과 세계 형편을 자세히 안 후에야 우리 도를 널리 펼치는데 반드시 걸림이 없을 줄로 생각하노니….3

그는 일본 외유를 계기로 더욱더 문명개화文明開化를 통한 근대화近代化와 자강自强의 필요성을 절감하였다. 이를 위해 그는 민회의 설립을 추진하였고, 개화운동을 전개하였다. 물론 이 운동은 일차적인 목적이 동학의 공인이었음은 부인하기 어렵다. 그러나 그것이 전부라고 보이지는 않는다. 손병희는 열강의 소용돌이 속에서 언제나 보국안민의 길을 생각했던 것 같다. 손병희 시대의 가장 큰 문제는 민생도 민생이지만 외세를 물리치고 민족을 보전하는 것이었다. 그는 동학교단이 주체가 되어 그 역할을 해야 한다고 믿었고, 때문에 이 일은 동학의 재건과 무관한 일이 아니었다. 그래서 그는 동학의 재건에 힘쓰는 한편 국권 회복을 위한 모든 노력을 기울였다.4

---

3 『천도교회월보』54, 『본교력ᄉ』(박맹수, 최기영 편, 『한말 천도교자료집』2), 270쪽. 문장은 필자가 현대어로 고침.

그가 파악한 시급한 과제는 개화와 그를 통한 자강이었다. 그래서 그는 일본에 있으면서 이용구를 통해 민회를 조직하여 개화운동을 전개하도록 하였다. 그러나 민회는 그의 의도와는 달리 친일 세력인 일진회와의 통합으로 이어졌고, 이는 동학 전체가 일진회와 동일시되면서 친일 세력으로 매도되는 사태를 불러왔다. 때문에 손병희는 그들과의 차별성을 인식시키는 한편 이전의 동학과도 다르다는 인식을 심어 주기 위한, 국면 전환의 필요성을 절감했다. 이것이 결국 천도교 개편의 직접적 이유가 되었다고 봐야 할 것이다. 그 결과 동학과의 차별성은 문명개화의 노선으로, 일진회와의 차별성은 출교 처분이라는 관계 청산으로 매듭지어졌다.

---

4 예를 들어 1903년 의정대신 윤용선에게 국정개혁 건의안을 보내 개화 자강의 국권 개혁 방안을 제시하였고, 러・일 양 세력의 각축 속에서 외교적 자립책을 강구하였다. 동시에 국내에서는 이용구를 통하여 민회 활동을 전개하도록 하였다. 이런 일련의 과정에서 손병희는 일본을 이용하려고 하였다. 그는 일본의 승리를 예상하였기 때문에 일본과 연대함으로써 승전국의 위치를 점하고 이로써 외교적 구국책을 모색할 수 있다고 보았다. 그러나 이는 일본의 아시아연대론과 상통하는 것으로 결과적으로 그들의 대륙 침략을 방조하는 꼴이 돼 버렸다. 물론 손병희가 일본의 아시아연대론을 동의해서 그런 것은 아니다. 그의 민회의 설립은 힘을 길러서 궁극적으로는 일본의 국권 침탈을 막기 위한 의도에서였다(이 부분에 대해서는 최기영, 「한말 동학의 천도교로의 개편에 대한 검토」, 『한국학보』76, 참조). 손병희는 다만 일본을 잘 이용해서 조선의 힘을 기르고자 했고, 그를 통해 국정을 쇄신하고 외세의 간섭에서 벗어난 자주독립을 이루고자 하였다. 『天道敎創建史』「第三編 義菴聖師」, 82~94쪽; 신일철, 「제8장 천도교의 민족운동」, 『동학사상의 이해』, 사회비평사, 1995, 174~175쪽 참조.

손병희는 1905년 12월 1일 동학을 천도교로 개칭하고, 이듬해 1월 일본에서 귀국하여 서울에 천도교중앙총부天道敎中央總部를 설립하는 한편, 「천도교대헌天道敎大憲」 및 「종령宗令」을 발표하면서 조직을 갖추었다. 이 과정에서 '인내천人乃天'을 종지로 하는 근대적 교리의 체계를 세웠다. 천도교 개편은 위기 국면을 타개하기 위한 불가피한 조치였지만 결과적으로는 정부로부터의 탄압에서 벗어나서 암묵적이기는 하지만 종교 교단으로서 공인을 받는 계기가 될 수 있었다.5 그래서 일단은 이전의 정치 활동이나 민회운동보다는 종교적인 활동에 진력하며 교단의 체제를 정비해 나갔다.

그런데 여기서 천도교의 지도부가 이전 시대의 가장 핵심적 교의인 '시천주' 대신 '인내천'을 종지로 삼은 이유는 무엇일까? 이에 대해서 대부분의 연구자들은 근대적 교단에 부합하는 교리가 '시천주'보다는 '인내천'이었기 때문인 것으로 해석한다.6 즉 시천주가 수운의 종교 체험을 바탕으로 한 교의로서 '사람 안에 하늘님의 영이 모셔져 있다'고 하는 다분히 신비적인 색채가 짙은 데 반하여, '사람이 곧 하늘이다'라는 '인내천'은 당시의 시대적 흐름에도 부합하는 훨씬

---

5 최기영은 손병희를 비롯해 국사범인 권동진 오세창이 귀국할 수 있었던 것을 황실과의 관련성으로 보고 있다. 즉 천도교의 암묵적 공인은 황제가 일진회의 친일 활동을 매우 싫어해서 그것을 견제하기 위하여 천도교를 필요로 했던 것이라고 보고 있다. 최기영, 「한말 동학의 천도교로의 개편에 대한 검토」, 『한국학보』76, 117~121쪽.
6 황선희, 『한국 근대사상과 민족운동Ⅰ-동학·천도교편』, 혜안, 1996, 182~189쪽 참조.

근대적인 사상으로 여겨졌기 때문이라는 것이다. 그런데 '인내천'의 교리화가 단순히 이런 시대적 요구에 부응하기 위한 필요에서만 선택된 것이었을까?7

그런데 이렇게만 한정시켜 볼 수 없는 측면이 있는 것 같다. 최시형의 법설에서 이미 '인시천人是天'이라는 표현이 나오고, 1899년 손병희가 일본에 가기 훨씬 전에도 유사한 표현들이 중시되어 나오고 있다.8 그러므로 인내천이 근대적 교리 형성 차원에서 갑자기 등장했다고 보는 것은 일면적 해석이다. 심지어 후쿠자와(福澤諭吉, 1835~1901)의 "천은 사람 위에 사람을 만들지 않고 사람 밑에 사람을 만들지 않는다."는 것에서 영향 받았다고 보기도 하는데9 이는 지나친 해석이다.

인내천은 '시천주侍天主'에서 '심즉천心卽天'으로 이어지는 개념의 내재적 전개의 연장선상에서 이해할 수 있다. '인내천'은 손병희가 임의로 창작한 것도 아니며, 더군다나 후쿠자와와는 근본적으로 차원이 다른 이야기다. 인내천은 시천주의 발전적 해석으로 보아야 한다. 인내천의 의미는 이미 '시천주' 안에 내포되어 있었다. 그래서 최

---

7 기존의 연구는 이런 교리의 근대화 과정에 대해서는 잘 밝혀 왔다. 그런데 이렇게 인내천의 대두 이유를 시대적인 측면에서 근대화·세속화로만 설명함으로써 사상의 내재적 발전이라는 측면을 간과하였다고 생각된다.
8 『海月神師法說』「天地人·鬼神·陰陽」, '人是天, 天是人, 人外無天, 天外無人'
9 최동희, 『한국종교사상사: 천도교·원불교편』, 연세대학교출판부, 1999, 78쪽.

시형은 '시천주'의 의미를 확장하여 밖으로는 '물물천物物天사사천事事天'의 사유로, 안으로는 '심즉천'으로 해석하였다. '마음이 곧 하늘'이라고 하는 '심즉천'의 사유는 자연스럽게 '사람이 곧 하늘'이라는 '인시천人是天'의 사고로 나아갔다.10

이런 가르침을 가장 가까이에서 접했을 손병희는 1899년의 통유문通喩文에서 "인人은 시천인是天人이라는 오도吾道의 종지宗旨를 엇지 감敢히 범홀汎忽히 하며"라고 표현하고 있다.11 1903년의 『명리전』에도 "사람은 곧 천天이고 도道는 곧 천도天道"라고 말하였다.12 이를 보면 '인내천'은 갑자기 나온 것이 아니라 1890년대 말부터 '시천주'에 대한 심화 발전된 해석으로 자리해 왔음을 알 수 있다. 그러니까 초기에 시천주는 정말 하늘님의 영이 인간의 몸 안에 내재해 있다고

---

10 『天道敎書』에 의하면 포덕 6(1865)년 10월 28일에 수운대신사의 晬辰享禮를 검곡에서 거행하고 나서 도인에게 "人은 乃天이라 故로 人은 平等하야 差別이 업나니 人이 人爲로써 貴賤을 分함은 是ㅣ 天에 違함이니 吾道人은 一切 貴賤의 差別을 撤廢하야…"라는 법설을 한 것으로 기록되어 있다. 여기에 人乃天이란 표현이 나오는데, 천도교서는 1920년에 간행한 것이므로 이미 人乃天이 천도교의 종지로 확립된 이후다. 이 구절만으로 해월 때부터 人乃天이 쓰였다고 보긴 어렵다. 설령 쓰였다고 하더라도 이때의 人乃天은 다음 구절에서도 알 수 있듯이 단순히 사람이 하늘처럼 존귀하므로 귀천의 차별을 하지 말라는 평등 윤리의 의미를 서술한 것일 뿐 하나의 개념어로 제시된 것은 아니라고 보아야 한다. 『天道敎書』(역사문제연구소, 『동학농민전쟁사료총서』28권, 1996), 121쪽.
11 韓國學文獻硏究所編, 『天道敎會史草稿』, 「第3編 人統」, 『東學思想資料集』1, 亞細亞文化社, 1979, 490쪽.
12 이돈화, 『天道敎創建史』, 「第3編 義庵聖師 附」

보았지만—그래서 그것에 대한 체험을 강조한 것이었다면—그것이 최시형의 시대로 오면서 그 영을 어떤 신비적인 영의 임재로만 보지 않고, 그것을 곧바로 인간의 본심으로 파악하였던 것이다. 손병희 역시 '시천侍天'을 영의 임재로 보지 않고, 인간의 본심과 본성이 하늘로부터 온 것이므로 '시천'이라고 한다는 해석을 하였다. 이는 결국 '사람이 곧 하늘'이 아니냐는 자각으로 이어질 수 있었다.13 그래서 손병희는 이것을 그의 가장 핵심적인 교의로 삼았던 것이다.14

'인내천'의 용어가 공식적으로 등장한 것은 1905년 12월 1일 손병희가 동학을 천도교로 대고천하大告天下하면서부터라고 보인다. 이 때 일본 신문의 광고란에 '인내천'을 천도교天道敎의 종지宗旨라고 공식 발표하였다. '대고大告 천도교天道敎 출현出顯'이란 제하題下의 광고문에는 다음과 같은 내용이 있었다.15

---

13 『義菴聖師法說』「覺世眞經」, '曰, 高莫高於天, 厚莫厚於地, 卑莫卑於人, 人以侍天者何也. 曰, 物有是性, 物有是心, 是性是心, 出於天故曰侍天也. 曰, 性心出於天者何也. 曰, 陰陽合德而俱體者謂之性, 外有接靈而內有降話者謂之心也'

14 趙基周는 『東學의 原流』에서 "人乃天은 布德40年 己亥(1899)에 通諭文으로 發表한 것인데, 六年 後 標語化되었다."고 하였다. (趙基周, 『東學의 原流』, 318쪽) 그러나, 通諭文 중심으로 된 敎史인 『天道敎會史草稿』에 '人乃天'은 보이지 않는다. 다만 '人是天人'이란 말만 보인다. 이는 아마도 趙基周가 이돈화의 『天道敎創建史』의 「覺世眞經」을 보고 한 말인 듯하다. 원래 다른 敎史(『天道敎書』)의 『覺世眞經』에는 '人이 天을 侍하엿다 함은 何也이닛고'로 되어 있는데, 『創建史』에서는 이 부분을 '사람을 한울(人乃天)이라 가르침은 무엇이뇨'라고 하고 있다.

15 그런데 같은 날 국내 「大韓每日申報」와 「帝國新聞」에서는 이런 말이 일

道則天道 學則東學이니 卽 古之東學이 今之天道敎. 宗旨는 人乃天이
요 綱領은 性身雙全·敎政一致요, 目的은 輔國安民·布德天下·廣濟蒼
生·地上天國이요, 倫理는 事人如天이요, 修行道德은 誠敬信이라.16

한편, 손병희 사후 '인내천'을 하나의 철학사상으로까지 체계화시킨 이
돈화는 '인내천' 용어 성립에 대해서 다음과 같이 말하고 있다.

天道敎의 宗旨를 人乃天이라 한 것은 義菴聖師(손병희―필자주)의 創
言이니 이는 大神師(최제우―필자주)의 經典과 遺詞에 있는 總精神을 標
語로써 發表한 것이었다. 대개 당시의 一般徒弟들은 大神師의 心法을 믿
으면서도 아직도 그 中樞思想인 人乃天은 覺悟하지 못하였더니 聖師ㅣ
이 이치를 밝히기 위하여 日本서 歸國한 후 數十年間에 人乃天의 說法으
로 己任을 삼으시었다.17

체 없고 다음과 같은 교당건축에 관한 광고만 게재되어 있다. "夫吾道는
天道之 大原일세 曰 天道라 吾道之 刱明이 及今 四十六年에 信奉之人이
如是其廣하고 如是其多호되 敎堂之 不遑建築은 其爲遺憾이 不容提說이
요 現今 人文이 闡開하여 各敎之 自由信仰이 爲萬國之 公例요 其敎堂之
自由建築도 亦係成例니 吾 敎會堂之 翼然大立이 亦 應天順人之 一大標準
也라 唯我 同胞諸君은 亮悉함." 천도교로 바뀌었음을 직접 공표하지 못
하고 교당 건축에 대한 광고를 통해 간접적으로 드러낸 것이다. 그리고
여기서는 '인내천' 언급도 없다.
16 趙基周, 『東學의 原流』, 天道敎中央總部出版部, 1982, 230쪽.
17 『天道敎創建史』「第三編 義菴聖師」, 66쪽.

이돈화는 수운 최제우의 총정신을 압축한 것이 사실은 인내천이라고 주장하고 있다. 물론 이를 확명한 이는 손병희라고 하였지만 말이다. 이를 통해 보면 손병희는 인내천을 시천주의 본의라고 재해석하고, 이것을 중심으로 모든 교리를 체계화하였다는 것을 알 수 있다. 이를 바탕으로 한 교리의 체계화 작업은 양한묵을 중심으로 권동진, 오세창, 박인호 등에 의해 주로 이루어진다. 그리하여 1906년 5월 『만세보』를 창간하는 것을 시작으로, 1907년 『대종정의大宗正義』, 『천도태원경天道太元經』, 『성훈요의聖訓要義』, 『천도교지天道敎志』, 『동경연의東經演義』 등이 출간된다. 그러나 이들 중 인내천을 직접 설명하는 글은 보이지 않고, 다만 『대종정의』에서만 인내천을 최초로 교리적인 측면에서 설명하고 있다.[18]

> 水雲大神師는 天道敎元祖라. 其思想이 博으로 從하야 約히 倫理的要點에 臻하니 其要旨는 人乃天이라. 人乃天으로 敎의 客體를 成하며 人乃

---

[18] 『天道敎會史草稿』에 따르면 손병희가 梁漢默을 명하여 『大宗正義』를 비롯한 교리서를 作하도록 했다고 한다. 그러나 양한묵의 天道敎 입교가 2년도 채 안 되었다는 점을 감안하면(양한묵은 天道敎 대고천하 바로 직후에 일본에서 손병희에게 입교하였음), 당시의 교리서적의 출판을 통해 근대적 종교 체제를 갖추고 싶었던 손병희가 일본 유학을 통해 근대적 지식을 갖춘 엘리트에게 자신의 가르침을 정리하게 한 것으로 이해된다. 따라서 이 『大宗正義』는 손병희의 명에 따라 天道敎의 교리를 정리하는 사업의 일환에서 나온 것이므로, 내용은 손병희의 것으로 보아도 무방하리라 생각된다.(天道敎會史草稿 第4篇 道篇, 『東學思想資料集1』, 아세아문화사, 1979, 522쪽.)

天으로 認하는 心이 其主體의 位를 占하여 自心自拜하는 敎體로 天의 眞素的極岸에 立하니 此는 人界上初發明한 大宗正義라 謂함이 足하도다.19

여기서 인내천을 수운 사상을 한마디로 압축한 요지라고 설명하고 있다. 그러나 여기서도 인내천이 어떤 뜻이라는 구체적 설명은 없고 다만 인내천이 수운의 요지이므로 그것으로 천도교의 체계를 세우며, 마음으로 인내천을 깨달아, 바깥에 있는 신을 섬기지 말고, 자기 마음을 섬겨야 한다(自心自拜)고만 설하고 있다. 즉 저 바깥에서 초월적 신을 섬기는 것이 아니라, 자기의 마음이 하늘임을 알아 섬기는 것이 천도교의 근본 진리이며, 이것이 인류 역사에서 처음으로 밝힌 '가장 으뜸된 바른 가르침(大宗正義)'이라는 것이다.

이를 종합해 보면 '인내천' 대두의 배경에는 천도교 개편에 따른 교리의 근대화와 문명개화의 노선에 부합하는 교리로서 채택되었다는 측면도 있지만, '시천주'의 개념이 내재적 발전을 이루면서 '심즉천'으로 나타나고, 이 '심즉천'이 다시 '인내천'으로 나타났다고 볼 수 있다. 다시 말해 인내천은 시천주의 개념적 이해 심화에 따른 사상의 내재적 발전의 한 모습으로 이해해 볼 수도 있다는 것이다.

이렇게 '인내천'을 '시천주'의 개념적 심화라는 측면에서 볼 수 있다고 한다면, 인내천은 지금까지 일반적으로 이해되어 온 것과는 다른 의미로 해석되어야 할 것이다. 때문에 이런 관점에서 '인내천'의 의미를 새롭게 생각해 보기로 한다.

---

19 『大宗正義』, 『韓末天道敎資料集』1, 국학자료원

2) 인내천의 의미

인내천은 여러 가지의 의미로 해석될 수 있는 여지가 있다. 직역하자면 '사람이 곧 하늘이다'라는 의미이지만, 이것이 함의하는 것이 무엇이냐는 보는 이에 따라 다 다르게 해석될 수 있다. 예를 들면 인내천을 신관으로 볼 수도 있다. 이렇게 볼 경우에는 "사람이 곧 하늘이므로 사람 외에 따로 하늘님이라는 인격적 신은 없다."는 식으로 해석될 수 있다. 실제 많은 연구자들이 인내천을 이렇게 해석하면서 동학의 신관이 천도교에 와서 거의 인격성을 탈각하고 철학적 신론, 심지어 무신론으로 되어 버렸다고 평가하고 있다. 앞의 「대종정의」에서도 "인내천으로 인認하는 심心이 기주체其主體의 위位를 점占하여 자심자배自心自拜하는 교체敎體로 천天의 진소적극안眞素的極岸에 입立하니…"라고 했으므로 "바깥에 신이 따로 없고 다만 마음이 하늘님이므로 마음을 섬겨야 한다."는 식으로 해석될 여지를 안고 있다.

반면 인내천은 신관에 대한 표명이 아니라 인간의 본성에 대한 자각으로서 "인간의 본성이 하늘로부터 왔으므로 인간은 하늘처럼 높고 귀하다."라는 의미로 해석될 수 있다. 그 외에도 존재론적인 차원에서 인간이 하늘의 기운과 영에 의해 생하였으므로 인간 존재는 천의 부분, 소분천小分天이라는 측면에서 논할 수도 있다.[20]

---

[20] 인을 소분천으로 보는 것은 『동경연의』에 보이며, 1910년대 와서 『천도교회월보』에서 인간의 성품과 몸이 하늘로부터 왔으므로 인내천이라고 한다는 식의 논증을 하고 있다.

여기서 맨 처음의 해석, 즉 인내천을 신관으로 해석하고, 따라서 인내천이 정립되면서 동학의 신관이 인격성을 탈각시키는 쪽으로 변했다고 보는 것은 너무 일면적인 해석이라고 보여진다.21 이는 동학인들의 신앙과 수도의 측면을 전적으로 간과한 데서 오는 잘못된 해석이다. 물론 동학의 신관에는 비인격적인 요소가 있다. 동학의 신관은 일의적이지 않기 때문이다. 최제우에게서부터 하늘님에 대한 관념은 인격성과 비인격성이 어우러져 있다. 그것이 천주와 지기로 표현되었다. 천주라고 할 때도 초기에는 그것이 바깥에 있는 초월적인 인격신처럼 언급되기도 하였지만 차츰 내 안에 모셔져 있는 영(內有神靈)으로 파악되었다. 그러므로 동학의 신관은 세 층차가 있다고 할 수 있다. 첫째, 인격적인 천주, 둘째, 우주적 기운으로서 비인격적인 지기, 셋째, 인간의 몸 안에 들어와 있는 영. 이는 최시형에게도 마찬가지다. 다만 최시형에게 와서 내유신령은 하늘님의 영이 내재하는 것으로 보기보다는 그것을 인간의 마음으로 이해하는 측면에서 다소

---

21 손병희에게서 신관의 근본적인 변화가 없다는 증거는 곳곳에 있다. 그 대표적인 것이 다음의 구절이다. 권도문에서 "우리 大先生께옵서 庚申 四月 初五日에 降靈之法을 지어 사람으로 하여금 하늘님 모심을 알게 함이오, 하늘님 모심을 알면 가이 써 하늘님 말씀함을 알지라. 어찌 의심할 바 있으리오."의 구절이나 또 종령 71호(포덕 48년 6월 2일)를 보면 "교를 독실하게 믿는 것이 원래 마음이 주장이나 몸을 행하는 절차가 낱낱이 규모에 맞추면 한울은 마음을 감응하사 명명 중에 복을 나리실 뿐 아니라, 질병과 재액을 다 면케 할 것이요…." (조기주 편저, 『천도교종령집』, 천도교중앙총부출판부, 1983, 66쪽) 등에서 보면 여전히 인격적인 의미가 완전히 탈각된 것이 아님을 알 수 있다.

의 차별성은 있는 것으로 보인다.22

다시 말하면 동학의 신관은 애초부터 인격성과 비인격성이 같이 있다. 그러니까 동학의 신관이 시대에 따라 변한 건 아니라는 말이다. 동학의 신은 인간의 정신에 의해 경험된다는 측면에서 인격적 존재로 이해될 수 있지만, 그렇다고 어떤 특정한 공간에 존재하는 인격적 실체는 아니다. 차라리 우주의 전체로서, 우주에 가득 찬 기운으로 존재하면서 만물과 인간을 화생하고, 그 안에서 생명활동과 정신활동을 가능하게 하는 궁극적인 실재일 뿐이다. 그러니까 동학의 하늘님은 인격적 존재로도 이해되지만 어떤 실체를 인정하는 것은 아니라는 말이다. 궁극적 실재로서는 지기至氣이지만, 그 지기가 이미 물질의 질료적 속성과 함께 정신적 속성을 가지고 있어서, 때때로 인간의 어떤 특별한 정신 상태에서 신적인 존재로서 경험할 수 있다는 것이다.

그러므로 신은 그 자체로 인격적 실체가 아니라 지기가 가진 정신적 속성의 궁극성이 인간 정신 안에서 경험되는 것을 가리키는 말이라고 이해할 수 있다. 이것은 신이 없다는 무신론이 아니다. 우주 자체가 그냥 텅 빈 공간이 아니라 생명과 정신으로 충만한 영적 정신적 실재로 이해되어야 한다는 것을 의미한다. 그것으로부터 인간과 만물이 형성되었으므로 인간을 비롯한 만물 안에는 우주적 생명과

---

22 이 세 가지 요소의 어느 하나가 강조될 수는 있어도 전적으로 다른 두 요소를 배제하지 않는다. 예를 들어 마음을 하늘님이라고 볼 경우에도 인격적 신의 실재가 완전히 부정되는 것은 아니라는 말이다.

신성이 내재하고 있다고 볼 수 있다.23

그러므로 인내천은 신관, 혹은 신관의 변화를 의미하는 것은 아니다. 따라서 인내천의 의미는 동학의 새로운 신관을 표명하는 것이 아니라 인간 본성에 대한 자각, 나아가 인간 존재에 대한 이해를 담고 있다고 볼 수 있다.

그런데 여기서 한 가지 덧붙여야 할 점은 인내천의 의미가 단지 인간 본성이나 인간 존재에 대한 자각을 표명하는 데 그치고 있지 않다는 점이다. 인내천의 참의미는 오히려 수양론적인 관점에서 바라볼 때 드러난다. 수양론의 관점에서 볼 때, 다시 말해 동학의 수도와 신앙이라는 차원을 고려할 때, 인내천은 수도의 심화에 따라 천인 관계(天人關係)가 변화되어야 한다는 것으로 해석될 여지가 있다는 점이다. 즉 인내천은 인간의 본성에 대한 자각을 표명함과 동시에 수양론으로도 해석될 수 있다는 것이다.

인내천이 천인 관계의 변화를 함축하고 있다는 것은 동학의 신관이 수도인의 자각의 정도에 따라 다르게 이해된다는 것을 전제로 한 말이다. 앞에서 밝힌 것처럼 동학의 신관은 여러 가지로 해석될 가능성을 가지고 있었다. 그런데 이것도 자세히 보면 한 사람에게서

---

23 인간 정신 안에서 인격적 신의 체험이 가능하다고 보는 입장에서 일반적인 범신론과도 다르다. 그래서 대부분 동학의 신관을 '범재신관'으로 보는데, 이것이 가장 근접하다고 할 수 있지만 정확하게 일치하는지는 더 많은 검토가 필요하다. 동학의 신관을 범재신관으로 보는 견해에 대해서는 다음을 참조하라. 김경재, 「崔水雲의 神概念」, 『韓國思想』 제12집, 1974; 김경재, 「수운의 시천주 체험과 동학의 신관」, 『동학연구』 제4집.

신관이 동시에 혼재되어 있는 것이 아니라, 수도의 심화에 따라 어떤 일정한 순서로서 신에 대한 이해, 또는 그 신앙 방법의 변화가 일어나고 있다는 것을 알 수 있다. 대체적인 순서는 신을 바깥에 있는 절대적인 신앙의 대상으로 여기다가 차츰 내 안에 모셔져 있는 영으로 생각하고 그 모신 내유신령을 섬기는 신앙으로 바뀌다가, 나중엔 그 영이 다름 아닌 내 마음이란 것을 깨닫는 단계에 이른다. 이때에 이르면 더 이상 모시고 섬기는 신앙에서 벗어나서 스스로의 마음을 깨닫고 그 마음을 운용하는 것을 터득하여 진리를 깨닫고 덕을 완성하는 단계로 다시 나아가게 된다. 그러므로 인내천은 초기의 신앙에만 머물러 있지 말고 온전히 인간의 마음과 존재의 실상을 깨달아서 완전한 인격과 무궁한 존재로 나아가라는 것으로 이해할 수 있다.

즉, 마음과 하늘이 합일된 최종 단계의 인격을 표현한 것으로 해석할 수 있다. 그렇기 때문에 인내천은 단순히 동학 신관의 변화를 의미하는 것이 아니라 수도자의 내면에서 수도의 심화에 따른 신 이해의 변화, 그로 인한 천인 관계의 변화, 그리고 신앙과 수도의 방법의 변화를 의미한다는 것으로 볼 수 있다는 말이다.

이런 까닭에 손병희는 수도와 신앙의 방법이 바뀌어야 한다는 것을 여러 차례 강조하고 있다.

> 吾敎의 過去는 依賴時代라 故로 天이 奇蹟·靈蹟으로 人을 導하였으나 吾敎의 今日은 熙和時代라 譬하면 白日이 當天에 萬像이 含耀함과 같으니 비록 纖雲이 있다 할지라도 午天에 至하야는 天下大明하리라 우리 信徒는 이제로부터 天主와 神師께 依賴하는 마음을 打破하고 自天을 自

信하라. 만약 自天을 自信치 못하고 天師만 依賴하면 臨事에 自力을 얻지 못하며 진실한 健步를 얻지 못하리라. 自天은 侍天主의 本體니 唯我信徒는 主體와 客體를 구별하야 修煉하라.24

손병희는 천天이 여전히 인격적 존재로도 경험될 수 있음을 부정하지는 않는다. 그러나 지금 시대는 의뢰시대依賴時代가 아니므로, 자기 안에 있는 자천自天을 자각함으로써 스스로 주체가 되어 일에 임할(臨事) 때 자력으로 임하여야 함을 강조하고 있다. 이것이 스승 수운의 시천주의 본지라고 손병희는 파악한 것이다.

물론 여기서 자천은 자기의 습관된 마음을 의미하는 것이 아니다. 손병희는 『무체법경無體法經』을 통해 수도修道를 할 때 두 폐단이 있음을 지적하면서 다음과 같이 말하고 있다.

> 어떤 사람이 말하기를 「하늘을 마음 밖에 두고 다만 지극히 정성을 다하여 感化를 받아 道를 얻는다.」 하고, 또 말하기를 「하늘이 내게 있으니 어느 곳을 우러러 보며 어느 곳을 믿으랴, 다만 내가 나를 우러러 보고 내가 나를 믿고 내가 나를 깨닫는다.」 하여, 닦는 이로 하여금 마음 머리 두 곳에 의심스러움이 겹치게 하여 성품을 보고 마음을 깨달으려 하는 사람의 앞길을 아득케 하느니라.
>
> 무릇 天地萬物이 主客의 형세가 없지 아니 하니, 하늘을 主體로 보면

---

24 이돈화, 『天道敎創建史』 제3편 제10장, 「共同傳受心法과 諸法說」, 72쪽. 같은 구절이 『天道敎書』에도 나옴.

나는 客이 되고 나를 主體로 보면 하늘이 客이 되니, 이를 분별치 못하면 理致도 아니요 道도 아니니라. 그러므로 主客의 위치를 두 방향으로 지정하노라. 사람의 權能이 하늘을 이기면 하늘이 사람의 명령 아래 있고, 하늘의 권능이 사람을 이기면 사람이 하늘의 명령 아래 있나니, 이 두 가지는 다만 權能의 均衡에 있느니라.25

이 글을 보면, 하늘이 내 마음 밖에 있다고 생각하고 오직 의뢰依賴하는 타력적他力的 신앙만으로도 안 되며, 또한 신神이 따로 없다고 하여 자기의 물든 마음을 하늘이라고 생각하고 믿고 닦는 수도법修道法도 잘못된 것임을 꼬집고 있다. 그래서 주객主客의 위치를 잘 정해서 수도를 해야 한다는 점을 강조하고 있다. 다시 말하면 처음에는 하늘님이 있다는 것을 확인하기 위해 지극히 정성을 다하여 감화를 받고 수운水雲처럼 강령降靈을 체험해 봐야 하지만, 그것을 확인한 후에는 한 걸음 더 나아가, 자기 마음이 본래 하늘이라는 것을 깨달아야 한다는 것으로 해석된다. 이는 천인 관계가 고정된 것이 아니라 수도의 과정에서 변화되어야 한다는 것을 지적한 것이다. 그래서 손병희는 단계를 거쳐 결국 '자천自天'을 자각하는 것을 중시했으며, 이

---

25 『無體法經』,「性心身 三端」, '或曰「置天於心外 但盡至誠 受感化而得道」又曰「天在於我 仰之何處 信之何處 但 我仰我 我信我 我覺我」使修者 心頭兩方 疑雲萬疊 爲見性覺心者之前路茫茫. 凡天地萬物 不無主客之勢 觀天以主體 我爲客 觀我以主體 天爲客 不此之辨 非理非道也 故 主客之位 指定于兩方 人之權能 勝天 天在人之命令下 天之權能 勝人 人在天之命令下 此兩端只在權能均衡.'

것을 스승 수운의 '시천주'의 본지라고 생각하였던 것이다.26 결국 손병희는 시대에 따라 문명도 발달하고 인지도 발달한다고 본 것과 마찬가지로 수도의 단계에서도 자각의 정도가 깊어짐에 따라 최종적으로는 '마음이 하늘'이라는 것을 깨닫고, 나아가 '사람이 하늘'이라는 것을 깨닫는 것이 동학 수도에서 중요한 관건이라고 본 것이다.27

---

26 이렇게 자각에 단계가 있다는 사실은 최제우와 최시형에게서도 마찬가지로 발견된다. 최제우도 초기에 바깥에서 하늘님의 음성을 듣는 체험을 했지만 차츰 그 하늘님이 바깥에 있는 것이 아니라 내 안에 모셔져 있다는 것을 깨닫고 궁극적으로는 내 마음이 하늘님 마음이라는 '吾心卽汝心'의 경지에 이르렀다. 그리고 마지막 저작인 「흥비가」에서는 "무궁한 이 울 속에 무궁한 내 아닌가"라고 노래했다. 여기서 이미 하늘과 내가 합일된 天人合一의 기상을 느낄 수 있다. 물론 전반적으로 보면 최제우는 '吾心卽汝心'을 강조하기보다는 모신 하늘님에 대한 誠敬信과 敬畏之心을 더 강조했다. 이는 아마도 당시의 제자들의 자각의 수준으로 볼 때 궁극적 경지를 강조하기보다는 초보적인 마음의 자세를 더 강조했기 때문이라고 해석할 수 있다. 최시형 역시 처음에는 降話를 중시하고 하늘님의 감응을 체험하는 것을 중시했으며 제자들에게도 하늘님을 지극 정성으로 공경할 것을 누누이 강조하고 있다. 그러나 그의 수도의 경지가 깊어지고, 제자들도 같이 수도를 하면서 차츰 '心卽天'이나 '人是天'을 강조하며, 말년에는 '向我設位'를 내놓았던 것이다. 이는 동학 수도의 과정이 초기에는 경외지심을 바탕으로 하늘님을 직접 내 몸에서 인격적으로 체험하는 것을 강조하지만 차츰 자각의 정도가 깊어지면서 그 하늘님이 내 안에 모셔져 있을 뿐만 아니라 궁극적으로는 나의 근본이 하늘이라는 자각을 강조하고 있음을 보여준다.

27 손병희는 1912년 4월 5일부터 1914년 3월 25일까지 7차례에 걸쳐 우이동 봉황각에서 전국의 대두목 483명을 불러서 49일 수련을 시키면서 주로 '以身換性'을 강조하였는데, 이때 처음으로 수련을 하는 사람들에게

이것은 인내천이 이미 수도의 과정과 단계를 포함한 수양론적 명제라는 것을 의미한다.

이렇게 인내천을 수양론으로 해석할 때, 그것이 구체적으로 함의하는 바는 '이신환성以身換性'이다. 그래서 손병희는 후기로 갈수록 '인내천人乃天'보다 '이신환성'을 더 많이 언급하고 있다.

> 近年에 와서 性靈과 肉身을 바꾸어 믿으란 말을 입이 닳토록 말하였거니와 이 또한 人乃天 意味에 不過한 것이다.28

'이신환성'이란 수도의 방법이자 방향으로, 마음을 항상 육신 쪽에 두지 않고, 본래의 성령性靈에 두고, 성령이 주체가 된 삶을 살아야 한다는 것이다. 이렇게 이신환성을 강조하는 이유는 이것이 인내천의 구체적인 실천 방법이기 때문이다. 그러므로 손병희에게 있어서 인내천은 곧 이신환성을 의미한다고 보아도 무방하다.

이로써 손병희는 수도와 신앙의 측면에서 그것의 단계가 있음을 제시함으로써 동학교인들이 초기의 신앙에만 빠져 있지 말고 보다 궁극적인 단계, 예를 들면 수운에게서도 나타난 '오심즉여심吾心卽汝心' 또는 '무궁無窮한 나'를 깨닫는 데까지 나아가라고 한 것이다. 그래서 실천적인 면에서는 '이신환성'을 중시한 것이다. 그것이 스승

는 降靈을 모시도록 했으며, 大降靈이 된 사람들은 개별적으로 불러 "이제 降靈이 되었으니 以身換性 공부를 해야 한다."고 했다 한다.

28 조기주, 같은 책, 333쪽.

수운의 본지本旨이며 '시천주侍天主'의 본령本領이라고 보았다. 그러므로 인내천은 인간의 본성에 대한 천명임과 동시에, 천인관계의 변화, 즉 수도와 신앙 방법의 변화를 역설한 것으로 이해할 수 있다.

3. 천도교 개편과 인내천 교리화의 한계

인내천이 단순히 천도교라는 근대적 교단으로의 체계화 과정에서 시대와 부합하는 근대적 교리를 인위적으로 만들어 내야 하는 필요에 의해 취사선택된 것만은 아니라는 점을 논했다. 인내천은 시천주 사상의 발전으로 볼 수 있으며, 시천주라는 명제의 내재적 발전을 통해 도달된 개념으로 이해될 수 있었다. 이는 한 개인의 수도 과정에서 그의 내면에 일어나는 체험과 자각의 심화와도 무관하지 않았다.

그러나 인내천이 비록 시천주의 심화 내지는 시천주의 과정을 거쳐 최종적으로 도달해야 할 결론이라고 하더라도, 과정이 생략된 결론의 수동적인 주어짐은 결국 동학이 애초에 나오게 된 이유와는 달리 차가운 사상의 결정물로 전락하는 결과를 초래할 수 있다. 실제 인내천을 표방한 천도교의 전반적 노선은 손병희의 본의와는 무관하게 지나치게 인본주의로 해석되면서 신비적 색채를 지양하게 됨에 따라 앞절에서 설명한 수도의 과정이 생략된 채 사상운동의 표어로만 전락하게 되었다.[29] 게다가 천도교 개편 과정에서 지향했던 전반적인 노선은 개화자강이었다. 그리고 그 과정에 동참했던 지도급 인사들은 대부분 동학의 수도와 신앙을 오랫동안 해 오던 사람들이 아니라, 손병희가 일본 체류 기간 동안에 만난 개화적 지식인들이었다. 그러므로 1900년대 초의 민회를 통한 개화운동과 천도교 개편 과정에서 보여준 일련의 노선은 동학의 본래적 정신을 온전히 계승하는 데 주력하기보다는 문명개화와 자강을 통한 근대적 국가 건설, 일제로부터 국권을 회복하여 민족적 자존심을 지켜내려고 하는 민족운동의 정치적 성향을 다분히 띠고 있었다.

때문에 당시 인내천 역시 이런 근대적 자강 운동 아래 근대적 시민의식과 개화운동의 주제로서 표명될 뿐, 본래적 의미에서 시천주의 과정을 거쳐서 나온 인간의 신성성과 무궁성에 대한 영성적 자각과는 다른 것이었다.

그러므로 이런 인내천의 강조는 자칫 초기의 강령 체험과 경외지심을 강조했던 수운 최제우의 '시천주'가 간과될 우려가 상존하고 있다. 최제우가 애초에 동학을 내놓은 이유는 당시의 '각자위심各自爲心'에 빠진 세태에 대한 문제의식에서였다.

> 또 이 근래에 오면서 온 세상 사람이 각자위심하여 천리를 순종치 아니하고 천명을 돌아보지 아니하므로 마음이 항상 두려워 어찌 할 바를 알지

---

29 인내천이 인본주의로 해석될 수 없다는 의미는 아니다. 다만 인내천이 지나치게 인간중심적인 교리로 해석됨으로써 內有神靈과 外有氣化로 체험되는 생명의 신성과 외경마저 희석될 수 있다는 것이다. 이는 신성이 배제된 차가운 도구적 이성, 자연과 대립된 지나친 인간중심주의의 위험성을 내포할 수 있다는 것이다.

못하였더라.30

최제우는 세상이 혼란해진 근본 원인을 세상 사람들이 모두 자기중심적인 배타적 욕망에 빠져 서로를 해하고 있기 때문이라고 보았다. 물론 이것이 당시 혼란의 직접적 원인에 대한 현실적 진단이라고 보기는 어렵다. 각자위심이 혼란의 원인이라 하더라도 일차적으로 누구의 각자위심이 문제인지 적시하지 않았다. 때문에 최제우의 동학은 지배층을 겨냥한 적극적인 정치운동이나 혁명 이론이 아님은 확실하다. 동학은 무엇보다도 종교다. 종교는 직접적인 대안 제시보다는 항상 근본 원인에 대해 근원적인 처방을 제공한다. 최제우는 모든 사람들이 내면에 하늘을 모시고 있다는 사실을 모르고 있음으로 해서 생긴 어리석음과 어긋남에서 벗어나 이제 참된 길에 들어서기를 희구한다. 그는 단지 지배층의 탐욕을 비판하기보다는 모든 사람들의 내면에 모셔져 있는 거룩한 존재의 망각을 문제 삼고, 내면에서 하늘을 섬기는 마음의 태도를 회복함으로써 외면으로 향하던 욕망을 거두고 내면의 신성을 발견하라고 한 것이다. 이런 전환은 탐욕과 분노와 불신으로 가득 차 있던 내면을 거룩한 이가 사는 신성하고 평화로운 공간으로 바꾸게 되고, 그를 모시는 경건하고 온화한 삶을 통해 삶의 양식을 전면적으로 전환하며 나아가 인격이 변화하게 된다. 동시에 모든 사람이 하늘을 모신 거룩한 존재라는 생각

---

30 『東經大全』「布德文」, '又此挽近以來 一世之人 各自爲心 不順天理 不顧天命 心常悚然 莫知所向矣'

의 확장은 계급과 차별, 폭력에 대한 근원적 반성을 촉구하고 모든 존재를 평등하게 대할 뿐 아니라 공경하는 데까지 나아가게 한다. 그는 비록 배고픈 백성들에게 밥은 주지는 못했지만 평화와 안식은 줄 수 있었다. 또한 주린 배보다 더 견디기 힘든 온갖 멸시와 차별에서 벗어나 처음으로 사람으로 대접받는 세상을 만나게 하였다.

이런 최제우의 가르침은 그의 고제인 해월 최시형에게 와서 한층 더 구체화되었다. 최시형은 '사람을 섬기기를 하늘같이 하라'는 사인여천事人如天31과 하늘과 사람을 공경하는 데에서 그칠 것이 아니라 모든 만물까지도 공경하라고 하는 경물敬物 등의 삼경三敬32사상을

---

31 『海月神師法說』「對人接物」, '人是天, 事人如天. 吾見諸君, 自尊者多矣, 可嘆也. 離道者自此而生, 可痛也. 吾亦有此心, 生則生也, 不敢生此心也, 天主不養吾心也恐也'
32 『海月神師法說』「三敬」, '사람은 첫째로 敬天을 하지 아니치 못할지니, 이것이 先師의 創明하신 道法이라. 敬天의 原理를 모르는 사람은 眞理를 사랑할 줄 모르는 사람이니, 왜 그러나하면 한울은 眞理의 衷을 잡은 것이므로써이다. 그러나 敬天은 결단코 虛空을 向하여 上帝를 恭敬한다는 것이 아니요, 내 마음을 恭敬함이 곧 敬天의 道를 바르게 하는 길이니, 「吾心不敬이 卽 天地不敬이라」함은 이를 이름이었다. 사람은 敬天함으로써 自己의 永生을 알게 될 것이요, 敬天함으로써 人吾同胞 物吾同胞의 全的 理諦를 깨달을 것이요, 敬天함으로써 남을 爲하여 犧牲하는 마음, 世上을 爲하여 義務를 다할 마음이 생길 수 있나니, 그러므로 敬天은 모든 眞理의 中樞를 把持함이니라. 둘째는 敬人이니 敬天은 敬人의 行爲에 의지하여 事實로 그 效果가 나타나는 것이다. 敬天만 있고 敬人이 없으면 이는 農事의 理致는 알되 實地로 種子를 땅에 뿌리지 않는 行爲와 같으니, 道닦는 자 사람을 섬기되 한울과 같이 한 후에야 처음으로 바르게 道를 實行하는 者니라. 道家에 사람이 오거든 사람이 왔다 이르지 말고 한울님이 降臨하였다 이르라 하였으니, 사람을 恭敬치 아니하고

제시하면서 시천주를 확장 또는 구체화하였다.

　　우리 사람이 태어난 것은 하늘님의 영기를 모시고 태어난 것이요, 우리 사람이 사는 것도 또한 하늘님의 영기를 모시고 사는 것이니, 어찌 반드시 사람만이 홀로 하늘님을 모셨다 이르리오. 천지만물이 다 하늘님을 모시지 않은 것이 없느니라. 저 새소리도 또한 시천주의 소리니라.33

　그는 많이 아는 이도 아니었고, 카리스마를 갖춘 지도자형도 아니었으며, 신비한 영적으로 사람들을 이끄는 이도 아니었다. 다만 스승의 가르침을 자신의 삶 속에서 묵묵히 실천하려고 애썼을 뿐이다. 그는 항상 온화하고 소박한 삶의 태도로써 제자들을 비롯한 모든 사람들을 공경하였고, 나아가 모든 생령들을 그렇게 대했다.

　그의 생애를 통해서 보여준 동학적 삶의 실천은 언제나 밑바닥 민중의 편에 서 있었고, 그 마음은 가장 작은 것에서조차 항상 하늘의 섭리와 기운을 느끼며 경외하였다. 이런 그의 삶은 외형적 화려함과

鬼神을 恭敬하여 무슨 實效가 있겠느냐. 愚俗에 鬼神을 恭敬할 줄은 알되 사람은 賤待하나니, 이것은 죽은 父母의 魂은 恭敬하되 산 父母는 賤待함과 같으니라. 한울이 사람을 떠나 別로 있지 않는지라, 사람을 버리고 한울을 恭敬한다는 것은 물을 버리고 解渴을 求하는 자와 같으니라. 셋째는 敬物이니 사람은 사람을 恭敬함으로써 道德의 極致가 되지 못하고, 나아가 物을 恭敬함에까지 이르러야 天地氣化의 德에 合一될 수 있나니라.'

33 『海月神師法說』「靈符呪文」, '吾人之化生, 侍天靈氣而化生, 吾人之生活, 亦侍天靈氣而生活, 何必斯人也, 獨謂侍天主, 天地萬物皆莫非侍天主也. 彼鳥聲亦是侍天主之聲也'

편리함, 속도만을 추구하는 욕망 구조에서 벗어나 내면의 신성을 발견하고 그것을 가꾸는 청빈하고 소박한 삶의 자세를 견지하고 있다.34

최제우와 최시형의 동학적 실천은 비록 당장의 현실적인 방책으로는 무력하게 보일지는 모르지만 인간 삶이 경쟁과 대결의 소용돌이 속에서 본래성을 잃어갈 때 언제나 삶의 가장 근원적인 성찰을 요구하는 것이었다. 종교의 사회적 역할은 모든 이들에게 세속적 가치보다 더 근원적인 가치가 있음을 깨우쳐 삶의 방향성을 전면적으로 보다 보편적 가치를 지향하게 하고, 현실 삶에서는 무욕과 청정을, 마음에서는 평정과 온화함으로 모든 생령들을 대하게 하는 데 있기 때문이다.

이런 측면에서 볼 때, 천도교 개편 과정에서 보여준 일련의 방향성은 동학 본래의 시천주적 체험과 그것을 통한 생활의 성화聖化라는 차원보다는, 민족적 위기 상황에서 국권을 회복하고 문명개화를 통한 자강을 이루어내는 민족운동적 차원에 보다 무게가 실렸다고 평가할 수 있다. 이는 물론 당시의 시대적 상황에서 당연히 요구되는 긴급한 사회적 실천이었다. 그러나 문제는 그 일을 함에 있어 동학 본래의 시천주 체험과 그로 인한 진정한 내면의 각성이 간과되면서 결과적으로 동학의 개벽적 실천, 다시 말해서 안팎이 모두 신령해지는 그런 세상을 만들고자 했던 종교적 실천의 성격은 희미해지고, 오히려 서구 산업자본주의의 세속적 가치를 기반으로 한 개화와 자

---

34 김종철,『간디의 물레』, 녹색평론사, 1999, 213~218쪽 참조.

강 일변도로 치우쳤다는 것이다. 수양을 통한 마음의 차원의 변화를 기반으로 하지 않은 사회적 실천은 필연적으로 한계에 부딪칠 수밖에 없다.

그래서 인내천의 해석에 있어서도 지나치게 인간 중심주의적 성격을 강조함으로써 마치 서양 근대가 이룩한 근대적 인간 주체의 자각과 비슷한 것으로 해석되는데 그쳤다. 그러나 앞에서 밝혔듯이 인내천은 여기에 그치는 것이 아니라 서양의 근대적 주체를 넘어서는 진정한 인간 해방과 완성에 대한 자각을 천명한 것이었다. 인내천은 모든 존재가 하늘의 신령한 생명의 본성으로 말미암았음을 깨닫고 사람을 하늘처럼 높일 뿐 아니라 뭇생명마저 신성한 존재로 공경하는 하늘마음으로의 전면적 전환, 그를 통한 완전한 인격의 실현을 의미하는 것이다. 그러나 당시의 동학운동은 일본을 통한 서양의 근대를 맹목적으로 추종한 열등의식에 바탕한 개화운동에 그쳤으며, 때문에 동학의 전통이 가진 보다 중요한 본질이 오히려 망각되거나 잘 살아 있지 않은 정치적 운동에 그친 아쉬움이 있다는 것이다. 물론 천도교 지도부는 교정쌍전敎政雙全과 교정일치敎政一致를 내세우면서 단순히 동학 세력의 확대라는 포교 차원에서가 아니라, 구한말의 위기 속에서 나라를 보전하고 민생을 염려하는 차원에서 민족운동을 전개하였다.35 그러나 그것이 당시 동학의 신앙이 일천한 일본 유학

---

35 이는 손병희의 다음 말을 통해서도 드러난다. "至今 時代는 國家가 主體가 되고 宗敎가 客體가 되었으니 먼저 國家를 살리고 보호하여 改良할 때가 아닌가." (조기주, 『동학의 원류』, 291쪽.)

출신의 지식인에 의해 주로 이루어졌기 때문에 진정한 의미에서 개벽운동이었다고 보기 어렵다는 것이다.

이는 이미 갑진개화운동甲辰開化運動에서부터 나타났다. 갑진개화운동은 무능한 정부의 쇄신과 조선 민중들의 근대화를 부르짖는 계몽운동이며 민회운동이었다. 이 운동은 조선의 현실을 아직 꿈에서 깨지 못한 열등하고 몽매한 것으로 보고 서양과 일본을 본받아 생활의 모든 면에서 서양의 문물을 표준으로 따라가고자 한 근대화운동이었다. 그러나 본래 개벽은 그런 물질의 개화나 근대화를 의미하는 것은 아니었다. 특히 최시형에게서 개벽은 시천주를 생활화하는 영적인 각성이었다. 그로 인해 모든 사람을 상하귀천·남녀노소에 관계없이 하늘님으로 공경하고, 만물까지도 공경하라고 한 것이다. 그런데 갑진개화운동은 그런 영적 각성을 기반으로 한 운동이 아니었다. 단지 혼란한 국정에 대한 시위운동이면서, 미개한 농촌 문화를 전면적으로 혁신하자고 한 농촌계몽운동이었다. 정치사적으로 보면 무능한 정부의 혁신을 촉구한 최초의 근대적 민회 활동으로서 일정한 의미를 지닌다. 또 오히려 종교적 성격이 배제된 순수한 정치 운동으로 평가받을 수도 있다. 그러나 동학의 개벽사상이라는 차원에서 볼 때 동학의 정신을 기반으로 하지 않은 실천 운동은 단순한 정당 활동일 뿐, 삶의 근원적 토대를 신령하게 하자는 종교적 운동과는 거리가 먼 것이었다. 또한 이 과정에서 우리의 전통은 낡은 것으로 치부하고 일본과 서구를 맹목적으로 따라가게 만들었다.[36]

---

36 갑진개화운동 이후의 전반적인 운동 방향에서도 역시 개화와 서구적 근

물론 당시의 시대 분위기에서, 절체절명의 위기에 빠진 상황에서 교단을 재건하고 나아가 풍전등화와 같은 민족을 구하기 위해서는 최선의 선택이었는지도 모른다. 하지만 종교는 더 큰 이상을 가지고 가장 기본적인 삶의 내면적 풍경을 우선적으로 살펴야 한다. 내 안에 거룩한 하늘님이 모셔져 있다는 인식을 통해 내면의 공간을 신령하게 하고, 나아가 모든 존재들을 하늘로 섬기는 생활의 거룩한 성화聖化를 추구하는 것이 동학이 탄생한 이유였다. 이것은 최시형이 중시했던 삼경三敬에서 잘 드러나듯이, 생명의 본원에 대한 경외지심을 가지고, 사람을 대하고 자연을 대할 때 항상 공경하는 마음으로 평등하게 대할 것을 요구한다. 이런 청빈하되 온화한 마음을 회복하여 삶에 그대로 적용하는 것, 이것이 동학이 꿈꾼 후천개벽의 삶의 양식이다. 이런 생태적인 비폭력주의가 나약하게 느껴질지 모르지

대를 지향하는 방향성에는 크게 변화가 없었다. 그러나 이전과 다른 것은 일본의 제국주의적 속성을 간파하고 그들의 도움으로 조선을 개혁하려는 생각에서는 벗어나서 조선의 독립을 위한 대일투쟁의 민족운동으로 전환했다는 점이다. 그리고 개벽에서도 정신개벽을 보다 강조하는 흐름으로 바뀐다. 甲辰開化運動의 실패를 거울삼아 동학의 원리에 기반하여, 즉 修道를 통한 영적 각성을 바탕으로 사회적 실천을 도모하려고 한 것이다. 그럼에도 불구하고 文明開化에 대한 의지는 변함이 없기 때문에 그의 민족운동은 실력 양성을 최우선으로 하는 측면에서 교육육영사업과 출판문화운동을 가장 중시했다. 물론 교단적으로 대두목들에게 수도를 통한 영적 각성과 心力을 키우는 공부를 잊지 않았다. 그러나 이런 문명개화에 대한 지나친 선망은 의암 사후 천도교 민족운동 방향이 일본에 타협적으로 되는 여지를 안고 있었다.(김정인, 『日帝強占期 天道敎團의 民族運動 연구』, 서울대 박사논문, 2002 참조)

만, 실제로 제국주의에 대한 가장 강력한 저항이며, 물신화되기 쉬운 자본주의적 삶의 양식에 대한 가장 강력한 대안이 될 수도 있다.

그러나 천도교 개편 이후의 지도부는 오히려 서양의 물질문명을 따라잡기 위한 문명의 개화와 그로 인한 자강과 독립에만 매달렸다. 식민지 시대의 지식인으로서 민족을 고민하고 독립을 꿈꾸는 것은 너무나 당연한 것이지만, 서양의 근대, 아니 일본이 배운 서양을 따라잡기 위한 일련의 지향과 노선은 결과적으로 동학의 본래 모습과는 달라질 수밖에 없었다. 1920년대의 문화계몽운동이 결국 1930년대 일본에 타협적인 노선으로 나갈 수밖에 없었던 데도 역시 이 문제가 원인으로 작용했으리라 생각된다.

4. 동학 초기의 시천주 체험에 바탕한 실천

지금까지 천도교 개편 과정에서 인내천을 종지로 삼게 된 과정과, 인내천의 의미, 그리고 결과적으로 이 인내천의 종지화가 어떤 노선으로 이어졌는가에 대해서 논했다. 결론적으로 인내천은 지금까지의 연구에서 밝힌 것처럼 일련의 정치적 배경 외에 시천주의 이론적 심화의 결과물로도 이해할 수 있음을 논하였다. 이때의 인내천은 신관의 변화라기보다는 나의 본래 마음이 하늘이라는 자각을 통한 새로운 인간관의 표명이며, 의타적인 신앙보다는 인간의 자력적인 수련을 중시하는 수양론으로도 해석할 수 있었다. 이는 구체적으로 몸을 위주로 하는 생활에서 성령이 주체가 되는 생활로 바꾸라고 하는 이신환성以身換性으로 강조되었다. 때문에 인내천人乃天의 교리화는 분명 시천주侍天主와 무관하게 나온 것이 아니라 시천주, 심즉천心卽天, 인시천人是天을 계승하여 보다 발전적으로 해석한 측면이 있다.

그럼에도 불구하고 인내천의 교리화는 결과적으로 동학 초기의 생생한 시천주의 체험과 강렬한 신앙의 모습을 퇴색시키면서 동학의 초기 정신이 약화되는 결과를 초래했다. 천도교 개편은 근대적 '종교되기'였지만 그 과정에서 정작 중요한 동학의 본질이 약화되어 버렸는지 모른다. 그로 인해 결국 동학의 본래 모습과는 다른 지향으로 나아가게 되었다. 그 지향은 실력 양성과 문명개화를 통한 근대화, 그리고 부국강병과 독립 성취였다. 그러나 이는 동학이 본래 추구한 생명의 근원적인 신성에 대한 경외심, 자기 중심적인 욕망에서 벗어나 모든 존재를 공경하는 마음가짐으로의 변화, 그리고 그 마음에 바탕한 소박하지만 청빈하고 신령한 전면적인 생활양식으로의 변화와는 그 지향점이 다른 것이었는지도 모른다.

오늘날 종교인은 많고 종교는 매우 번성함에도 불구하고 한국 사회는 거룩한 삶을 추구하는 이들보다는 물질적 가치를 따르는 사람들이 더 많고, 공생과 지속 가능한 삶의 토대를 고민하기보다는 모든 것을 경제적 잣대로만 처단하는 매우 천박한 풍토가 이어지고 있다. 삶의 외형은 그럴듯해졌지만 내면은 더욱 왜소해지고 삭막해졌다. 어쩌면 종교란 세속적 가치가 지배하는 현실에서 보다 보편적이고 본질적인 인간의 가치를 이상적으로 지향하는 데 의미가 있는 것인지도 모른다. 또 동학이 나온 이유도 이런 것인지 모른다.

천도교는 어떤 종교보다도 사회적 실천에 깊은 관심을 가지고 시대적 사명에 부응하는 민족운동을 전개해 왔다는 점에서 그 가치를 높게 평가할 수 있다. 특히 3·1운동의 주도적 역할은 말할 것도 없다. 그러나 오늘날 자본주의적 물신화가 더욱 강화되고 모든 것이 경제적 논리에 의해 지배됨으로써 생명의 근원적 신성에 대한 영성적 자각이 더욱 절실히 요구되는 시점에서 이제 우리에게 소중하게 재평가되어야 할 것은 천도교의 민족운동보다는 초기 동학의 생생한 시천주의 체험과 그를 통한 영성의 회복이 아닌가 생각된다.

천도교 개신기 '종교'로서의 자기 인식

고건호*

1. 동학의 천도교 개신

1905년 12월 1일, 동경에서 발행되는 『제국신문帝國新聞』에 다음과 같은 광고가 실렸다.

> 大告天道敎出現
> 道卽天道 學卽東學 卽 古之東學 今之天道敎, 宗旨는 人乃天이요 綱領은 性身雙全, 敎政一致요, 目的은 輔國安民, 布德天下, 廣濟蒼生, 地上天國建設이요, 倫理는 事人如天이요, 修行道德은 性敬信이라.
> 敎主 孫秉熙[1]

---

* 한국 종교문화연구소 연구위원
[1] 『帝國新聞』1905.12.1. 광고 '大告天道敎出現'(조기주 편, 『동학의 원류』, 천도교중앙총부, 1979, 230쪽에서 재인용).

같은 날 서울에서 발행되는 『대한매일신보』와 『제국신문』에는 '천도교天道敎 대도주大道主' 손병희 명의로 된 광고가 실렸다.

> 夫吾道는 天道之大原일시 曰天道라. 吾道之刱明이 及今四十六年에 信奉之人이 如是其廣ᄒ며 如是其多호대 敎堂之不遑建築은 其爲遺憾이 不容提說이오 現今 人文이 천開ᄒ야 各敎之自由信仰이 爲萬國之公例오 其敎堂之自由建築도 亦係成例니 吾敎會堂之翼然大立이 亦應天順人之一大標準也라 惟我同胞諸君은 亮悉홈.
> 敎堂建築開工은 明年 二月노 爲始事.
> 天道敎 大道主 孫秉熙 고빅.2

동경과 서울에서 보름 동안 계속 실렸던 이들 광고는 판본은 다르지만 '천도교'가 탄생하였음을 알리는 제일성第一聲이었다. 이후 연구자들은 이 사건을 '대고천도교大告(天下)天道敎'로 이름지었다. 동경판 광고에서는 교敎의 명칭에 대해서 '이전의 동학이 지금의 천도교'라는 해명과 함께 천도교의 대강을 종지, 강령, 목적, 윤리, 수행도덕으로 나누어 설명하고 있고, 서울판 광고에서는 교당 건물을 짓고자 하니 신자 여러분께서는 많이 애써 주시라는 내용을 알리고 있다.

이 광고를 낸 손병희는 당시 일본에서 "문명 성질과 세계 형편을 자세히"3 유람하는 중이었고, 주한 일본 공사관이나 동경의 군부와

---

2 『제국신문』1905.12.1. 광고.
3 「본교력ᄉ」, 최기영·박맹수 편(1997), 『한말 천도교자료집』2, 272쪽.

경찰에서는 그를 동학당東學黨의 유력한 지도자로, 요시찰 대상으로 감시하고 있었다.4 이 일이 있기 얼마 전인 1905년 11월 초에는 같은 동학당의 유력한 지도자였던 이용구가 합방청원서를 냈고, 그 조금 더 전에는 러일전쟁 발발 이후 민회운동5을 전개했으며, 손병희가 일본으로 유람 혹은 망명길에 오른 것은 그보다 조금 더 전인 1900년이었다.

이 광고 이후 1906년 2월에 손병희가 귀국하면서 '천도교라는 종교'는 새로운 활동을 시작한다. 이 광고와 함께 시작된 '동학의 천도교 개신'은 어떤 사건이며, 어떤 속내에서 비롯된 일일까?

'동학의 천도교 개신',6 혹은 '동학의 종교화 선언'이라 부를 수 있

---

4 손병희의 일본에서의 행적은 주로 『駐韓日本公使館記錄』과 『日本外交文書』 등 일본측 자료에서 보인다. 즉 주한일본공사 임권조와 일본외무성 사이에 오고간 보고문건 기운데 '千章旭書信'을 비롯한 몇몇의 문건들이 그것이다.
5 1904-5년 어간에 진보회-일진회가 주도한 전국적인 시위·결사운동으로 천도교에서는 '갑진개화운동'이라 부른다. 이 운동은 동학농민전쟁 패배 이후 숨죽이던 동학 '殘黨'이 다시 목소리를 내기로 작정하고 서울과 지방 곳곳에서 집회와 시위를 통한 대중계몽과 시정개선을 위한 等訴 운동을 벌인 것이다. 그 성격은 매우 복잡해서 '黑衣와 斷髮'을 표상으로 전개한 대중 계몽운동이기도 했고, 교단내적으로는 동학의 교단 분열과 천도교의 탄생의 단초가 되기도 했고, 또 정치적으로는 일본군의 철도 부설 사업에 진보-일진회원이 임금을 자진 반납하면서까지 조직적으로 참여했던 적극적인 친일 부역 행위이기도 했다.
6 이 광고 이후 동학이 이름을 바꾸고 이러저러한 교단 개혁을 이루는 과정을 '개신'으로 부르고자 한다. 개혁이나 개편으로 불러도 무방하다.

는 이 사건은 동학이 교단의 이름을 바꾼 사건으로 볼 수도 있지만, 한국 사회에 근대적 의미의 종교가 탄생하는 감동적인 장면이기도 하다. 비록 처음 것이라거나 유일한 사례라거나 하는 것은 아니지만, 한국 사회가 겪은 근대의 경험이 내재화되고 또 굴절되는 한 장면을 고스란히 보여주는 텍스트로서의 의미는 충분하다.

필자는 1905년 말에 단행된 동학의 천도교 개신의 주된 지향은 '종교화' 운동이었다고 판단하고 있다. 이 글은 이러한 종교화 운동에서 표방한 동학의 종교로서의 자기 인식의 내용은 어떤 것이었는지를 해명하고자 한다. 이는 단지 천도교 개신의 내적 논리를 해명하는 것에 그치지 않고, '동학의 천도교 개신'이라는 사례를 통해서 개항기 혹은 한말, 근대, 1900년대 초라는 '문명개화의 시대'에 한국 사회에서 '종교'라는 라이센스가 어떤 위력을 발휘했으며, 그 라이센스를 획득하기 위해서는 어떤 노력이 필요했는지를 해명할 수 있을 것이다. 이러한 작업은 근대 한국 사회의 '종교의 근대화' 혹은 '근대적 제도 종교 탄생'의 일단을 보여줌으로써 한국 사회에 근대적 담론과 제도가 정착되는 과정을 해명하는 데 기여할 수 있을 것이다.

2. 1900년대 초 계몽 언론의 종교관

1) '종교라는 것'에 대한 기대

한말 계몽 언론에서는 다른 어떤 주제보다 종교에 관한 기사가 자주 등장하는데, 그 주된 내용은 종교에 거는 '과분한' 기대와 함께 '엄격한' 충고들이다. 흥미로운 것은 당시의 기사에서 주로 논의의 대상이 되는 종교는 유교와 기독교였다는 것이다. 상대적으로 불교나 민간신앙, 동학-천도교와 같은 신종교들에 대해서는 거의 논의가 이루어지지 않거나, 매우 따가운 시선을 느낄 수 있을 뿐이다. 아마도 종교에 거는 기대는 대단했으나, 그때의 '종교'에는 미리 몇몇 특별한 대상이 정해져 있었던 듯하다. 가령 신종교나 민간신앙은 아마도 혹세무민하는 '미신'이거나, 변란을 꿈꾸는 '적당敵黨'이거나, 종교인 척 하는 '유사종교'였을 뿐 '종교'의 반열에는 오르지 못한 듯하다. 계몽 언론의 입장에서 논의의 대상으로 삼을 만한 '종교의 자격'에 대한 분류 체계가 이미 작동하고 있었던 것이다.

이제 계몽 언론이 각 종교들을 한 묶음으로 다루지 않고 각 종교들을 따로따로 불러 일러준 이야기 몇 가지를 들어보자. 다음의 기사는 '대고천도교'를 통해서 천도교를 선포한 날에 발행된 『대한매일신보』의 기사와, 같은 신문 1909년의 기사이다.

無形의 自强과 有形의 自强이 有ᄒᆞ니 有形의 自强은 財力과 武力등이 是也오, 무형의 자강은 **信敎力이 是也**라. **無論何國ᄒᆞ고 其始也에 必皆無形之强이 先立ᄒᆞ야 其效果가 有形之强을 成就ᄒᆞᄂᆞ니**, 彼미국의 독립과 희랍의 독립이 皆其人民의 信敎力으로 由ᄒᆞᆫ지라. 是以로 國家의 財力과 兵力이 비록 허약ᄒᆞ나 자국의 宗敎와 자국의 歷史를 능히 보전ᄒᆞ면 獨立精神이 不至全滅ᄒᆞ야 필경 國權을 恢復ᄒᆞᄂᆞ니 無形之强이 豈不可畏리오. 금에 大韓 現狀을 觀ᄒᆞᆫ 즉 유형지강은 固無可論이나 무형지강은 甚有期

엇호니 何也오 호면 宗敎社會가 是也라.7

종교가 엇더하면 그교로서 나라를 흥하나뇨 갈아대 **종교가가 국가쥬의를 가져야 하나니 이 쥬의를 가지면 능히 그 교로서 그 나라를 흥하게 하고** 이 쥬의를 가지지 아니하면 그 교로서 나라를 망케 하나니 종교가의 담책한 바 이갓치 크며 이갓치 중하거늘 오호라 한국의 사기를 샹고할진대 국가주의를 가진 종교가가 능히 몃사람이나 되는가 … 불교를 놉히는 자는 극락세계의 인민이오 한국인민은 아니며 예수교를 밋난쟈는 텬당의 인민이오 한국인민은 아니….8

약육강식과 우승열패라는 사회진화론적 사유, 국가주의적 사유의 한 전형을 보여주는 이들 기사는 독립과 국권 회복을 지상 과제로 설정하고, 이를 달성하기 위해 (유형의 힘은 요원한 데 반해) 종교, 즉 '신교력'을 통한 무형의 힘에 대한 기대를 잔뜩 드러내고 있다. 이러한 종교관은 이른바 개인이나 내면의 신앙에는 무관심한 척, 오로지 국민계몽[인민교화]과 문명화[문명기호]라는 지상과제에 매달려 있다. 종교에 대한 비판도 이 논리의 연장선에 있고, 종교에 대한 기대 역시 이 논리에 기반하고 있다. 가령

---

7 『대한매일신보』 1905.12.1 논설 '信敎自强'
8 『대한매일신보』 1909.11.28 '오늘날 종교가에게 구호는 바'. 이 기사는 국한문판에서는 1909.11.28 (1252호) '금일 종교가에 요하는 바'라는 제목으로 실렸다.

대뎌 종교ㅣ라 함은 우리 인류사회에 관계되는 원법의 큰 문뎨라… 그런즉 **종교ㅣ라 함은 사회의 내부를 조직하여 서로 관계됨이 잇는지라 안으로는 덕화와 풍긔를 배양하고 부식하며 밧그로 국운의 성쇠를 일우게 하나니** 진소위 사람에게는 뇌수라 하고 나라에는 정신이라 하여도 과한 말이 아니라….9

여가 世界列國進化歷史를 朔巧컨대 **其政治의 改良이 必其宗敎의 改良으로 由하얏나니** 何卽고 정치의 宰制는 人의 體魄에 在하고 宗敎의 宰制는 人의 心魂에 在하야 其事實이 약불상몽하나 종교는 정치의 母라 蓋人의 一身은 心魂이 爲主하고 體魄이 從이나 고로 社會의 改良은 必其人群의 心魂이 先導되야 體魄이 其後援을 作함이라.10

이 구절은 당대 계몽 언론이 종교에 거는 커다란 기대를 드러내 보여주고 있다. 무릇 종교란 것은 "사회의 내부를 조직…안으로는 덕화와 풍긔를 배양하고 부식하며 밧그로 국운의 성쇠를 일우게" 하는 중차대한 임무를 지닌 것이며, 정치의 개량, 사회의 개량까지도 기꺼이 담당해야 할 중차대한 사명을 지니고 있는 것으로 추켜세워졌다. '국운'이 기로에 선 1909~10년 어간의 기사이긴 하지만, 이미 무너진 사회를 다시금 추스릴 수 있는 가능성은 오로지 종교밖에 없다는 긴박한 호소이다. 인민 교화를 위해서도, 문명개화를 위해서도,

---

9 『대한매일신보』1910.5.15 '한국종교계의 쟝래'
10 『황성신문』1909.11.20 '종교와 정치의 관계'

국운의 성쇠를 위해서도 더 이상 중요할 수 없다. 아예 한 나라의 뇌수이거나 정신이며, 체백에 우선하는 심혼이다. 그런데, 그게 '종교라는 것' 모두에 해당하는 것은 아니다. 제대로 '종교적인 것'에만 제한된 것이다.

> 이천만이 불과한 인구중에 종교가 수십종이 지나니 비유컨대 한사람의 몸에 뇌슈가 수십이 잇는 것과 갓한 즉 쟝차 어디다가 부시여야 이몸을 건강하게 보전할가…우리의 바라고 권하는 바는 **신지식을 수입함과 자기 나라의 국성을 보존하는데 뎨일 긴요한 교를 취할진뎌**[11]

즉 '신지식을 수입하고' '국성을 보존하'기 위해서, 종교라는 것에 부여된 중차대한 임무를 적절히 수행하기 위한 "뎨일 긴요한 교"를 취해야 한다. 그 종교가 무엇일까?

2) 종교별 인식의 차별화

여기서 계몽 언론, 특히 『대한매일신보』의 각 종교에 대한 평론을 잠깐 살펴볼 필요가 있다. 왜냐하면 총론으로서의 종교, 유類 개념으로서의 종교에 대해서는 매우 적극적인 사회적 임무를 강조하면서도 정작 각론, 개별 종교를 논할 때는 조목조목 개선할 점을 지적하는 등 총론과 각론의 편차가 워낙 크기 때문이다. 더욱이 이러한 편차

---

11 『대한매일신보』1910.5.18 '한국종교계의 장래 속'

는 개별 종교 전통을 따로따로 이야기할 때 더욱 커진다.

먼저 불교. 불교에 대해서는 불교는 원래 국가주의의 종교였음을 전제하고, 그러나 지금은 그렇지 못하다는 점이 비판의 요지이다. 지금 그렇지 못한 이유는 '왜색화' 혹은 친일화이다.

> 한국은 자래로 불도하는 무리는 한가지 특별한 일을 향한쟈 잇스니 곳 **국가쥬의를 강구함**이라 무릇 승려 졔씨는 급급히 분발흥긔하여 첫째는 **불도의 전래하는 세계를 구원하는 주의를 닛지 말며** 둘째는 **한국불교에 국가쥬의가 특색이 됨을 닛지 말며** 셋째는 **신세계의 지식을 수입하여 일체사업을 외국승노에게 사양치 말지어다** 심사궁곡 어둔 졀에서 홀노 자긔 몸만 닥가 텬당으로 가려하는 쟈는 부쳐님이 돕지 아니하시고 디옥으로 가게 하나니라.12

그런데 유교에 대한 기대는 각별하다. 유교에 대해서는 "조선의 국교로서의 유교"에 대한 기대까지 드러내고 있다. 다소 어색해 보이기도 하는 '유교국교화론'은, 유교는 원래 "임군끠 츙성하고 나라를 사랑함과 셰샹을 구원하는 것을 목적"으로 한 종교로 조선대에는 국가로부터 가장 큰 혜택을 받았으므로, 당연히 나라가 어려운 시기에는 먼저 일어서서 사명을 다해야 할 것이라는 논리이다.

> 비록 그러하나 나는 밋기를 **한국이 장래 흥복이 되고 못되는 거시 온전**

---

12 『대한매일신보』1908.12.13 '승려동포의게 권고함'

히 선비에게 잇다 하노니 대개 유교의 말류지폐가 업지 아니하나 줏대가 견고하고 심지가 확정한자ㅣ 누구뇨 하면 오작 선비라 할거시오 도덕을 존숭하고 명리에 새기지 아니할자ㅣ 누구뇨 하면 오작 선비라 할거시오 위엄에도 굴복지 아니코 부귀에도 변치 아니하는 자ㅣ 누구뇨 하면 오작 선비라 할거시오….13

즉 유교가 제 역할을 제대로 수행하기 위해서는 신학문을 배우고 새 시대에 맞도록 변화하여야 하며, 유교의 개화가 곧 이 나라 개화의 선봉이 될 수 있다는 강한 기대감을 표출하고 있다. 이런 입장에 서 있었기 때문인지 '유교의 개화'에 반대하는 이들에게도 할 말이 많다. 앞서의 인용이 '유교 국교화론'이라면, 다음의 인용은 '유교 망국론'이라 부를 만하다. 두 기사가 1년여의 시차가 있고, 유교 개혁의 정당성을 강조하기 위한 글이라는 점에서는 동일하지만, 두 기사의 시각은 극단적으로 대비된다.

지금 유교를 붓들고져 하는자ㅣ 혹 형식만 중히 여기고 보전하여 직히기만 생각하고 새사업을 반대하는 자ㅣ 만흐니 이는 유교를 숭봉함이 아니라 유교를 반대함이며 유교를 보존코저 함이 아니라 유교를 멸절코저 함이로다…**성리를 논하는 것으로 군함대포를 방어코저 할지니 이갓치 하면 필경 유교는 한국으로 더부러 함께 망하리로다.**14

---

13 『대한매일신보』1908.1.16 '유교동포에게 경고함 속'
14 『대한매일신보』1909.2.13 '유교에 대한 의론'; 『대한매일신보』1910.3.23

기독교에 대해서도 마찬가지로 비판과 기대가 함께 나타난다. 그렇지만 상대적으로 훨씬 더 큰 기대를 드러내 보여준다. 다음과 같은 노골적인 편애를 드러내는 기사도 많다. 사실 이러한 논리는 비단 『대한매일신보』만의 견해는 아니지만.

> 슯흐다 젼날에는 깨닷지 못하야 나라를 보존할 생각을 못하엿거니와 오늘날 당하야 인종 보존할 생각도 업는가 우리가 이쳔만동포의 생명을 위하야 밤낫으로 궁구하야 한가지 살기를 가라쳐 보이노니 범연히 듯지 마시오 **한가지 살길은 무어신고 허면 예수교를 밋는데 잇는지라** 엇지하야 그런고 자셰히 설명하겟노라.15

당대의 당면과제는 무엇인가? 국권 회복! 그러면 '국권 회복'을 위해서 요청되는 것은 무엇인가? 당대 계몽 언론을 비롯한 문명개화를 지향하는 이들의 공통된 답은 ①국민國民이 단결하고, ②교육敎育을 통해서 국민을 계몽하고, ③식산殖産을 일으켜서 경제적인 능력을 갖추자는 것이다. "교육과 식산의 목적을 일우고져 하면 반드시 근본과 긔초가 잇셔셔 남의 압제를 밧지 아니한 연후에 될" 것인데, 그 근본과 기초가 되는 것은 곧 종교이다. 따라서 국민이 단결하려면 먼저 종교가 중심 내지 표준을 세워야 할 것이다. 누가 할 것인가, 혹은 누구에게 맡길 것인가?

'유림의 샤상을 곳칠 일에도…'
15 『대한매일신보』 1907.7.31 '인종을 보존할 계칙'

이제 **대한사람이 국권이 다 업서진 남어지에 일만분이라도 자유권을 엇을거슨 예수교에 잇스니** 전국 이쳔만 인민으로 하여금 한가지 길노 도라오면 사회단톄와 교육식산의 사업을 다른 사람의 져해를 닙지 아니하고 진보할 긔관이 잇슬지라 과연 이쳔만 인종으로 하여곰 일톄 단합이 되면 더 외국사람이 강병백만과 대포 쳔문이 잇슬지라도 강포할 슈단을 베풀지 못할거시오. 교육과 식산의 만반사업이 날노 진보하야 막지못할 형셰가 생길지라 대한 **이쳔만 인종에 한가지 살 길은 이밧긔 다시 업스니** 이때를 당하야 살 생각이 잇거든 힘쎠 보시오.16

이갓치 경쟁하는 시대를 당하야 이갓치 좁은 규모로써 엇지 나라를 유지하며 종족을 유지하리오 이로 보건대 **동서양의 가라치는 규모가 누가 완젼하며 누가 완전하지 못하뇨.**17

그것은 두루뭉수리하게 '종교라는 것'이 아니라 "예수교"였다. 『대한매일신보』의 1907.2.20일자 '교계경쟁'이라는 논설은 동학과 서교 西敎(西學이 아니다)를 비교하면서 이 주장을 다시 강조하고 있다.

今日 韓國內에 **兩派의 敎界가 各立**하얏스니 일은 **西敎**오 일은 **東學**이라 此兩敎界의 將來消長은 今不必預言이나 其發生하던 兆候로서 추측하건대 **實是東西競爭의 機關**이라 何而言之오, 每東學之起에는 日人之勢力

---

16 『대한매일신보』1907.7.31 '인종을 보존할 계칙'
17 『대한매일신보』1907.8.1 '인종을 보존할 계칙을 니어 의론홈'

이 可言하고 西敎之漸에는 西人之步趣가 進言하니 是豈偶然而然哉아 盖此半島山川이 現今改革時代를 際하야 東西氣運이 호상 震薄於其中함으로 如彼無形之競爭이 발생한 것이오 … 又其活動하난 상태를 관찰하건대 東學之起는 如熱火之요 願하야 爆發急燃가 有하고 西敎之興은 如江河之浸物하야 長久不息之勢가 有하도다. 盖東學이 **始以斥洋斥倭로 창言大叫하다가 終乃日人의 利用을 供하얏스니 是亦非偶然者라**. 以西敎言之하면 재此半島之內하야 日形其進步함으로 一邊人이 將來勢力競爭의 思想으로 現在 방해수단을 陰試하나 歐美風潮之漸破를 엇지 幾箇人의 腕力과 口舌로 防알하리오.18

앞서의 인용(주17)과 지금의 인용(주18)을 함께 보면, 동학의 배후에는 일본(동양)이 있고, 기독교의 배후에는 서양이 있다. 동학과 서교의 경쟁은 기실 일본(동양)과 서양의 경쟁이다. 문명(개화)의 땅 서양과 야만(미개)의 땅 동양, 침략자 일본과 선의의 후덕한 나라 서양(미국)에 대한 대비가 동학과 서교로 고스란히 이어지고 있다. 어디에 기댈 건가? 답은 이미 나와 있다.

그렇다면 동학-천도교에 대한 태도는 어떠했을까?

3) 동학-천도교에 대한 시각

이러한 사정에서 '대고천도교' 사건을 전후한 시기의 동학-천도교

---

18 『대한매일신보』1907.2.20 논설 '교계경쟁'

의 속사정은 어떠했을까?

　에피소드 하나. 천도교 개신이 있기 얼마 전에 일본에 머물던 손병희가 『황성신문』에 기고문을 보내면서 신문에 실어달라는 부탁과 함께 돈 봉투를 건넸을 때, 황성신문이 이를 단호히 거절한 사건이 있었다.19 손병희의 러브콜을 단호하게 물리친 『황성신문』의 태도가 시사하는 것은 무엇일까? 그것은 동학농민전쟁 패배 이후 지하로 숨어들어간 동학 잔당(이미 농민군은 아니다)이 다시 활동하기 시작하는 1900년대 초에 여러 신문의 사회면을 장식한 기사의 대부분이 '동학 여당' 혹은 '동학 잔당'의 동정에 관한 우려를 표명한 기사들이었다는 점, 민회운동 당시 지방 곳곳에서 드러난 진보회-일진회의 갈등과 일본군과 경찰의 후광을 업은 대민 침학의 사례, 러일전쟁기 진보회-일진회원의 적극적인 부일 행동, 그리고 결정적으로 1905년 11월의 일진회의 '합방청원사건'으로 이어지는 일련의 사건과 무관하지 않다. 그러지 않아도 1894년에 일어났던 '삼남의 변란'을 '야만의 추억'으로 간직하고 있던, '문명개화'와 '계몽'의 사명감으로 무장

---

19 사건의 개요는 다음과 같다. 손병희는 1904년 7월 18일에 『황성신문』에 '외국유학생 손병희' 명의로 奇書와 함께 기부금 100원을 보냈다. 『황성신문』에서는 이 기서를 기사화하는 한편, 민회운동 당시에 의정대신과 법부대신에 냈던 「개혁상서」의 5개조까지 소개하였다. 그러자 손병희는 약 열흘 후인 1904년 7월 27일에 다시 의정대신과 법부대신에 냈던 「개혁상서」를 광고료 28원과 함께 『황성신문』에 보냈다. 그런데 『황성신문』은 태도를 바꾸어서 「개혁상서」의 내용을 기사화하는 대신 오히려 7월 29일자 논설 '戒東學之徒'를 통해서 「개혁상서」의 내용을 비판하면서 동학당의 '준동'에 대한 우려를 표명했던 사건이다.

한 언론의 눈에 그리 곱게 보이지는 않았으리라. 이처럼 '대고천도 교'를 둘러싼 시기에 동학-천도교에 대한 여론의 분위기는 매우 부정적이었다.

'대고천도교' 이후 손병희가 귀국(양력으로 2월 7일에 서울에 들어온다) 한 직후인 1906년 1월에 『제국신문』에 다음과 같은 기사가 실렸다.

> …또 **종교란 거슨 무릇** 무삼 교던지 각각 존봉ᄒ난 사ᄅᆞᆷ에 대ᄒᆞ야는 모다 그부분에는 종교오 젼국인민이 몰슈히 존봉하는 교만 종교가 안이니 지금 텬쥬교라 예슈교라 졍토종이라 신리교가 다 종교안임이 안이오 **텬도교도 또ᄒᆞᆫ 그부분에 종교라고 안을 슈 업나니** 무릇 종교란거슨 셰계의 언으 나라을 물론ᄒᆞ고 각각 그 범위가 잇나니 그 교회에서 그 종교범위안 에셔만 행동ᄒᆞ고 그 범위밧게 나오지 못ᄒᆞ나니 종교의 범위란거슨 가량 도덕을 숭상ᄒᆞ고 개과쳔션ᄒᆞ기를 힘쓰고 셔로 스랑ᄒᆞ기로 목뎍을 삼고 또한 교육의 일부분을 ᄎᆞ지ᄒᆞ고 지식발달ᄒᆞ는 거스로 쥬장을 삼고 기타 **법률졍치 등ᄉᆞ는 일졀상관치 못ᄒᆞ나니** 만일 무삼 교회에셔던지 그 범위를 버셔나 졍치법률등ᄉᆞ에 간셥되면 그는 종교의 셩질을 일어바리는거시라 졍부에서 법률노써 졔지ᄒᆞ야 금지ᄒᆞ난고로 감히 범위밧게 행동치 못ᄒᆞ는거슨 **셰계의 통행ᄒᆞ는 규측이라**…[20]

이 기사는 당대 계몽 언론의 동학-천도교관을 드러내주는 대표적인 기사로, 천도교를 종교로 대접해 주는 몇 안 되는 기사 가운데 하

---

[20] 『제국신문』 1906.1.31 '손씨와 종교'.

나이기도 하다. 하지만 이 기사에서는 종교의 역할에 대한 기대가 아니라 '종교이기 때문에 넘어서는 안 될 선'을 환기시키고 있다. 무릇 종교란 것은 세계의 어느 나라를 막론하고 각각 그 범위가 있다는 전제 위에, 천도교 역시 '종교'이므로 종교 범위 안에서만 행동하고 그 범위 바깥으로 나오지 말 것을 주문하고 있다.

이 기사에서 주목할 부분은 두 가지로 보인다. 하나는 천도교를 '종교'로 봐주겠다는 것이고, 다른 하나는 그 대신 천도교는 '정교분리' 원칙을 준수하라고 충고하고 있다는 점이다. "종교란 거슨 무릇 무삼 교던지 각각 존봉ᄒ난 사름에 대ᄒ야ᄂ 모다 그 부분에ᄂ 종교"이며, "텬도교도 또흔 그 부분에 죵교"라는 승인, 즉 천도교는 종교이고 따라서 그 종교를 신앙[존봉]하는 것은 자유이며, 그것은 세계에 두루 통하는 규칙이라는 기사는 비록 조건이 붙어 있기는 하지만 동학의 천도교 개신이 추구한 첫 번째 목표가 달성되었음을 의미하는 것이기도 하다. 동학의 입장에서는 '탈정치화'라는 다소 지키기 난처한 조건이 붙어 있기는 하지만, 1860년 동학 창도 이래 지속되어 온 동학 금령을 일거에 해소할 수 있는 라이센스를 획득하였다는 점을 확인한 기사라는 점에서 중요한 기사일 수밖에 없다. 천도교 개신을 통해서 동학이 얻은 것, 그것은 단순히 '종교'라는 딱지가 아니라 그에 부수되는 '종교의 자유 신앙'이었다.

동상이몽이 이런 것일까, 종교라는 딱지를 부여받음으로써 천도교가 강조하고 싶은 것은 종교의 자유를 확보했다는 것이었지만, 계몽언론이 강조하고 싶은 것은 그것보다 정교분리 원칙에 기반한 탈정치화였다. 이 기사에서 들고 있는 '셰계의 통행ᄒᄂ 규측'인 종교의 범위, 곧 "도덕을 슝샹ᄒ고 개과쳔션ᄒ기를 힘쓰고 셔로 ᄉ랑ᄒ기로 목덕을 삼고 또한 교육의 일부분을 ᄎ지ᄒ고 지식 발달ᄒᄂᆞᆫ" 것은 오히려 문제가 아니다. 도덕과 사랑, 교육과 지식 발달은 굳이 계몽 언론이 강조하지 않아도 기꺼이 떠맡을 일이다. 그런데 "정치법률 등ᄉᆞ에 간셥"하는 것은 범위 바깥의 일이라는 주장은 좀 다르다. 그 것은 어쩔 수 없기는 하지만, 쉽게 지켜질 약속 같지는 않다.

이러한 계몽 언론의 경계와 충고는 손병희로 하여금 사회적 불안을 조성할 의사가 없음을 선포하고, 특히 "정치에 간섭하지 말고, 종교에 전념할 것"을 선포하도록 강제하는 것이었다. 개신 동학, 즉 천도교가 제대로 종교로 대접받으려면 반드시 지켜야 할 '준법서약서'였다. 하지만 손병희를 비롯한 천도교 개신을 주도한 세력들 역시 천도교 개신 이전부터 이러한 여론에 주목하고 있었고, 그런 다짐을 하기도 했지만, 그것이 제대로 실행될지는 아직 모를 일이다. 다만 천도교 개신 초기의 활동은 '교단 면모의 일신'과 '포교 활동을 통한 교세 신장'에 집중하고 있다. 즉 교단 조직과 의례 체계를 개변하는 '제도적 개혁'과, 탈정치적인 대중 활동, 즉 교육과 출판 등을 중심으로 하는 이른바 '문화운동'21으로 선회한 점은 분명해 보인다.

---

21 이를 문화운동이라 이름하는 것은 이전 시기의 직접적인 농민봉기나 일제와 결탁한 민회운동과 같은 그런 노골적인 정치활동을 하지 않겠다는 의미에서 스스로 주장하는 것이다.

3. 천도교의 '종교'로서의 자기 인식

1) "천도교는 동학이 아니다"

앞서 본 일본의 『제국신문』에 게재된 '대고천도교大告天道敎' 광고에서 이런 표현이 있었다. "도즉천도道卽天道 학즉동학學卽東學이니 즉卽 고지동학古之東學이 금지천도교…." 여기서 '도즉천도 학즉동학'이라는 구절은 『동경대전』 「논학문論學文」의 구절을 인용한 부분이다. 이는 단순히 교敎의 명칭에 대한 설명의 수준을 넘어서 동학이 천도교로 개신하는 과정에서 겪은 고민의 흔적을 읽을 수 있게 해 주는 것으로, 천도교 개신의 동기 혹은 의도를 엿볼 수 있게 해 주는 대목이다.

다음의 두 기사를 함께 보자. 다음의 두 기사는 교명을 '천도교'라 이름한 이유를 설명하고 있는 「본교력ᄉ」의 기사와 1906년 11월 평양 만수대에서 열린 특별 연설회22에서 순독巡督 이병호가 행한 '천

---

22 만수대 연설회는 동학이 천도교로 개신한 이후 변화한 집회의 모습을 읽을 수 있는 자료이다. 『만세보』 기사에 따르면 "교인이 이천인이오 관찰사 대표인 해도주사 김석엽, 경무관 박승훈, 공립학교 교원 전덕룡 삼씨와 일본헌병대위 동생과 이사대표인 구보무길 양씨가 참석하얏고 방청이 천여인인데…"라고 한다. 집회의 규모가 상당했다는 것 말고도 관찰사와 일본헌병대장을 비롯한 지방 유지들이 대거 참가하고 있었다는 점이 흥미롭다. 『만세보』1906.11.23 잡보 '순독설교'

도교 역사'라는 제목의 연설이다.

　　원리 동학이란 일홈이 서학 안인 것을 밝히고져 흠이오 **실상 일홈은 안인고로 동경대젼에 닐은 바 도인즉 텬도요 학인즉 동학이라는 뜻**을 취호야 텬도교로 고치니라.23

　　是時[천도교조 최제우 당시]에 西洋天主敎가 入我邦也에 人이 不知先生之敎爲何敎하고 疑之以西學하야 철종십사년에 선생이 被誣어시날 선생이 卞之曰 **吾道의 大原은 天이라 吾가 生於東學於東하니 道卽天道요 學卽東學이라** 하심은 卞明吾敎之非西學이어날 人이 目之以東學이라 함은 決非吾敎之正名이라 今人이 又云 東學이 改其名目하야 天道敎라 칭한다 하나 吾敎의 명은 본래 天道敎니 天主敎와 耶蘇敎를 西學이라 칭함과 동일하오….24

　이 기사에서는 '동학'이라는 명칭은 '서학'이 창궐하던 시기에 서학과의 차별성을 밝히기 위해서 잠정적으로 사용한 명칭일 뿐이고, 천도天道라는 용어가 동학東學의 정체성을 보다 정확하게 드러내는 명칭이며, 따라서 개신 이후에는 천도교라는 '제대로 된 명칭'으로 바꾸어 부르기로 했다는 점을 강조하고 있다. 이러한 천도교에 대한 해명은 천도교 개신 직후 서울과 지방의 교당, 전교실, 연설회 등에

---

23 「본교력ᄉ」, 최기영·박맹수 편(1997), 『한말 천도교자료집』2, 277쪽.
24 『만세보』1906.11.23 잡보 '순독설교'.

서 수시로 이루어졌다. 이처럼 교단의 명칭에 대해서 개신 초기부터 지속적으로 강조하고 있는 이유는 무엇일까?

그에 대한 답은 대체로 다음과 같은 세 가지로 정리할 수 있겠다.

첫째, 천주교나 개신교가 합법화되어 포교하고 있는 상황에서 '동학'이라는 의미를 유지하거나 강조할 필요성이 없어졌다는 점이다. 즉 천도교 개신 당시의 동학에 있어서 서학은 더 이상 1860년 동학 창도 당시와 같은 '중요한 타자'는 아니었다. 서학을 타자화함으로써 자기정체성을 확보할 수 있었던 당시와는 사회문화적·종교적 사정이 달라졌으며, 오히려 동학 스스로가 서학으로 오인 받아 지목과 탄압을 받았던 점을 상기할 때 더 이상 '동학'이라는 이름을 고집할 이유가 없어진 셈이다.

둘째, 당대 계몽 언론에게 동학은 '과거의 죄과'에 대한 기억과 결합하여 여전히 '사회적 불안을 조장할 위험성'이 있는 세력으로 인식되고 있었다.[25] '동학당의 재기', '동학 잔당의 준동' 등의 표현에서 볼 수 있는 이러한 시각은 특히 민회운동과 일진회의 '합방청원서' 및 '선언서' 사건을 거치면서 친일화 노선에 대한 우려와 결합하면서 심각한 수준에 이르렀다. 천도교 개신은 이러한 여론의 부정적인 시각을 털어내고, 스스로도 야만, 반문명反文明의 꼬리표를 떼어낼 수 있는 기회로 활용할 수 있었다.

셋째, 보다 결정적인 것으로, '반문명'이라는 낙인과 함께 동학에

---

25 계몽 언론의 눈에 동학농민전쟁은 '반문명적인', 파괴적인 '폭거'로 인식되고 있었다.

쏟아지던 '친일매국집단'이라는 인식을 불식시킬 수 있는 획기적인 방안이 요청되었다. 즉 동학의 친일[連日] 노선에 대한 눈총을 일진회-이용구를 희생양으로 삼아 일거에 해소해 보려는 타자화 전략의 일환이었다. 1900년대 들어 구체화한 손병희의 친일 노선으로의 선회 이후 민회운동과 부일扶日 행위, 그리고 일진회의 '합방청원서' 및 '선언서' 사건으로 이어지는 일련의 과정은 동학에 대한 여론이 부정적으로 바뀌게 된 결정적 계기로 작용했다. 회會[일진회]와 교敎[천도교]의 단절, 이를 통한 '동학 구하기'. 이미 사회적으로는 교와 회의 동일성, 즉 회원과 교도가 상당 부분 겹친다는 것이 알려져 있음에도 불구하고 양자의 차이성을 부각시킬 필요가 있었다.26

이런 맥락에서 스스로 종교라는 선언을 하기 위해서는 동학이라는 명칭을 고집할 이유도, 필요도 없었던 셈이다. 따라서 이 점이 '동학의 종교화 운동'이 '천도교로 개신'하는 쪽으로 방향을 잡은 직접적인 동기로 작용하였던 것이다.

주지하다시피 '도즉천도道卽天道, 학즉동학學卽東學'이라는 논리는 동학 당시에는 서학, 유학과 관련하여 동학의 아이덴티티를 형성하는 핵심적인 수사였다. 즉 유학과 관련해서는 동학은 '유학과 다른 것이 아니라는 주장', 서학과 관련해서는 '도는 천도로서 같되, 학은 동/서로 나누어지기 때문에 서학이 아니라 동학이라는 주장'이었다.

---

26 이 세 번째 요인은 천도교 초기의 교단 역학관계상 가장 현실적인 이유였던 만큼 적극적이고, 강력한 주장을 전개할 필요가 있었던 것으로 보인다.

이것이 천도교시대로 접어들면서 '도즉천도道卽天道 교즉천도교敎卽天道敎'라는 논리로 바뀌어 선포되었다. 이는 이전 동학 시기에 '서학과는 다르며, 유학과 같은 것'이라는 자기 변호의 논리 대신 천도교는 스스로 '종교'라는 울타리 안으로 살짝 뛰어 들어간 것이다. 결국 천도교 개신은 '릴리지온으로서의 천도교'로 스스로 규정함으로써 정치적·종교적 갱신을 도모한 것이다.

2) "천도교는 자유로운 종교이다"

동학이 천도교 개신을 통해서 지향한 종교화 운동의 방향을 살펴보기 위해서 글의 서두에서 보았던 서울에서 발행된 『제국신문』 1905년 12월의 광고를 다시 들추어 보자. 특히 "각교지자유신앙各敎之自由信仰이 위만국지공례爲萬國之公例오 기교당지자유건축其敎堂之自由建築도 역계성례亦係成例니 오교회당지익연대립吾敎會堂之翼然大立이 역응천순인지일대표준야亦應天順人之一大標準也"라는 구절에서는 천도교당 건축의 당위성을 '만국지공례'인 '각교지자유신앙'과 '기교당지자유건축'에서 구하고 있었다. 즉 천도교는 종교이며, 종교의 자유는 만국의 공례이고, 교당의 건축도 자유이므로, 천도교도 교당을 건축하겠다는 의지를 천명한 것이다.27

---

27 이 광고에 대해서 『동학의 원류』 저자인 조기주는 필자주를 통해서 "이 광고는 단순히 교당 건축에 관한 것이니 대고천하의 원문이라고 하기에는 전연 부적하다고 생각된다"고 하여 『제국신문』에 실린 광고는 천도교

이와 관련되는 내용은 「종령宗令」28에서도 보이는데, 다음은 1906년 2월 1일 「종령」 제1호의 전문이다.

> 惟我敎人은 澄心聽我어다. 吾敎의 布德한 사십칠년에 益益闡明하기는 天理人事에 부합한 所以로 **人界上 公認을 得한 敎門正宗으로 信仰함이요 余ㅣ 四方에 遊歷한 多年에 敎의 原素를 기인하여 全體面目에 일대기치로 世界 宗敎 制度를 燦備**하기는 人理上 品行을 端正케 하는 本來目的이라. 고로 개인의 품행단정은 오교 影響發表로 認함이요 敎人은 人族社會 上에 정당한 규칙을 준수하여 宗旨面目을 無汚하며 自信上 罪淚를 勿招

개신에 관한 광고라기보다 천도교당 건축에 관한 광고로 제한적으로 이해해야 한다고 주장하고 있다. 하지만, 이 광고 이외에는 천도교의 탄생을 알리는 기사나 선언이 달리 없었다는 점을 고려하면 이 기사는 천도교 개신의 방향성을 읽을 수 있는 중요한 자료일 수밖에 없다. 오히려 천도교 개시 이후 교단의 총력을 기울여 천도교당 건축을 추진한 것을 볼 때 敎堂 건축은 '종교로서의 천도교'의 정체성을 확인하고 대외석으로 공표할 수 있는 매우 중요한 사업으로 이해하고 있었다고 보아야 한다.

28 「宗令」은 「천도교대헌」과 함께 천도교의 조직과 활동, 그리고 의사소통 체계의 근간을 이루고 있는 것으로, '천도교 대도주'가 천도교를 대표한다는 대표성의 상징이자 대도주의 지도력이 전체 교회를 통리할 수 있는 실질적인 장치였다. 「종령」과 관련해서는 『天道敎宗令集』(조기주 편, 天道敎 中央總部, 1983)과 『동학의 원류』(조기주 편, 천도교중앙총부, 1979)를 주로 참조하였다. 하지만 필자가 이 글을 발표한 이후에 최근 이동초가 편저한 『천도교회 종령존안』(모시는 사람들, 2005)이 간행되었는데, 편저자에 따르면 조기주의 자료에 드러난 오류를 상당 부분 바로잡았다고 한다. 이들 자료에 대해서는 다른 기회에 검토할 것이고, 오류가 확인되면 바로잡을 것이다.

할지요 肉身은 性靈의 宅이라 肉身을 養하기는 性靈捿息에 관한 初頭門庭이니 각히 농상공의 의무를 勉從하여 敎門樂地에 安倨할지어다. 惟我 敎人이여.

(右藉六任轉飭) 布德 四十七年 二月 一日 天道敎 大道主(章).29

이 「종령」은 손병희가 여러 해 동안 일본에 머물면서 준비한 것이 "교敎의 원소原素를 기인하여 전체면목全體面目에 일대기치로 세계世界 종교宗敎 제도制度를 찬비燦備하"는 것이었으며, 동학이 천도교 개신을 통해서 의도한 것은 결국 '공인 종교'[人界上 公認을 得한 敎門正宗]로의 재탄생이었다는 점을 분명히 밝혀주고 있다. 이들 두 자료만 보더라도 천도교 개신은 종교로서의 승인을 얻기 위한 작업이었으며, 종교로서의 승인이 필요했던 주된 이유는 종교의 자유를 확보하기 위한 의도였다는 점이 뚜렷이 드러난다.

앞서 살펴보았듯이 1900년대 초 동학에 대한 여론의 분위기는 그리 호의적이지 않았다. 특히 1900년대 들어 동학의 교단 활동이 지하로부터 수면 위로 떠오르자, 계몽 언론을 필두로 한 여론은 '갑오년의 변란'을 떠올리면서 동학에 대해 경계의 눈초리를 보내고 있었다. 이러한 사정에서 당대의 계몽 언론은 천도교는 '종교의 성질로 된 것'임을 강조하면서 '종교 범위 바깥의 일을 행하지 않을 것'을 강한 어조로 주문하고 있다.30

---

29 「宗令」제1호(1906.2.1, 이하 음력).
30 『제국신문』1906.1.31 논설 '손씨와 종교'.

이러한 여론의 압박은 천도교로 하여금 (최소한 개신 초기에는) 정치 활동을 자제하는 대신 교단 내부의 제도적 개혁과 함께 교육, 출판, 언론 활동을 위주로 한 계몽 활동, 문화운동으로 방향을 선회하게 하였다. '敎敎와 회會' 혹은 '敎敎와 정政'에 관한 단속에 관심을 기울이는 모습은 「천도교대헌」의 부칙31이나 이른바 '교회분석敎會分析'을 전후한 시기에 '교와 회'의 거리두기를 표명하기 위해 발해진 「종령」들32에서도 잘 드러나고 있다.

이들 자료에만 근거해서 본다면 동학이 천도교 개신을 통해서 지향한 것은 종교로 승인받음으로써 '자유'를 확보하는 것이었고, 이를 위한 반대급부로 '정교분리'를 천명할 수밖에 없었던 저간의 사정을 이해할 수 있다. 그렇지만 '정교분리'의 문제는 그리 간단치 않다.33

---

31 「天道敎大憲」, '天道敎大憲附總則' 제10장 法團面目, 최기영·박맹수 편 (1997), 『한말천도교자료집』2, 44-45쪽, "1條 1款 敎人이 政界에 立홀 時에는 前頭方針을 丈室에 備文預告ᄒᆞ야 後考를 作홈. 2款 敎人이 民會를 創立홀 時에는 發起人 姓名과 趣旨를 典制觀에 屆出ᄒᆞ야 公認을 得혼 後에 成立홈. 3款 敎人이 民會에 入參홀 時에는 該敎領이 該人의 姓名과 該入會目的을 調査ᄒᆞ야 典制觀에 報明홈."
32 특히 「宗令」제41호(1906.9.5)에서는 "敎政合分이 不一其道라 向自 甲辰으로 이만식(용구)이 糾合民會하여 自圖其國健全하니 是는 自敎入政也요 금년 일월에 余 自日本하여 設中央總部而執其務하니 雖百度不擧나 宗敎面目이 若將有彰明焉이라 是는 敎而二於政이니 然而敎與政이 不有界分하며 兩道交架면 公眼所照에 奚所明焉고 自今으로 敎人은 惟敎是宗하여 與民會로 無相混襍이 爲宜여다…"면서 敎와 會의 거리두기를 敎와 政의 분리의 논리로 강조하고 있다.
33 동학-천도교의 '敎'와 '政'에 관한 논의의 바탕에는 '性身雙全', 혹은 '敎

왜냐하면, 최소한 개신 초기의 천도교에서는 '정교분리'에 관한 직접적인 언급은 보이지 않으며, 현실적으로 천도교는 '영성 지향적'이라거나 '탈정치적'인 방향으로 나아가지도 않았다. 문명과 개화, 계몽과 탈정치를 '선포'한 것은 분명하지만, 이러한 선포와 함께, 혹은 선포와는 상관없이 천도교는 일본이라는 변수를 활용하면서 적극적으로 정치적인 행보를 보이고 있었다.34

결국 천도교 개신 초기, 그리고 교회분석 당시 '정교분리' 담론을 적극 수용/내재화하였다고 하지만, "일진회와 같은 정치단체를 반대한다", 혹은 "민회와 같은 정치운동을 하지 않겠다"는 제한적인 선언 이상의 의미는 지니고 있지 않다. 따라서 정교분리 주장은 황실(정부)의 요구를 만족시키고 여론의 긍정적인 평가도 기대할 수 있으며, '문명국 일본'으로부터 종교의 격식에 걸맞는 적절한 대접을 기대할 수도 있는 여러모로 유용한 도구로 '활용'되었다고 보는 것이 타당할 것이다.

政雙修'라고 하는 동학의 독특한 교리가 늘 같이 하고 있다. 따라서 동학-천도교의 교정 관계에 대한 입장을 이해하기 위해서는 '性身雙全'의 교리를 이해할 필요가 있다.

34 '교회분석'을 거치면서 잠시 중단된 듯 보였던 정치 활동은 교단 지도부를 형성하고 있던 명망가들이 대한협회에 참여하는 형식으로 이루어졌다. 이는 이전 시기의 동학농민전쟁이나 민회운동에서 보여주었던 대중동원을 기반으로 한 대중정치운동과는 구분되는 '정치단체를 통한 정치활동'으로 전개되었다는 점이 달라진 모습이기는 하다.

3) "천도교는 문명과 도덕의 종교이다"

천도교 개신 초기 저술된 교리서를 비롯해서 『준비시대準備時代』, 『만세보』의 논설 등 천도교의 교리적 지향을 읽을 수 있는 자료들에서 보면, 거의 모든 구절에서 종교는 '문명文明', '도덕道德'과 함께 논의되고 있고, 종교에 대한 술어 역시 '도덕문명道德文明'과 '문명개화開明文化', '문명지도文明之道'와 '화민성속지정책化民成俗之政策' 등과 같은 개념들로 구성되어 있다. 다음 몇 구절을 살펴보자.

世界各國 各守**文明之道 保其民敎其職** 使其國 至於泰山之安 此無奈道前無敵者乎.35

於是乎 **民富國泰**則 **道德文明** 廣國於天下也 天下孰能當之.36

國各有國敎 一款主掌者 開明文化也 盖以先開之道 加被未開之國 行其德化其民則 民心所歸 沛然如水 曰**民惟邦本乎 其本不全而 其邦獨全者 未之有也**.37

於古及今 大人智士 繼繼勝勝 **各使其國 立其主敎 此化民成俗之政策也**.38

---

35 『三戰論』「道戰」
36 『明理傳』「治國平天下之政策章」
37 『三戰論』「道戰」
38 『明理傳』「斥言虛誣章」

위의 인용구절에서 주목되는 점은 '민부국태民富國泰', 혹은 '보기민교지직保其民敎其職' 등에서 보이듯이 '문명文明', '도덕道德'은 '국가' 혹은 '국민'과 같은 술어와 함께 등장한다는 점이다. 즉 세계 열강은 백성을 안보하고, 백성으로 하여금 생업을 도모할 수 있게 함으로써 안정된 국가, 즉 부국강병에 이를 수 있었다는 인식과, 이러한 부국강병의 그 바탕에는 문명지도文明之道, 혹은 도덕 문명이 있었기 때문에 가능했다는 인식이 등장하는 것이다.

이러한 서술은 종교와 도덕, 종교와 문명[開明文化]이 서로 긴밀히 연관되어 있다는 인식에 기반해서 종교를 문명의 상징[文明之道]이자 인민교화의 방편[化民成俗之政策]으로 인식하고 있었음을 보여준다. 이러한 인식은 "나라마다 '국교國敎'가 있어 첫째 주장은 개명문화이다. 대개 먼저 개명한 도로써 미개한 나라에 베풀어 그 덕을 행하고 그 백성을 화하면…"이라는 대목과 "각각 그 나라에 '주교主敎'를 세우니, 이것이 백성을 화하고 풍속을 이루는 정책이다."는 국교화 주장으로 전개되기도 하였다.39

---

39 이른바 '국교론'이라 지칭할 만한 구절은 1904년 민회운동을 전개하기 직전 정부에 낸 「改革上書」에서 나타나고 있다. 당시 의정대신에게 보낸 「상서」에는 道政을 언급하면서 종교[道]는 '化民成俗之政策'이라는 전제 위에 "開明의 遲速과 發達의 관건은 그 나라의 종교[道]에 달려있다"는 주장(『天道敎創建史』3편, 34-42쪽, 開明之遲速이 亦係乎國敎之優劣也니이다… 政府가 獨可以勢로 對抗外國乎잇가 協民心而揚民權이라야 對于天下하리이다. 然則爲邦之本은 民也오 化民之本은 道也라…)과, "나라에 종교[主敎]가 없으면 백성을 이끌 政法이 바로 설 수 없으며 나라가 興昌할 수 없"고, "化民之策은 道德에 있고, 道德은 '종교[主敎]'에 있다"

손병희의 문명에 대한 관심은 일본 외유를 결행하기 직전인 1901년 3월에 교단의 주요 인사들에게 외유外遊의 필요성을 설명하는 「본교력亽」의 기사에서부터 이미 구체적으로 드러나고 있다.

우리 도를 셰계에 붉히 들어닉고져 홀딘된 **문명의 바람을 빅불니 먹어셔 문명의 령슈가 되지 못ᄒ고는 뜻을 일울 슈 업스니** 내ㅣ 십 년 작뎡하고 외국을 유람ᄒ야 **문명성질과 세계형편을 자셰히 안 후에야 우리 도를 널리 퍼치는디 반다시 걸니미 업슬 줄노 싱각ᄒ노니**….40

여기서 손병희는 도道[東學]를 세계에 드러내기 위해서는 문명의 세례를 받아야 하며, 이를 위해 '문명성질과 세계형편'을 살피고 '문명'을 배우고자 한다고 설명하고 있다. 이들 기사에서 확인할 수 있는 것은 손병희는 도道[東學]를 세계에 드러내고자 하는 의지를 지니고 있었고, 이러한 목표를 이루어내기 위해서 '문명의 바람'을 맞이하는 것, 즉 교단의 문명화를 긴요한 일로 생각하고 있었다는 사실이다. 이러한 문명에 대한 관심은 일본 유람을 통해서 우연히 발견

는 주장(『天道敎創建史』3편, 39쪽, 道政者는 主敎之謂也니 化民成俗之政策也라 國無主敎면 民無率性하야 各自爲心 故로 政法이 不行하나니 是故로 於古及今에 國無道而興昌者ㅣ 未之有也니이다. 今天下萬國之宗敎가 不爲不多也로되 其大部之信行者는 佛敎 回敎 耶蘇敎 婆羅門敎 猶太敎 妖敎 灣敎也니라 … 化民之策은 在於道德하니 道德者는 主敎也니라.)을 전개하고 있다.
40 「본교력亽」, 최기영·박맹수 편(1997), 『한말 천도교 자료집』2, 272쪽.

된 것이 아니라 손병희가 일본 외유를 결행하기 이전에 이미 교단 개혁의 방향을 '문명화'에 맞추고 있었다는 점에서 미리 준비되고 기획되고 있었다.

그러면 손병희가 일본, 혹은 미국에 가서 배우고자 했던 '문명', 손병희가 의도한 '문명화'의 내용은 어떤 것이었을까? '문명'의 용례는 그가 일본에서 저술하였고 이후 천도교 개신의 방향성을 제시해 주었던 『삼전론三戰論』과 『명리전明理傳』에서 찾아 볼 수 있다.

> 造書契 制其文敎人 開其心導善 仁義禮智 自此而生焉. 明其善惡之別 定其禍福之理 此謂道德也. **道德之化日新月盛 風氣大闢, 世道隆盛 人事貢新 物品賦興, 此謂文明之聖代也**.[41]

여기서 '문명지성대'는 두 가지 함축을 담고 있다. 한편으로는 '도덕의 교화'[道德之化]가 나날이 새로워지고 왕성해짐으로써 풍기가 크게 열리는 것과, 다른 한편으로 세상 돌아가는 이치, 즉 경제원리가 활성화됨으로써[世道隆盛] 산업이 일어나고 물질과 재정이 풍부해지는 것[物品賦興], 이것이 손병희가 상정한 문명의 두 가지 요건이다.

결국 도덕道德과 세도世道를 포괄하는 문명론적 지향은 문명은 도덕과 산업, 혹은 다소간의 비약이 허용된다면 '정신과 물질' 양자를 모두 포괄하는 것으로, 천도교의 지향이 이른바 '정신의 영역' 혹은 '도덕의 영역'에 제한되지 않고 있음을 보여준다. 이처럼 도덕지화와

---

41 『明理傳』「創世原因章」

세도융성을 포괄하는 문명론적 지향은 민지民智의 계발과 민부民富의 확대, 혹은 '인민교화 즉 교육'과 '식산흥업 즉 산업' 양자를 포괄하는 '문명개화론'의 지향을 고스란히 담고 있기도 하다.

4. 맺는 말

동학이 개신한 천도교는 자신의 아이덴티티를 '종교'로 설정하면서 신앙 활동과 포교의 합법성을 스스로 주장하였다. 즉 스스로를 종교로 규정함으로써 그것을 바탕으로 하여 '만국의 공례'인 종교의 자유를 정부에 요구하는 것이 아니라 스스로 주장하는 전략을 취한 것이었다.

한편으로는 종교의 자유를, 다른 한편으로는 정교분리를 강조함으로써 천도교는 구시대의 동학과는 다른 종교이며, 종교적 신앙과 실천은 자유롭게 이루어져야 한다는 송교의 자유 남론을 적극 활용하였다. '종교의 자유'가 종교로서 누릴 수 있는 혜택이라면, 이를 확보할 수 있는 조건은 '종교와 정치의 분리'였다.

특히 '정교분리' 담론은 '종교의 자유'를 주장할 수 있는 기본적인 자격 요건으로 인식되어 명목적으로는 '교와 회의 분리', 혹은 '교와 정의 분리'를 주장하면서 탈정치적인 지향, 문명론적 지향을 강화해 나갔다. 개신 이후 천도교는 명목적으로는 '탈정치화'의 경로를 밟아 나갔다. 즉 직접적인 정치운동은 자제하되 대신 대중에 대한 '계몽'의 차원에서 대중운동을 전개한 것인데, 실력양성론에 기반하여 교육과 출판 활동을 통한 '문화운동', '문명개화운동'을 전개하는 한편 식산흥업과 부국강병을 강조하면서 실용교육과 군사교육 등 전문교육에 집중하고 있었다. 하지만 다른 한편에서는 일본과의 연대에 기초해서 문명개화파 인사들과의 연합을 모색하면서 '정치개선'과 '제도개혁'을 추진해 나가는 등 정치지향성을 포기하지 않았다. 이전 시기와 달라진 점이 있다면 '합법적인' 틀 안에서 제기했다는 것인데, 그 합법성은 '종교'라는 자의식과 일본이라는 현실적인 힘에 바탕하고 있었다.

개신 동학, 즉 천도교의 종교론은 '화민성속지정책化民成俗之政策'으로 표상되고 있듯이 '인민교화'의 관점에서 이해하고 있었다. 당대의 세계 열강이 부국강병을 성취한 근거를 종교에서 찾음으로써 종교는 부국지술富國之術의 핵심이자 문명개화를 주도하는 문명의 척도로 상정되었다. 즉 모든 나라가 백성을 안보하여 생업을 안정시키고, 식산흥업을 통해서 부강한 나라를 이루기 위해서 필수적으로 요청되는 것은 '문명의 도', 즉 종교라는 이해였다.[42]

'동학의 천도교로의 개신'은 동학농민전쟁의 실패 이후 손병희라고 하는 새로운 리더십을 구심으로 근대와 문명, 세계를 수용하고, 이를 통해서 교단 활동의 합법화를 도모한 교단개혁운동이자 '근대

---

[42] 물론 이러한 천도교의 종교론은 근대적 종교관뿐만 아니라 道와 學으로 구분하는 동학의 道學觀, 性身雙全/敎政雙修의 교리적 지향이 공존하고 있었다. 가령 외적 형식의 측면에서는 근대적인 종교의 '모델'을 따르고 있지만, 내적으로는 性과 身, 敎와 政을 통합하려는 교리화가 끊임없이 시도되고 있었다.

적인' 의미에서의 종교를 지향한 종교화운동이었다. 즉 '동학의 천도교로의 개신'은 그 자체가 이 시기 종교계가 근대와 문명, 세계에 적응하고 이를 내재화하는 과정을 보여주는 하나의 모델이 되고 있다. 요컨대 '동학의 천도교 개신'은 한국 근대 신종교가 근대적인 의미에서의 '종교의 모델'을 구현해 나가는 과정이었다.

제2부

갑진개화운동: 사회적 근대성의 통섭

천도교 정신사의 맥락에서 본 갑진개혁운동 | 윤석산

갑진개화운동의 근대 통섭주의 철학 | 홍경실

갑진개화운동의 정치사적 의미 | 김정인

제2부는 한국 사회를 어떻게 근대화시킬 것인가의 문제를 갑진개혁운동을 통하여 분석하는 연구들이다. 갑진개혁운동은 이른바 '흑의단발 黑衣斷髮'이나 '민회民會'라는 개념에서 볼 수 있듯이 아래로부터의 사회·정치적 차원에서의 근대성을 구현하는 문제를 제기하고 있다. 3편의 논문을 통하여 이러한 개혁운동을 주로 서구와 일본의 영향이 큰지 아니면 조선왕조의 전면적 개혁운동을 펼친 동학의 연장선상에서 볼 것인지의 쟁점적 주장을 볼 수 있을 것이다

천도교 정신사의 맥락에서 본 갑진개혁운동

윤석산[*]

1. 연구의 과제와 접근 방법

갑진개혁운동은 잘 알려진 바와 같이 20세기 초엽 당시 한국을 둘러싸고 전개되는 러·일 양국의 극단적인 대립과 이로 인해 발발한 전쟁이라는 위기의 상황 아래에서, 동학의 3세 교주인 의암(孫秉熙) 선생이 동학의 보국안민과 광제창생의 정신으로 당시의 정국을 대대적으로 혁신하고자 추진한 개혁운동이었다.

특히 의암 선생은 혁신운동의 구체적인 실천을 위하여 동학교도들을 중심으로 하여 진보회를 조직한 뒤, 이를 중심으로 개화·개혁운동을 전개하였다. 또한 의암 선생은 진보회를 중심으로 한 개혁운동을 통하여 외세의 침략으로부터 국권을 수호하고 자주 독립을 보존하는 한편, 민권 옹호, 국정 쇄신, 경제 발전, 교육 진흥, 신생활 추

---

[*] 한양대학교 교수

진 등을 도모하기도 하였다. 이의 실천을 위해 민중 의식 개혁운동으로 흑의단발, 근검 절약 운동 등 실생활운동을 전국 각지에 보급하고 나서기도 한다. 그러나 이와 같은 운동은 일제와 부일배 등에 의하여 결실을 맺지 못하게 된다.

비록 갑진개혁운동이 좌절이라는 아픔을 겪었지만, 그 의의는 매우 크다고 할 수 있다. 따라서 이에 대한 논의는 다각적으로 진행되어 왔다. 갑진개혁운동에 관한 초기 논의는 주로 천도교단 내의 인사들에 의하여 진행되어 왔다. 그러나 이후 역사학계를 필두로 해서, 갑진개혁운동의 역사적 의의, 사회적 의의, 정치적 의의 등에 관한 연구가 꾸준히 진행되어, 갑진개혁은 운동사의 측면에서 보다 다양하게 그 논의가 진척되어 왔다.

이와 같은 논의의 결과 대체로 갑진개혁운동은 '동학 천도교에 의하여 일어났지만, 교단적 차원을 뛰어 넘어 민족적 차원으로 발전하였으며, 한국 근대사에 있어서 최초·최대의 의식 개혁과 개화운동'으로 평가되기도 한다. 나아가 갑진개혁운동은 그 자체로 그치지 않고, 연속선상에서 3·1독립운동을 주도하는 정신사적 맥을 형성하였으며, 1920년대 천도교의 신문화 운동의 중요한 정신적·실천적 배경이 되었다는 것이 이에 대한 일반적인 평가이다. 즉 갑진개혁은 우리 사회에 정치적 개혁의 차원을 넘어 사회, 문화, 의식구조의 개혁을 제시하는 데에 지대한 영향을 끼친 운동으로 평가되고 있다.

지금까지의 갑진개혁운동에 관한 논의의 초점은, 그것이 20세기 초 한국 근대사회 형성에 어떠한 영향을 주었는가에 주목하고 있다. 즉 갑진개혁운동을 축으로 해서 그 정신이나 운동성이 그 이후의 한국 사회에 어떠한 영향을 주었으며, 또 어떻게 전개되었는가에 논의의 초점이 모아졌다는 것이다.

그러나 이와 같은 갑진개혁운동의 영향과 그 의의, 나아가 역사적 전개에 대한 고찰과 함께 그것이 끼친 직·간접적인 영향에 관한 논의에 비하여, 갑진개혁운동이라는 20세기 초 동학교단에서 일어난 '혁신운동'이 어떠한 정신적 맥락을 계승하여 일어나게 되었는가에 대한 논의는 충분하지 못했던 것이 사실이다. 즉 갑진개혁운동의 사상이나 정신이 어떠한 맥락 위에서 형성되었는가에 대한 연구가 활발하지 못했던 것이다.

실상 모든 '이념' 또는 '운동'은 그 사회가 지녀왔던 오랜 경험과 정신이 역사적으로 쌓여서 그 시대 정신에 부응하여 집적된 산물이다. 따라서 그 '이념'이나 '운동'의 실체를 보다 올바르게 파악하기 위해서는, 그 '이념'이나 '운동'이 이룩된 역사적 경험과 정신이 무엇인가, 나아가 이것이 전개도록 한 시대적 정신이 어떠한 것인가에 대한 탐구가 우선되어야 할 줄로 믿는다.

특히 갑진개혁운동은 천도교의 3세 교주인 의암 선생이 주도하였고, 또 천도교도들이 운동의 중심이 되었다는 사실로 보아, 천도교의 정신과 매우 밀접한 연관을 맺고 있음을 알 수 있다. 따라서 본 글은 이와 같은 점을 중시하여, 1904년 의암 선생의 주도 아래 천도교도들이 중심이 되어 일으킨 갑진개혁운동의 사상적·정신적 배경 등을 천도교 정신의 흐름 속에서 찾아보고자 한다.

2. 수운의 동학 창도와 근본 정신

수운(崔濟愚, 1828-1864) 선생이 동학을 창도한 의의는 새로운 삶의 질서를 이룩하고자 하는 '다시개벽'에서 찾을 수 있다. 즉 경신년 4월 결정적인 종교체험을 통하여 수운 선생은 '시운時運'이라는 우주적 비밀을 바라보게 되고, 이 시운에 의한 새로운 차원의 우주적 변혁의 시대가 이내 다가온다는 것을 깨닫게 된다. 이와 같은 깨달음을 통해 수운 선생은 세상 사람들에게 새로운 차원의 삶이 곧 펼쳐진다는 사실을 일깨워 주고자 동학이라는 가르침을 세상에 펴기 시작한다.1 즉 동학 창도에는 근본적으로 '개벽'이라는 변혁의 의미가 중추적으로 개재되어 있었던 것이다.

수운 선생이 펼친 '개벽'은 '시천주侍天主'에서 비롯되고, 시천주를 근원으로 하는 것이다. 시천주란 '사람이 한울님을 모셨다'는, 사람과 신과의 새로운 관계 설정이며, '모심의 철학'을 전개할 수 있는 근본이 된다.

수운 선생은 '모심', 곧 '시侍'에 대하여 "시자侍者 내유신령內有神靈 외유기화外有氣化 일세지인一世之人 각지불이자야各知不移者也"2라고 함으로써, 이 '모심'을 '신령神靈과 기화氣化 그리고 불이不移'로 해의하고 있다. 이때 '안으로 신령이 있다 함(內有神靈)'은 끊임없이 물결치

---

1 윤석산, 『동학교조 수운 최제우』, 모시는사람들, 2004, 9~13쪽.
2 『東經大全』「論學文」

며 생동하는 영靈, 즉 생동하는 생명, 근원적인 생명 그 자체를 안에 모심으로써 생동함을 말하는 것이요, '밖에 기화가 있다 함(外有氣化)'은 생명이 무궁무궁하게 유기적이고 통일적으로 사회적으로 활동함을 말하는 것이다. 또한 '세상 사람들이 각기 깨달아 옮기지 않는다 함(一世之人 各知不移)'은 이 세상 모든 사람이 서로 따로 따로 옮겨 살 수 없는 통일적인 생명임을 스스로 실천을 통해 혁명적으로 아는 것3을 의미한다. 이러한 의미에서 본다면, '시侍'란 곧 인간 생명의 주체인 영의 유기적인 표현이며, 나아가 인간과 우주의 자연적인 통일, 인간과 인간의 사회적인 통일, 인간과 사회의 혁명적인 통일이 모두 '한울님을 모셨다'는 이 '시侍' 한 글자 안에 들어 있음을 의미한다.

따라서 시천주를 기반으로 한 수운 선생의 개벽관은 '한울사람'으로 거듭 태어난다는 종교적 의미나 수행만을 의미하는 것이 아니라, 거듭 태어남의 훌륭한 인격체인 '한울사람', 이들의 공동체인 동귀일체의 세상, 곧 지상천국을 이룩한다는 사회적인 의미, 나아가 우주적 차원에서 새로운 틀을 짜고자 하는 우주적 변혁의 의미까지를 지닌다고 하겠다. 이와 같은 관점에서 본다면, 수운 선생이 시천주의 가르침을 통해 추구했던 궁극적인 이상은 악질이 가득한 세상을 새로운 질서로 개벽하는 데에 있었던 것이다.

따라서 당시의 시대적인 고통의 원인이 되는 신분제도에 의한 사회적·경제적 불평등과 이에 따른 갈등, 타락한 시대 정신, 나아가

---

3 김지하, 『김지하 전집 1』, 실천문학사, 2002.

외세의 위협적인 침략 등에 관해서도 수운 선생은 깊은 관심을 나타낸다. 시천주에 의거한 당시 시대상에 관한 수운 선생의 관심은 반봉건・반외세라는 사회적・현실적 실천 과제로 집약되어 제시된다.

한편으로 수운 선생은 '효박한 세상 사람'4, 심지어는 '금수 같은 세상 사람들'5이라고 당시 세상 사람들의 타락상을 질타하고 있으며, '무사불성無事不成의 강성한 침입자'6, 또는 '죽어서 삼십삼천 옥경대에 혼자만 가려는'7 각자위심各自爲心의 조장자라고 비판한다. 그런가 하면, 시천주의 가르침을 통하여 개벽을 하게 된다면 세상 모든 사람들이 근원적으로 평등함을 주창함으로써 봉건적 질서의 새로운 개편을 제기하기도 한다.

이와 같은 수운 선생의 당시 시대에 대한 인식과 비판, 그리고 대안의 제시는 단순히 국내 차원에서 머물지 않는다. 즉 당시 새로운 힘으로 밀려들어 오는 서양에 대한 비판과 함께, 늘 기회만 있으면 그 침략의 마수를 뻗치는 일본에 대한 경계와 비판, 나아가 역사적으로 우리나라와 가장 밀접한 관계를 맺어오고 있는 중국의 문제 등에도 면밀하게 펼쳐지고 있음을 볼 수가 있다.8

수운 선생이 동학을 일으키던 19세기 중엽의 일본은 아직 명치유

---

4 『용담유사』「몽중노소문답가」
5 『용담유사』「몽중노소문답가」
6 『東經大全』「論學文」, '西洋之人 道成立德 及其造化 無事不成 攻鬪干戈 無人在前'
7 『용담유사』「권학가」
8 윤석산, 『용담유사연구』, 도서출판 모시는사람들, 2006.

신明治維新 이전으로, 중국이나 우리나라와 마찬가지로 서양의 침탈의 대상이 되고 있던 때이다. 다시 말해 본격적인 정한론征韓論이 제기되기 이전이 된다. 그러나 수운 선생은 일본이 우리나라를 침략하는 관계였음을 들어, 머지 않아 일본의 침략이 있을 것으로 보고 경계하고 있다. 또한 중국과의 관계에 관해서도 수운 선생은 그때까지 동북아시아 일대에 팽배해 있던 중국 중심의 세계관이라는, 중세적 세계관에서부터 벗어나 새로운 자주적 세계관으로의 변화를 촉구하기도 한다.

수운 선생은 경신년 4월 결정적인 종교체험을 함으로써 이상에서 살펴본 것처럼 머지 않아 '시운'에 따른 우주적 차원의 변화를 통해 새로운 후천의 세상이 도래함을 깨닫고 이를 세상 사람들에게 알리고자 동학을 창도하게 되었던 것이다. 따라서 내면적인 면에서는 시천주의 가르침을 통해 잃어버린 본성의 회복을 당시의 타락한 세상 사람들에게 촉구하는 한편, 반봉건·반외세라는 사회적·정치적인 문제를 구체적인 실천 과제로서 당시의 시대 현실 속에서 제기해 나갔던 것이다.

이와 같은 수운 선생의 가르침과 실천의 과제는 결국 동학 천도교의 후천개벽 운동이며, 또한 수운 선생의 가르침을 이은 해월(崔時亨, 1827~1898) 선생, 의암(孫秉熙, 1862~1922) 선생 등으로 면면히 이어져 동학 천도교가 펼치는 많은 운동, 한국의 근대사를 열어간 수많은 민족운동의 근원적 정신이 되는 것이기도 하다.

3. 해월에서의 후천개벽운동의 전개

수운 선생으로부터 도통을 물려받은 해월 선생은 수운 선생 순도 이후 관의 지목을 피해 36년간이라는 긴 세월을 강원도, 경상도, 충청도의 깊고 깊은 태백산맥과 소백산맥 자락을 떠돌며 숨어 지낸다.

그러나 이러한 기나 긴 잠행과 은둔의 기간 동안 해월 선생은 궤멸적 위기에 이른 동학 교단을 지속적으로 재건해 나갔으며, 스승인 수운 선생으로부터 시작된 후천개벽운동을 지속해 나간다. 특히 해월 선생은 보다 민중적 삶에 뿌리내린 개벽을 실천해 나간다.

해월 선생이 펼쳐나간 개벽적 실천은 대체로 두 방향으로 전개된다. 민중의 삶과 의식을 변혁시키는 것이 그 하나라면, 민중적 삶을 저해하고 억압하는 부당한 힘으로부터 벗어나고자 하는 노력이 그 다른 하나이다. 전자는 해월 선생의 '향아설위向我設位', '삼경三敬', 또는 '이천식천以天食天' 등의 가르침을 통한 실천이라면, 후자는 교조신원운동, 또는 갑오동학혁명 등의 민의民意의 집결을 통한, 사회적·국가적 개혁을 위한 항쟁이 이에 해당한다. 이와 같은 해월 선생의 개벽운동은 궁극적으로 스승인 수운 선생의 가르침인 시천주에 의거한 것이기도 하다.

먼저 해월 선생은 인류의 역사 이래 인류의 의식을 지배해 왔던 향벽설위向壁設位를 깨뜨리고 향아설위를 주창한다. 향벽설위나 향아설위는 곧 상례와 제례의 형식을 말한다. 사람이 태어나 살아가고 또 죽는 과정 속에서 제례는 매우 중요한 의미를 지닌다. '관혼상제

冠婚喪祭'는 인간의 일생 전체를 아우르는 통과의례이다. 어린아이에서 어른이 되는 과정으로서의 관례冠禮와 혼례婚禮는 본격적으로 사회적 공동체의 일원이 되는 것을 의미한다. 이에 비하여 상례喪禮와 제례祭禮는 삶과 죽음이라는 차원을 대변하고 상징하는 의미를 지닌 의식이다. 따라서 상례 혹은 제례는 앞서 행하게 되는 의례들과는 비교가 되지 않을 정도로 중요한 의미를 지닌다고 하겠다.

그러므로 인류 역사에서 이 제례 문제는, 어느 사회를 막론하고 그 사회의 중요한 의식으로, 그 사회, 그 집단의 정체성을 나타내는 의식이 되고 있다. 이와 같은 면에서 본다면 해월 선생이 향벽설위를 향아설위로 바꾼다는 것은 지금까지의 인류 역사 문화를 전혀 다른 차원으로 바꾼다는 의미가 아닐 수 없다.

향벽설위란 말 그대로 위位를 벽을 향해 베푼다는 말이다. '위'란 신위神位를 말하는 것으로 제사를 받을 조상, 또는 신의 혼령이 깃들어 있다고 믿는 대상이다. 이는 다시 말해서 돌아가신 조상, 또는 신의 혼령이 이 신위에 깃들어 있으므로, 이 신위 그 자체가 비로 조상님, 또는 신이 된다는 말이다. 따라서 우리가 위 앞에서 절을 한다는 것은 다름 아닌 이 신위에 모셔진 조상님, 또는 신에게 절을 한다는 의미가 된다. 향벽설위는 이 조상 또는 신을 '나'의 상대편, 곧 반대쪽인 '벽'에 세워 놓고 절을 한다는 말이 된다.

이는 '나'는 이쪽에 있고, '조상 또는 신'은 저쪽에 있다는, '나'와 '조상 또는 신'이 서로 별도로 존재한다는 생각에서부터 비롯된 것이다. 그러므로 향벽설위는 '나'와는 다른 저쪽 '벽'에 모셔진 '우상'을 향해 절을 하고, 그 우상을 섬기고 받드는 제사법이다.

이러한 향벽설위에 비하여 향아설위는 말 그대로 신위를 바로 '나'를 향해, '나'의 안에 설하는 제례법이다. 이는 곧 '조상의 혼령, 또는 신'이 다른 어느 곳에 있는 것이 아니라, 바로 내가 모시고 있다는 수운 선생의 '시천주'를 그대로 생활 속에서 실천한 것이 된다. 그러므로 해월 선생은 제자가 향아설위에 관하여 물을 때에 다음과 같이 대답을 하고 있다.

> "나의 부모는 첫 조상으로부터 몇만 대에 이르도록 혈기를 계승하여 나에게 이른 것이요, 또 부모의 심령은 한울님으로부터 몇만 대를 이어 나에게 이른 것이니 부모가 죽은 뒤에도 혈기는 나에게 남아 있는 것이요, 심령과 정신도 나에게 남아 있는 것이니라. 그러므로 제사를 받들고 위를 베푸는 것은 그 자손을 위하는 것이 본위이니, 평상시에 식사를 하듯이 위를 베푼 뒤에 지극한 정성을 다하여 심고하고, 부모 살아 계실 때의 교훈과 남기신 사업의 뜻을 생각하면서 맹세하는 것이 옳으니라."[9]

부모의 심령은 생명의 근원인 한울님으로부터 몇만 대를 이어 나에게 남아 있는 것이기 때문에 결국 그 심령은 바로 나에게 모셔져 있다는 것이다. 나아가 제사를 지낸다는 것은 인간의 관념에 의하여 만들어진 '우상', '허상', 곧 '종이 한울님'에게 베푸는 것이 아니라, 바로 '나'에게 베푸는 것이라고 말한다. 다만 제사를 모시면서 가장 중요한 것은 부모 살아 계실 때의 교훈과 사업을 생각하는 마음이라

---

[9] 『해월신사법설』「향아설위」

는 것이다. 그러므로 '제례를 모실 때에 절하는 예'에 관하여 묻는 제자에게 해월 선생은 '마음으로써 절'10라고 가르치고 있으며, "제상에 음식을 만 가지 차려 놓는 것이 중요한 것이 아니라, 청수한 그릇이라도 정성을 다하는 것"11이 중요하다고 말하고 있다. 또한 상기喪期에 관하여 묻는 제자에게 '마음으로 백년상百年喪을 지내는 것'12이 옳은 것이라고 가르친다.

이처럼 해월 선생은 인간의 관념에 의하여 만들어진 허례와 허식을 배격하고 본원에 근거한 실질적인 의례를 제정하여 당시 동학도들에게 가르치기도 한다. 이는 곧 후천의 새로운 삶은 인간에 의하여 만들어진 허례나 허상에 있는 것이 아니요, 바로 마음에 있음을 강조한 것이기도 하다. 그러므로 해월 선생은 "성인聖人이란 태어날 때 그 자질이 정해진다."는 당시 유교적 관념을 배격하고, "성인이 되고 못 되는 것은 다름 아닌 마음을 정하느냐 못 정하느냐에 달려 있다."13고 못박아 말하고 있다. 나아가 "사람이 어떤 일을 하느냐가 그 사람의 귀천貴賤을 결정하는 것이 아니라, 그 사람이 그 일을 어느 만큼 정성과 공경으로 하느냐에 달려 있다."고 가르친다.

즉 해월 선생은 사람살이의 가장 기본이 되는 신성한 노동에서부

---

10 『해월신사법설』「향아설위」, '以心爲拜 可也'
11 『해월신사법설』「향아설위」, '萬般陣需 非爲精誠 但淸水一器 極誠致誠 可也'
12 『해월신사법설』「향아설위」, '心喪百年 可也'
13 『해월신사법설』「독공」, '余少時 上古聖賢 意有別樣異標矣 一見大先生主 心學以後 始知非別異人也 只在心之定不定矣'

터 제례에 이르기까지, 사람살이의 모든 실제적인 것들을 당시의 관념을 뛰어넘는 실질적이고 또 이상적인 대안으로 제시하고 있다. 다만 그 형식만을 바꾸는 것이 아니라, 이에 담긴 실질적인 의미와 정신까지를 포함하여 새로운 차원으로 이끌고 있는 것이다. 이와 같이 우리의 일상적인 삶과 양식을 새로운 질서의 차원으로 바꾸어 나가는 것이 곧 해월 선생에게 있어서는 구체적인 후천개벽운동의 일환이기도 한 것이다.

또한 해월 선생은 삼경사상三敬思想 및 이천식천以天食天 등의 법설을 통하여 자연과 인간과 신의 관계를 새롭게 설정함으로써 보다 구체적으로 개벽운동을 펼쳐나가고 있음을 볼 수가 있다.

삼경은 한울님을 공경하는 '경천', 사람을 공경하는 '경인', 사물을 공경하는 '경물'의 세 범주를 일컫는다. 그러나 이 경천, 경인, 경물의 대상인 한울님, 사람, 사물이 궁극적으로 별도의 대상이 되는 것이 아니다. 경천이라 함은 허공 중의 한울님을 공경하는 것이 아니라 내가 모신, 그러므로 내 마음의 주인이 되는, 나의 주체로서의 한울님을 공경하는 것이다. 그런가 하면, "경천만 있고 경인이 없으면, 농사의 이치는 알되 씨를 뿌리지 않는 행위와 같은 것"[14]이며, "사람을 버리고 한울을 공경하는 것은 물을 버리고 해갈을 구하는 것과 같은 것"[15]이 된다는 말씀과도 같이, 경천은 창공을 공경하는 것이 아니라 바로 눈앞에 전개되는 현실 속의 사람을 공경하는 것을 의미

---

14 『해월신사법설』「삼경」
15 『해월신사법설』「삼경」

하기도 한다. 따라서 경천은 경인을 통해서 보다 실질적으로 실천될 수 있다. 이것을 해월 선생은 '사람을 한울같이 섬기라'는 사인여천事人如天'의 윤리로 풀어내고 있다. 또한 경물은 근원적으로 자연 생태계를 한울님 조화의 표현으로 보는 데에서 비롯된다. 따라서 만유 모두는 시천주 아님이 없는 것이다. 그러므로 "다만 사람만을 공경하는 것은 도덕의 극치가 되지 못하고, 사물을 공경할 수 있을 때에 비로소 천지기화天地氣化의 덕에 합치될 수 있는 것"16이라고 해월 선생은 강조하고 있다. 즉 사람을 대하는 곳에서 세상을 기화할 수 있고, 물건을 접하는 곳에서 천지의 이치를 바르게 깨달을 수 있다는 것이다. 이와 같은 면에서 본다면, 경인으로 세상 모든 사람들을 하나의 가족으로 만들고, 경물을 통하여 천지 만유를 모두 끌어안을 수 있는 길이 마련된다고 하겠다.

삼경사상은 자연스럽게 '이천식천'으로 연계된다. 해월 선생은 지금까지 인류를 지배해 온, 먹히고 먹는 약육강식弱肉强食, 적자생존適者生存의 법칙이라는 패러다임을 전환하여, 이 생태계와 사회 구조를 '이천식천以天食天'이라는 패러다임을 통해 공생과 상생相生의 장으로 설파하고 있음을 볼 수가 있다. 다음과 같은 해월 선생의 말을 들어 보기로 하자.

> 내 항상 말할 때에 물건마다 한울이요 일마다 한울이라고 하였나니, 만약 이 이치를 옳다고 인정한다면 모든 물건이 다 한울로써 한울을 먹는 것

---

16 『해월신사법설』 「삼경」

아님이 없을지니, 한울로써 한울을 먹는 것은 어찌 생각하면 이치에 서로 맞지 않는 것 같으나, 그러나 이것은 사람의 마음이 한쪽에 치우쳐서 보는 말이요, 만일 한울 전체로 본다면 한울이 한울 전체를 키우기 위하여 같은 바탕(同質)이 된 자는 서로 도움으로써 서로 기운이 화함(氣化)을 이루게 하고, 다른 바탕(異質)이 된 자는 한울로써 한울을 먹는 것으로써 서로 기운이 화함(氣化)을 통하게 하는 것이니, 그러므로 한울은 한쪽 편에서 동질적 기화로 종속을 기르게 하고, 한쪽 편에서 이질적 기화로써 종속과 종속의 서로 연결된 성장 발전을 도모하는 것이다. 합하여 말하면 한울로써 한울을 먹는 것(以天食天)은 곧 한울의 기화작용으로 볼 수 있는데….17

즉 해월 선생은 먼저 이 우주를 인심人心의 편견에 치우쳐서 바라볼 것이 아니라, 전일적全一的 생명체로 볼 것을 강조하고 있다. 이어서 햇살을 보내고 비를 내리게 하여 만유를 자라나게 하고 또 살아가게 하는 것은 곧 '동질적 기화氣化'로 종속을 기르는 것이요, 먹이를 위하여 먹고 먹히는 것은 곧 '이질적 기화氣化'로 서로의 연결된 성장 발전을 도모하는 것이라고 설파하고 있다. 따라서 동식물이 먹이를 위하여 다른 동식물을 잡아먹는 것은 약육강식에 의한 살육과 다툼이 아니라, 한울이 한울을 먹으므로 일으키는 기화작용, 곧 비를 내리고 햇살을 보내어 만유를 살아가게 하는 그러한 작용과 동일한 것이라는 것이 해월 선생의 생각인 것이다.

---

17 『해월신사법설』「이천식천」

이러한 해월 선생의 생각은 곧 수운 선생이 제시한 '불연기연不然其然'에 의한 것이라고 하겠다. 불연기연은 동학의 중요한 사유 체계로서, 원인에 대한 경험적 추론이 '기연其然'이 된다면, 궁극적인 원인에 대한 철학적 논구가 곧 '불연不然'이다. 다만 어떠한 원인에 대하여 경험을 바탕으로 하여 추론해 볼 것 같으면, 이 우주는 모두 다른 개체로 이루어져 있다고 보게 된다. 이것은 나의 아버지가 너의 아버지와 다르니 우리는 서로 다른 사람이라는 식의 인식이 된다. 따라서 우리의 삶과 우주적인 질서를 '너와 나', 나아가 '여성과 남성', '인간과 자연', '삶과 죽음' 등의 이원적인 성격으로 파악하게 되고, 그 결과로 세계는 점점 양극화되어 질시와 파괴로 치닫게 된다. 그러나 차원을 달리해서 이들 모두가 궁극적인 면에 있어, 우주적 공동체와 그 근원을 같이 하는 것이라고 본다면, 이들 만유는 개체이며 동시에 개체가 아닌 것이다. 따라서 서로 다투고 싸울 것이 아니라, 서로 어우러져 살아야 하는 당위성을 지니게 된다. 그러므로 먹고 먹히는 생태계 역시 약육강식弱肉強食의 쟁탈이 아니라, 어우러져 살아가는 '기화작용氣化作用'의 장이 된다는 것이다.

이와 같이 해월 선생의 '이천식천'의 가르침은 물질과 정신, 전체와 개체, 인간과 자연, 신과 인간을 비롯한 모든 이원적인 대립과 모순을 극복하여, 조화와 균형을 이루려는 데에 그 핵심이 있다. 즉 삼경사상의 경천, 경인, 경물이 별도의 것이 아니라, 서로 유기적 관계 속에서 어우러져 있음을 강조한 것이 된다.

결국 해월 선생의 개벽은 갈등과 대립이라는 선천의 삶을 조화와 균형이라는 새로운 차원으로 승화시키는 것이라고 하겠다.

지금까지 논의된 '삼경사상'이나 '이천식천'이 '조화와 균형'이라는, 해월 선생이 제시한 후천개벽의 사상적·이념적 바탕을 이루는 것이라면, 이를 토대로 보다 사회적이며 정치적인 면에서 전개된 실천이 곧 '교조신원운동'과 '갑오동학혁명'이다.

동학은 창도될 때부터 탄압의 대상이었다. 그리고 결정적으로 교조인 수운 선생이 조선조 정부로부터 혹세무민이라는 죄명을 쓰고 참형을 당했다. 그 이후 동학은 지속적으로 탄압을 받고 있었다. 따라서 관에 의하여 참형된 수운 선생의 죄목이 신원이 된다면, 동학은 탄압에서부터 벗어날 수 있는 것이기도 하다. 그러나 교조신원운동의 근원적인 동인은 동학이라는 올바른 가르침을 세상 사람들이 받아들여 이 세상의 삶이 보다 차원 높은 새로운 삶인 후천을 이룩해야 한다는 데에 있었던 것이다.

갑오동학혁명 역시 마찬가지이다. 민중의 삶을 저해하는 부당한 힘이나 침략의 마수를 뻗치는 외세를 향한 투쟁의 차원만이 아니라, 여기에도 역시 근원적으로 올바른 가치를 이 세상에 구현함으로써 새로운 삶의 질서를 이룩하고자 하는 데에 있었던 것이다.

즉 해월 선생이 전개한 교조신원운동이나 갑오동학혁명은 보다 본원적인 면에서, 부당한 억압과 침략에 대한 투쟁이었으며, 동시에 조화와 균형을 이룰 수 있는 삶을 구현하기 위한 노력이었다고 할 수 있을 것이다. 다시 말해서 해월 선생은 교조신원운동이나 갑오동학혁명을 통하여 실천적으로 후천의 세상을 위한 일련의 개벽운동을 펼쳐나간 것이라고 하겠다.

4. 의암에서의 문명개화의 사상과 갑진개혁운동

해월 선생이 관헌에 체포되고, 조선조 정부에 의하여 순도를 한 이후, 동학의 교단을 이끌어가게 된 의암 선생은 어느 시대보다도 더 어려운 내외적인 상황을 맞이하게 된다. 교단 내적으로는 아직 동학이 조선조 정부로부터 공인을 얻지 못했으므로 여전히 탄압을 받고 있었고, 대외적으로는 한반도를 둘러싼 열강들의 압박이 나날이 더해져서 큰 위기를 겪고 있는 상황이기도 하였다.

이와 같은 상황 속에서 의암 선생은 변성명을 하고는 일본에 머물게 된다. 이때 의암 선생은 당시 일본에 망명해 있는 많은 개화파 인사들과 교류를 하게 되고, 한편으로는 국내의 동학도들과 지속적인 연락을 취하며 교단 정비를 지휘하기도 한다. 의암 선생은 "세계를 두루두루 돌아다녀 보며 세계의 풍물 또는 근대의 문명을 흡수하기 위하여" 외유의 길을 나섰다가 일본에 머물게 되었던 것이다. 즉 "집의 안방이나 산간 바위 틈으로 쫓겨다니면서 포덕천하 광제창생 보국안민을 할 수 없으며, 스승들의 유지를 후손만대에 전하고 대도를 만방에 펼 수가 없다."[18]는 판단 아래 의암 선생은 미국 등지로 외유를 결행하였으나, 사정이 여의치 않아 일본에 머물게 된 것이다.

이렇듯 의암 선생은 일본에 머물면서 세계의 대세를 살피는 한편 당시의 새로운 문명을 접하게 된다. 그 과정에서 새로운 문명과 학

---

18 의암손병희선생기념사업회, 『의암손병희선생전기』, 기념사업회, 1967.

술을 배우는 것이 곧 국가와 민족을 구할 수 있는 길임을 깊이 체득하고 교인 자제를 중심으로 2차에 걸쳐 64명의 청년을 일본에 유학시키기도 한다.

의암 선생은 당시의 세계 대세를 오수부동五獸不動, 곧 닭, 개, 사자, 범, 고양이가 한 우리 안에 있어서 서로 견제를 해야 하는 것과 같은 형국이라고 판단한다.19 세계의 강대국이 서로들 강성하게 발달된 무기로서 싸운다는 것은 결국 서로가 상상相傷하게 되고, 나아가 인도人道가 끊어져 천리天理를 어기게 된다는 것이다. 그러므로 세계가 공존하고 천리를 이루기 위해서는 '도전道戰', '재전財戰', '언전言戰'의 삼전이 필요함을 강조하게 된다. 이때의 재전이나 언전은 의암 선생이 일본을 통해서 만난 서구의 문명에의 영향이기도 하다. 그러나 의암 선생은 다만 서구의 답습에 머문 것이 아니라, 도전을 제시하여 도의적 사회 건설의 바탕 위에 재전과 언전이 이룩되어야 함을 강조하고 있다. 이와 같은 의암 선생의 삼전론의 정신에는 상쟁相爭을 바탕으로 삼고 있는 서구적 문명개화가 아닌 상생相生의 인내천 문명개화론이 담겨 있는 것이다.

또한 「명리전明理傳」을 통하여 인민이 근본이 되는 공화의 정치와 입헌의 정치를 이루어야 함을 강조했으며(創世原因章), 자신의 현재를 깨닫지 못하고, 미래의 화복禍福만을 생각하고, 또 죽은 뒤의 일만을 따지는 세 가지 헛된 속임(虛誣)으로부터 벗어나 올바른 종교의 가르

---

19 『義菴聖師法說』「三戰論」, '擧世竝强 雖欲接兵 同手相敵 戰功無益 此所謂五獸不動也'

침을 국가의 주교主教로 세워야 함을 강조하기도 한다(斥言虛誣章). 또한 한울님 법을 따라 천법天法을 나라의 법으로 삼아야 함을 강조하고(明言天法章), 물건이 적다고 버리지 않는 정신으로 근검을 해야 하고, 덕이 적다고 천하게 여기지 말아야 하며, 일의 형편과 때에 따라 도를 써서 진정한 부국강병을 이루어야 한다는, 현실적이며 도의 근원에 뿌리를 둔 '수신제가 치국평천하론'을 펼치기도 한다.[20]

이처럼 의암 선생은 일본에 머물면서 서구의 문명에 관심을 갖고 이를 배웠지만, 상쟁에 바탕을 둔 서구문명론이 아닌 상생의 문명개화론, 곧 동학적인 문명개화론의 바탕을 마련한다. 따라서 이러한 정신이 담긴 「삼전론」과 「명리전」을 통해, 의암 선생은 사람살이의 모든 것은 바른 도에 의하여 이룩되어야 하지만, 이 사람살이를 살리는 '도'가 다른 데에 있는 것이 아니라, 바로 우리가 발 딛고 있는 우리의 현실적 삶에 있음을 강조하고, 나아가 한울과 사람이 둘이 아니며, 물질과 마음이 둘이 아니며, 모든 사회적 제도나 현실적 삶이 우주의 도와 둘이 아니라는, 스승인 수운 선생의 시천주, 해월 선생이 펼쳐온 인시천 등을 근간으로 하는 문명개화론을 펼치게 된다.

이러한 면에서 본다면, 결굴 의암 선생이 일본에 머물면서 일본을 통해 서구의 문명개화를 배웠지만, 의암 선생이 펼친 문명개화론은 서구적 문명개화론과는 근원적으로 다른 것으로, 침략과 다툼이라는 상극의 문명개화론이 아니라, '다시개벽'을 주창해 온 수운 선생이나 해월 선생의 정신을 이은 상생의 문명개화론이 된다. 이는 곧 우주

---

20 『義菴聖師法說』「明理傳」

적 삶에 합치할 수 있는 새로운 삶의 질서, 곧 조화와 균등의 삶을 이룩하고자 하는 개벽 정신의 시대적 표현이라고 할 수 있다.

'다시개벽'의 정신에 의거한 「삼전론」이나 「명리전」을 그 이론적 바탕으로 의암 선생은 마침내 새로운 개혁을 위한 실천을 단행하게 되는데, 이것이 곧 갑진개혁운동이다. 동학도들을 중심으로 진보회를 결성하게 하고, 이를 통해 인내천 문명개화론을 펼쳐나간 것이다. 즉 '뚜렷한 국가관의 확립을 통한 국가의 안녕과 질서', '정부의 부정, 비리를 제거하여 평화와 공조의 역사 창조', '군사와 재정을 정리하여 국민의 안정 기반에 대한 항구적 대책', '러일전쟁 등으로 인해 위협을 받고 있는 생명과 재산의 보호를 위한 바람직한 시정' 등을 촉구하며 개혁운동을 단행하기에 이른다.21 이는 곧 '다툼과 항쟁'이 아닌, '조화와 균형'을 이룰 수 있는 삶을 구현하기 위한 개혁의 촉구이기도 하다. 즉 갑진개혁운동은 이와 같이 창도 이후 견지해 온 천도교의 정신이 중요한 바탕이 되고 있는 것이다.

또한 의암 선생은 권동진, 오세창 등과의 의논을 통해 개혁의 구체적인 모습과 의지를 드러내고자 흑의단발黑衣斷髮을 단행한다. 상투를 자르고 단발을 함으로써, '폐쇄성을 벗고 동학의 문명화를 드러낼 수 있으며, 검정 두루마기에 모자를 쓰게 되면 위생에 좋을 뿐더러 일하기에도 편하다.'22는 실생활에 입각한 취지에서부터, '새로운

---

21 이현희, 「갑진개화운동의 역사적 의의」, 『해월최시형의 사상과 갑진개화운동』, 모시는 사람들, 2003, 19~20쪽.
22 『본교역사』

변혁을 위한 동학 도인들의 결속을 공고히 하기 위'23하여, 나아가 '국정 개혁을 위한 절규의 표현'24까지 새로운 변혁에의 결연한 의지 등의 구체적인 표현이 담겨 있는 것이다.

기록에 따라 차이가 있지만, 의암 선생의 단발령에 동참하여 일시에 단발을 한 숫자는 16만에서 20만이나 된다고 한다. 실상 우리나라에서 최초의 단발령은 1895년 12월 30일에 단행된 바 있다. 이때 내무대신 서리 유길준의 이름으로 발표된 단발령은 그다지 성과를 거두지 못하였다. 이때에도 구습의 혁파와 철저한 개혁의 상징으로 단발이 선택된 것이다. 그러나 불과 10년의 시간이 지나지 않아서 의암 선생의 단발흑의의 단안은 일거에 10만 명 이상이 참여하는 커다란 성과를 거두게 된다.

단발과 흑의 착용은 여러 가지 의미를 내포하고 있다. 이는 새로운 변화, 변혁에 적극 참여한다는 강한 의지의 표현이며 상징이기도 하다. 조선조 사회에서 상투는 남성, 성인, 결혼 등을 뜻하는 중요한 사회적 의미를 지니고 있다. 또한 의복이나 건巾 역시 신분이나 계급을 상징하는 것이 된다. 따라서 상투나 의복 등은 중국인과 일본인과도 다른 조선인의 수백 년 또는 수천 년의 역사성이 응축된 상징물이기도 하다. 이와 같은 면에서 본다면, 당시 상투를 자른다는 것은 사회적·역사적 정체성을 허물기 위한 사악한 의도로 인식이 될 수가 있다. 나아가 조선인에게 상투는 오랑캐와 구별짓는 가장 중요

---

23 『천도교회사 초고』
24 『천도교창건사』

한 전통 중의 하나였다.25 즉 만주족이나 일본인, 더 나아가 서양인과 달리 존주尊周의 전통이 면연하게 이어져 있는 결정체가 조선인의 의관과 상투였기 때문이다.26

그러므로 1895년의 단발령은 신체발부身體髮膚 수지부모受之父母 불감훼상不敢毁傷의 명분을 들어 저항하는 세력의 강력한 반대에 부딪쳤던 것이다. 그러나 1904년 의암 선생의 단발흑의가 그렇듯 커다란 실효를 얻은 것은 다름 아닌 '다시개벽'이라는 수운 선생, 해월 선생의 가르침을 이은 동학의 지도에 의한 것이기 때문이라고 하겠다. 즉 상투를 자르고 또 의복을 바꾼다는 행위는 같은 것이었지만, 1895년의 단발령은 을미사변으로 왕비가 살해를 당하고, 국왕이 사실상 연금 상태에 있는 상황 속에서, 일본의 의도가 개입된 것으로, 이에는 개혁을 가장한 침략과 이를 위한 정체성 허물기가 숨겨져 있다고 보았기 때문이요, 갑진개혁운동의 일환으로 의암 선생이 내린 단발령에는 '반상과 노소라는 신분 철폐'의 동학 고유의 정신이 깃들었을 뿐만 아니라, 민의에 의한, 민생의 자발적인 개혁 의지가 담겨져 있기 때문인 것이다.

즉 갑진개혁운동은 다만 서구적 문명개화를 위한 운동이 아니었고, 동학 창도 이후 지속적으로 이어져 내려오며, 동학의 근본 이념인, '새로운 삶의 질서'를 이룩하고자 하는 동학의 후천개벽운동의

---

25 신동원, 「1910년 전후 천도교의 위생론」, 『갑진개화혁신운동 100주년 기념 학술발표회 발표문』, 천도교중앙총부, 2004, 67쪽.
26 이근원, 「華夷衣服辨」, 『錦溪集』, 권15

사회적·시대적 실천 운동이었던 것이다.

5. 다시개벽의 정신과 갑진개혁운동

　동학은 창도에서부터 '다시개벽'의 과제를 자임하였다. 동학의 1세 교조인 수운 선생은 다시개벽을 위한 우주적 큰 틀을 '시운'을 매개로 해서 제시한다. 이후 수운 선생의 도를 이어받은 해월 선생은 '시운'이라는 시대적 운상運相에 따라 실생활 속에서 개벽운동을 실천해 나가게 된다. 이의 구체적인 것들이 '향아설위', '삼경사상', '이천식천' 등이 된다. 이들 가르침들은 결국 다시개벽이 '우주와 내'가, 또는 '너와 내'가, '신과 사람'이, '사물과 인간'이 모두 조화와 균형을 이루는 데에 있음을 강조한 것들이다. 따라서 해월 선생은 '조화와 균등의 세상'을 이룩하고자 교조신원운동, 또는 갑오동학혁명 등의 구체적인 개벽운동을 당시의 시대 속에서 실천하기도 한다.

　이와 같은 스승들의 가르침과 실천을 이은 의암 선생은 당시의 시대적 상황의 어려움을 타개하고자 세계 대세를 돌아보고, 다만 서구적 패러다임인 상쟁相爭의 문명개화론이 아닌, 동학적 상생相生의 문명개화론을 수립하게 된다. 즉 의암 선생이 펼친 문명개화의 이념은 조화와 균등을 통한 개화이며, 이를 통해 이룩하는 문명인 시천주, 인시천, 인내천의 문명개화론이었던 것이다. 의암 선생은 이를 「삼전론」과 「명리전」이라는 법설을 통해 전개한다. 나아가 이러한 문명개화론에 의하여 새로운 삶의 질서를 이룩하고자 갑진개혁운동을 단행하였던 것이다.

　즉 수운 선생은 '다시개벽'의 우주적 큰 틀을 마련하고, 해월 선생은 이를 이어 개벽의 문제를 일상적·현실적 생활의 문제로 끌어내려 실천하고자 노력하게 된다. 또한 의암 선생은 개벽의 문제를 당시 우리나라가 처해 있는 긴박한 시대상에 맞추어 전개해 나갔으며, 그 서곡이 되는 것이 곧 갑진개혁운동인 것이다.

　따라서 이와 같은 천도교의 정신적 맥락 속에서 1904년 단행된 갑진개혁운동은 당시 세계사적인 조류가 되었던 서구적 상쟁의 문명으로의 개혁이 아닌, 수운 선생 이후 줄기차게 견지되어 온, 천도교의 정신사적인 면에서 그 계보를 이어온 동학적 상생의 문명 개혁의 구체적인 실천이라고 말할 수 있다. 1904년 의암 선생에 의하여 주도되고 또 동학교도들이 중심에 섰던 갑진개혁운동은 바로 이와 같은 면에서, 그 진정한 의의를 찾을 수 있을 것으로 생각된다.

갑진개화운동의 근대 통섭주의 철학

홍경실*

1. 동학의 적자 천도교

갑진개화운동은 1904년 의암 손병희의 진두지휘 아래 일어난 우리나라 최초의 민주적인 민회民會 운동이다.** 갑진개화운동은 동학이 천도교라는 민족종단으로서 선포되면서1 지하 포교 시대를 청산하고 지상 포덕의 시대를 맞이하는 역사적인 사건과 직결되어 있는, 동학 천도교의 역사에서 어쩌면 가장 중요한 분수령을 이루는 사건이라고 볼 수 있다. 동학의 이름으로 갑오동학혁명이 이 땅의 근대

---

* 숭실대학교 연구교수
** 『동학학보』7집(2004.6)에 실린 「갑진개화운동의 종교사상에 관한 계보학적 이해」를 수정, 보완한 글입니다.
1 이를 전후하여 정부로부터 합법적인 신앙의 자유를 인정받게 되는데 일본이 개입된다는 사실에서 개운하지 못한 역사의 오점을 남긴다. 본고의 제2장 3절에서 이 문제를 다룬다.

사를 장식했다면, 이제 20세기 한국 사회로의 진입기에 천도교에 의하여 주도된 갑진개화운동이야말로 동학의 얼과 정신을 계승하면서 일제 강점기에 지속되는 우리 민족의 신문화운동의 발단을 제공했다고 하겠다. 아울러, 도도히 밀려오는 외국 문물과 문명과의 만남을 예견하면서 민족의 얼이 집결된 동학을 구심점으로 통섭과 회통의 철학을 개화하려는 의암의 올곧은 의지의 발현이었다.

당시 2000여 만 명의 조선 인구를 감안해 볼 때 20여 만 명이 몸소 단발을 실행하는 등 자율적으로 민회의 개화 혁신운동에 동참했다는 것은 놀라운 사실이 아닐 수 없다. 이는 정부의 단발령 시행 권유에 대해 "신체발부身體髮膚는 수지부모受之父母라 불감훼상不敢毀傷"이라며, "머리털을 자르느니 차라리 목을 베는 편이 더 낫겠다(頭可斷이언정 髮不加斷)."던 유생들의 항의로 실효를 보지 못했던 것과는 대조적이다.[2]

이 운동이 일어난 다음 해인 1905년은 조선이 일본 제국주의에 의해 을사보호조약을 체결 당하는 해이다. 1905년 일제에 의해 강압적으로 이 조약이 체결되자 당시의 대부분의 지식인들은 약육강식弱肉強食의 제국주의 열강 속에서 생존하기 위해서 개명改名을 해야 했으며 기독교를 믿지 않으면 안 된다고 생각했다. 1907년 5월 도산

---

[2] 신일철, 『동학사상의 이해』, 사회비평사, 1995, 175쪽 참고. 당시 진보회 회원 가운데 단발을 실천한 사람은 16만 명이 넘었다고 한다. 조항래, 「갑진개화혁신운동의 영향과 의의」, 『해월 최시형의 사상과 갑진개화운동』, 모시는사람들, 2003, 76~77쪽 참고.

안창호가 미국에서 귀국하여 양기탁, 윤치호, 이승훈 등 기독교 신자들을 중심으로 비밀 정치단체인 신민회新民會를 결성한 것도 그런 취지에서였다. 일제가 경술국치庚戌國恥의 한일합방을 하고 기독교 탄압의 일환으로 신민회를 해산시킨 것도 그런 이유에서였다.3

1904년의 갑진개화운동은 이러한 개신교의, 하나님 앞에서는 누구나 평등하다는 만민평등관에 의거하는 민주적인 종교 정치운동보다도 앞서서 일어났다. 이는 동학사상이 지닌 근대적 자주 민권의식에 기초하여 순전히 우리의 얼과 정신에 의거해 일어난 참으로 값진 운동이었다. 1905년 12월 1일 의암義菴 손병희孫秉熙에 의해 천도교가 선포된 후 동학운동을 계승한 천도교 운동은 날로 증가된 100만 신도의 대중적인 기초 위에 한편으로 반위정척사적인 개화운동을 전개하면서, 을사늑약乙巳勒約 이후의 통감부에 의한 국권 강점 시기에 종교단체로서의 합법 활동의 테두리 안에서 민족의식을 고취하여 저 3·1 독립운동의 거국적 동원을 예비한 것이다.4

본고는 갑진개화혁신운동의 종교사상적 지반地盤을 세보학系譜學적으로 추적해 보고자 한다. 이는 동학의 1세 교조인 수운 최제우로부터 2세 교조인 해월 최시형을 거쳐서 동학을 천도교라는 민족종단으로 창설시킨 3세 교조 의암 손병희에게로 계승되는 핵심적인 종교사상을 고찰하는 작업이 될 것이다. 이러한 계보학적인 작업을 통하여 우리는 갑진개화혁신운동의 종교사상적인 배경이 되는 인내천人

---

3 이광래,『한국의 서양사상 수용사』, 열린책들, 2003, 233쪽.
4 신일철,『동학사상의 이해』, 169쪽.

乃天사상을 좀 더 심층적으로 이해할 수 있는 계기를 마련하게 되리라고 본다. 동양의 유·불·선 삼교는 물론 서양의 기독교와의 대화를 통하여 발현한 동학의 창도 과정을 통하여 입증할 수 있듯이, 외견상 이질적인 종교사상으로 여겨질 수 있는 것들 간의 조화와 공존을 지향하는 동학의 얼과 정신은 의암의 인내천사상에 이르러 그 통섭주의 철학의 면모를 여실히 보여주었다고 평가할 수 있다.

2. 인내천사상의 계보학적 이해

동학 천도교 근본 교리에 대해 인내천주의의 이론적 기초를 부여한 것은 이돈화의 『인내천요의』, 『천도교리독본』, 『수운심법강의』 등이라고 할 수 있다. 동학의 원시 교리가 담긴 최제우의 『동경대전』과 『용담유사』 여덟 편은 이론적 체계화 이전의 신앙 고백서이며, 신비체험을 중심으로 하는 언행론의 성격을 가진 것이다. 이에 서구 철학사상의 교양을 갖춘 이돈화가 동학 경전을 정리하는 중심 개념으로 인내천을 설정하여, 이 범주의 틀로 천도교 교리의 체계화에 일단 성공했다고 볼 수 있다. 최제우의 『동경대전』과 『용담유사』에는 인내천이란 단어는 한 번도 등장하지 않는다. 그러나 인내천 개념의 계보학적인 이해를 위해서라면 최제우의 시천주侍天主와 최시형의 사인여천事人如天 사상이 반드시 전제되어야 한다.5 시천주로부터 사

---

5 위의 책, 162~63쪽 참고.

인여천을 계승하는 인내천 종지의 선포는 바로 동학 천도교의 종교사상의 핵심적인 전개 과정이기 때문이다.

그런데 여기서 본론으로 넘어가기 전에 반드시 주의를 환기시켜 두어야만 하는 사실이 있다. 즉, 시천주와 사인여천 그리고 인내천 개념 모두가 동학의 신관이 지니는 심오深奧함으로부터 기인하는 두 가지의 서로 상반적인 해석을 가능케 한다는 사실이다. 예컨대 일신교적인 유신론과 범신론적인 다신론이나 무신론,6 타력종교적인 측면과 자력종교적인 측면 그리고 초월적인 믿음의 대상과 내재적인 믿음의 대상 등, 일견 모순되고 양립 불가능해 보이는 종교 이해가 동학에는 공존하고 있다.7 이는 수운으로부터 해월을 거쳐 의암에게로 이어지는 동학 천도교 경전과 법설에 대한 해석학적 연구를 통해 입증 가능한 사실이다. 이러한 사실은 서양의 지배적인 기성종교인

---

6 박영지, 『서양의 신관, 동양의 신관, 창조신관―범신론적 사유구조와 창조신론적 사유구조의 비교연구』, 성광문화사, 2003, 132쪽 참고. 서양의 종교학적인 관점에서 볼 때 동양의 범신론사상인 유·불·선은 인간의 이성에 의존하여 인간의 유한성의 한계에 부딪쳐서 내려지는 인간적 독단이다.(이런 표현을 독실한 기독교 신자의 표현이라고 논자는 본다.) 이는 인격적인 창조신을 배제한다는 의미에서 **무신론적**이라고 할 수 있다. 사실 동양에서 종교의 의미는 서양처럼 신이나 절대자와의 관계에서 성립되지 않고, 가장 근본이 되는 敎化적인 가르침(宗敎)이 종교로 이해된다.

7 김용해, 「그리스도교와 천도교의 신관 비교」, 『동학학보』제6호, 동학학회, 2003. 저자는 97쪽에서 기독교의 경우에도 신의 그 초월과 내재는 구약과 신약에 나타난 기독교 신관을 통할 때 반대 개념이 아니라, 역동적인 사랑의 보완적인 양면이라고 말한다.

기독교(천주교)와 유·불·선 삼교와의 만남을 통하여 동학사상의 수원지인 수운의 종교사상이 창도되었기 때문이라고 생각된다. 말하자면 동학의 종교사상은 동 서양의 종교 사상을 포용하면서 이를 회통시킬 수 있는 포함包含의 관계로서 이해될 수가 있다.[8] 이런 시각에서 논자는 시천주와 사인여천 그리고 인내천 개념을 서로 상반적인 듯이 보이는 두 가지의 대립적인 의미로서 그 해석을 시도해 나가고자 한다.

1) 수운의 시천주 사상

임술년壬戌年(1862년) 1월에서 2월 사이에 씌어진 「논학문」은 동학의 초기 기록에 '동학론'이라고 불리기도 했다. 경신년의 득도 이후 동학을 창도한 수운이 신유년 겨울, 관官의 지목을 피하여 길을 떠나 전라도 남원 교룡산성 안에 있는 작은 암자인 은적암隱寂菴에 머물면서 쓴 글이 논학문이다. 경신년의 득도 후 수운은 거의 일 년여의 시간을 수행修行에 정진하면서 동학의 종교적 수행을 위해 필요한 차제도법次第道法을 정한다. 그리고 이듬해인 신유년(1861)에 사방으로부터 모여드는 어진 선비들을 맞아 포덕을 시작한다. 이때 문답의 형식을 통하여 동학의 요체要諦를 설명하면서, 강령주문인 '지기금지원위대강(至氣今至 願爲大降)'과 본주문인 '시천주조화정 영세불망만사지(侍天主造化定 永世不忘萬事知)'로 구성된 '지극히 한울님을 위하는 글'

---

8 김상일, 『동학과 신서학』, 지식산업사, 2000, 37쪽 참고.

인 21자의 주문의 뜻을 밝히게 된다.9 여기서 등장하는 시천주 개념은 가히 동학이 지닌 탁월한 종교성을 이해할 수 있는 관건이 된다. 무릇 모든 종교의 핵심으로서 종교를 성립시키는 근간根幹이 다름아닌 '신神 관념'이기 때문에 '시천주'에 대한 이해는 아무리 강조해도 지나칠 수가 없다.10

수운은 '한울님을 모신다'는 것이 마음은 한울님의 마음과 서로 통하고 몸은 한울님의 기운과 하나가 되는 것이라고 말한다.11 이는 곧 한울님과 하나가 되는 어떤 경지를, 무어라 정확히 표현할 길이 없는 그런 신비적인 경지를 뜻하는데 사실 수운의 동학 창도는 1856년과 1859년 그리고 1860년 경술년의 신비적 종교체험의 결집結集이었다.12 즉, 수운은 원시기독교에서 자주 등장하는 인간과 절대자와의 직접적이고도 계시적인 종교체험과도 비견比肩할 수 있는 그런 종교체험을 했던 것이다.13 분명 이러한 종교체험의 대상은 초월적이고도 인격적인 유일신唯一神임이 분명하다.

그런데 이런 수운의 시천주 이해를 미궁迷宮에 빠뜨리게 되는 것

---

9 윤석산,『동경대전해제』, 동학사, 1998, 304~306쪽 참고.
10 황선명,『종교학개론』, 종로서적, 1986, 36쪽.
11 최동희・유병덕 공저,『한국종교사상사―천도교 원불교 편』, 연세대학교 출판부, 31~41쪽 참고. 이곳에는 동학의 신앙 대상에 관한 자세한 설명이 있다. 최동희는 이 분야의 연구를 주도하는 인물이다.
12 홍경실,「베르그송의 종교관에 입각한 동학의 이해」,『한국사상』제23집, 1996, 222~225쪽 참고.
13 김상일, 위의 책, 266쪽 참고.

이 바로 수운이 처한 동양적인 종교문화의 지반이었다. 즉, 수운이 영향 받을 수밖에 없는 유·불·선 삼교의 종교적 전통에 의할 때 초월적이고도 인격적인 유일신관이란 불가능해 보일 수 있기 때문이다. 그러나 수운은 당시 조선 사회에 영향력을 미치고 있던 서학에 관한 선이해先理解를 분명 지니고 있었다. 이러한 사실은 동학과 서학을 비교하는 수운의 글들을 통해 직접 등장하고 있기 때문이다. 여기서 우리는 시천주 사상이 동·서양의, 일견 이질적인 듯이 보이는 대표적인 신관神觀을 회통시키는 탁월한 신관으로서 등장했다고 평가할 수 있다. 이제 수운 자신의 말을 통해서 시천주에 관하여 얼마나 상반적인 해석을 내릴 수 있는가를 살펴보기로 한다.

『용담유사』「교훈가」에 등장하는 다음과 같은 수운의 말은 일견 모순적인 구절로서 구성되어 있다. "ᄂᆞᄂᆞ 도시 밋디 말고 ᄒᆞ늘님을 미덧셔라 네 몸의 모셔시니 ᄉᆞ근취원 ᄒᆞ단 말가."14 이 글귀에 등장하는 한울님은 분명 종교적인 믿음의 대상이다. 수운은 그런 믿음의 대상을 신앙인 개개인의 몸과 결부시켜서 이해하고 있다. 그런데 여기에서 두 가지의 상반되는 해석이 가능하다. 신앙인의 몸이 한울님을 모신다는 한 가지 해석과, 신앙인의 몸에, 즉 공간적인 의미에서 몸 안에 한울님을 모실 수 있다는 해석의 두 가지가 가능하다. 전자의 해석은 최동희가 주도하는 해석으로서 '네 몸의 모셔시니'는 '네 몸이 모셨으니'로 해석되고 있다.15

---

14 『용담유사』(계미판)「교훈가」, 1883.
15 최동희·유병덕 공저, 위의 책, 29쪽.

그런데 여기서 후자처럼 '네 몸의 모셔시니'를 '네 몸에 모셨으니'로 해석한다면 이는 분명 '사람이 곧 한울이다'라는 인내천의 의미가 되어 버린다. 이 경우 인간 중심주의적인 무신론이라는 오해가 가능하게 되며, 실제로 이돈화는 이런 후자의 해석으로부터 기인되는, 인내천 신관이 무신론無神論이라는 오명을 씻기 위하여 '유신론적 범신론'이라고 밝힌 바 있다고 한다.16 수운은 한울님을 모시는 상태를 '내유신령 외유기화'로 이해하고 있는데, 이런 상태는 분명 기화氣化가 가능한 신앙인의 몸을 떠나서는 불가능할 것이다. 그러나 그렇다고 해서 우리 몸 자체를 인간과 동일시할 수 없듯이, 기화는 분명 신령神靈과 관계될 때만이 비로소 시천주 신앙을 가능하게 할 수 있을 것이다.

'인내천'이란 몸을 지닌 구체적으로 살아 있는 인간이 곧 한울이라는 의미이겠지만, 이때의 인간 이해는 다음과 같아야 할 것이다. 즉, 인간을 규정하는 현실적인 인간의 조건을 넘어선다는 의미에서의 초인간적인, 그래서 한울님과 관계한다고 하는 종교적인 의미에서의 인간으로서 이해되어야 할 것이다.17 그리고 만일 인간이 이렇게 이해될 수 있다면 인간이 한울이라는 인내천사상은 시천주 사상과의 계보학적인 연속선상에서 무난하게 이해될 수 있을 것이다.

---

16 위의 책, 102~104쪽 참고.
17 종교란 궁극적인 삶의 문제의식을 앎이 아닌 믿음을 통하여 해결하고자 한다는 데서 역설로서 이해된다. 즉, 알 수 없는 것을 통하여 알고자 하는 물음을 풀어간다는 의미에서 역설인 것이다.

2) 해월의 사인여천 사상

　무릇 모든 종교에는 해당 종교의 근간이 되는 경전經典이 있기 마련이다. 동학의 경전이 식자층을 위해 한자체의『동경대전』과 부녀자들의 이해를 도모하기 위한 가사체『용담유사』로 구성된다면, 2세 교주인 해월과 3세 교주인 의암의 사상이 최초로 경전 안에 등장하는 것은 1961년판『천도교경전』에서이다. 1961년 4월 5일 일명 '삼부경전三部經典'으로 간행되는『천도교경전』은 세 분 교주의 가르침을 오늘날과 같이 '경전'과 '법설'로 나누지 않고 모두 법경法經이라고 표기하고 있다. 즉, 수운의 가르침을 '천종天宗법경', 해월의 가르침을 '도종道宗법경', 의암의 가르침을 '교종敎宗법경'으로 표기했다. 여기서 법경의 앞 글자를 조합해 보면 '천도교'가 되는데 이로써 세 분 교주의 가르침 아래 천도교가 이루어졌다는 의미를 강조하기 위해서였다. 그러나 한때 경전과 법설을 두 권으로 분리시켜서 간행하기도 했지만, 1969년 9월 1일 자로 간행되는『천도교경전』에서는 수운의 가르침만을 '경전'으로 그리고 이로부터 도통을 전수한 해월과 의암의 가르침을 이보다 다소 격이 낮은 '법설'로 표기한다. 오늘날 사용되고 있는『천도교경전』은 1987년 이후 다시 삼부경전의 형태로 되돌아간 것이다.[18]

　『해월신사법설』가운데 사인여천이라는 말이 등장하는 곳은 「대

---

[18] 윤석산, 「최시형 법설의 기초 문헌 연구」, 동학학회 편저,『해월 최시형의 사상과 갑진개화운동』, 모시는사람들, 2003, 139~140, 155~159쪽 참고.

인접물待人接物」편인데 이 글은 다음과 같이 시작된다. '인시천人是天이니 사인여천事人如天하라.' '인시천'이란 표현은 「천지인天地人, 귀신鬼神, 음양陰陽」편에서도 등장한다. 즉 "인시천人是天 천시인天是人이니 인외무물人外無物이요 천외무인天外無人이니라."는 글귀가 곧 그것이다. 이는 사람을 떠나서 한울은 있을 수 없으며 또 한울을 떠나서도 사람은 있을 수가 없다고 하는 말이다. 곧 사람과 한울의 떼려야 뗄 수 없는 관계를 보여주고 있는데, 그러한 뗄 수 없는 관계를 우리는 곧 믿음(신앙/信)으로 이해해야 한다. 해월은 「성誠・경敬・신信」편에서 다음과 같이 말한다. "오도吾道는 지재只在 성・경・신誠敬信 삼자三字니라 … 억천만사億天萬事 도시재신일자이이都是在信一字而已." 이는 「교훈가」에서의 "나는 도시 믿지 말고 한울님만 믿었어라."는 수운의 말씀을 계승하고 있다.

이런 '인시천人是天'의 의미를 이해할 때 '사인여천'은 '시천주'의 경우에서처럼 다음과 같은 두 가지의 해석을 내포하게 된다. 첫째로, '사람 섬기기를 한울같이 하라'는 해석이다. 이 경우 해월의 '이천식천以天食天'이나 '양천주養天主' 사상은 쉽게 이해될 수 있다. 두 번째로, '사람 섬기기를 한울 섬기듯이 하라'는 해석이다. 여기서 첫 번째의 해석이 인시천이나 인내천에 더 가까운 듯이 보인다. 그러나 해월이 지하 포교를 수행하는 은도 시대인 1893년, 경복궁 광화문에 서 있던 교조신원운동을 위한 상소문의 두 가지 요지 가운데 하나가 '사천여부모事天如父母'라는 사실에 우리는 주목해야 한다. 이 말은 하늘을 부모같이 섬기라는 말이 아니고 하늘을 부모를 섬기는 것처럼 그렇게 공경으로서 받들라는 말이다. 사실 이런 표현은 유교의 「공자가어」에 있는 용어를 본 딴 것이라고 한다.

"어진 사람이 어버이를 섬기는 품은 하늘을 섬기는 것과 같고 하늘을 섬기기를 어버이를 섬기듯이 한다."19

여기서 끝 구절인 '사천여사친事天如事親'에서의 '사事'의 반복을 피하기 위하여 이를 생략한다면 '사천여친事天如親'이 된다. 즉, '사인여천'의 경우에도 이런 과정을 거쳐서 '사인여사천'에서 '사事'가 생략된 것이다. 사실 '사인여천'에 대한 위의 두 가지 해석이 동학 천도교를 이해할 때 동시에 사용되고 있다. 그러나 이 두 가지 해석을 분명하게 이해하는 일이야말로 '시천주'로부터 나아가 '인내천'에 이르는 그 전개 과정을 이해하는 데 있어서 중요한 일이 된다. 문제는 이러한 두 가지의 해석이 동학사상에는 공존하고 있다는 사실이며, 이 두 가지 해석 가운데 일방적이거나 배타적으로 어느 한 가지 해석만을 고집하게 된다면 동학이 지닌 탁월한 종교성宗敎性이 감쇄減殺될 수 있다는 사실이다.

3) 의암의 인내천사상과 갑진개화운동

위에서 인내천사상의 계보학적 연원을 이루는 시천주와 사인여천 사상이 일견 모순적인 두 가지 해석을 가능하게 하고 있음을 살펴보

---

19 '仁人之事親也如事天事天如事親'

았다. 그러나 이런 모순은 동학이라는 탁월한 종교적 하모니를 가능하게 하는 외견外見상의 불협화음일 뿐, 동·서양의 만남과 화합이 절실히 요청되고 있는 21세기적인 인류 종교 문명의 새로운 모습은 이런 동학적 포용성과 통일성을 간절하게 요청하고 있다고 본다. 이제 인내천사상이 지닌 두 가지 해석을 시도해 보고, 이를 종지宗旨로 해서 우리 민족 최초의 민족종단宗團이자 고등종교인 천도교와 이에 깊숙이 관련되어 있는 '갑진개화혁신운동'의 성격에 관하여 살펴보기로 하자.

오늘날 천도교 교단 내에는 인내천이라는 단어에서 '내乃'의 의미 이해에 따라서 '인내천'과 '인급천人及天'이라는 두 가지의 해석이 공존하고 있다. 이는 천도교인들의 한울님에 대한 이해의 차이를 보여준다.[20] 인내천에 의하면, 즉 '인즉천人卽天 인시천人是天'적인 이해에 의하면 한울님은 다름 아닌 바로 인간이라고 말한다. 단, 이 경우 무신론에 해당되므로 인간은 형태를 갖춘 한울님에 해당하며, 무형無形의 한울님을 인정하는 유신론의 입장을 취할 수밖에 없게 된다. 그러나 인급천에 의하면, '내乃'를 '급及'의 의미로 사용해서 인간이 한울님을 향하여 한울님의 뜻에 합당하게 나아가는 믿음의 자세가 곧 인내천으로 이해된다. 이 경우 후자는 한울님의 초월적·외재적 측면이 강조되고 전자는 범신적·내재적 측면이 강조될 수밖에 없다. 그런데 이런 인내천이 1914년의 공동전수심법식에서 천도교의 공식적인 종지로서 선포되는데, 이에 대하여 이돈화의 『천도교창건사』는

---

20 차옥숭, 『한국인의 종교경험―천도교, 대종교』, 서광사, 1977, 124쪽.

다음과 같이 말한다.

"인내천—천도교의 종지를 인내천이라 함은 의암성사의 창언이니 이는 대신사의 경전과 유사에 있는 총 정신을 표어로서 발표한 것이다. … 이 이치를 밝히기 위하여 일본에서 귀국한 후 수십 년 간에 인내천의 설법으로 己任을 삼으시었다."

인내천이 처음으로 천도교 사상의 요지로서 전면에 등장하는 곳은 천도교중앙총부의 이름으로 1907년에 간행된 『대종정의』라고 한다.21 인내천 종지가 이돈화에 의하여 서양의 근대적인 사상에 발맞추어 무신론적이며 합리주의적인 방향에로, 즉 교리의 철학화라는 방향에로 전개되는 과정에 대해서는 다음의 연구를 기약하기로 한다. 다만, 의암의 인내천사상과 관계해서 진행되는 갑진개화혁신운동의 전개와 천도교의 선포 과정을 살펴보고자 한다.

수운이 1860년 경신년의 득도를 통한 동학 창도 이후 불과 3년간의 짧은 포교 기간을 뒤로 한 채 1864년 3월 10일 대구 장대에서 참형을 당하기까지의 기간을 창도 시대라고 부른다. 동학을 혹세무민의 사교 집단으로 지목하던 정부는, 특히 19세기 벽두부터 황사영의 백서 사건으로 인한 신유사옥 등으로 서학을 탄압해 오던 차에 동학을 서학으로 싸잡아 탄압하게 된다. 정부가 엄하게 금지하는 사교로 낙인이 찍히자 동학도들은 지하로 숨게 되는데, 그 와중에서

---

21 최동희, 앞의 책, 79쪽.

1863년 8월부터 수운은 해월을 후계자로 내정하게 된다. 해월이 동학에 입도하여 1898년 6월 2일 경성 감옥에서 교수형에 처하기까지의 36년간의 지하포교 시기를 은도 시대로 부른다. 은도 시대의 동학운동의 관건은 교단 내적으로는 서학을 한다는 죄명으로 억울하게 처형당한 교조敎祖의 신원과 신앙의 자유 획득을 통한 동학도들의 생명과 재산의 보호 그리고 교단 외적으로는 척양척왜斥洋斥倭의 반외세적 민족운동이었다.22 이 시기의 동학운동은 조선왕조 말기의 유교적인 신분제 사회의 모순을 타파하고 새로운 사회를 건설하고자 하는 강한 개혁성을 지녔지만, 전근대적인 통치 질서관을 폐기하고자 하는 정치적 혁신성은 미약했다고 볼 수 있다. 그래서 척양척왜의 배타적 쇄국주의의 측면을 부각시켰지만 왕조적 군신 질서에 대하여 혁명적이기보다는 온건 보수적이었다.23 즉, 동학 창도의 종교사상적 이념인 시천주사상은 신분제 사회에 저항하는 반봉건적 민주민권사상을 지녔지만, 그 정치제도적 측면에서는 기왕의 왕조사회의 틀을 폐기시키려는 혁명성이 미약했다고 볼 수 있다. 이는 수운의 정치사상이 동양적인 순환사관에 의거해 있기 때문이다.

1894년의 갑오동학농민전쟁 이후 동학군에 대한 탄압이 더욱 극심해지면서, 1898년 해월이 순교殉敎한 후 동학의 도통을 계승하는

---

22 같은 책, 60쪽 참고. 1886년의 한불조약 이후 천주교와 아울러 개신교도 신앙의 자유를 합법적으로 인정받게 되었던 사실을 감안할 때, 동학도들이 신앙의 자유를 원했던 것은 너무도 당연했다.
23 김만규, 「종교적 사회운동으로서의 동서사상의 교감」, 『동학학보』제6호, 동학학회 편저, 2003, 36쪽 참고.

인물이 제3세 교주인 의암 손병희孫秉熙다. 외세로부터 백성의 안위를 지키면서 나라의 주권을 잃지 않으려는 척양척왜, 보국안민 사상은 이제 의암에 의하여 오랑캐로써 오랑캐를 제어한다는 이이제이以夷制夷의 전략을 구사하는 실용적인 현실 정치의 모습을 보이게 된다. 이이제이란 전승국에 편승하여 조선의 주권과 미래를 보장받으려는 생각에서 의암이 택한 보국안민의 계책으로서, 흔히 전통적으로 국제관계에서 사용했던 방법이다.24 의암이 주도하는 현도 시대는 동학이 합법적인 신앙의 자유를 공인받으면서 천도교로 선포되는 시기다. 의암은 이 시기에 동학의 민주 민족 정신을 계승하는 개화운동을 전개하게 되는데, 1904년의 갑진개화혁신운동은 일제 강점기에 진행되는 우리 민족의 신문화운동의 발단을 제공하게 된다.

갑오동학혁명의 전개 과정에서 정부가 일본과 청국의 개입을 자초하여 청일전쟁이 일어남에 따라, 관군과 우리나라에 투입된 일본군에 의해 동학군은 도처에서 무참히 진압된다. 전국 각처에서 동학군에 대한 토벌이 심해지자 동학의 지도부도 체포되거나 피신해야만 했다. 의암은 1901년 미국으로 외유하려다가 일본으로 건너가 이름을 이상헌李祥憲으로 고치고 명치 일본의 개화 문물을 관찰하면서 러일전쟁 전야의 극동 정세를 살핀다. 그렇게 하면서 동시에 국내의 동학도들을 개화운동의 방향으로 지도한다. 1902년 의암이 「삼전론」과 「명리전」을 발표하면서부터 동학교단에 의한 개화운동은 본격화한

---

24 황선희, 「갑진개화혁신운동의 역사적 의의」, 『신인간』통권648호, 포덕 145년 8월, 신인간사, 77쪽 참고.

다. 「삼전론」은 의암이 국내의 교인들에게 보낸 교양 교시로서, 1903년 8월 한국 정부의 의정대신에게 제시한 국정 개혁 건의안이기도 하다.25 삼전론의 요지는 정치로서, 러일전쟁이 발발하기 직전의 분위기를 감지한 의암이 먼저 정부 차원에서 개혁운동을 주도해 줄 것을 건의하는 글이었다. 그러나 당시 친러파 일색이던 정부는 이를 동학 탄압을 더욱 강화하는 계기로 삼았다. 그리하여 1904년에 동학교단 차원에서 민회를 통한 개혁운동을 계획하게 되었고, 이를 실천한 것이 곧 갑진개화혁신운동이다.26 문명개화의 시기에 보국안민의 계책으로서 도전道戰, 재전財戰, 언전言戰의 세 가지를 내세우는 삼전론의 논지는, 민중을 교화하여 문화를 향상시키려면 동학이 지닌 교정일치의 종교사상을 의식 개혁의 수단으로 삼아서 정치 경제 등 문화 전반에 걸친 개화운동을 단행해야 한다는 것이다. 그리하여 척양척왜의 반외세 민족운동으로서의 동학운동이, 이제 조정이나 관과 대결하여 무능한 정부 대신 민간 중심의 집단적 정치단체인 '민회民會' 주도적인 개화운동으로 전환된다.27

여기서 이러한 민회의 세세한 전개 사항은 생략하기로 하고, 다만 이러한 민회 주도의 갑진개화운동이 천도교의 선포에 직결되는 중요한 사실에 주목하기로 한다. 일본에서 국내의 갑진개화운동을 진두지휘하던 의암은 이 운동의 성격이 보국안민의 민족주의로부터 심하

---

25 신일철, 위의 책, 174쪽 참고.
26 황선희, 위의 책, 76쪽 참고.
27 신일철, 위의 책, 172쪽 참고.

게 벗어나는 현장을 목도한다. 즉, 이 운동을 주도하던 진보회가 송병준과 이용구의 반민족적인 친일 행각에 의하여 일진회로 병합된 것이다. 물론 일진회와 진보회의 병합은 나름대로 양쪽에서 서로의 이용 가치를 계산에 넣어 일어난 일이었지만, 병합의 대가로서 동학의 정통성이 훼손되었다는 사실은 치명적인 것이었다. 일본의 후원 아래 있던 일진회가 정부의 동학 탄압에 강력히 항의하자 정부는 1904년 11월 1일 동학교도들을 석방하였다. 이로써 40여 년간에 걸친 지하포교 시대를 청산할 수 있게 되었고 동학은 이제 비로소 국가의 공인을 받게 된다.28 이렇게 동학의 합법화 과정은 일진회를 통해 원하지도 않는 가운데 이루어졌다. 을사조약이 체결되기 10여 일 앞서 발표된 '일진회선언서'에서 반민족적 일제 앞잡이로서의 일진회의 정체가 만천하에 공개되고, 일진회의 진보회 계통 동학도들이 탈퇴하기 시작했다. 결국 1905년 11월 17일 을사조약이 늑결되고 이제 동학은 반민족적 일제 앞잡이라는 오명汚名을 쓰게 되었다. 의암이 동학의 재건을 위해 민회운동을 시작한 것까지는 좋았으나 어느새 숙명의 함정 속으로 들어가고 있다는 것을 미처 생각하지 못하고 있었다.

 의암은 결국 1906년 9월 일진회에 가담한 교인들을 몰아내는 용단을 내려야만 했다.29 1905년 11월부터 국내 신문에는 '천도교'라

---

28 심국보, 「오수부동, 친일과 항일의 사이에서」, 『신인간』통권648호, 포덕 145년 8월, 신인간사, 87~88참고.
29 최동희, 위의 책, 74~75쪽 참고.

는 새로운 교명이 선포된다. 이는 친일적인 일진회와 결별하고 동학의 정통성을 계승하는 민족종단의 선포였다. 이듬해 1906년 1월 5일에 의암이 일본으로부터 귀국하고, 그 해 9월 일진회에 가담한 교인들인 일진회 회장 이용구 등 62명은 출교 처분되기에 이른다. 외견상 갑진개화운동은 그 친일 성향으로 인하여 동학의 정통성이 훼손당함으로 해서 실패했다고 할 수 있다. 그러나 이 운동은 천도교의 종지인 인내천사상과 더불어 일제 강점기의 신문화운동으로 계승될 수가 있었다. 비록 인내천을 종지로 하는 천도교의 선포가 갑진개화운동 이후에 등장하고 있지만, 이는 갑진개화운동이 그릇된 방향으로 전개되는 데 대한 의암의 자구책自救策에 의해서였다. 더 이상 이 운동의 전개가 왜곡되는 것을 막기 위하여 의암은 비록 늦은 감이 있지만 새삼 동학의 정통성을 계승하는 인내천사상을 전면에 부각시키게 되었던 것이다.

그런데 이렇게 부각된 인내천사상은 시천주사상으로부터 계승되는 '신과 인간의 관계'에 대한 두 가지 해석 가운데 유난히 한 가지 해석에 치중했다고 보여진다. 이는 당시 서양의 근대 개화사상과 문물을 접한 데서 강한 영향을 받은 의암이, 인내천에 대한 두 가지 해석 가운데 특히 '인즉천人卽天 인시천人是天'을 강조하게 되었기 때문이었다. 특히 시천주 신관이 지닌 초월적 유일신의 모습보다는 내재적 범신론의 신관이 강하게 대두하는데,『의암성사법설』을 통해 이를 발견할 수 있다. 이런 내재적 범신론의 모습은 결국 불교적인 자력신앙自力信仰의 모습으로 강하게 부각되는 계기가 된다.

실제로 천도교 선포 이후의 천도교 교리는 '수심정기'의 인격 향상에 중점을 두고 초월적·신의적神儀的 색채를 지양해가면서, 자력신앙으로 합리화하고 있었다.30 그러나 여기서도 인내천 종지의 탁월한 해석학자인 야뢰 이돈화가, 인내천사상이 무신론無神論으로 오해받을 수 있는 소지를 없애기 위해 수운의 사상을 범신관적 유신론으로 규명한 바 있다는 사실을 잊지 말아야 한다.31 여기서 의암이 '왜 인내천사상이 지닌 자력종교적인 동학의 측면을 강하게 부각시키고자 했을까'라는 질문을 던질 수 있다. 이는 당시 서구의 신학문을 통해서 개화사상을 접한 의암이 진화론 등의 계몽사조의 영향으로 신神 중심적이기보다는 인간 중심주의적인 계몽과 개화사상에 관심을 갖게 되었기 때문이다. 서구 근대사상이 보여주는 인간 개개인의 주체성에 대한 강한 신뢰로서의 개인주의(individualism)는 분명 인내천사상을 강한 자력종교적 측면으로 강화시키는 데 영향을 주었다고 보여진다. 이는 동학사상의 계보학적인 변천 과정이 의암에 이르러 그 탁월한 용시용활用時用活적 응전의 모습을 보여준 것으로서 평가된다. 그러나 분명 우리 시대는 의암의 시대와 같을 수는 없으며 이에 새로운 응전의 모습이 기대되고 있다고 볼 수 있다.

『의암성사법설』 가운데 「무체법경無體法經」을 살펴보면 이런 구절이 등장한다. "인지각성人之覺性은 지재자심자성只在自心自誠이요 부재호천사권능不在乎天師權能이니 자심자각自心自覺이면 신시천심시천身是天心是天이나 불각不覺이면 세자세인자인世自世人自人이니라." 물론 여

---

30 신일철, 위의 책, 181쪽 참고.
31 최동희, 위의 책, 103~104쪽 참고.

기서도 예외없이 일견 상반적인 듯한 다음과 같은 글귀가 이어서 등장하고 있다. "급차오도及此吾道하며는 인비자구성도人非自求成道라." 이는 "우리 도에 이르러서는 사람이 스스로 구하여 도를 이루는 것이 아니다."라는 뜻이다. 아무튼 의암은 「성령출세설性靈出世說」에서도 수운의 시천주의 '시'의 의미를 풀이하면서 '사람이 곧 한울(人乃天)'이라고 밝히고 있다. 인내천이 인급천으로서 초월적 외재신의 모습이 아닌, 그래서 내재적 범재신의 모습으로서 사람과 신의 이분법적인 이원성이 하나로 통일되는 모습이 결정적으로 드러나는 곳으로 다음의 구절을 들 수 있다. 그런데 이 구절은 수운이 『동경대전』「후팔절」에서 말한 구절을 답습하고 있다는 사실에 주목해야 한다.

너는 반드시 한울이 한울된 것이니 어찌 영성이 없겠느냐. 영은 반드시 영이 영된 것이니, 한울은 어디 있으며 너는 어디 있는가. 구하면 이것이요 생각하면 이것이니 항상 있어 둘이 아니니라.32

한울님의 도가 무엇인지 알지 못하거든, 내가 나 됨이요 다른 것이 아님을 알아야 한다.33

이런 동학의 인내천사상이 함의하고 있는 교정일치敎政一致의 정

---

32 『의암성사법설』「법문」, '汝必天爲天者, 豈無靈性哉, 靈必靈爲靈者, 天在何方, 汝在何方, 求則此也, 思則此也, 常存不二乎'
33 『동경대전』「후팔절」, '不知道之所在 我爲我而非他'

치사상을 통해 의암의 갑진개화혁신운동은 추진될 수 있었다. 그러나 이런 교정일치의 정치사상이 일진회에 의하여 친일 이념으로 왜곡되자, 부랴부랴 의암은 교정분리敎政分離를 근저로 하여 순수 민족종단으로서의 천도교를 선포할 수밖에 없었던 것이다. 그러나 동학은 성속일치와 교정일치의 종교·정치사상을 분명 지니고 있다. 이러한 엄연한 사실은 동학의 종교사상이 '신과 인간의 관계'에 관하여 주목할 때 분명 성속분리적인 이원론적 신神-인人 관계뿐만이 아니라, 성속일치적인, 그래서 교정일치적인 일원론적 신-인 관계를 보이고 있다는 데 기인한다. 이러한 사실은 수운의 시천주로부터 해월의 사인여천을 거쳐서 의암의 인내천으로 계보학적으로 이어지는 동학의 종교사상이 일견 대립적인 두 가지의 해석을 각각 가능케 한다는 지금까지의 논의를 통해 충분히 입증될 수 있었다고 본다. 의암에 의하여 주도된 갑진개화혁신운동은 동학의 종교사상이 지닌 이런 성속일치의 종교적 세계관으로부터 교정일치적이고 자력종교적인 강한 실천력을 겸비兼備할 수 있었기에 가능했다고 본다.

3. 갑진개화운동과 남겨진 과제

역사의 주인은 결코 지배계층이나 기득권층일 수 없다. 역사의 주인은 자신의 시대를 몸소 살아가면서 체험하는 대다수의 구성원들이어야 한다. 그리고 이들에 의해서만 특정한 시대의 시대정신은 그 본래적인 의미를 지닐 수 있다. 우리는 역사의 주인으로서의 대다수

사회 구성원들에 의한 자발적이고도 자주적인 민권·민주운동의 발단으로서 동학을 주목해야 한다. 동학이 반상班常과 적서嫡庶, 남녀와 빈부귀천 등의 온갖 차별 의식에 항거할 수 있었던 것은 모든 사회 구성원들에 대한 종교적인 이해에 의해서였다. 수운의 시천주사상으로부터 해월의 사인여천을 거쳐 의암에게로 계승되는 인내천사상이야말로 현도 시대에 이르러 개화하는 동학의 온갖 민주운동의 뿌리를 제공하게 된다.

그런데 동학은 성속일치적이고 교정일치적인 종교사상으로 인하여 현실 정치에 민감한 참여의식을 표방하는 종교정치사상으로서 이해될 수 있다. 의암 손병희에 의하여 주도된 1904년의 갑진개화혁신운동은, 동학이 지니는 이러한 종교정치사상의 연속선상에서 이해될 수 있다. 이는 동학 창도 당시의 반외세적인 입장이 20세기에 들어서면서 새롭게 전개되는 러일전쟁 등의 국제정세를 이이제이以夷制夷의 전략으로써 슬기롭게 이용하면서 민족의 주권을 비호庇護해 나가고자 하는 강한 애국심의 발로였다. 이 운동은 민족의 주권이 약탈당하게 되는 경술국치를 지나면서 암울했던 일제 36년간의 서릿발 같은 통한의 세월 속에서 한 줄기 매화꽃의 늠름한 기상처럼 그렇게 우리 민족의 근현대사를 장식하게 되는 개화 신문화운동으로 열매를 맺는다. 이러한 갑진개화운동은 1905년의 동학 천도교의 선포와 깊이 연루되어 있다. 천도교는 수운으로부터 포덕천하布德天下·광제창생廣濟蒼生을 위한 척양척왜의 민족 수호와 제폭구민의 민권 수호 사상을 계승하는 교정일치의 종교정치사상을 물려받는다. 천도교의 선포는 표면적으로는 순수한 민족 종교집단으로서 행해졌지만,

일제의 보호 감시와 탄압의 눈총을 벗어나고자 하는 자구책으로서의 전략적 선택이었다. 특히, 친일단체로서 매국단체로 매도당하지 않기 위한 민족의식의 발로였다.

오늘날 우리 사회는 근대와 탈근대의 시대정신이 서로 뒤엉켜 표류하고 있다. 동학이 지닌 근대성(modernity)이 채 성숙할 겨를도 없이 분단과 가공할 핵의 위협, 총체적으로 진행되고 있는 지구촌 생태계의 파괴와 전 인류 생명의 위기, 한치 앞을 예측하기 어려운 국제 자본주의 시장의 변동 등 우리 민족의 자주의식을 가로막는 무수한 복병들이 도처에 놓여있다고 본다. 이러한 때에 가장 절실한 과업 가운데 하나는 동학에서 발견할 수 있는 우리 민족의 근대성을 탈근대성 담론으로까지 확장시키면서 동학의 얼과 정신을 계승해 나가는 작업이라고 본다.

갑진개화운동을 필두로 3·1운동 등을 통하여 만천하에 공표된 동학의 통섭과 회통의 정신은, 우리 민족의 근·현대사가 표류하는 현장에서 다양한 종교사상을 아우르고자 했던 의암의 의지의 발현에 의하여 꽃을 피울 수 있었다. 의암 손병희 선생의 인내천사상은 일견 수운의 시천주사상으로부터 이탈한 듯이 여겨지는 면이 있을 수도 있으나, 암울했던 구한말과 일제 강점기에 우리 민족의 사상과 얼이 그 구심점을 잃고 방황하는 현장에서 통섭의 철학과 회통의 정신을 응집시킨 결정체였다고 평가할 수 있을 것이다.

의암의 인내천사상의 이러한 통섭과 회통의 철학 정신은 오늘날 현대와 탈현대의 철학사상이 물밀 듯 쇄도하는 현실에서 볼 때 많은 것을 생각하게 해 주는 계기를 제공하고 있다. 특히, 종교사상의 측면에서 의암의 사상과 철학은 서양의 근대성 담론이 탈근대성 담론으로 향하여 나가면서 동양과의 만남에 우호적인 모습을 보여주고 있는 일군一群의 종교사상과 동학과의 만남을 부추기면서 동학을 새롭게 이해해 나갈 수 있는 해석학적인 작업을 요청하고 있다.

예컨대 20세기 초, 서양사상이 동양사상과 친화적인 모습을 보이면서 그 만남의 가능성으로서 제시된 과정철학과, 이를 계승하는 과정신학에 대한 이해야말로 동학의 종교사상을 탈근대성 담론으로까지 확장시킬 수 있는 최적의 비교 연구 대상이라고 볼 수 있다. 토인비의 지적처럼 20세기 인류 문명의 기념비적인 사건 가운데 하나가 기독교와 불교의 만남이었다고 한다면, 이제 21세기는 기독교와 동학과의 만남이 활성화되면서 인류 정신문명의 그 통섭과 회통의 철학이 활발하게 모색될 수 있는, 이른바 지구촌 문화와 사상의 시대라고 볼 수 있다. 그 가운데 하나로서 우리가 주목하는 것이 바로 의암이 추구한 용시용활의 정신을 우리 시대에 걸맞게 발전적으로 계승시켜 나가는 연구가 될 것이다. 이에 관한 심도 깊고 애성어린 연구가 지속되기를 고대한다.

갑진개화운동의 정치사적 의미

김정인*

1. 갑진개화운동의 정치사적 의미

동학은 18세기 이래 '조선적 문화'의 발달을 기반으로 향반인 최제우가 종교적 계몽운동의 일환으로 창도한 도학道學이었다. 또한 동학은 민심 동요와 서세동점의 대내외적 위기를 우리의 도·우리의 학으로 극복하려는 '동도주의東道主義'에 기반한 자주직 근대화운동이었다. 동학농민전쟁 이후 동학은 영학당·활빈당 등을 통해 반외세 민족운동 노선을 고수하는 남접과, 서북에서의 조직 재건과 문명개화론의 수용을 통해 근대화·문명화에 매진하는 북접으로 분화되었다. 북접 지도자 손병희는 문명개화파와 연계해 동학의 합법화·국교화를 도모하기 위한 정치 투쟁의 일환으로 상소운동, 진보회·일진회를 통한 민회운동 등을 전개했으나 실패하고 말았다. 1905년

---

* 춘천교육대학교 교수

12월 천도교를 창건한 손병희는 교정일치敎政一致인 일본의 헌정체제와 신도神道 및 민중종교를 전범으로 삼아 중앙집권적 교권 체제를 구축했다. 그리고 인내천을 종지로 내세우며 교리서 발간, 교리강습소 설치, 『만세보』·『천도교회월보』 발간을 통한 종교 계몽운동을 전개했다. 정치적으로는 합방론을 추구하는 일진회파를 출교시키고 대한협회에 참여해 보호국 체제 하에서의 정권 획득을 도모했다.

이러한 동학·천도교의 정치적 동향에서 볼 때, 갑진개화운동은 동학의 주류가 문명개화노선으로의 방향 전환을 대내외적으로 천명하고 직접적인 정치 투쟁을 통해 동학의 합법화와 함께 본격적인 정치세력화를 도모한 민회운동으로서의 의의를 갖는다.

2. 동학·천도교의 정치 동향

1) 문명개화파의 등장

동학의 적통임을 자부하는 북접대도주 손병희는 1900년대 초 교권을 장악하자 곧바로 문명개화노선으로의 방향 전환을 도모했다. 손병희가 방향 전환을 모색하게 된 직접적인 계기는 분명하지 않다. 하지만, 동학농민전쟁 이후 서울이나 개항장인 원산, 혹은 국경지역 도시를 배회하면서 시세의 추이를 탐색하고 동학의 재건책 마련에 골몰했던 시기부터 형성된 것만은 틀림없는 사실이다. 또한, 그는 동학과 달리 합법적인 정치운동을 통해 근대화를 선도했던 독립협회의 경험에 주목했다. 그가 내린 결론은 반봉건 근대화 노선을 지속적으로 추구하기 위해서는 종속을 감수하더라도 대세에 조응하여 문명개화해야 한다는 것이었다.

손병희의 문명개화로의 방향 전환은 자신이 직접 문명개화의 진수를 체득하려는 시도로 이어졌다. 그는 1901년 박인호·이종훈·홍병기·이용구 등의 측근에게 교단을 맡긴 채 '외국을 유람하여 문명 성질과 세계 형편을 자세히 알고 현대 문명을 수입할 필요가 있다'며 10년을 예정한 외유外遊를 단행했다. 미국 유람의 기회를 놓친 손병희의 최종 귀착지는 일본이었다. 그는 1906년 1월 귀국할 때까지 신분을 숨긴 채 이상헌李祥憲·이규완李圭完·손시병孫時秉·카와카미川上又次 등의 이명을 사용하면서 줄곧 일본에 체류했다.1

그런데, 손병희의 문명개화로의 방향 전환은 정치 방면으로의 적극적인 진출을 모색하는 공세적인 전술을 취하고 있었다. 일본에 건너간 손병희는 반정부 인사인 친일 망명 정객들과 제휴했다. 손병희는 동학농민전쟁 당시 동학당 초토사로 활동했던 조희문과 접촉하고 그의 소개로 권동진, 오세창 등의 망명 정객과 교유할 수 있었다.2 무반 출신인 조희문은 갑오개혁의 실질적인 주모자로서 아관파천으로 일본에 망명한 정객이었다. 권동진 역시 무과에 급제한 뒤 무관으로 활동하다 을미사변에 연루되어 일본에 망명해 있었다. 오세창은

---

1 국사편찬위원회, 「李祥憲에 대한 탐문서」, 『주한일본공사관기록』, 1997, 421쪽; 이광수, 「천도교 대령 정광조 종횡관」, 『동광』 1931년 1월호 15쪽.
2 「정적으로 사우된 진기사」, 『천도교회월보』 1922년 6월호, 45쪽.

초기 개화파 지도자 오경석의 아들로 역과에 합격해 관리 생활을 영위하다 1902년 유길준이 일본 육군사관학교 출신 청년 장교 단체인 일심회一心會와 함께 계획했던 쿠데타에 연루되었다는 혐의를 받고 일본에 망명해 있었다.3 망명객은 아니지만, 1898년부터 일본에서 체류 중이던 양한묵도 손병희와 어울렸다.4 한때 적이었던 동학 교주와 이들 문명개화파 정객은 이때부터 '옛 것을 근본으로 하고 서양문명을 절충한다'는 구본신참에 입각한 자주적 근대화 노선을 추구하는 대한제국 정부에 맞서, 서구적 근대를 모델로 한 문명개화 일변도의 근대화를 촉구하는 반정부 투쟁에서 동지로 활약하게 된다.

2) 갑진개화운동: 반정부 투쟁으로서의 민회운동

손병희는 1900년대 초부터 동학의 합법화와 국정 개혁을 요구하는 정치 투쟁에 뛰어들었다. 우선, 동학 지도부는 1903년 의정대신 윤용선과 법부대신 이윤용 앞으로 비정秕政 혁신을 요구하는 상소문을 올렸다.5 즉 국회를 설립하고 종교를 반포하며 재정을 정리하고 정치를 개선하며 유학遊學을 장려하자는 것이었다.6

러일전쟁이 발발하자 손병희는 일본의 승전을 예상하며 일본 육

---

3 細井肇, 『現代漢城の風雲と名士』, 『구한말일제침략사료총서』12, 아세아문화사 所收, 1910; 삼천리사, 『조선사상가총관』, 1933.
4 최기영, 「한말 천도교와 양한묵」, 『역사학보』147, 1995, 97쪽.
5 천도교교사편찬위원회, 『천도교백년약사』상, 1981, 343~344쪽.
6 「계동학지설」, 『황성신문』, 1903년 7월 29일자.

군성에 1만원이라는 거액을 헌납했다. 또 동학교도에게는 일본군 원조를 지시했다. 일본이라는 동맹세력이 동학의 유력한 후원자가 되어 줄 것으로 기대했기 때문이었다.7 손병희는 일본 당국과 정부 개혁의 밀약을 체결한 뒤 일본을 도와 러시아를 격파하고 친러 정권을 타도한 후, 정권을 장악하고 정치를 개혁한다는 구상을 갖고 있었다. 그런데 당시 일본 정부는 자신들과 접촉하려는 이상헌이 손병희라는 사실을 알고 있었으며 손병희의 기대와는 달리 그가 반일 친러의 성향을 갖고 있을지 모른다는 의구심을 갖고 있었다고 한다.8

1904년에는 독립협회의 민회운동을 도입해 그 해 9월 동학교도로 진보회進步會를 조직하고 경향 각지에서 시위운동, 즉 갑진개화운동을 전개했다. 진보회의 정치 개혁 요구인 4대 강령은 다음과 같다.

① 황실을 존중하고 독립 기초를 공고히 할 것 ② 정부를 개선할 것
③ 군정·재정을 정리할 것 ④ 인민의 생명재산을 보호할 것9

진보회를 통한 민회운동은 자주화와 근대화를 겸비한, 그야말로 지난한 국가 개혁을 지향하던 대한제국 정부에 대해 서구적 근대·선진·문명을 지향하는 종속적 근대화 노선으로의 전환을 촉구했던 반

---

7 국사편찬위원회, 「이상헌의 신상조사의뢰건(1904)」, 『주한일본공사관기록』22, 1997, 441쪽; 渡邊彰, 『天道敎と侍天敎』, 1919, 30쪽.
8 최기영, 「한말 동학의 천도교로의 개편에 관한 검토」, 『한국학보』76, 1994, 97쪽; 조선총독부 경무국, 『천도교개론』, 1930, 9쪽.
9 김병제, 「진보회와 일진회」, 『혜성』 1932년 1월호.

정부 투쟁이었다. 그런데 진보회의 시위운동은 그들을 '개화한 동학당'·'동학 여당餘黨'·'동학비적'으로 위험시하는 정부의 일관된 강경 탄압으로 난관에 봉착하고 말았다. 또한 문명개화를 상징하는 진보회원의 흑의단발은 민회운동에 대한 대중적 거부감을 확산시켰다.10

진보회의 활동 중 주목해야 할 것은 그들이 일본동맹론에 입각하여 일본군을 '보조'할 것을 주창하고 실천한 사실이다. 진보회의 일본동맹론과 그 실천 활동을 방조한 단체가 바로 일진회였다. 1904년 8월 송병준을 주축으로 독립협회 출신 윤시병, 유학주, 염중모 등이 결성한 일진회는 진보회와 같은 내용의 4대 강령을 내세우며 출발했다.11 일진회의 초기 간부진에도 동학 북접의 지도자들이 참여했다. 지방의 경우는 9월 말부터 일진회와 진보회라는 명칭이 지역에 따라 혼용되고 있었다. 이러한 진보회와 일진회의 공동보조는 송병준이 일본에 건너가 손병희에게 동학과 국내 개화파 간의 협력을 제안하고 손병희가 이를 수용하면서 성사된 것이었다.12 양자가 일종의 역할 분담을 한 셈이었다. 진보회가 지방에서 정치 개혁을 촉구하는 시위를 전개했다면, 일진회는 중앙에서 일제의 비호 아래 정부를 압박하는 데 치중했던 것이다. 일진회와 진보회는 정부의 탄압

---

10 「죽을뻔 살뻔 은도시대」, 『신인간』 1928년 7월호.
11 ①황실을 존중하고 국가 기초를 공고케 할 것 ②인민의 생명재산을 보호케 할 것 ③정부개선 정치를 실시케 할 것 ④軍政財政을 정리할 것(이인섭, 1911, 『원한국일진회력사』, 1904년 8월 22일자; 경성헌병분대 편찬, 『일진회약사』, 1910, 9쪽.
12 岩井敬太郞, 『顧問警察小誌』, 1909, 92쪽).

으로 시위운동이 위축되자 1904년 12월 공식 합병했다.

3) 보호국 체제 하의 정권 획득 운동

1905년 11월 5일 일진회는 대한제국이 일본에게 외교권을 위임해야 한다는 내용의 선언서를 전격 발표했다.13 얼마 뒤인 11월 17일 을사늑약이 체결되었다.14 일진회는 곧바로 조직 개편을 단행했고 이용구가 새로운 회장에 취임했다.15 일진회의 이러한 정치적 행보와 국내 동학교단의 관리 책임을 맡고 있는 이용구의 정치적 부상은 손병희에게 상당한 타격이었다. 일제의 주구로 전락한 일진회의 행보는 동학교도들의 반발을 야기할 가능성이 컸으며 이용구가 점차 자신의 휘하에서 벗어나고 있었기 때문이다. 손병희는 을사늑약의 체결로 자신과 망명한 문명개화파 인사들의 신변 안전을 보장받을 수 있게 되자 곧바로 귀국을 준비했다.

손병희는 1905년 12월 '교敎가 정政의 본위'임을 천명하면서 천도

---

13 일진회 주장의 핵심은 '일본 천황이 조칙으로 한국의 독립 보호 및 강토 유지를 세계에 공포한 바 있으므로 외교권을 일본에 위임하여 일본의 지도하에 국가의 독립 및 안녕과 행복을 유지해야 한다'는 것이었다. 이 선언서에 대한 각계의 반발과 저항은 격렬했다. 일진회가 각 정치·사회단체와 신문사·학교 등에 보낸 선언서들은 반송되거나 불살라졌다.(西尾陽太郎, 『이용구소전』, 1977, 66쪽.)
14 그 체결 과정에 대해서는 이태진, 「한국 병합은 성립하지 않았다」, 『한국 병합, 성립하지 않았다』, 태학사, 42~51쪽 참조.
15 『元韓國一進會歷史』, 1905년 12월 22일자.

교를 창건하고 귀국을 단행했다. 1906년 1월 손병희가 귀국할 무렵에는 이미 친일 정권이 수립된 상태였고 재야 세력으로는 일진회와 헌정연구회가 상쟁하고 있었다. 손병희는 일진회에 대한 통제권을 장악하기 위해 일진회 간부를 회유했다. 일진회에 거액인 1천원을 기부하고 이용구와 송병준을 천도교 간부에 임명했다.

그런데, 일진회 간부들은 노골적인 부일 행각을 일삼으며 천도교의 종교 활동을 공연空然한 것으로 치부했다. 이용구조차 손병희의 일진회 장악에 협조하지 않았다. 더군다나 손병희의 측근인 권동진, 오세창, 양한묵 등은 벼락출세를 한 송병준과 같은 부일배와 함께 활동하는 것을 탐탁지 않게 여기고 있었다. 양한묵의 경우는 반일진회계인 공진회와 그 후신인 헌정연구회의 결성과 운영에 적극적으로 참여하는 등 일진회에 대한 태도가 매우 강경했다.

결국 손병희는 일진회를 정치적 기반으로 확보하려는 당초의 계획을 반년 만에 포기하고 '회교동망會敎同亡'을 막기 위해 1906년 8월 말부터 일진회 세력을 도려내기 시작했다. 마침내 9월 20일 일진회파 간부 59명을 출교시켰다.16 출교 당한 일진회 지도자들은 교우동지구락부를 결성했다. 그리고 1907년 4월 5일을 기해 시천교를 창건했다.17 일진회·시천교 간부들은 합방청원운동을 주도하면서

---

16 『만세보』, 1906년 9월 25일자.
17 박정동, 『시천교종역사』, 1915, 14~15쪽; 백대진, 「천도, 시천 양교의 내부를 해부하여 공평을 촉함(一)」, 『반도시론』 1917년 11월호, 19쪽; 졸고, 「대한제국기·일제강점기 시천교의 존재양태와 활동」, 『국사관논총』103, 2003 참조.

더욱 노골적인 친일의 길로 나섰다.18

천도교는 1907년 11월 대한협회에 참여하면서 정치 활동을 재개했다. 대한협회는 윤효정 등 대한자강회 계열과 김가진 등 전직 고위 관료 및 천도교가 주도했던 정치단체였다. "정치·교육·산업을 강구하여 사회 지식을 발달시키며 신진덕성을 도야하며 전국全國 부력富力을 증진하여 국민적 자격을 양성한다."19는 취지로 발족한 대한협회의 위상을 천도교 지도자들은 정당으로 이해하고 있었다.

보호국 체제로 인해 대한제국 정부가 무력화되면서 근대화의 향방을 둘러싼 대정부 투쟁이 더 이상의 의미를 갖지 못하게 되었으므로 천도교 지도자를 비롯한 대한협회 간부들은 보호국 체제 하에서의 정권 획득을 도모하는 활동에 전념했다. 대한협회 활동 중 가장 큰 비중을 차지한 것은 일진회를 비판·공격하는 일이었다.20 대한협회는 합방론에 경도되는 일진회를 매국당으로 부르며 송병준의 비리를 공개하거나 일진회 지회 지도자들을 군수에 등용하지 말라고 정부에 압력을 가하는 등 끊임없이 일진회를 공격했다.21 덕분에 대한협회는 배일파 혹은 배일당으로 인식되면서 여타 계몽운동 세력의 지지를 확보할 수 있었다. 천도교 역시 중앙과 지방에서 적극적으로

---

18 일진회의 문명개화론·합방론과 문명개화운동에 관해서는 김도형, 「일제침략초기 친일세력의 정치론 연구」, 『계명사학』3, 1992 참조.
19 『대한협회회보』 1908년 4월호.
20 이태훈, 「한말 대한협회 주도층의 국가인식과 자본주의 근대화론」, 『학림』21, 2002, 99쪽.
21 「실암 권동진씨의 회고담」, 『천도교회월보』, 1932년 11월호.

합방 반대 운동에 참여함으로써 일진회 시절부터 들어왔던 매국적賣國賊이라는 오명을 간신히 벗을 수 있었다.

이처럼 천도교는 대한협회를 통해 보호국 체제 하에서의 정권 획득을 도모했다. 이는 일본 제국주의의 지배를 받는 보호통치 하이지만 정당정치와 정권 참여를 통해 자신들도 통감부가 주도하는 시정 개선에 참여하여 조선의 근대화·조선인의 근대화의 주역이 될 수 있다는 자신감에서 발원한 것이었다.

3. 동학·천도교의 정치 개혁 노선

1) 문명개화론

일본으로의 망명을 통해 문명개화의 실상을 목도하고 '친일' 문명개화파와 제휴함으로써 문명개화노선에 본격적으로 합류한 손병희는 「명리전」(1903), 「삼전론」(1903), 「준비시대」(1905) 등의 논설을 발표해 동학교도들에게 문명개화로의 방향 전환의 정당성을 설유했다.

손병희는 「명리전」에서 문명개화의 당위성을 운수관으로 풀어갔다. 그는 유자儒者들이 문명의 시원으로 여기는 삼황오제 시대를 "문물제도와 도덕이 완비된 문명성대"라고 찬양하면서 이는 '순음지기純陰之氣가 작용한 선천先天의 운수에 의해 동양에 성인이 태어나 문명의 바람을 일으켰기 때문에 가능한 것이었다."고 주장했다. 하지만 "폭양暴揚의 기가 천하에 창명하여 대일변大一變·대일벽大一闢하는 운수에 따라 사람의 기가 장

대해지고 지혜가 총명해진 오늘날에 이르러서도 옛 법 외에는 다시 궁구하지 않으려 하니 무슨 물리와 의견이 나올 수 있겠냐."고 개탄하면서 동양 문명의 몰락은 시운과 시기를 따르지 않아 상해의 기운에 빠짐으로써 초래된 필연적인 사태라는 점을 강조했다. 그리고 "현 시대의 기운을 타고 있는 것은 물질적 진보와 함께 공화와 입헌의 정치를 달성한 서양"이라며 서구 자본주의야말로 현세에 부응하는 신문명이라 역설했다. 그러므로 서구 자본주의 문명을 추종하는 것은 운수의 순환 법칙에 따르는 필연이라는 것이다. 이러한 운수관은 "서구 문명은 진보의 상징물로서 추종의 대상일 뿐 결코 경쟁 대상이 될 수 없다."며 사회진화론을 민족국가 간 경쟁 원리가 아닌 미개와 문명을 가르는 진보 원리로만 수용했던 문명개화파 일반의 패배주의적 현실인식의 동양적 재해석이라 할 수 있다. 이처럼 손병희는 동양과 서양의 문명이 번복하는 문명 전환의 시운을 맞아 세계 인류와 우리 민족·국가가 다함께 문명개화를 추구하지 않을 수 없다는 논리로 문명개화로의 방향 전환을 정당화하고자 했다.

손병희의 이러한 문명 전환의 논리는 「준비시대」에 드러난 역사인식에도 관통되고 있었다.22 그는 단군·기자로부터 시작되는 우리 역사를 거론하면서 적어도 "삼국시대까지는 우리나라가 부국·강국·문명국·자유국으로서의 위용을 갖추고 있었으나 그 이후로는 빈국·약국·몽매국·압제국으로 전락하고 말았다"고 주장했다. 특히 그는 조선시대의 물질적·정신적 유산 모두를 정체와 퇴행의 시각에서 파악하고 개항이 이러한 유치한 상태를 벗어나 "오늘의 부강

---

22 「준비시대」는 1906년 8월 9일부터 9월 18일까지 『만세보』에 연재되었다.

문명국인 서구 열강을 따라 배울 수 있는 일대 기회를 제공했다."고 주장했다. 하지만 묘당부터 여항까지 이러한 천재일우의 기회를 활용하지 못하고 수수방관하고 있음에 안타까움을 표시한다. 조선시기 역사를 퇴보적인 것으로 파악하고 유학적 전통을 부정하면서 서구 문명의 발전상과 조선 문명의 정체성을 극단적으로 대비하는 자기비하적인 멸고창신蔑古創新의 역사 인식은 조선 말기 이래 문명개화파의 그것과 일맥상통하는 것이었다. 이처럼 자신의 전통과 정체를 몽매의 역사로 치부하고 이를 시급히 청산하고자 하는 패배주의적 역사 인식이 문명개화로의 전향을 더욱 용이하게 만들었던 것이다.

문명개화론자인 손병희의 눈에 대한제국 정부가 소민 보호에 역점을 둔 민국 건설에 매진하면서 자주적인 근대화·산업화를 추구하던 1900년대 초엽은 심각한 국가적 위기의 시대일 뿐이었다. 그는 천황을 정점으로 신민이 일사불란하게 근대화를 추진하는 일본을 목도하면서 "우리도 충군애국을 위한 국민의 단결만이 국가적 위기 상황을 극복할 수 있다."고 진단한다. 그렇다면 국민 단결을 도모할 수 있는 획기적인 방안은 무엇인가. 손병희는 「삼전론」에서 서구와 일본에서 각각 기독교와 신도가 백성의 문명 교화를 담당한 것처럼 우리도 그러한 역할을 담당할 국교를 수립할 것을 주장했다. 구체적으로는 문명개화로 방향을 전환한 동학을 합법화하고 나아가 국교화하여 강한 문명국으로 나아가기 위한 국민 단결의 발판으로 삼자는 것이었다.

이처럼 '동도東道'를 기반으로 서도화西道化를 추구하는 동학을 국교화하자는 주장은 유교에 입각한 동도를 국교화하려는 정부의 입장이나 기독교에 입각한 서도를 국교화하자는 기독교인의 제안과는 분명히 차별성을 띠었다. 더욱이 동학의 방향 전환에는 일본에 체류하던 손병희가 목도하고 체득한 일본 명치정부의 문명개화 정책과 조류의 영향이 다분하다는 점에서도 뚜렷한 차별성을 보이고 있었다.

이러한 손병희와 천도교의 문명개화노선은 1906년 발간된 천도교 기관지『만세보』에도 그대로 반영되었다.『만세보』는 부강문명국인 서구 열강을 따라잡기 위해서 야만을 탈피하고 문명을 추구하자는 문명 지상주의를 역설했다. '지구상 인류된 자가 구미의 문명을 흡수치 못하면 즉 야만'23이며 "우리 국민도 그 문명의 세례를 받아야 자립력을 얻고 생계도 해결할 수 있으며 국가의 진보가 가능하다."24는 것이다. 부강 문명국가에 도달하기 위한 지침으로 '교육으로 경經을 삼고 재용을 쌓는 경제로 위緯를 삼는' 실력양성론을 제시했다.

이러한 준비론적 시각에서 종속성은 문제가 되지 않았다. 문명의 늪에 깊이 빠지면서 제국주의의 침략성을 간과하는 우를 범하고 말았던 것이다.『만세보』는 국제정세에 대해 낙관적인 기대를 피력했다. "우리나라가 비록 미약하고 쇠약하지만 만국의 문명이 공법을 무시하지 못하고 조약을 감히 위반하지 못함으로 간신히 강자의 병탄을 면하고 있다."는 것이다. 세계는 화기和氣로 가득 차고 동양도 평화정국이라는 것이『만세보』의 세계 인식이었다.25

일본관 역시 투철하지 못하기는 마찬가지였다. 청일전쟁과 러일전

---

23 「잡류오세」,『만세보』, 1906년 7월 3일자.
24 「행세꾼」,『만세보』, 1906년 7월 7일자.
25 「인내」,『만세보』, 1906년 8월 16일자.

쟁을 통해 우리와 순치 관계인 일본이 우리나라의 독립 유지를 선포했는데 이는 식언이 아닐 것이라는 굳은 믿음을 갖고 있었다. 우리나라가 일본의 보호력을 이용하여 국가 실력을 양성하여 후일 자강력을 얻으면 일본은 스스로 물러날 것이라는 희망도 피력했다.26 그들에게 일본은 무담보 차관을 제공하면서까지 대한제국의 부강을 돕는 조력자요 보호자이지 결코 침략자가 아니었다.

그런데 손병희를 비롯한 천도교 지도부는 합방론자들이 아니었다. 천도교와 일진회 결별의 이념적 빌미를 제공한 것은 일본 우익인 다루이 도키치(樽井藤吉)가 제안한 대동합방론大東合邦論이었다. 핵심 주장은 서양의 침략 세력에 맞서 우선 일본과 한국이 합동하여 대동국이라는 합방국을 세우고 다시 중국과 합종하여 남양제도를 포함한 대아시아 연방을 실현하자는 것이었다.27 일진회는 자신들이 새로운 합방국의 집권 세력이 되겠다는 일념으로 합방론을 수용했다.28 그러나 손병희는 일관되게 일본의 지도에 의한 문명화, 즉 일본을 맹주로 하는 동맹론의 입장에 서 있었다. 『만세보』도 합방설이 부상할 때마다 이를 믿지 말 것을 강력히 호소했다.29

이처럼 종속성을 감수한 근대화 노선은 의병투쟁 무용론으로 귀결되었다. 그 논리는 약육강식・우승열패의 사회진화론의 연장선상

---

26 「의병(속)」, 『만세보』, 1906년 6월 29일자.
27 樽井藤吉, 『大東合邦論』, 1893; 旗田巍, 「大東合邦論과 樽井藤吉」, 『일본인의 한국관』, 일조각, 1983 참조.
28 한명근, 「일진회의 대일인식과 '정합방'론」, 『숭실사학』14, 2001 참조.
29 「소와불가신」, 『만세보』, 1907년 4월 9일자.

에 있었다. "작은 나라가 병란을 한번 일으키면 이익은 강국에 돌아가고 화는 약국이 받는다. 우리나라의 재원과 우리 국민의 단체력으로 세계의 강국과 전쟁을 일으켜 수삼년 간 계속할 능력이 없다."는 것이다.30 『만세보』는 의병을 진보주의를 완만하게 하는 국가의 죄인31, 즉 완고·수구로 비판하면서 천도교의 정치 개혁 노선을 진보주의라 불렀다.32 그들이 정의한 진보주의란 "천하 형세와 우리나라의 정도를 살펴 밖으로 틈을 보이지 말고 스스로 내정을 닦아 국가의 실력을 길러 기초를 견고하게 하는 주의"였다.33 보호국 체제 하에서 내정 개혁·실력 양성을 추구하는 것이 진보라는 주장이다.

천도교는 정부와 관리들이 이러한 진보 사업에 적극성을 보이지 않는다며 연일 비판했다. 관리들에게는 고식병姑息病이라는 고질병이 있어 정치 개선에 관심이 없고 삼분오열하여 당파를 이루고 세권을 쟁탈하면서 국사를 도외시하고 자기의 영욕에만 집착한다는 것이다. 그리고 이런 정부는 "좋은 정부도 아니요 나쁜 정부도 아니며 우왕좌왕하는 춘몽을 좇는 정부에 불과하다."며 혹평했다.34

천도교는 국정 개혁의 동력을 정부가 아니라 사족·평민을 아우르는 국민에서 구했다. 부강한 국가를 건설하기 위해서는 '국민다운' 국민의 분발이 요구된다는 것이다. 손병희도 「준비시대」에서 존

---

30 「의병」, 『만세보』, 1906년 6월 28일자.
31 「의병(속)」, 『만세보』, 1906년 6월 29일자.
32 「대우장지」, 『만세보』, 1906년 7월 4일자.
33 「의병(속)」, 『만세보』, 1906년 6월 29일자.
34 「춘몽정부」, 『만세보』, 1907년 5월 14일자.

망의 위기에 처한 국가를 구할 수 있는 것은 국민뿐이라고 호소했다. 그들은 '국민다운' 국민의 필수조건으로 애국심을 강조했다. 그들이 보기에 우리 인민에게는 애국심이 전무했다. 그 원인은 "500여 년 동안 압제정부 하에서 인민을 국가에 관계가 없도록 배척하여 국가와 인민이 나뉘었으니 인민이 애국심이 없음은 정부에서 양성한 것"35이라며 조선 시기 정치의 차별성·억압성에서 찾았다. 전제정치 아래서는 애국심이 생길 수 없다는 것이다. 그리고 진정한 애국의 길은 실력 양성에 노력하여 대한제국 독립의 기초를 스스로 마련하는 데 있다고 주장했다. 진보가 곧 애국이라는 역설이다.

이처럼 신흥 정치세력으로서의 천도교는 정치 개혁을 촉구하면서도 당시 정부와 정권을 매우 불신했다. 그들은 근대화의 주역이 될 수 없는 완고당·수구세력이라는 것이다. 국민에 대한 기대와 호소는 문명개화의 이념으로 무장한 신흥 정치세력만이 국민을 대변하면서 근대화를 달성할 수 있다는 자신감에서 나온 것이었다.

2) 정치개혁론36

(1) 대의제의 모색

천도교는 국정 개혁의 총노선, 즉 국시國是를 정할 것을 제안했다.

---

35 「애국심」, 『만세보』, 1906년 7월 26일자.
36 이 절은 졸고, 「만세보를 통해서 본 천도교의 정치개혁론」, 『동학연구』 13, 2003을 축약 정리한 것임.

주목할 것은 국시를 정부와 국민 대표기구인 상·하원의 가결을 통해 제정하자는 주장이다.37 대의제에 대한 그들의 관심과 열망을 짐작할 수 있는 대목이다. 그들이 보기에 상·하 의원을 설치하고 전국적으로 대의사(代議士)를 선거하여 국회를 소집하고 국가 대사를 의결하는 권한을 주어 전국 여론을 채용하는 대의제의 실시는 이미 세계적인 추세였다.38

『만세보』에는 1906년 9월 19일부터 11월 22일까지 두 달에 걸쳐 서양서의 번역본으로 추정되는 순한문의 「국가학」이라는 논설이 연재되었다. 여기서 주목되는 대목은 국회를 국가의 의지를 정하는 입법기관으로 설명하고 국가원수는 대권을 총람하는 주권자로 소개하면서 원수의 권력이 국회의 견제를 받아야 한다고 주장한 부분이다.39 이와 같은 군민 공치의 문명 정체인 입헌제, 즉 대의제에 대한 요구는 군주 전제권에 대한 비판과도 직결되어 있었다. 천도교는 황제와 대신들이 정사를 의논하는 어전회의가 매주 수요일로 정례화하자 이를 정치 쇄신의 일대 기회라며 크게 환영했다. 제반 정사를 의논하여 정하는 것은 정치쇄신이요 유신시대의 척도라는 것이다.40

천도교는 대의제의 정당성을 인민에게 언권(言權)이 없어 국권이 쇠약해진 모순적 현실에서 구했다. 하지만 그들은 대의제 실현을 주장

---

37 「국시(속)」, 『만세보』, 1906년 7월 13일자.
38 「언로」, 『만세보』, 1906년 8월 11일자.
39 「국가학」, 『만세보』, 1906년 9월 10일, 28일자.
40 「일신」, 『만세보』, 1906년 8월 10일자.

하면서 동시에 시기상조론을 제기했다. 대의사를 선거하여 국회에서 의결할 권한을 주어 전국적 여론을 채용할 필요는 절실하지만 지금은 인민이 아직 개벽하지 못했고, 학문 지식의 정도가 미흡하기 때문이라는 것이다. 적어도 10년 후에야 창설할 수 있을 것으로 예상했다. 여론도 일고 신문도 흥하여 활발한 논의가 전개되고 인민 지식이 발달하여 정부 권한과 인민 자유가 상호 대등해지면 정부도 악정을 감행하기 어려워 부득이 대의제를 실시하지 않을 수 없게 된다는 것이다. 실력양성론에 압도된 지식인들의 인식을 적나라하게 보여주는 대목이다.

대의제를 대신하는 차선책으로 천도교가 제시한 것은 중추원의 개혁이었다. 그들이 볼 때 본래 중추원은 나랏일을 자문하고 인민의 여론을 채용하는, 즉 시국을 공제共濟하는 기구여야 하나, 개설 이후 점차 의장은 권한을 잃고 의관議官을 파는 데 골몰하여 명예 의관만 만여 명에 이르러 결국 언로가 두절되고 말았다는 것이다. 이는 중추원이 대한제국 황실 권력의 지지 기구로 전락했다는 비판이기도 했다.41 천도교는 중추원 개혁이 어렵다면 적어도 중요한 안건의 경우에는 각 부의 고위관료와 상업회의소 간부 및 실업인, 외국 유학생 등에게 일제히 의견서를 제출하도록 하여 여론을 수렴하는 방안이라도 마련해야 한다고 주장했다.42 천도교는 통감부가 중추원 개

---

41 한명근, 「개화기 중추원의 정치적 기능(1894~1904)」, 『숭실사학』9, 1996 참조.
42 「언론(속)」, 『만세보』, 1906년 8월 12일자.

량에 나서자 이를 적극 환영했다. 종래까지 의관에는 전직 관료가 주로 임명되었으나 개량 과정에서 재야 정치가, 사회 유지, 외국 유학생 등이 발탁되었던 것이다.43

대의정치는 곧 정당정치다. 천도교에게 사색당파와 같은 정당은 이미 공정성을 상실했고 전제권을 휘두르며 민인을 탄압했으므로 극복의 대상이었다. 천도교 지도자들이 구상하는 정당은 대한협회를 '여론을 책임지고 대표하는 진정한 정당'44으로 파악한 것에서 알 수 있듯이 기존의 당색과 무관한 신흥 정치세력을 중심으로 여론정치를 실천하는 정치단체를 의미했다.

(2) 지방자치제의 실시

손병희는 「준비시대」에서 향자치鄕自治, 즉 지방자치제의 실시를 제안했다. 여기서 향은 대정부—지방정부(도·군)—면의 행정체계에서 최말단의 면을 지칭한다. 손병희는 향에 향회는 물론 향장을 우두머리로 하는 향무소를 설치하여 지적·호적·민업·도로·수세·소학교 유지·위생·징병·향유재산·공동묘지 등에 관한 사무를 담당하도록 하고 유지 운영을 위해 향세를 거둘 것을 제안했다. 그리고 향회는 소국회, 향무소는 소정부, 향장은 소총리 대신이니 향 정치가 국가 정치의 기초가 될 수 있다고 주장했다. 이러한 향 자치론은 군까지는 관치행정에 의해 운영하고 면 이하 단위에서만 자치를 실시

---

43 「중추원」, 『만세보』, 1906년 12월 25일자.
44 오세창, 「대조적 관념」, 『대한협회회보』, 1908년 8월호.

하는 방안으로 관치 보조적인 성격이 농후한 것이었다.

천도교를 비롯한 문명개화파의 지방자치제 실시 요구는 1906년 10월 내부에서 지방자치제를 실시한다는 풍문이 나돌면서 더욱 고무되었다. 그들은 갑오개혁기의 지방자치제 안이 전면 시행되는 것으로 이해하고 있었다. 하지만 통감부는 행정과 자치의 연결고리인 향장제를 폐지하고 향회를 전면 해체하고자 했다. 대신 군주사를 임명하여 지방 지배를 강화하고자 했다. 이러한 군주사는 향장과는 달리 향회의 추천을 받지 않고 통감부에 의해 임명되었다.45

(3) 천거제의 폐지와 인물 교체론

천도교가 인사 개혁과 관련하여 청산되어야 할 폐단으로 지목한 사항은 다음과 같다.

첫째, 자신들이 무능하다고 판단하는 인물의 등용이었다. 가령 "이지용과 같은 정치가와 이근택과 같은 군략가와 민영기 같은 경제가가 일국 중요한 자리(필자: 대신)에 있으니 과연 국가 동량의 인재인가."46라며 장관급인 대신을 무능하다며 직접 공격하기도 했다. 고종황제의 측근이었던 이용익에 대해서는 내장원경으로 있으면서 공무를 빙자하여 사적 이익을 챙기는 데 혈안이 되어 있다고 비판했다.

둘째, 친인척 관련 밀실인사 역시 극복 대상이었다. 1906년 7월 내

---

45 김태웅, 「근대 중국·일본의 지방자치론과 한말의 지방자치 문제」, 『역사교육』64, 1997, 55쪽.
46 「삼진연방의」, 『만세보』, 1906년 7월 20일자.

부대신의 처남인 홍진유와 법부대신의 아들인 이규삼이 내부대신 이지용과 법부대신 이하영의 밀약으로 각각 법부와 내부에 취직하자 천도교는 이를 맹렬히 비판했다.47 셋째, 여전히 관직 등용의 기준으로 작용하는 당색黨色 역시 비판의 대상이었다. 넷째, 측근 인사에 대해서는 더욱 민감한 반응을 보였다. 가령, 1906년 8월 내부의 군수 인사에서 내부대신의 심복인 유진찬, 윤원구 등이 줄줄이 발탁되자 맹렬히 비판했다.48

이 모두가 천거제를 악용한 인사라는 것이 천도교의 판단이었다. 그러므로 인사 개혁은 천거제가 아닌 시취試取 실시에서 출발해야 한다고 주장했다. 판검사도 고등문관도 시험을 통해 뽑아야 한다는 것이다. 정부가 전면적인 시험 실시에 앞서 공천제公薦制를 실시하자 천도교는 일단 긍정적으로 수용했다. 하지만 공천제라 할지라도 자격이 합당한 인원을 내부에서 소집하여 면접을 실시한 뒤 합격한 사람으로 임명할 것을 요구했다.49

한편, 천도교가 근대화의 장애 인사인 수구로 비판한 세력은 의병운동을 주도한 유림이었다. 천도교는 특히 국민들부터 상당한 신망을 얻고 있던 최익현을 정면 공격하여 관심을 불러 일으켰다. 최익현이 "편견에 사로잡힌 사람을 선동하여 잘못된 길로 인도하고 죄 없는 인민을 유인하여 사지로 몰아넣고 있는 자"라는 것이다. 나아

---

47 「환수임관」, 『만세보』, 1906년 7월 22일자.
48 「식구」, 『만세보』, 1906년 8월 5일자.
49 「전고폐풍」, 『만세보』, 1906년 12월 2일자.

가 그의 의병봉기는 불충에 해당하는 것으로 국가 운명을 재촉하고 국민을 암흑·부패·멸망에 빠뜨릴 것으로 단언했다.50 영남 유생에 대한 비판은 더욱 가혹했다. "신학문·신지식이 젊은이들을 구렁텅이에 빠뜨린다고 공격하지만, 야만인도 능히 구미문명이 아름다운 줄은 알고 있거늘 민경호 같은 무지각한 밥통은 이를 알지 못하니 사람의 형체만 간신히 갖추고 원숭이 두뇌를 가진 자에 불과하다."51 는 것이다. 또한 격렬한 정권 투쟁으로 망국을 초래한 사색당파도 퇴출의 대상이었다.

이와 같은 수구를 대체할 진보의 상징으로 천도교는 개화당=문명개화파를 내세웠다. 부강에 성공한 나라에서는 개화당이 완고당을 소탕하고 문명개화에 성공한 반면에 우리나라에서는 오히려 개화당이 참살당하여 여력이 없는 까닭에 국정이 쇠퇴를 면치 못하고 있다는 것이다.52 이제는 개화의 시대를 맞아 개화당이 마땅히 박수갈채를 받아야 한다는 것이 그들의 주장이었다. 『만세보』는 문명개화파를 일류인사라고 지칭했다.53 그들은 '새로운 단체를 조직하여 공익상의 경쟁을 벌이고 있는 신인'들이었다.54 또한 그들은 민족의 지식이 열리고 국민이 진보하는 가운데 부패한 정치를 대혁신할 수 있는 자격을 갖춘 인물들이었다.55 그리고 선진 학문을 습득하고 있었다.

---

50 「해분의」, 『만세보』, 1906년 7월 3일자.
51 「잡류오세」, 『만세보』, 1906년 7월 3일자.
52 「해분의」, 『만세보』, 1906년 7월 3일자.
53 「시태」, 『만세보』, 1906년 12월 7일자.
54 「경쟁」, 『만세보』, 1906년 12월 22일자.

대표적인 인물이 바로 윤치호였다. 그를 "학문이 고명하여 우리나라 청년 후진의 제일 표준될 만한 개명인"으로 추켜세웠다.56

그런데 문명개화파 중에는 국사범 혹은 망명객이라 불리는 정치범이 많았다. 1906년 일본 정부의 요구로 이들이 사면되면서 관료로 입각할 수 있는 길이 열렸다. 천도교는 개화파 인물이 중용된 내각에 대해서는 적극 환영했다.57 군수 임명의 경우에도 정부에서 '각 사회상 유명한 사람을 시험으로 등용하자'는 논의가 나오자 이를 "경제계 신문계 교육계 각반 사회에 사업상 열심도 하며 문명상 진보도 하는 유명한 사람들", 즉 문명개화파를 발탁하려는 계획으로 보고 열렬히 환영했다.58

그런데 1906년 당시에는 천도교의 문명개화파를 대표하는 정치세력이 일진회였다. 결별 직전까지 천도교는 일진회를 발판으로 정치 개혁의 돌파구를 마련하려는 강한 의지를 갖고 있었다. 하지만, 결별 이후 일진회에 대해서는 "정부 행정이 정리되어 가니 불필요하다."며 불용론으로 맞섰다. 그럼에도 불구하고 천도교는 또 다른 문명개화파와 함께 '정당'인 대한협회를 결성하여 일진회와 경쟁했다.

---

55 「염방」, 『만세보』, 1906년 8월 14일자; 「담용무일인」, 『만세보』, 1907년 1월 9일자.
56 「우서」, 『만세보』, 1906년 7월 14일자.
57 「도로의 성」, 『만세보』, 1907년 6월 28일자.
58 「등용시재」, 『만세보』, 1906년 9월 1일자.

4. 천도교 정치운동의 좌절

동학·천도교는 독립협회의 민회운동에 착안한 대중운동으로서의 갑진개화운동을 시작으로 근대화를 추구하며 본격적인 정치 개혁운동에 뛰어들었다. 부강한 문명국가 건설을 목표로 그들은 대의제의 실현, 지방자치제의 실시와 같은 제도 개혁과 천거제의 폐지, 인물교체론과 같은 인사 개혁을 요구하는 정치 투쟁을 전개했다.

또한 천도교 창건 이후 정치 투쟁의 목표는 더욱 분명했다. 보호국 체제 하에서 정권을 장악하여 서구 문명국을 전범으로 한 시정개선을 단행한다는 것이었다. 그들은 일본의 명치유신을 모델로 자본주의화·입헌적 정치 체제를 달성하여 부국강병을 꾀하고자 했으며 이러한 과정을 문명개화로 이해하는 전형적인 문명개화론자였다. 그들은 1905년의 국권 상실은 실력 부족에 기인한 것으로, 실력 양성이 곧 국권 회복의 첩경이라는 인식을 갖고 있었다. 그들은 민중계몽을 통한 실력 양성을 일차적인 과제로 설정하고 언론과 교육을 통한 문화 계몽운동을 전개했다. 하지만, 그것은 동학이 추진했던 '동도주의적=자주적 문화계몽운동'과는 방향을 달리하는 것이었다. 천도교 문명파의 눈에 '일본은 선린의 대상이고 동양평화론은 고수해야 할 외교노선'이었으며 '최익현과 같이 의병을 일으키는 완고한 무리'는 반드시 소탕해야 할 대상일 뿐이었다. 하지만 천도교 정치 투쟁의 한계는 분명했다. 그들의 정치 개혁 요구는 일본에 의해 자행된 강제 병합으로 좌절되고 말았다.

제3부

3·1독립운동: 정치적 근대성의 통섭

사회운동으로 본 3·1운동 | 김용직

3·1운동과 천도교단의 임시정부 수립 구상 | 고정휴

3·1운동 시기 일제 언론의 한국 통치에 관한 논조 | 이동초

천도교의 민주공화주의 사상과 운동 | 오문환

제3부는 3·1독립운동의 역사적 전개와 사회 운동적 성격 임시정부의 수립, 민주공화국으로의 이행 등을 다룬 논문 4편으로 이루어졌다. 3·1독립운동을 통하여 전 종교인의 연대를 통한 전 민족적 통합과 함께 나아가 동양평화의 길까지 선도하는 정신으로 대의를 펼치면서 전개한 3·1독립운동 과정을 생생히 돌아볼 수 있으며, 새로운 사회운동으로서의 성격과 함께 왕정에서 민주공화국으로 이행해 나가는 과정과 그 정치철학을 볼 수 있다. 의암의 교정일치敎政一致의 원형을 볼 수 있을 것이다.

사회운동으로 본 3·1운동

김용직*

1. 서론

독립운동으로서의 3·1운동의 역할과 의의에 대해 그동안 상반된 평가가 존재해 왔다. 과연 3·1운동은 무엇이었으며, 우리는 무엇을 기준으로 성공과 실패를 논할 수 있는가?** 이 글은 3·1운동을 민족사회운동[1]으로 규정하고 사회운동적 측면에서 분석해 보려고 한다.

---

* 성신여자대학교 교수
** 『한국정치학회보』28집 1호, 1994에 처음 수록되었음.
1 민족사회운동이란 민족운동이 사회운동의 양상으로 전개되는 것을 말한다. 주로 아시아의 국가들이 국내에 외삽적으로 장착된 근대국가의 세력에 저항하여 민족주의 운동을 전개할 때에 대내적으로 강력한 근대적 국가권력을 가진 정부 당국과의 상호작용을 통하여 문제를 해결하려는 방식을 취하게 될 때에 나타났던 집합 행동이다. 민족사회운동의 개념에 관해서는 졸저, 『한국근현대정치론』, (풀빛, 1999) 제6장을 참고하시오.

3·1운동의 의의 중 가장 중요한 것으로 이것이 아시아 피압박 민족에게 가장 처음으로 근대적인 형태의 민족운동인 민족사회운동을 소개하였다는 것을 꼽을 수 있다.2 사건의 성격, 역할, 영향에 대하여 논란이 많은 것은 3·1운동이 가지고 있는 복합성과 중첩성에 그 까닭이 있다. 3·1운동의 중요한 하나의 국면은 그것이 국내적으로 정착한 근대국가에 대항하여 일어난 최초의 사회운동3이라는 점이다. 식민지 기간 동안의 일본 제국주의의 조선 통치는 비록 그것이 외래적인 집단에 의한 지배이었지만, 한반도에서 최초로 체계적인 근대적 통치였다고 할 수 있다.4 일단 지배 권력이 근대국가의 하

---

2 고병익은 일차대전 이후부터 아시아의 민족운동이 사회운동의 양상으로 전개되었음을 지적하였다. 고병익,「일차대전 전후의 아시아 민족운동—월남을 중심으로」,『삼일운동50주년논집』, 동아일보사, 1969.
3 이 글에서는 사회운동을 근대적 정치 과정에 기초하여 형성된 특정한 정부당국과 그것에 도전하는 사회 집단 간의 지속적이고 갈등적인 상호작용이라고 정의한다. 이러한 관점은 정치과정론적인 사회운동 이론의 일반적인 관념과 일치하는 것이다. 유사한 정치과정론적 관점은 Tilly, Charles, 1978, *From Mobilization to Revolution*, New York: Random House. 및 Tilly, Charles, 1984, "Social Movements and National Politics", *In Statemaking and Social Movements: Essays in History and Theory*, Ed. by C Bright et al. Ann Arbor: Universty of Michigan Press.; Gamson, William, 1975, *The Strategy of Social Protest*, Homewood, IL: Dorsey.; Oberschall, Anthony, 1973, *Social Conflict and Social Movements*. Englewood Cliffs, NJ: Prentice-Hall.; Tarrow, Sidney, 1994, *Power in Movement: Social Movements, Collective Action and Politics*. Cambridge: Cambridge University Press 참조.
4 일제 통치에 관한 체계적 이해를 위해서는 김운태,『일본 제국주의의 한국

부구조와 행정력을 갖춤에 따라서, 사회집단들의 저항은 더 이상 전근대적인 방식으로 이루어지기는 어렵게 되었다.5

3·1운동은 조선에서 일제 통치의 초기 10년 동안의 대중운동의 공백기 이후 발생한 대규모의 대중사회운동이었다. 일부에서 주장하듯이 3·1운동은 단지 비합리적인 분노에 의거한 것이었거나, 일부 종교계 인사들만이 가담했던 것은 아니었다. 운동은 처음부터 비폭력적인 방법으로 통합된 민족 지도부의 지휘 하에 대중운동으로 치밀하게 준비되고 계획되었다는 사실이 이를 말해 준다. 이 운동에는 국내의 각계각층의 집단과 개인들이 대거 동원되었다. 1919년 3, 4월간의 처음 2개월 동안의 격렬한 민중 봉기에 의한 거족적 저항운동에 조선 인구의 약 1/10이 참가하였다. 의심할 바 없이 3·1운동

통치』, 박영사, 1986.; 강동진, 『일제의 한국침략정책사』, 한길사, 1980.; 윤병석 외 편, 『한국근대사론II』, 지식산업사, 1977.; Cumings, Bruce, 1981, *The Origins of the Korean War*, Vol 1. Princeton: Princeton University Press의 1장; Meyers, Ramon & M. Peattie. eds, 1984, *The Japanese Coloneal Empire, 1895-1945*, Princeton: Princeton University Press 참조.

5 Tilly는 서구근대국가의 형성기의 집합 행동이 19세기 전반기까지는 식량폭동, 징집에 대한 저항, 조세저항 등의 것이었던 것이, 19세기 후반에는 시위, 스트라이크, 반란 등의 국가 당국과 저항집단 간의 상호작용을 전제로 하는 양식으로 바뀌었다는 것을 역설하였다(Tilly Carles, 1975, *The Rebellious Century 1830-1930*. Cambridge, MA: Harvard University Press.; Tilly Carles, 1975, "Food Supply and Public Order in Modern Europe." In his (ed.) *The Formation of National States in Western Europe*. Princeton: Princeton University Press.; 앞의 1984년 논문).

은 식민지 시기의 가장 영향력 있는 대중운동으로 이후 새로운 시대의 사회운동과 민족주의의 효시가 되었다.

본 연구는 3·1운동을 사회과학적인 관점에서 비판적으로 인식하려는 노력에 동의하며 기존의 민족독립운동에 관한 금기들을 깨고 보다 엄밀한 경험적 연구를 수행할 필요에서 출발하였다.6 3·1운동을 사회운동으로 조명해 보기 위해서 이 글에서는 먼저 운동 집단의 형성을 고찰하고 둘째, 운동의 자원(resources)과 이의 동원(mobilization) 과정을 살피고자 한다. 특히 운동 초기의 민중 봉기들의 사회적 기반을 분석하여 전체 운동에 내재하였던 각각의 운동들의 이질적인 흐름들에 관한 체계적 정리를 통하여 운동의 역동성·가능성과 한계를 분명히 밝히고자 한다.

2. 운동 집단의 형성 과정

일제의 식민지 무단통치의 처음 10년은 군대, 경찰, 식민지 관료에 의한 군사적인 점령에 의거한 것이었다. 식민지 통치는 조선의 모든 기존의 정치적 활동을 중지시켰다. 종교와 순수 교육 목적 이외의 거의 모든 정치적·사회적 조직들이 문을 닫아야 했다. 한국인

---

6 이 글은 3·1운동기에 전국에서 전개되었던 1200여 개의 민중봉기 중 384개의 표본 데이터에 관한 역사 사례 자료의 경험적 분석을 토대로 하여 구성되었다. 민중봉기에 관한 자세한 자료는 표2 참조.

은 거의 모든 정치적 자유를 박탈당하였으며 어떠한 소요 행위도 엄중한 보복적 처벌에서 예외가 될 수 없었다. 소위 공언된 동화정책의 실제 내용은 철저한 인종적 차별이었다. 한편, 이 기간은 동시에 격변의 시기였다. 식민지 당국은 강압적인 근대화를 통해 전통적인 농업 사회 구조에 막대한 변화를 가져왔다. 일제는 토지조사사업(1912~1918)을 완수하여 전통적 토지 소작 관행을 근대적인 제도로 바꾸는 기반을 형성하였다. 구 조선의 국유지를 포함한 많은 토지가 식민지 당국에 의해 압류된 뒤 일본인 이민들에게 공급되었다. 그 결과, 많은 한국 농민들이 전통적인 경작권을 잃고 소작인으로 전락하거나 미개척지를 찾아 간도나 만주 지방으로 국경을 넘어 이주하여야 했다.

1910년 일본의 합방이 있은 지 몇 년이 못 되어서 거의 모든 국내 집단의 정치 행위들은 중단되었다. 개화, 자강의 진보적 민족주의 운동은 일제 당국의 폐지 조치와 일련의 날조된 사건들에 의해서 모진 탄압을 받았다. 1910년의 안악사건과 1911~1912년의 105인 기소사건 등이 그 예이다. 합방 이전 3년간의 끈덕진 의병운동의 게릴라식 투쟁은 1910년 중반 이후에는 국내에서 거의 자취를 감추게 되었다. 무장 투쟁의 중심은 국경 너머로 이동하여야 했다. 해외의 민족해방운동은 국내와의 연계가 약화되었기 때문에 국내의 지원을 확보하는 데에 지대한 어려움을 겪고 있었다. 독립운동의 인원 충원과 재정 지원 중 후자는 일제가 만주와의 국경 지역의 통제를 강화하면서 특히 더 어려워지게 되었다.

1) 해외 민족주의 단체

한국의 민족사회운동인 3·1운동은 10년간의 암울했던 무단 식민 통치 이후에 일어났다. 중국 민족과 인도 인민들도 1919년 봄경에 반식민지 투쟁의 가장 위대한 사건을 만들 수 있었다. 한국의 3·1운동은 피압박 민족의 민족운동의 선도적 사건으로 동아시아 민족운동사에 전대미문의 대사건이었다. 동학운동 이래의 민족운동의 지도자들이 완전히 새로운 형태의 집합 행동, 즉 민족사회운동을 통해서 한국 민족의 역량을 총 결집시킬 수 있었던 것이다.

3·1운동은 한 개인이나 한 집단의 지도에 의해 고안된 것은 아니었다. 동북아시아에 파리 강화회담과 윌슨 미대통령의 민족 자결의 14개 조항의 소식이 전하여졌을 때에 거의 비슷한 시기에 대중적 독립운동을 도모하던 민족주의자 집단들이 여럿이 있었다.7 당시에 해외의 독립운동 단체들 중에 국내의 사회 집단과 직접적 접촉을 가지고 있던 2개의 단체가 있었다. 하나는 신한청년당으로 상해에서 여운형에 의하여 조직된 민족주의 단체다. 이 단체는 1918년 11월 말에 김철과 선우혁을 밀사로 파견하여 독립운동을 준비하려 하였다. 또 하나는 이광수를 대표로 하는 동경 유학생 단체로 2·8 독립

---

7 3·1운동 직전의 해외 민족주의 집단의 준비 과정에 대하여서는 장용학, 「3·1운동의 발단 경위에 대한 고찰」, 『3·1운동 50주년논집』, 동아일보사, 1969.; 조용만, 「3·1독립선언서의 성립경위」, 앞의 책.; 신용하, 「3·1독립운동의 발발 경위」, 『한국근대사론2』, 지식산업사, 1977 참고.

선언을 주도하였는데, 이들은 3·1운동의 조직화의 촉매 역할을 하게 되는 송계백을 조선에 파견하였다. 윌슨 선언과 해외의 민족주의자 단체들의 대중 운동의 계획은 국내 민족 지도자들을 자극하였는데, 이들 중 천도교와 기독교 단체들과의 접촉이 이루어지게 되었다.

2) 천도교 단체의 역할

사회 운동의 가장 영향력 있는 학자로 알려진 오버샬Oberschall은 '초중첩의 분절적인' 식민지 지배 하에서는 사회운동의 지도자는 언제든지 나타날 수 있다고 역설하였다.[8] 바로 그것이 천도교의 경우에는 사실이었다. 즉 천도교의 지도자들은 식민지 당국에 대항하여 상당한 정도의 독립운동을 조직화하기를 갈망하고 있었다. 1917년에 천도교 간부 중의 하나가 독일의 지도자들에게 독립청원서를 제출하는 계획을 제안하였다. 그 제안은 교주 손병희에 의해서 승인은 받았으나 독일의 패배는 천도교 지도자층으로 하여금 이러한 구상을 포기하게 하였다.[9]

1918년 11월경에 윌슨 미 대통령의 민족 자결의 원리가 일본 오사카의 일간지 『대판大阪매일신문』에 보도되었다. 당시 많은 조선의 민족주의자 단체들은 세계정치의 재편성의 시기를 놓치지 않고 이를

---

8 Anthony Oberschall, 1973, *Social Conflict and Social Movements*, Englewood Cliffs, NJ: Prentice-Hall, 116.
9 신용하, 앞의 「3·1독립운동의 발발 경위」, 44쪽.

독립에 유리하게 작용하게 할 전환점으로 삼으려 하였다. 천도교의 지도자들—권동진, 최린, 오세창—은 위의 보도가 있은 후에 모여 독립운동의 가능성을 논의하였다. 이들은 동경 유학생 단체의 밀사 송계백이 2·8 독립선언문을 가지고 올 때까지 어떠한 구체적인 계획도 갖지 못하였다.10

1919년 1월 20일에 천도교의 지도부는 최고 지도자 의암 손병희의 집에 모였다. 일본에서의 젊은 청년 학도들의 영웅적이고도 선구적인 투쟁에 감동을 받은 의암은 당시 이미 알려진 민족 지도자인 최남선과 송진우와 함께 독립운동 결성에 대한 제안을 수락하였다. 당시 회의에서 대중운동, 통합된 지도부, 비폭력 운동의 세 가지의 운동의 기본 원리가 채택되었다.11

3) 기독교 단체12와의 동맹

신한청년당의 선우혁은 국내에 잠입하여 서북 지방의 기독교 세

---

10 윌슨의 민족자결주의 선언에 의하여 형성된 기회를 놓치지 않으려는 망명 민족주의자 단체가 당시에 여럿 있었다. 2월 1일, 상해의 신한청년당은 파리 강화회의에 대표를 파견하였다. 이것은 한국 독립운동의 전개에서 매우 중대한 사건 중 하나였다. 신용하, 앞의 「3·1독립운동의 발발 경위」, 48쪽 이하.
11 신용하, 앞의 글, 47쪽.
12 3·1운동과 기독교의 관계는 김양선, 「3·1과 기독교계」, 앞의 『3·1운동 50주년논집』; 김형석, 「3·1과 남강 이승훈」, 『남강 이승훈과 민족운동』, 남강문화재단출판부, 1988 등 참고.

력과 접촉하였다. 서북지방의 장로교의 지도자들인 양전백, 이승훈, 길선주 등은 평양에서 곧 주요 교계의 지도자들의 비밀 회동을 주선하여 선우혁의 독립운동 제안에 적극적으로 대응하였다. 이승훈을 중심으로 하는 서북의 장로교 세력은 이 지역의 기독교 학교와 교회를 중심으로 독자적인 독립 시위를 준비하였다.13

3·1운동의 지도부의 조직화에는 천도교 단체의 역할이 결정적이었다. 중앙집권화된 천도교의 조직 체계는 상대적으로 분권화된 기독교의 그것에 비해 전국적인 대중 사회 운동을 준비하기에 유리하였다. 천도교 지도부는 자신들만의 힘으로는 대중의 폭넓은 참여는 어려울 것으로 보고 다른 사회단체들과 연합을 추구하지 않을 수 없었다. 손병희는 국민적으로 명망이 있는 인사들을 다수 가지고 있는 사회 집단들과의 공조를 생각하였다. 초기에는 윤용구, 한규설, 김윤식 등의 구왕실의 저명한 인사들의 영입이 시도되었지만 이들이 운동의 당위성은 인정하였지만 직접 운동에 참여하는 것은 거절함으로써 실패하였다. 따라서 전국적인 투쟁은 기독교도들의 조직과 지도층의 참여가 없이는 거의 불가능하였다. 기독교도들은 지적·경험적 지도력과 조직적 역량과 외부 세계와의 접촉망을 가지고 있었기 때문이다.

1월 28일 최린은 기독교도들과 협상이 개시되었다고 보고하였고, 의암은 이 소식에 즉각 그 노력을 치하하였다. 10일 후에 최남선이 기독교계의 실력자인 이승훈에게 밀사를 보내기로 함으로써 공식적

---

13 김양선, 앞의, 「3·1과 기독교계」, 240~242쪽.

인 교섭이 시작되었다. 정주 출신의 중하층 부모의 아들로 태어난 남강 이승훈은 이미 기독교계에 뛰어난 인품과 지도력으로 널리 명성을 떨치고 있었다. 그가 기독교로 개종한 이래에 이승훈은 오산학교의 창립자로 기업가적인 정신을 소유한 민족주의 지도자로서의 명성을 가지고 있었다.

천도교계의 민족적 거사 계획을 전해 듣자 남강은 곧 이에 동의하였다. 남강이 다른 기독교 지도자들을 운동에 가담시키는 데 비범한 역량을 발휘하였기 때문에 양대 종교계의 연합전선의 구축에 큰 어려움은 없었다. 1주일 내로 양전백 목사, 길선주 목사, 함태영 목사가 참가의 뜻을 표명하였다. 그 외에도 김병조 목사, 유여대 목사, 신홍식 목사, 이명용 장로가 가담하였다. 1911~1912년에 걸쳐 진행된 105인 사건의 피해자였던 이들은 서로 간에 놀랄 만한 신뢰와 유대감을 가지고 있었다.

2월 17일 서울에 상경하였을 때에 남강은 초기의 지지자였던 송진우의 애매한 태도에 몹시 실망하게 되었다. 그가 최남선의 방문을 받고 최린과의 회합을 주선받을 때까지 남강은 천도교와는 무관하게 독립적으로 민족 운동을 일으킬 독자적인 방도를 모색하였다. 이미 위에서 본 대로 서북 지역의 장로교는 독자적으로 민족적 시위를 준비 중에 있었다. 서울의 감리교 세력도 이때에 거사를 논의하고 있었다. 기독교의 양대 세력 간의 연대는 기독교 청년회의(YMCA)의 지도자인 박희도가 기독교도들의 민족독립운동을 제안하였을 때에 급속히 진전을 보았다. 2월 20일에 정춘수, 신홍식, 오화영, 오기선 등이 감리교 신학대에서 모임을 갖고 장로교 측 대표인 이승훈과 운동의 개략에 대하여 논의를 하였다. 당시 모임에서 청년층과 학생층의 대변자인 박희도는 천도교와의 동맹 방법을 반대하였다. 기독교도의 독립운동에 관한 합의가 결국 이루어졌는데 세 가지 사항이 합의되었다. 이는 첫째, 일본 정부에 민족 독립의 청원을 제의하는 것, 둘째, 민족의 모든 성원의 지지를 획득하는 것, 셋째, 민족 독립이 달성될 때까지 계속적으로 그들의 운동을 계속할 것 등이었다.[14]

천도교와 기독교와의 동맹은 2월 21일 최린과 남강이 만났을 때에 드디어 이루어졌다. 천도교의 재정적인 지원은 마지막 순간에 결정적인 역할을 하였다. 그것은 기독교도의 재정적인 문제를 해결하였을 뿐 아니라 천도교 단체의 성실성에 대한 기독교인들의 의구심을 해소하였던 것이다. 또한 최린은 독립청원의 방법을 독립선언으로 대치할 것을 설득하여 기독교계의 동의를 얻어냈다.

4) 학생 단체와 동원망의 구축

학생 단체들은 아시아 국가들에 있어서 가장 기민하고 역동적인 사회 집단이었다. 거의 모든 민족사회운동의 사건들에 있어서 학생 집단들의 역할은 매우 중요하였다. 1919년의 독립운동에서도 이것은 예외가 아니었다. 29인의 민족 지도자들은 태화관에서 엄숙히 한국 민족의 독립을 선언한 뒤에 조용히 그리고 영웅적으로 체포를 기다렸다. 이들은 조선 총독부의 헌병대에 의해서 즉시 체포, 호송되었

---

14 김양선, 앞의, 「3·1과 기독교계」, 247~249쪽.

다. 그 이후의 독립운동은, 피상적으로 보면, 지도자가 없는 운동이 되고 말았다. 이때 학생 단체들의 선도적 역할과 지도력이 없었다면, 3·1운동은 분명히 민족적 운동이 되기는 어려웠을 것이다. 여기서 학생 단체들이 가담하는 경위와 그들의 역할과 영향력을 정리한다.

전국적인 봉기를 조직화하기 위하여, 천도교 지도자들은 이미 십수 년간에 걸쳐서 이룩된 중앙화되고 효율적인 기존 조직을 이용하면 되었다.15 반면에 기독교 인사들은 교회의 분권화된 조직 구조 때문에 대중 동원을 위한 조직망을 새로 구축해야 했다. 2월 21일의 기독교도들의 2차 회동에서 학생 지도자들이 운동에 가담하였다.

1919년의 봄에 학생 단체는 대중 시위운동의 촉매 역할을 하는 한편 동원망을 제공하였다. 1월 말에 전해진 일본 유학생들의 독립운동 소식은 천도교 지도자들이 결단하게 된 결정적인 동기였다. 송계백이 가져온 동경 2·8 독립선언서를 보게 되자 민족 지도자들은 장구하게 기다렸던 대규모의 민족운동을 더 이상 늦출 수 없음을 자각하고 거사를 계획하기에 이르렀다.

학생 지도부는 서울과 다른 도시 지역에서 면밀하고도 효율적으로 학생들을 동원하였다. 많은 지역에서 대대적인 학생들 집단의 참여 없이는 시위운동은 생각할 수 없는 것이었다. 종교 지도자들 중 상당수는 교육기관과 학교에 폭넓은 유대 관계를 가지고 있었다. 송진우는 중앙고보의 교장이었고 최린은 보성고보의 교장이었으며 남강 이승훈은 오산고

---

15 Benjamin Weems, 1964, *Reform, Rebellion, and the Heavenly Way*, Tucson: University of Arizona.

등학교의 창립자였다. 3·1 기미독립선언문에 서명한 많은 다른 지도자들도 영향력이 많은 교사나 지도자들이었다.

따라서 학생과 선생 간의 유대가 존중되고 또 긴밀한 동양의 유교사회에서는 학생들은 사회운동의 가장 믿을 만한 자원이었고 이들의 동원이 운동의 성패에 가장 중요한 국면을 차지하였다. 학생 지도자들을 조직한 중심인물은 박희도와 이갑성이었다. 박희도는 YMCA의 청년부의 책임간사였으며 이갑성은 의학도로 세브란스 병원의 스태프였다. 1월 말에 박희도는 서울의 지명도 있는 학생 리더들과 접촉하였다. 이갑성은 2월 12일과 14일 음악회로 가장된 비밀 회합을 두 차례나 주선하였다. 회합 때마다 독립운동이 주된 의제였다. 종교계의 동맹이 이루어지지 못했다 하더라도 학생 지도부는 독자적으로 그들의 독립운동 계획을 추진하였을 것으로 보인다.

2월 21일 밤의 2차 기독교도 회합에서 지역별 간부가 선임되었다. 대구·부산·마산의 이갑성, 수원·인천·공주의 김세환이 결정되었고, 신홍식은 경상도를, 이승훈은 평안북도를 그리고 김병수는 전라도를 각각 맡기로 하였다.16 남부의 두 지부는 학생인 이갑성과 김병수가 맡게 되었다.17

2월 25일과 26일 연일 밤에 학생 대표들은 정동교회에서 만나 시

---

16 신용하, 앞의 「3·1독립운동의 발발 경위」, 75쪽.
17 이갑성은 남부 지방 교회의 지도자들을 포섭하려 서울을 떠났으나 그의 모든 노력에도 불구하고 실질적인 성과를 거두지 못한 것으로 알려졌다 (김양선 앞의, 「3·1과 기독교계」, 254~255쪽).

위의 구체적인 계획을 짰다. 두 가지 중요한 결정이 이루어졌다. 첫째, 3월 5일 학생들이 대규모의 시위를 주도한다는 것이다. 단, 이 계획으로 인하여 3월 1일의 거사에 학생들의 참여가 줄지 않도록 한다. 둘째, 운동의 객관적이 목표가 달성될 때까지, 체포되지 않은 어떠한 학생 운동가도 투쟁을 계속한다는 것이다.18 종교 지도자에 못지않게 이들 어린 학생들은 끝까지 투쟁할 것을 결의하였다. 이 점에서, 학생 지도자들이 독립 투쟁을 한반도의 구석구석까지 퍼뜨리는 데에 기여할 것은 어느 정도 예견될 수 있었다.

학생 집단이 운동에서 담당하였던 또 하나의 중요한 역할은 독립 선언서의 배포였다. 학생들에 지대한 영향력을 가진 핵심 인사들 간의 개인적인 유대를 통하여서 선언문의 배부를 위한 연락망이 형성되었다. 강기덕, 한위건, 김원벽은 고교 학생들을 동원하는 데에 결정적인 역할을 수행하였다. 유사하게 김마리아와 황에스터(黃愛施德)은 그들의 여고와의 유대를 통하여 학생 대표를 접촉하였고 여학생들의 참여를 조직화할 수 있었다.19

3. 시간성: 정치적 기회의 확장

민족사회운동의 사건들에는 하나의 공통적인 조건이 있었으니 그

---

18 김대상, 「3·1과 학생층」, 앞의 『3·1운동 50주년논집』.
19 김대상, 앞의 글, 304쪽.

것은 특정한 역사적 시간성이다. 3·1운동이 식민지와 반식민지화된 민족들의 민족사회운동들의 사례 중에서 가장 첫 번째 것임은 주목할 사실이다. 간디Gandhi의 비폭력 시민 불복종 투쟁은 4월에 이루어졌다. 중국의 5·4운동은 5월에야 실현되었다. 윌슨의 민족 자결의 선언이 조선의 3·1운동에 결정적 영향을 주었듯이, 윌슨 선언과 3·1운동이 다시 인도와 중국의 민족사회운동의 촉발에 결정적 역할을 하였으리라는 추측은 충분히 근거가 있어 보인다.

어떻게 종교적 지도자들이 무자비한 정복자들에 대항하여 전국적인 시위와 저항을 계획할 수 있었을까? 한국 민족운동의 귀중한 자산 중의 하나로 민족 지도자들의 정치적 기회에 관한 고도의 감각을 빼놓을 수가 없다.[20] 많은 한국의 지도자들은 일차 세계대전 직후의 세계 정치의 구조 변동이 동아시아에서의 일본의 지위에 불확실성과 취약성을 가져다 줄 것으로 믿었다. 이들은 이러한 국제전 후의 국세체제의 개편에서 발생하는 일말의 기회를 놓치지 않으려 한 것이다. 국제 정치에서 미국의 새로운 역할을 상징하는 윌슨의 시도력과 그의 이상주의 외교는 약소 피압박 민족에게는 결코 간과할 수 없는 유리한 정치적 기회 구조를 여는 것이었다. 이렇게 변화하는 세계 질서에 관한 이해를 기반으로 하여, 조선의 민족 지도자들은 새로운 형태의 집합 행동, 즉 민족사회운동을 주조하였던 것이다.

---

20 정치적 기회의 개념은 일부 학자들이 이미 그 중요성을 지적한 바 있다. 신용하, 「3·1독립운동의 사회사」, 『한국민족독립운동사연구』, 을유문화사, 1985, 292~296쪽 참조.

정치적 기회 구조의 또 하나의 중요한 요인으로 국내 종교 지도자들이 인식하였던 것은 조선의 구황제의 급격한 붕어(1월 22일)이다. 이러한 조선 내외의 정치적 사건들의 전개는 일제 식민 당국의 기대와 통제의 범위를 완전히 넘는 것이었다. 1919년 봄에 일제의 통제 능력에 공백이나 이상이 있었던 것은 아니다. 3·1 민족사회운동의 결정적인 구성을 가능하게 하였던 것은 정치 기회 구조를 최대한 이용할 능력이 있었던 저항 집단들의 상황 타개력이라고 할 수 있다.

3·1운동은 천도교와 기독교의 지도력 아래서 등장하였다. 그런데 실제 시위운동에서 대중을 조직화하는 핵심적 역할은 학생 집단이 담당하였다. 지명도 있는 민족적 지도자들의 참여는 운동 준비원들에게는 가장 중요한 고려의 대상이었다. 구 지배 계층의 인사들의 영입이 시도되었지만 그들은 어느 누구도 선언문의 서명자가 되지 못하였다. 대안으로 서북부의 도시 중심의 근대적 사회 부문에서 강력한 영향력을 가지고 있던 기독교 지도자들과의 연합이 추구되었다. 신지식층이며 민족사회 지도자들인 이들 종교 지도자들은 즉각적이며 효과적으로 지도력을 발휘하였다. 운동을 위하여 새로운 조직체를 형성하는 대신에, 연합전선을 통하여 몇몇의 핵심적인 사회적 단체들이 통합된 지도부와 조직망을 마련할 수 있었다. 이상의 분석에서 한 가지 알 수 있는 것은 운동의 준비기에 민중의 역할이 상대적으로 미미하였다는 것이다. 대중의 적극적인 참가는 직접 집합 행동이 개시된 이후에야 비로소 이루어졌다.

4. 직접 집합 행동: 시위의 파도

대규모 독립 시위가 3월 1일에 서울과 서북지방의 대도시에서 일어났다. 공식적으로 독립운동은 경성의 종교 지도자들의 독립선언으로 시작되었다. 시위운동은 서북의 여러 지방도시에서 같은 날 거의 동시에 발생하였고 신속히 인근의 면과 동리로 퍼져나갔다.21 그들의 식민통치에 자신만만하였던 일제 당국은 3·1운동이 발생하자, 실제 상황을 제대로 이해하거나 통제할 수 없었다. 총독부는 '소요'는 '위험한' 사상을 소유한 특정 단체 지도자들이 주로 일으킨 것으로 보았다.22 때문에 총독부는 기독교도와 천도교도들을 비난하였다. 일본과 조선의 식민지 당국은 소요 사태가 외부 영향력이 개입되지 않고 발생할 수 없는 것으로 보았다. 일제는 조선의 서구 기독교 선교사들과 해외 망명 민족주의자들에 강한 의구심을 품고 있었다.

---

21 첫 주의 남부 지방의 시위는 유약하였고 별로 널리 퍼지지 못하였다. 많은 남부의 대도시에서 저항 운동은 준비되지 못하였거나 경찰에 의하여 사전에 감지되었으며 이것이 그 지역의 더 이상의 즉각적인 집합 행동을 어렵게 만들었다.
22 조선 총독부는 3월 8일에 천도교의 총수 손병희가 "무지한 신도들을 기만하여" 소요를 일으켰다는 성명을 발표하였다(*Japan Chronicle*, 1919/03. 13, 391).

1) 다중 동원과 시위 파도

민족사회운동은 단일한 집단의 동원으로 이루어졌던 것은 결코 아니다. 민족사회운동은 다양한 집단들과 계층들의 확장된 투쟁으로 구성된 것이다. 1919년의 독립운동 중에는 다양한 집단의 일련의 동원이 약 2개월 동안 격렬히 지속되었다. 집중적인 전국적 투쟁기에 몇 차례의 대규모의 시위의 '파도'가 때로는 연속적으로 때로는 동시에 조선의 전역을 강타하였다(<표 1>과 지도 참조).[23]

<표 1> 3·1운동 중의 시위의 파도

파도/지방		1주	2주	3주	4주	5주	6주	7주
1차	평남	61	10	1	2	8	2	1
	평북	33	11	8	4			
	황해	18	19	14				
	함남	11	31	27	3			
	경기	14	9					
2차	경남		9	23	21	35	21	4
3차	경기			11	139	95	17	2
	충청			7	12	72	23	4
4차	평북					42	16	
	황해				10	32	37	4
	강원				6	20	32	6

주 : 모든 수치는 시위의 횟수. 처음 2개월간의 완전한 주별 시위의 진척은 부록의 표를 참조.
* 출처: 김진봉(1969)

---

23 많은 개인 혹은 공동 연구들이 3·1운동을 도별 단위로 분할하여 시행되고 있다. 이 경우에는 전국적인 시위의 파도의 흐름이 보이지 않게 될 위험이 있다. 앞으로 전국적 시위의 파도별로 연구가 진행되는 것이 바람직한 것으로 생각된다.

사회운동으로 본 3·1운동 249

<3·1운동 중의 주요 시위 지역, 1919년 3~4월>

2nd Week ●
3rd Week ■
4rd Week ▲
5rd Week V
6rd Week □
7rd Week x

전국총계 1213   * 출처: 독립운동사 2권(1971), 김진봉(1969)

본 논문의 분석의 초점은 다중적 동원 과정에 놓여지며, 이는 상이한 지역과 지방에서의 다양한 집단과 계층들의 연속적 또는 동시의 동원 과정으로 정의될 수 있다. 민족사회운동은 단순한 단일체인 민족의 운동이 아니라 서로 상이한 구체적 이해와 갈망을 가지고 있었던 집단들 간의 복합적이고 일시적인 동맹으로 등장하였다. 4개의 민중봉기 운동의 대 파도는 각 지방의 시위운동이 차별적인 역사적・사회적 조건 하에서만이 아니라 차별적인 식민지 당국의 정치적 통제력의 정도에 의해서 영향을 받아 형성되었다. 각각의 시위의 파도의 전파의 양상은 3・1운동이 어떻게 발달되었고 진압되었으며, 또 한국 민족의 집합적 정체성의 형성에 얼마만큼 기여하였는지에 관한 중요한 단서들을 제공할 것이다. 다음 절에서 시위의 네 가지의 큰 파도와 몇몇의 차별적인 동원의 패턴을 각 지역의 사정에 입각해서 설명할 것이다.

2) 제1파도: 서울과 북부 지방의 시위

대규모 대중 시위가 3월 1일 정오에 경성의 탑골공원에서 수천의 학생과 시민의 군중이 모여들면서 예고되었다. 두 시경에 「독립신문」 팜플렛들이 술렁이는 군중들에게 배포되었고 그 중 한 사람이 선언문 전문을 읽었을 때에 군중은 "대한독립만세"라고 일제히 소리 치고 도로로 쏟아져 나왔다.[24] 군중들은 몇 개의 집단으로 나누어졌고

---

24 Frank Baldwin, 1969, "The March First Movement: Korean Challe- nge

일제의 경찰과 헌병이 그들을 제지할 때까지 도시의 중심 지역의 도로를 따라 행진하였다. 유사한 시위가 수일 이내에 평양과 의주, 해주, 황주, 봉산 등지에서 발생하였다.

제1파도의 대규모 독립 시위는 이후 약 2~3주 동안 서울과 북부지방에서 계속되었다. 경성에서는 3월 4일 대규모의 시위가 남대문역 앞에서 수백 명의 학생들에 의해서 재개되었다.25 시위대가 도로를 따라 행진하여 나가자 역 주변의 사람들이 가담하여 행진의 행렬은 수천으로 불어났다. 몇 시간 동안의 행진 끝에 군중은 경찰에 의하여 해산되었다. 경찰은 도로를 차단하고 지도자들을 체포하며 많은 이들에게 부상을 입혔다.

폭력과 비폭력

3·1운동의 초기 민중 시위의 사회적 기반은 근대적 종교·사회 결사체였다. 따라서 초기의 시위운동들은 근대 도시의 자원인 지도층, 연락망, 조직 등을 기초로 하여 전개되었다. 애초에 민족 지도자가 의도하였던 비폭력을 기반으로 한 대중 동원은 처음 몇 주간은 비교적 잘 지켜졌다. 이때의 비폭력 시위의 유형은 보통 다음과 같다. 1)수백 명의 군중들에게 독립선언문을 배포하였다. 2)군중들은

---

and Japanese Response." Ph. D. Thesis, Columbia University, pp.81~83.
25 3월 2일은 일요일로 기독교도들의 안식일인 이유로 시위가 일시 중지되었다. 또한 3월 3일은 고종의 국장일이었다. 故국왕에 대한 애도의 뜻으로 시위의 대부분은 연기되었다.

<표 2> 3·1운동 주별 시위 상황, 1919, 3~4

도	제1주 3/1-	제2주 3/8-	제3주 3/15-	제4주 3/22-	제5주 3/29-	제6주 4/5-	제7주 4/12-	제8주 4/19-	제9주 4/26-
경기	14	9	11	139	95	17	2	1	0
충북	0	0	2	7	35	8	3	1	0
충남	2	9	5	5	37	15	1	0	0
전북	6	4	5	10	9	3	2	0	0
전남	6	5	8	5	5	11	4	0	0
경북	0	9	16	15	8	10	3	0	1
경남	2	9	23	21	35	21	4	4	2
황해	18	19	14	10	32	37	6	1	0
평남	61	10	1	2	8	2	1	0	0
평북	33	11	8	4	42	16	0	0	0
강원	5	4	0	6	20	32	6	1	0
함남	11	31	27	3	0	3	0	0	0
함북	0	12	10	5	8	6	2	1	0
소계	158	132	130	232	334	181	34	9	3

조선의 태극기를 흔들면서 시가행진을 하였다. 3)도시의 중심부를 통과할 때에 다른 시민들이 이들에 가담하였다. 4)자주 헌병의 도움을 받은 경찰은 시위자들을 부상시키면서 일부 군중을 체포하고 나머지 대다수의 군중을 해산하였다. 초기에 시위가 비폭력적으로 지켜졌던 이유는 운동의 지역적 지도자들의 비폭력 원칙의 강조에도 이유가 있지만, 많은 시위가 경찰의 삼엄한 경계 하에 이루어졌기 때문이기도 하다.

그러나 북부 지방에서도 지배적인 패턴에 맞지 않는 운동들이 있었다. 이들 사건들은 이미 초기부터 어떤 이들에게는 폭력이 완전히 배제되지 않았음을 입증한다. 3월 2일 진남포에서 도로를 따라 시위하던 군중들이 돌연 폭도화하여 "파출소에 투석하여 상당한 손해를 입혔으며," 분노한 군중은 군대가 현장에 출동하였을 때에야 비로소 해산하였다.26 상원과 의주 등의 또 다른 몇 곳에서도 성난 군중들은 파출소를 공격하였다. 3월 3일, 폭력을 수반한 대결이 북부 지방의 여러 곳에서 발생하였다. 안주에서 '수천의 조선인들이 헌병 파견소를 공격하여' 두 명이 살상되고 다섯 명이 상해를 입었으며, 수안에서는 '군중들이 헌병 분견소를 세 차례나 공격'하여 아홉이 죽고 열여덟 명이 부상당하였다고 한다.27

독립 시위의 상당수의 폭력적인 사건들이 천도교도에 의해서 일어났다. 3월 4일 평남 사천에서는 4명의 경찰이 살해되었다. 보도에 의하면 25명의 조선인들이 역시 살해되고 23명이 성천의 시위 사건에서 부상하였다고 한다. 높은 부상율을 나타냈던 이와 같은 폭력적인 사건들은 황해도의 수안(3월 3일)과 평북의 정주(3월 22일)에서도 발생하였다.

이들 지역들 중의 과격한 시위 항쟁들은 지도자들과 추종자들의 구체적인 목표와 정체성에 심각한 우려를 제기하게 하였다. 내개 시위운동은 농촌으로 확산될수록 점점 더 폭력적이 되었다. 많은 시위들이 이미 비폭력의 원칙에 맞지 않았다. 민족 지도자들의 애초의 비폭력 원칙의 호소와는 반대로 지역 지도자와 활동가들은 소극적인 비폭력의 대중 시위의 이념을 완전히 받아들이지 않았던 것 같다.

---

26 Baldwin, 앞의 글(1969), p.91. 이 사건은 전날에 경찰의 잔인한 발포에 대한 보복적 공격이었음이 분명하다(독립운동사 2권, 401).
27 Baldwin, 앞의 글(1969), p.92.

식민지 당국의 가혹한 진압 조치에 대응하여 점점 더 많은 대중들이 폭력에 의존하였고 더 효과적인 투쟁의 수단을 가지려 노력하였다.

독립운동의 시위는 철도변을 따라 다른 대도시로 신속하게 확산되었고 거기에서 다시 작은 읍과 면으로 퍼져 나갔다. 3월 1일 시위는 안주, 진남포, 선천, 원산, 개성, 그리고 의주 등의 대도시에서 발생하였다. 북부 지역에서의 첫 주의 시위는 주로 사전에 형성된 조직과 배포망을 기반으로 하여 발생하였는데 3·1 독립운동의 초기적 전형을 형성하였다. 첫 주에 독립 시위운동은 기독교도가 가장 밀집하여 있었던 평안도 지방으로 먼저 번져 나갔고 특히 3월 상반기의 독립 시위의 중심지는 평양이었다. 독립 만세의 시위운동은 이어서 황해, 함남의 다른 북부 지역으로 퍼져 갔는데 대개 기독교나 천도교의 신흥종교 지도자들이 시위를 주도하였다. 무엇보다도 운동을 강력한 대중적 정치운동으로 만든 것은 많은 일반 군중들이 시위에 가담하였기 때문인데, 이들은 주로 천도교나 기독교에 관련된 학생들이나 시민들이었다. 평산, 곡산, 덕천, 창성, 벽동, 초산 등지의 산간지역에서의 시위는 천도교의 세력이 중심이 되어 일어났다. 결국, 3월 중순경에 경찰의 순시와 감시가 증대하고 서북지방의 대도시에 많은 주둔 병력이 증파됨으로써 이 지역의 시위운동이 더 이상 확산되지 못하게 되었다.

3) 제2파도: 남부 지방에서의 끈덕진 저항

경상남도의 격렬한 항쟁

제3주째는 시위운동의 제2의 파도가 경상남도 지방을 강타하였다. 제2주부터 지방의 대도시에서 시작된 시위는 인근의 면과 리로 번져 나갔다. 이 지역의 대중 항쟁은 다른 어떤 지역보다도 더 장기화되었다(<표 1> 참조). 경상도, 특히 남도 지역은 강렬하고 끈덕진 투쟁을 보여주었고 이는 과격한 공동체적 집합 행동으로 나타났다.

제2의 시위의 파도는 경상도의 예안, 안동, 영덕, 그리고 군북에서 개시되었다. 볼드윈(Baldwin)은 당시의 상황을 이렇게 기록하였다.

> 외면적인 정적은 18일 깨졌다. 약 천 명 정도의 조선인들이 파출소와 학교를 파괴하고 경상북도 영해의 전화선을 절단하였다. 경상도에는 다른 습격들도 잇달아 발생하였다. 이것들은 경찰이나 헌병대 분소가 아닌 정부 시설물에 대한 최초의 조직적인 공격이었다. 3월 19일 경상북도 안동에서 폭도화 된 군중은 군청, 재판소, 파출소 등에 투석하였고 경찰이 그들에게 발포하려 하자 이들에게 방화를 시도하였다. 폭력은 경상북도에 계속되고 확산되었다. … 3월 22일과 23일에는 경상도에서는 매우 격렬한 시위가 발생하였다. 조선의 시위 군중들은 면의 사무소와 우체국, 그리고 경찰서를 공격하고 방화하였다. 여러 곳에서 전화선이 절단되었다. 경찰과 군대가 군중에게 발포하여 많은 이들이 죽거나 다쳤다.[28]

---

28 Baldwin, 1979, "Participatory Anti-Kmperialism: The 1919 Inde-

제2의 시위 파도는 폭력적이고 과격하였다. 많은 경우에 있어서 격분한 시위자들은 그들의 지도자들을 구하기 위해서 면소재지나 파출소를 공격하는 폭력적인 수단에 호소하였다. 전형적인 경상도의 끈덕진 대중 시위의 예는 합천에서 발생하였다. 일제의 경찰 보고서의 기록을 보자.

> 합천군. 본 군의 소요는 최악성을 띠고 관공서를 파괴하여 부속건물 및 서류를 소기하며 수개 소의 전선을 절단하였다. 전 소요 개소는 약 10개소에 이르나 주로 읍내, 창리 및 초계이다…. 삼가에 있어서의 소요는 군집 최다하여 1만이라 칭한다. 처음 경성오성학교생도 임모, 동사립 중앙학교생도 정모 등이 경성으로부터의 선언서를 보이고 선동하였다. 당 삼가 소요 당일은 가회, 상백, 백산의 각 면에서 집합한 군중이 각기 7~800명의 대오를 짜고 각기 독립기에 대장의 성명을 서명하여 도중 면사무소 순사주재소를 파괴, 소실하여 삼가 읍내로 침입하였다.29

시위는 대부분이 지역의 면 단위의 장에서 발생하였다. 일단 시위가 시작되면, 즉각적이고 자발적인 대중의 참여는 거의 보장되다시피 한 것이 상례였다.

---

pendence Movement", Journal of Korean Studies, 1:123-62, pp.139~140.
29 박성수, 「3·1운동에서의 폭력과 비폭력」, 윤병석 외 편, 『한국근대사론 Ⅱ』, 지식산업사, 1977, 130~131쪽.

전라도와의 비교

1919년 3·1운동에 전라도의 참여는 가장 미미하였다.30 8주 동안 계속되었던 시위운동에서 전라도의 참여도는 인접한 경상도와는 매우 극적인 대비를 보이며, 이는 체계적인 설명을 필요로 한다. 경상도가 가장 끈질긴 항쟁을 보여주었던 반면, 전라도는 '가장 문제가 적은 지역'이었다(<표 3>).

경상도와 전라도는 공통적으로 높은 비율의 농업 인구와 높은 일본 이민율을 보유하였다. 조선에서 다른 어떤 지역보다 일본이 지리적으로 가까운 편이라는 점도 공통점이다. 흥미로운 것은 양 지역의

<표 3> 3·1운동의 지역적 비교: 경상도와 전라도

	참가자[1]	사건[2]	체포[3]	인구[4]	일인인구[5]	이민[6]	일인토지[7]	탄압율[8]
경상도	98,000	128	4,574	3,801,000	28,000	46,199	22,500	4.7
전라도	8,000	27	1,430	3,006,000	48,000	1,607	181,300	17.8

주 및 출처: 1에서5: 수치는 3월 1일에서 4월 30일까지 S.McCune(1976)의 것;
5 : 부산(28,000)과 대구(12,000)는 제외한 수치;
6 : 수치는 1910년에서 1926년까지의 고승제(1977)의 추정치;
7 : 수치는 1929년의 70에이커 이상의 일인 토지 소유현황 Lee(1936);
8 : 수치는 체포자 수 / 참가자 수 X 100 (%).

---

30 박은식이 『한국독립운동지혈사』(상하, 서문문고, 1975)에서 추산한 전라도의 시위의 횟수는 과장된 것으로 보인다. 실제 시위와 가담자들을 확인하는 데에는 문제가 있지만, 조선 총독부의 자료들의 통계가 보여주는 시위의 전반적인 분포도는 균형을 잃지 않은 것으로 평가될 수 있다.

시위의 참여율은 3·1운동과 동학농민운동이 서로 정반대의 양상을 띤다는 것이다.

경상도는 20세기의 첫 20년 동안 만주와 간도에 많은 인구의 유출을 한 지역이다. 한 전문적 연구에 의하면, 이주의 직접적 동기는 대개 경제적인 것으로 알려졌다.31 경상도의 주민들은 다른 도의 주민들보다 식민지 당국에 대해 더 적대적으로 반응하였다. 경상도의 시위는 전라도에 비하면 비교적 유리한 조건하에서 발생하였음을 알 수 있다. 일본인의 대토지 소유의 현상은 전라도에 비하면 훨씬 미미한 것임을 알 수 있다. 또한, 정치적 통제의 수준도 양호한 것으로 추정된다. 이것은 다음 절에서 설명할 방어적 동원에 입각한 집합행동의 유형으로 잘 설명될 수 있을 것이다.

전라도의 시위는 분산적이고, 약하였으며, 비교적 단명하였다. 몇 가지 요인이 이러한 추세를 결정한 것으로 보인다. 첫째, 이 지역의 시위는 명망 있는 지역적 지도자들에 의해서 주도되지 못하고 주로 젊은이들의 개인적인 동기에서 촉발되었다. 두드러진 항쟁운동은 학생들(광주, 장성, 영광)이나 종교 지도자(전주, 목포, 장흥)에 의해서 주도되었다. 즉, 전라도의 민중봉기는 지역 공동체의 지도력의 부재 하에서 일어났다. 그 결과, 운동은 약하고 소규모에 머물렀고 격렬한 부상을 동반한 봉기는 별로 없었다. 대부분의 시위는 조직화되지 못한 상태에 머물렀고 일반 대중의 참여도도 매우 낮았다. 요컨대 지속적인 민중항쟁에서 지역적 지도자들은 핵심적인 역할을 담당한 것으로

---

31 이훈구, 『만주와 조선인』, 평양: 숭실전문학교, 1931, 102쪽.

보인다. 경상도에서 향촌의 유지들이 대부분의 항쟁에서 상당한 지도력을 발휘하였다. 반면에 전라도에서의 유지들은 상대적으로 굴종적인 태도를 보였으며, 높은 수준의 탄압과 통제와 더불어 이는 이 지역이 전국에서 가장 낮은 수준의 대중 참여도를 보이게 한 요인으로 작용한 것으로 보여진다.

둘째, 이 지역의 정치적 통제는 전국에서 가장 높은 수준이었고(경상도의 약 4배), 이것이 대중의 시위를 가장 낮은 수준으로 묶어 놓았다. 물론, 이 지역의 경찰의 대민 조작과 감시의 활동은 가장 효과적이었던 것으로 보여진다. 예를 들면, 초기의 독립 시위의 노력은 대부분 좌절되었다. 극심한 식민지 당국의 감시 정책의 탓으로, 많은 시위운동이 미리 알려지거나(군산, 3월 5일, 강진) 불발에 그쳤다(나주). 경찰의 반응은 즉각적이고도 잔인하였다. 전라도의 체포율은 조선 전역에서 가장 높았다.

셋째, 전라도는 경상도에 비해 일인의 농업이민이 일찍부터 시작된 지역으로 동양척식회사의 토지가 집중되었다.32 일인의 인구도 경상도의 부산, 대구의 대도시를 제외할 경우 전라도가 오히려 높은 것으로 나타나는 것은 이런 이유 때문인 것으로 보인다. 다만, 일본인 이민들은 토지를 대개 소작 경영을 하고 인근 중소도시에 거주하였다.33 전반적으로 전라도에 비해 경상도의 향촌 사회는 전통적 구

---

32 조기준, 『한국자본주의성립사론』(전정판), 대왕사, 1977, 64쪽.
33 조기준, 앞의 책, 66쪽; McCune, Shannon, 1976, The Mansei Movement: March 1, 1919,[Colloquim Paper #5, Center For Korean St-

조가 상대적으로 잘 유지되었으며 이것이 경상도의 민중봉기에는 유리한 조건이었으며, 전라도의 일본인 지배 하의 소작 상황은 시위에 불리한 조건이었던 것으로 보인다. 일본인 토지 소작에서 유래하는 민족 감정 그 자체만으로는 민중봉기의 충분조건이 되지 못한다는 점을 알 수 있다.

4) 제3파도: 중부 지역의 강한 돌풍

시위의 제3의 파도는 3·1 민족사회운동의 절정기를 이루었다. 민중 봉기의 가장 큰 파고가 3월 말과 4월 초에 중부 지방을 강타하였다. 시위운동은 경기 지역에서 폭풍같이 일어나서 다른 지역으로 확산되었고 제5주째에는 한반도 전역에 걸쳐 퍼지게 되었다. 이 기간에 발생한 민중 시위는 맹렬한 추세로 전개되어 시위대와 진압대 쌍방에 많은 인명 손실을 초래하였다.

경기와 충청 지방의 민중 봉기는 몇 가지의 특징을 보여주었다. 시위운동의 표적이 식민지 당국과 연결되어 있던 인근의 친일배들에게까지 확대되었다. 지방 관리의 청사나 파출소들이 자주 공격의 대상이 되고 파괴되었다. 몇몇의 조선인 관리들이 일제에 등을 돌리고 시위운동에 가담하는 사태도 발생하였다. 3·1운동의 절정기인 이 시기에 민중항쟁의 주안점은 식민지 통치에 대한 도전과 경멸의 노골적 표현이라고 요약될 수 있다.

---

udies], Honolulu: University of Hawaii Press. 22쪽.

시위운동의 제3의 파도는 무엇보다도 중앙과 주변 간의 상호 작용에 의해 구성된 구 조선왕조의 정치 과정에 의해서 가장 큰 영향을 받았다. 3월 3일에 거행된 고종 황제의 국장은 구 유교 정치 과정을 일시적으로 재현시켰다. 지방의 유생 계층은 전 국왕에 대한 그들의 충정을 표현하기 위해 경성에 모여들었다. 이러한 유교 윤리적 동기가 3·1운동에서는 가장 효과적으로 동원되었던 것이다.

한편, 서울을 둘러싼 경기도는 조선의 심장을 이루는 지역이었다. 이 지역의 시위운동은 다른 지역에 전파의 효과를 통해서 3·1운동을 확산시키고 지탱하는 중요한 역할을 담당하였다. 중부 지역은 서울과 근접하여 중앙과 긴밀한 상호작용을 하기에 전략적으로 유리한 위치를 가진 것으로 보인다. 물론 이 지역의 운동에 미친 신흥종교인 기독교와 천도교의 역할을 과소평가할 수는 없다. 그러나 신흥종교나 구 공동체도 3월 말경의 민중 봉기 운동의 형성에 구 정치 과정만큼 큰 영향을 미치지는 못하였다.

서울과 경기도

독립 시위운동의 개시부터 많은 북부 도시들과 서울의 도시 주민들의 분노가 운동의 추동력이 되었다. 서울에서 제2주부터 점포상들은 철시에 들어갔고, 3주째에는 시위는 서울 지역에서 재개되었다. 이제 소요의 주된 근원은 학생이 아니라 노동자가 되었다.[34]

---

34 성대경, 「3·1운동 시기의 한국 노동자의 활동」, 윤병석 외 편, 『한국근대사론Ⅱ』, 지식산업사, 1977, 204쪽.

3월 말이나 4월 초에 독립운동 시위는 점점 더 과격화되어 자주 폭력적 대결로 귀결되었다. 초기의 민족 지도자들이 강조한 비폭력의 도덕적 명분은 이제 잊혀졌거나 거부된 것으로 보인다. 많은 이들이 공개적으로 폭력 지향적이었고 다른 이들도 그들의 공통의 명분을 위해 온건한 수단을 찾기보다는 증오와 적개심의 표출, 그 자체가 더욱 중요한 듯한 인상을 주었다.

제3의 파도는 서울에서 일련의 항거와 더불어 시작되었다. 3월 22일에 3400명의 노동자 단체가 태극기를 흔들면서 "독립만세"를 외쳤다. 곧 군중은 철도 노동자, 공장 노동자, 그리고 자유노동자들 등의 도시 주민이 군중에 합류하였다. 행진하는 군중들이 독립문에 접근하였을 때 시위자의 숫자는 거의 8천 명으로 불어났다.35 서울에서의 시위는 적지 않은 대가를 치러야 했다. 한 외신의 보도에 의하면 서울은 "3월 26일까지만 체포된 자 중의 1천 8백 명이 유죄 선고를 받았고", 그리고 "계속 숫자는 늘어날 것으로 보였다."36

3월 말경에 서울에서의 독립운동은 다양화되었다. 초기 시위보다 저항의 목표가 훨씬 분산되었다. 3월과 4월에 노동자들의 스트라이크만 24건이 발생하였다. 서울에서 영업소의 폐쇄는 3월 9일에 시작되어 이 달 말일까지 계속되었다. 송도면의 모든 상점과 수원 지역의 점포의 약 절반이 3월 26일에서 4월 4일까지 문을 닫았다.

파출소의 방화를 포함한 많은 피습 사건들이 보고되었다. 25일에

---

35 성대경, 앞의 「3・1운동 시기의 한국 노동자의 활동」, 205쪽.
36 *Japan Chronicle*, 1919/04/03.

는 일본 경찰의 주거지에 방화가 있었다는 보도가 있었다.37 한편, 대결과 보복이 시위운동에 자주 나타났고 점점 더 많은 사건들이 폭동이 되어 갔다. 제3의 파도가 수도를 엄습하였을 때 주민의 양극화 현상이 일어났다. 다양한 종류의 팜플렛과 소문이 나돌았고 중립적인 국외자는 위협을 받았으며 자주 운동의 찬반의 한 편을 택할 것을 강요받았다. 시위자 집단과 진압 세력은 점점 더 자주 자제를 잃었고 폭력적인 조치에 호소하였다. 과격화는 적대적인 쌍방 간의 상호작용의 필연적 산물이었다.

28일경에 와서 서울은 평정을 되찾았고 독립 투쟁의 중심은 경기도로 옮겨갔다. 제4주와 5주에 234건의 시위 및 항쟁이 발생하였다. 통계 자료에 의하면 시위의 규모는 상대적으로 작았다. 그러나 군중들은 투쟁에의 결심이 굳어진 상태였고 적개심에 가득 차 있었다. 같은 집단이 한 번 이상 시위에 참가하는 것이 상례가 되었다. 안성에서의 당시 시위 중에는 파출소가 습격되고 우체국 등의 건물이 불에 타 전소된 사건이 발생하였다.38

시위들은 공동체 지도자들에 의해서 지지되거나 개시되는 경우가 빈번하였다(양주, 시흥, 수원). 경기도에서는 서울의 시위와 다른 지역에서의 시위의 소식들이 쉽게 떠돌았다. 지도자들은 다양한 단체에서 나왔다. 제3의 파도기에는 자발적인 지도자들이 매우 풍부하였던 것으로 판단된다. 서울에의 인접성 덕택에 많은 이들이 국장에 참여

---

37 *Japan Chronicle*, 1919/04/03.
38 *Japan Chronicle*, 1919/04/17.

할 수 있었고 이들 참가자 중의 많은 이들이 다시 지역 독립 시위 투쟁의 지도 인사가 되었다.

4월 초에 일본에서 추가로 병력이 파견되었기 때문에 더 이상의 시위운동은 어려웠다. 제암리의 대규모 학살 사건은 일본군의 보복적 조치인 많은 인명 살상과 방화들 중 그들의 잔인성을 들어낸 대표적인 사건이었다.

5) 제4파도: 북서부의 시위의 재발

독립 시위운동의 제4의 파도는 중앙의 제3파도의 강력한 시위의 재등장에 자극을 받고 발생하였다. 이는 또한 주변부에서 중심부로 이동하여 약화된 경찰과 군대 세력을 틈타서 발생하였다.[39] 마지막 민중 시위의 파도는 전략적으로 지속적인 민중 정치 투쟁에 유리한 평안북도나 강원도 등의 변방의 외딴 지역으로 퍼져 나갔다.

강원도는 전통적으로 기독교나 천도교가 강력한 영향력을 가지지 못하고 충청도나 경상도와 같이 유학의 아성인 지역이었다. 강원도의 독립운동은 비교적 늦게 시작되었으나 마지막 단계에 상당히 많은 사건과 대중 참여를 유발하였다. 초기의 시위 단계에는 대개 경찰과 헌병만이 시위의 목표였으나 후기로 갈수록 시위의 표적이 식민지 당국의 하급직인 친일 조선인에게까지 확대되었다. 강원도의 사건들은 전통적인 유교적 정신에 근거한 민족의식이 민중 동원의

---

39 Baldwin, 앞의 글(1969), 101~102쪽.

강력한 자원이라는 것을 보여주었다.

통계에 의하면 평안북도, 황해도, 강원도들은 민중 봉기의 마지막 주까지 시위를 수행할 수 있었다고 한다. 기본적으로 중앙의 현상이었던 제3의 파도에 대비하여서 제4의 파도는 주변부의 현상이었다. 평안북도와 강원도는 산악이 대부분인 지역이었다. 중앙에 지리적으로는 가까웠지만, 황해도는 신흥종교와 신흥 학문의 중심부인 서북 지방에 속했다. 다른 지역에서 아직도 계속되던 투쟁들과 함께 제4의 파도는 조선 반도를 다시 상당한 소요 상태로 이끌었다. 한 보고는 상황이 심각하여 일본 본토로부터 병력의 파견이 불가피함을 지적하였다.[40]

평안북도와 황해도

평북과 황해도는 시위 지도자들에게는 아마도 전략적으로 가장 유리한 지역이었을 것이다. 북쪽 경계를 중국의 국경과 접하였기 때문에 평안도의 독립운동가들은 정치적 망명이라는 마지막 수단을 비교적 손쉽게 얻을 수 있었다. 그러나 면밀히 관찰해 보면, 이 지역의 운동의 원동력은 밑으로부터 나오는 것임을 알 수 있다. 이 지역의 민중 항쟁의 한 전형적인 예를 보도록 하자.

…4월 1일 정오경에 총 2백 명 정도의 기독교도와 천도교도들은 "대한독립"이라고 글씨가 새겨진 국기를 휘날리며 "만세"를 외치면서 의주 시

---

[40] *Japan Chronicle*, 1919/04/17.

내를 행진하였다. 곧 천 명 정도의 사람들이 그들에 가담하였고 시위는 대규모로 계속되었다. 그들은 질서정연하였다. 곧 군인, 헌병, 그리고 소방수 등으로 구성된 약 백 명 정도의 일본인들이 와서 군중에게 발포하기 시작하였다. 두 명이 사살되었다. 그러나, 군중은 총성에도 아랑곳하지 않고 계속 "만세"를 외쳤다. 그리고 나자 일본 군인들은 발포를 멈추고 총검과 곤봉으로 공격하기 시작하였다. 약 30명의 조선인이 극심하게 부상을 당하였다. 그러나 군중은 오후 내내 여전히 "만세"를 부르면서 다녔고 자정까지 그들의 자리를 떠나지 않았다. 그날 근무 중이었던 일본 군인과 소방서원들은 그들이 만난 모든 조선인들을 구타하였으며 이 때문에 많은 이들이 그들의 집으로 가지 못하였다.[41]

3·1운동 말기의 민중 시위는 반란의 양상에 근접하였다. 쌍방은 어느 쪽도 직접 충돌을 피하지 않았으며 투쟁과 폭력은 일상화하다시피 되었다. 많은 민중들이 투쟁을 통하여 분명한 의식을 가지게 되었을 것으로 보인다. 많은 이들이 이제 해외 무장 독립 투쟁만이 지속적으로 독립운동을 가능케 해 주는 것으로 믿게 되었다. 이때에 민중 항쟁의 중요한 진전을 보여주는 하나가 장성읍의 사례이다. 민중운동의 지도자인 강 장로는 4월 1일 시위운동에서 2천여 명을 동원하는 데에 성공하였을 뿐만 아니라, 후일에 망명 임시정부의 지하조직인 '연통제'의 지역 대표로 활약하게 되었다.[42]

---

41 *Japan Chronicle*, 1919/05/01.
42 독립운동사3, 468~478쪽.

시위의 제4파도는 주로 서북 지방의 항쟁과 시위로 구성되어 있었다. 이 지역의 지배적인 집합 행동은 단순히 과거로의 복귀를 꾀하는 것이 아니라, 신흥종교를 기반으로 하는 미래지향적인 형태의 '전향적 동원'(proactive mobilization)이었다.43 이와 같이 3·1운동의 후기 민중항쟁기에는 새로운 형태의 독립 투쟁이 나타났다.

대중 시위운동은 4월의 제2주에 일본 오사카로부터 대규모의 숫자의 병력이 증파되면서 극적으로 줄어들기 시작하였다. 일본 군대는 살상과 방화를 포함한 잔혹한 수단을 통하여 전국적인 민중 봉기를 뒤늦게 진압할 수 있었다.

5. 민중 동원의 유형

전통적 조선사회에서 대중의 정치 참여는 거의 이루어지지 않았다. 식민 통치의 초기 10년간에도 일제의 군사적 지배는 대중의 정치 참여를 완전히 배제하였다. 반일 감정이 상이한 신념과 배경의 사람들을 하나로 묶어 주었다. 많은 독립 시위들이 다양한 사회 집단들이 연합함으로써 비로소 가능하였다. 공통의 적의식은 다양한

---

43 전향적 동원이란 집단이 그들의 전통적인 기존 이익을 방어하기 위한 '방어적 동원'과는 대조적인 것으로 집단이 기존에 누리지 않았던 권리나 사명을 위해 자원을 집중시키는 것을 말한다. 자세한 논의는 다음을 참조할 것. Tilly, 앞의 글(1975), p.51; 앞의 글(1978), pp.73~74.

사회적 집단들을 쉽게 연합하게 만들었다. 3·1운동 기간 중의 민중 동원에는 다음의 몇 가지의 패턴이 발견된다.

1) 전향적 동원과 공공영역

3·1운동에는 두 개의 동원 유형이 발견되었다. 19세기 말 개항 이래 성장하는 근대적 도시의 다양한 자발적 결사체를 중심으로 형성되었던 공공영역(publc sphere)44의 지도자들에 의해 주도되었던 전향적 동원(proactive mobilization)이 북부 지방에서는 지배적인 양상으로 나타났다. 남부 지방에서는 방어적인 집합 행동이 오히려 두드러져 보였다. 남부 지방의 방어적 동원은 전통적인 사회적 유대에 기초하였는데 비교적 잘 알려지지 못했다. 북부의 대중 동원은 신흥 종교에 의해서 주도되었고 남부의 공동체적 운동의 경우는 지역 유지가 주로 동원을 담당하였다(<표 4>).

---

44 여기서 공공영역이란 "여론이 형성되는 사회적 생활의 장"으로 "국가와 사회를 매개하는 영역으로 공중이 여론의 담지자로 조직되는 장소"(Habermas, 1974, p.50)라고 정의될 수 있다. 한국 근대의 공공영역은 그 정치적 모델은 독립협회의 만민공동회를 중심으로 하는 활동에서 찾을 수 있다. 일제 초기에는 기독교 교회를 중심으로 하는 종교적 공공영역과 교육적 공공영역이 그 명맥을 이어가고 있었다.

45 Kim Yong-Jick, 1992, "Formation of a Modern State and National SocialvMovementvin Modern Korea: March First Movement(1919) in Comparative HistoricalvPerspective", Ph. D. Dissertation, University of North Carolina at Chapel Hill.

<표 4> 3·1운동 중 6개 도의 민중 동원의 양상

도	시위 파도	표본 수	동원의 지도자					
			기독교	연합	천도교	학생	유지	미상
평북	1/4	61	7	10	8	4	2	30
황해	1/4	89	17	10	8	10	7	37
경남	2	58	1	5	1	12	22	17
충청	3	131	2	9	11	9	27	73
강원	4	45	1	5	22	1	11	5
총계		384	28	39	50	36	69	162

주 : 수치는 졸고45의 표본 데이터에 기반한 것임.
출처 : 독립운동사 2, 3권; 김진봉(「3.1운동과 민중」, 앞의 『3.1운동 기념논집』);
S. McCune(앞의 글(1976))

아래의 표는 3·1운동에서 가장 잘 알려진 동원은 근대적 공공영역의 주요 활동인자인 신 지식층인 신흥종교의 지도자들에 의하여 이루어졌음을 보여준다. 3월 첫 주에 북부 지방만이 즉각적인 반응을 보일 수 있었던 것은 기독교와 천도교의 신흥종교들의 역할 덕분이었다. 위의 통계 자료에 의하면, 서북 지방(평북과 황해)은 지도자가 알려진 시위들 중 48%가 종교적 동원의 양상을 보였다. 반면에 경남의 경우는 총 시위 중의 단지 5%만이 종교적 지도자에 의해서 조직되었다.

북부 지방의 많은 시위들은 천도교의 지역 지도자들에 의해서 주도되었다. 비록 평균 규모는 비교적 작았지만(수백), 천도교가 주도한 시위들은 지도자와 대중 간의 강한 유대의식을 보여주었다. 천도교도가 조직한 49개 시위들 중 과반수(28)가 읍에서 발생하였다. 이것은 상인과 다른 중인 계층이 농민과 마찬가지로 이 신흥종교의 상당 부분을 차지하고 있다는 것을 말해 준다. 또한 비록 천도교도의 상당한 수가 농민층에서 충원되었지만 이들은 전통적 공동체에는 속하지 않았음을 알 수 있다. 천도교는 갑진개화운동 이래 많은 근대적 이념들을 받아들였고 중앙 당국은 보성이나 동덕 등의 신식 학교를 운영하였다. 체포된 천도교도의 약 78%가 북부 지방에서 나왔다.46

3·1운동의 초기 전개를 종교적인 성격으로 해석하는 것은 그 핵심을 놓친 분석이다. 1919년 민족사회운동에서 그 역할이 중요했던 또 하나의 집단이 바로 학생 단체이다. 북부 지방의 독립 시위의 신속한 전개는 학생들이 적극적으로 시위운동에 가담하였기 때문에 가능하였다. 상당수의 운동 지도자들이 근대식 학교의 교사직으로부터 충원되었다. 이들은 기존의 의사소통의 연락망과 연대성을 시위운동에 공급하여 주었다.

대개, 기독교와 천도교 임원들의 시위운동의 조직적 기반은 근대적인 공공영역에 그 뿌리가 있었다. 조선의 북부 지방의 시위들의 의의는 이들이 근대적 도시의 공공영역에 기초하고 있었다는 것이다. 운동의 원동력은 근대적인 사회적 또는 종교적 조직들에서 유래하였다. 근대적 조직의 양대 지주는 신흥종교와 근대 학교교육 체계였다. 따라서 북부 지방에서 종교적 지도자들이 강한 영향력을 가졌던 것과 학생 집단의 역할이 두드러졌던 것은 같은 맥락에서 당연한 것으로 이해될 수 있을 것이다.

---

46 독립운동사 4권, 978~981쪽.

2) 공동체와 방어적 동원47

3·1운동은 만일 시위운동이 근대적인 사회 부문에만 의존하였다면 이루어질 수 없었을 것이다. 민족사회운동의 첫 모형은 지방 유지들의 지도력과 공동체적 정체성이라는 전통적 자원에 기초한 방어적 민중 동원이 없었더라면 어려웠을 것이다. 구 조선왕조 황제의 국장은 천금의 결정적인 계기를 제공하였고 민족 지도자들은 이를 극대화하였다. 제2, 제3의 시위의 파도는 전통과 공동체라는 전통적 사회 기반에 근거한 것이었다.

보수적 지역 중의 하나인 충청도는 3·1운동에 비교적 늦게 가담하였다. 이 지역의 유지들이 서울의 근대적 지식인들만큼 3·1 만세운동의 발발을 초기부터 잘 알지 못하였기 때문에 남부 농촌 지역의 시위 항쟁은 비교적 느지막이 시작되었다. 그러나 이 지역의 항쟁은 격한 투쟁으로 발전되었다. 충청도의 시위들도 상당수는 전통석인 동기에서 유발되었다. 이 지역의 지도자들 중 약 42%가 전통적 사회 집단에서 나왔다.

---

47 자원동원론자들은 사회운동의 주요 조건으로 근대적인 조직을 강조하는 경향이 있다. 이러한 편견은 Calhoun의 18,19세기 영국 급진주의 운동의 연구에서 논박되었다(Calhoun, 앞의 글(1982), 1983).여기서 방어적 동원은 Tilly에 의하면 다분히 19세기 이전의 유럽의 전근대적인 식량폭동이나 조세 반란 등으로 나타나는 "외부의 위협에 대처하기 위한"(앞의 글(1978), p.73) 동원의 유형으로 볼 수 있다.

<표 5> 3·1 운동의 파도와 동원의 유형

파도	도	활동배경	충원의 주된 자원	특징
1	경기/평남 평북/평남	도시 결사체	기독교도/학생 천도교도	비폭력 (전향적 동원)
2	경남	농촌/공동체	유지/농민 학생	과격성 (방어적 동원)
3	서울 경기/충청	도시/결사체 농동/공동체	학생/노동자 유지/농민	연대적투쟁
4	평북/황해 강원	도시/결사체 농촌/공동체	기독교/천도교인 학생/농민	일상적 투쟁 (전향적 동원)

충청 지방의 신흥종교의 역할은 결코 서북 지방의 것에 비교될 수가 없었다. 서울 남부의 지방의 경우 종교적인 요인은 공동체적인 요인에 비해 매우 낮았다. 많은 수의 신흥종교 지도자들은 종교 지도자로서보다는 지역 유지로서 더 잘 알려졌다. 십자가나 성서 등의 종교적 상징은 충청 지역에서는 거의 사용되지 않았다. 문중적 유대나 공동체적 연대성은 이에 비해 두드러진 역할을 한 것으로 보인다.

시위운동이 지역 유지에 의해 조직되었을 때 평균 시위 규모가 가장 컸다. 충북 괴산의 민중 시위는 그 정도와 규모가 엄청났는데, 모두 유지들에 의해서 주도되었다. 유사하게 충남의 시위운동 사례들도 지역 유지에 의해 계획되었는데, 이들은 상당한 충격을 준 것으로 알려졌다. 이러한 예들은 이 지역 민중들이 당시에 아직도 근대적인 연대성보다는 전통적 혹은 유교적 유대에 의해서 더 쉽게 움직였다는 사실을 입증하는 것이다.48 농민은 대자적인, 즉 자기의식적

---

48 1910년 총독부 자료에 의하면, 당시 전국에서 양반 가구의 수가 가장 많

인 계급의식을 가진 집합 행동의 주체로 보기에는 어렵고, 대부분이 '서당 출신 생도'로 지방 양반이나 유지의 지도에 따랐던 것으로 보인다.49

남부 지방의 3·1운동은 북부 지방과는 근본적으로 달랐다. 무엇보다도 이 지역에서 가장 지배적인 유형은 전통적 공동체에 기초한 방어적 동원이었다. 아직도 남부의 농촌에서는 많은 이들에게 효과적인 사회적 유대로 남아 있는 전통적 공동체가 이 지역 민중 동원의 충분조건이 되었다. 남부 지방 시위의 주된 사회적 기반은 신흥 종교가 아니라 전통 공동체이었다. 독립 시위운동은 그것이 참가자들에게 공동체 질서에 대한 외래의 침입자의 위협에 대처하기 위한 불가피한 충돌로 받아들여졌기 때문에 과격한 성격을 띠게 되었다.

전통의 담당 세력인 향촌사회의 유지들은50 서민들을 조직화하는 데에 핵심적인 역할을 수행하였다. 농민들의 자발적인 행동을 강조하는 일부 학자들의 주장과는 다르게, 시위 항쟁은 대부분이 지방사회의 지도자들에 의해서 개시되었다. 시위는 대개 고종황제의 국장

았던 지역이 충남으로 10.3%이었고 그 다음이 역시 충북으로 4.5%, 3위가 경북으로 3.8%였다(『조선일보』 94/07/29).
49 김영모, 『한국의 지배층 연구』, 1982, 일조각, 100쪽. 특히 2장 「3·1운동의 사회계층적 배경」
50 이들은 지역의 실력자나 명사로 전통적 유교적 가문 배경에서 대개 나온다. 대개 이들은 지방 양반으로 중앙에서 파견된 지방관과 평민을 다스리는 말단 하위 관리직인 아전의 중간 위치에서 지방 향촌사회의 한 주요한 세력을 형성하였다.

을 참가하고 돌아온 유지나 유생들에 의해서 주도되었다. 지역 공동체의 지도자들은 다양한 자원들, 예컨대 다른 대도시에서의 독립 시위의 뉴스 정보와 사회 조직과 혈연에서 나오는 유대 등을 소유하고 있었다. 즉 방어적 대중운동의 지도자들은 지역 공동체에서부터 유래하는 권위, 지위, 그리고 권력을 보유하였다.

　3월 중순 이후에 지방을 강타한 제2와 제3의 시위의 파도의 지배적 유형은 방어적 동원이었다. 애초에는 기독교, 천도교, 학생층의 3대 사회 단체들의 운동으로 시작되었던 3·1운동은 점점 더 전통적 계층에 의존하게 되었다. 방어적 동원은 종교적 색채의 운동을 대규모의 민중운동으로 바꾸어 놓는 데에 큰 역할을 담당하였다. 남부 지방의 전통 지역사회의 다양한 지배적 사회 계층이 이 지역의 민중의 시위를 조직하였다. 경상도와 충청도와 같은 남부와 중부 지방의 민중 항쟁의 패턴은 이들 지역에서는 민중 시위의 단계에는 종교적 지도력보다는 전통적 공동체가 더욱 중요한 자원이 되었다는 것을 말해 준다. 통계 자료에 의하면, 평북과 황해의 서북 두 지역에서 지도자가 알려진 사례들 중 방어적 동원은 10%에 불과한 것으로 나타났다. 반면에 남부의 경남과 충청 지방에는 48% 정도가 지역 전통 공동체를 기반으로 한 방어적 동원의 유형에 속하는 것임을 알 수 있다<표 3>. 심지어 이 지역에서 종교 지도자들이 주도한 일부의 사례들도[예를 들면, 함안(3월 19일), 울산(4월 2일), 합천(3월 23일)의 시위들] 종교적 유대보다는 공동체적 결연에 더욱 의존하였던 것으로 보인다. 이러한 사정은 이 지역들에서 전통적 공동체적 요소들이 가장 강하게 뿌리를 내리고 있었음을 다시 확인시켜 준다.

6. 결론

　식민지 외압적 강압국가는 물리적으로는 막강한 위력을 갖추었으나 근대국가로의 취약성과 제약성을 동시에 가졌다. 반란이나 군사적 도전에는 철저한 응징을 할 수 있는 물리적 군사력을 가지고 있으나 합리적인 비폭력적 대중의 요구에는 근본적인 취약성을 가졌다. 또한 국제 체제의 압력에 저항하면서도 동시에 국제적인 여론에 납득할 만한 명분을 제시하여야 하는 외교 정책적 제약성을 가지고 있었다. 적어도 대중의 요구를 합리적인 수준으로 여과하여 정책에 반영해야 한다는 근대국가의 합리성과 대내적 정통성에 대한 확인을 시켜 주어야 하기 때문이다. 비록 식민지 국가이긴 하지만 조선총독부는 근대국가적 기제를 갖춘 한반도의 최초의 근대적 국가이었다. 1919년 우리 민족 지도자들은 3·1운동을 통하여 이러한 근대국가에 대한 최초의 강력한, 그리고 체계적인 도선을 민족사회운동의 형태로 전개하였다.

　3·1운동은 3가지의 이질적 운동이 중첩적으로 전개되었던 민족사회운동이었다. 첫째, 도시와 근대적 사회구조를 기반으로 한 기독교를 중심으로 하는 진보적인 민족운동 계열이 있었다. 둘째, 전통적인 사회 구조와 조직을 기반으로 한 삼남 지방을 중심으로 하는 보수적 민족운동이 또한 중요하였다. 셋째, 민중적인 민족주의 운동으로 중인과 산촌 주민을 기반으로 천도교를 중심으로 전개되었던 민중 민족주의 운동이 여기에 가산하였다.

3·1운동의 대중 참여 기간 중의 전국적인 동원의 유형은 준비 단계에서부터 간여한 기독교, 천도교와 함께, 향촌의 유지들의 역할이 매우 중요하였다는 것을 알려주었다. 이 세 개의 사회 집단들은 3·1 운동의 민중항쟁기에 많은 수의 시위를 조직하고 주도하였다. 전향적 동원과 방어적 동원의 두 가지의 대조적인 동원의 유형이 처음에는 종교적인 민족운동에 불과하던 것을 대중 시위운동으로 확장하는 데에 결정적인 역할을 담당하였다. 진보적인 지식인들이 도시를 기반으로 한 시위운동을 주도하였고, 전통적 공동체의 지도자들이 남부 농촌 지역의 민중 항쟁을 조직하였다. 근대적 공공영역과 전통적 공동체가 각각 조직, 연락망, 추종자 단체 등의 하부 구조적 자원을 제공하였다. 시위의 제1과 제4의 파도는 신생하던 근대적 공공영역을 기반으로 전개되었다. 반면에 제2의 파도는 중남부 지방에 잔존했던 전통적 공동체의 기초 위에서 지방 유지나 전통적 민족주의자들에 의해 진행되었다. 독립 시위의 제3의 파도에는 다른 어떤 경우보다도 연합적 집합 행동이 많이 나타났다.

3·1운동과 천도교단의 임시정부 수립 구상

고정휴*

1. 독립선언과 정부 수립 문제

3·1운동에서의 '독립선언'이 단순히 선언적 의미에 그쳤던 것인가, 아니면 독립선언 이후의 정부 수립까지를 염두에 둔 것이었는가 하는 물음은 매우 중요하면서도 기본적인 문제 제기이다.** 그런데 3·1운동에 대한 기존의 많은 연구들은 이러한 문제에 대한 인식조차 분명치 못했던 것 같다.[1] 그 주된 이유는 조선의 '민족대표' 33인이 독립선언 직후 자진하여 투옥되었고, 이로써 그들의 역할은 끝났

---

* 포항공대 교수
** 『한국사학보』3·4합집(1998)
1 3·1운동에 대한 국내 학계의 전반적인 연구 시각과 성과를 잘 보여주는 것으로는 다음 두 책을 들 수 있다. 東亞日報社編, 1969, 『三·一運動 50 周年 紀念論集』과 한국역사연구회·역사문제연구소 엮음, 『(3·1운동 70 주년 기념 논문집)3·1 민족 해방운동연구』, 청년사, 1989.

다고 보았기 때문이다.2 이러한 시각에서 보면, 독립선언과 정부 수립의 문제가 사실상 동일한 과제이자 목표임에도 불구하고 분리시켜 이해할 수밖에 없다. 실제로 그동안 학계에서는 3·1운동에 이르기까지의 과정과 그 이후의 정부 수립 문제를 각각 독립된 연구 주제로서 다루어 왔다.3

그런데 필자는 3·1운동이 일어난 후 국내외에 알려진 여러 임시정부 조직안들을 비교·검토하는 과정에서 천도교단의 지도부는 독립선언 이후의 정부 수립에 대비한 나름대로의 복안을 가지고 3·1운동에 주도적으로 참여했던 것이 아닌가 하는 문제를 제기한 바 있다.4 요컨대 그들은 독립선언의 최종 목적을 정부 수립에 두고 그에 대한 구체적인 계획안까지 마련하고 있었다는 것이다.

본 논문은 이 문제를 좀 더 깊이 있게 다루어 보고자 하는 것이다. 이러한 작업을 진행함에 있어 가장 어려운 문제는 정부 조직의 내막을 파악할 수 있는 일차 자료들이 대단히 빈약하다는 점이다. 왜냐

---

2 3·1운동에서의 민족대표들의 운동 노선과 그들의 역할에 대한 평가는 학계의 논쟁이 되어 왔는데, 그것이 긍정적이든 부정적이든 독립선언으로 일단 민족대표들의 역할은 끝났다고 보는 것이 일반적 시각이다. 학계의 쟁점에 대해서는 신용하, 「3·1운동 연구의 현단계와 과제」, 『한민족독립운동사』 12, 국사편찬위원회, 1993, 134~138쪽.

3 두 주제에 대한 연구사 정리에 대해서는, 신용하, 위의 논문, 102~157쪽과 金喜坤, 「대한민국임시정부 연구의 성과와 과제」, 『한국 근현대사 연구』 3, 1995, 339~389쪽 참조.

4 고정휴, 「3·1운동과 임시정부 수립에 따른 몇 가지 문제제기」, 『제40회 전국역사학대회 발표요지』, 1997, 141~144쪽.

하면 임시정부 수립 문제는 정치적으로 매우 민감한 사안으로서 각 추진 주체들이 지하에서 비밀리에 모든 일을 진행시켰기 때문이다. 따라서 당시의 조선총독부 경찰들도 국내에서 전단 배포 형식으로 선포된 임시정부 조직의 배후 실체를 밝혀 내지 못했다. 특히 천도교단의 경우, 교주인 손병희를 위시하여 그 주변의 몇몇 핵심 참모들이 중요한 일을 논의하고 결정했기 때문에 내부에서 어떠한 일들이 진행되고 있었는지를 좀처럼 파악할 수가 없다. 그럼에도 불구하고 정부 조직을 대외적으로 알려야 할 필요성 때문에 발간된 신문이라든가 전단, 이러한 유인물의 제작 및 배포 혐의로 피체된 사람들에 대한 총독부 측의 재판 기록, 그리고 드물기는 하지만 정부 조직에 직접 간여한 인물의 회고록 등을 주의 깊게 살펴보면 단편적이기는 하지만, 몇 가지 추론의 근거들을 찾을 수는 있다. 필자는 바로 이러한 자료들에 대한 분석을 통하여 3·1 독립선언을 정부 수립으로 연결시키려 했던 천도교단의 조직적 움직임을 살펴보고자 하는 것이다.

이 논문에서는 크게 다음과 같은 세 가지 점에 주목하였다. 첫째는 3·1운동의 준비 과정에서 천도교 지도부가 주도적 역할을 수행할 수 있었던 조건을 교단의 특징과 관련지어 살펴보고자 한다.5 둘

---

5 朴賢緒, 「三·一運動과 天道敎界」, 『三·一運動 50周年 紀念論集』, 1969, 223~234쪽에서는 천도교단의 지도부가 3·1운동을 준비해 나가는 과정을 잘 설명해 주고 있기는 하나, 교단 조직과 성경상의 특징에 대한 분석은 소략하게 처리되어 있다.

째는 독립선언 이후 손병희를 정부 수반으로 추대하고자 한 일련의 움직임이다. 즉 3월 3일자『조선독립신문朝鮮獨立新聞』에 처음으로 공개된 대통령제 임시정부 수립 구상, 그리고 이 신문 발간을 주도한 이종일李鍾一의『묵암비망록黙菴備忘錄』에 등장하는 대한민간정부안, 기존의 러시아 영내의 대한국민의회가 조직·선포한 것으로 알려진 이른바 노령임시정부안, 그리고 국내에서 발표된 조선민국임시정부안들을 천도교 측의 주도적인 정부 수립 구상을 담은 것으로 보고자 하는 것이다.6 셋째는 이들 임시정부 조직안의 특징이다. 즉, 정부 형태라든가 각료 인선의 문제에서부터 조선민국임시정부의 선포 문건에 들어 있는『창립장정』등에 대한 분석을 통하여 천도교단이 구상한 정부 안이 구체적으로 어떠한 내용의 것이었는가를 검토하려는 것이다.

---

6 천도교의 임시정부 수립 계획에 대해서는 이현희 교수가 자신이 발굴한 이종일의『묵암비망록』을 주요 자료로 활용하여 검토한 바 있다. 이현희,「大韓民國臨時政府의 樹立計劃과 天道敎」,『韓國思想』20, 1985, 118~138쪽과「天道敎의 大韓民間政府 樹立 始末」,『향토서울』48, 1989, 139~175쪽 참조. 그런데 이 두 논문에서는 대한민간정부안이 들어 있는『묵암비망록』의 역사적 가치에 대한 검증이 제대로 이루어지지 않고 있으며, 조선민국임시정부의 조직에 간여한 인물들에 대한 실증적 분석도 미흡하다. 한편 러시아 영내 대한국민의회의 정부 조직설을 기정사실화한 바탕 위에서 손병희의 대통령 추대 문제를 다루고 있는데, 이 설 자체가 부정되고 있기 때문에 새로운 검토가 요청되고 있다.

2. 천도교단과 3·1운동

주지하듯이 3·1운동은 종교단체와 학생 조직에 의하여 준비되었다. 특히 종교단체 가운데에서도 천도교의 역할은 괄목할 만한 것이었다. 이른바 운동의 3대 원칙―즉 대중화, 일원화, 비폭력 노선―을 결정하고 이에 의하여 기독교·불교 측과의 연합을 성사시켰으며 그 과정에서 독립청원이 아닌 독립선언의 의지를 관철시켰다. 또한 운동에 필수적인 자금을 조달하는 한편, 독립선언서를 작성하고 이를 인쇄·배포하는 데 앞장섰다.7 이처럼 3·1운동 준비 과정에서 천도교단이 주도적 역할을 수행할 수 있었던 것은 기독교나 불교 및 유림 세력과는 다른 조직과 성격상의 특징을 갖고 있었기 때문이었다.

무엇보다도 천도교는 교주인 손병희孫秉熙(1861~1922)를 정점으로 한 일원적 명령 계통과 중앙집권적 운영 체계에 의하여 강력한 결속력을 갖추고 있었다. 1905년 12월 1일에 동학은 천도교로 그 명칭을 바꾼 후 교리를 체계화하고 교단 조직을 정비하여 합법적인 '근대'적 종교단체로서 그 면모를 일신하게 되는데, 이때 주목할 것은 교단 내에서 손병희의 권위가 제도적으로 크게 강화되었다는 점이다. 즉 1906년 2월 16일에 선포된 「천도교대헌天道教大憲」에 따르면, "대도주大道主는 천天의 영감靈感으로 계승하여 도道의 전체를 통리統理하며 교教를 인계人界에 선포宣布하는 바 종령宗令을 발포發布하고

---

7 朴炫緖, 앞의 논문 참조.

공안公案을 인준認准하며 교직敎職을 선임選任하는 것"으로 명문화되었다.8 이러한 대도주의 지위와 권한은 새로 마련된 중앙총부中央總部와 지방의 교구제敎區制 조직으로 뒷받침되었다. 교권을 대도주에게 집중시킨 손병희는 그 해 9월 18일 교정분리敎政分離를 내세워 송병준宋秉畯・이용구李容九 등 일진회一進會에서 적극적으로 활동하고 있던 두령頭領 60여 명에게 출교 처분을 내렸다. 이리하여 손병희는 자신에게까지 미쳤던 친일의 이목을 비켜 나가는 한편 천도교의 지도권을 장악할 수 있었다.9

그 후 손병희는 대도주大道主, 교주敎主, 성사聖師, 선생先生 등의 호칭으로 불리면서 교단 내에서 절대적 권위를 갖게 되었다. 이러한 그의 권위는 3・1운동을 준비하는 과정에서도 그대로 관철되었다. 즉 지역별 교파 간의 다양한 논의를 거쳐 3・1운동에 참여했던 기독교와는 달리 천도교는 처음부터 손병희와 그의 측근 참모들—즉 권동진權東鎭・오세창吳世昌・최린崔麟 등—에 의하여 모든 일이 논의되고 결정되었다. 그리고 독립선언서에 서명한 민족대표 33인 가운데 손병희는 첫머리에 이름이 올랐다. 나아가 그는 국내외에서 준비되었거나 발표된 정부 조직안에서 대통령大統領 또는 정도령正都領이라는 호칭으로 정부 수반으로 추대되었다. 이러한 일들이 비밀리에 그

---

8 崔起榮・朴孟洙 編, 『韓末 天道敎資料集』2, 國學資料院, 11쪽.
9 康成銀, 「二十世紀初頭における天道敎上層部の活動と その性格」, 『朝鮮史研究會論文集』24, 1987, 165~166쪽; 崔起榮, 「韓末 東學의 天道敎로의 개편에 관한 검토」, 『韓國學報』76, 1994, 119~125쪽.

리고 조직적으로 신속하게 진행될 수 있었던 것은 손병희의 카리스마적 지도력이 있었기에 가능했다고 볼 수 있다.

그 다음으로 주목해야 할 것은, 3·1운동 당시 천도교는 대외적으로 3백만의 신도를 거느리고 있다고 공언할 정도로 그 교세가 크게 신장되어 있었다는 점이다. 물론 3백만이라는 숫자는 과정된 것이겠지만,10 동학이 천도교로 개편되어 합법적 포교 활동이 가능해지고 또 일제의 조선 보호국화와 병합으로 말미암은 정치·사회적 불안 심리가 종교적 보호막을 필요로 하면서 천도교인이 급증했던 것만은 분명하다. 특히 갑오농민전쟁 이전에는 동학교인이 삼남 지방에 집중되어 있었지만, 천도교로의 개편을 전후해서는 그 지지 기반이 전국적으로 확대되면서 평안도를 위시한 서북 지역이 중심 무대로 등장하고, 경제적으로도 중산층의 증가가 두드러지고 있었다. 이러한 추세는 다음에 보게 될 교단 지도부의 성격 변화에도 일정한 영향을

---

10 손병희는 독립선언 후 재판정에서, "천도교에서는 교도들에게 교표를 준다. 그 수는 약 3백만 명에 달하고 있으나 실제로 교도의 의무를 다하고 있는 사람은 약 1백만 명쯤 된다."고 진술했다(國史編纂委員會編, 『韓民族獨立運動史資料集』 12, 1990, 이하 『자료집』으로 줄임, 16쪽). 한편 조선총독부의 관헌 자료에는 천도교인이 가장 많았던 1919년경에도 그 수가 14만명을 넘지 않았던 것으로 조사된 바 있는데, 이러한 통계는 의도적으로 축소된 것으로 보고 있다(金正仁, 「1910~25년간 天道敎 勢力의 동향과 民族運動」, 『韓國史論』32, 1994, 142~143쪽). 따라서 3·1운동 당시 천도교인의 정확한 숫자를 파악하기는 대단히 어렵다. 다만 천도교 측이 대외적으로 3백만 신도를 공언하는 데 따르는 사회적 영향력을 감안할 필요가 있다.

미친 것으로 평가되고 있다.11

한편 천도교는 1907년부터 성미제誠米制라는 독특한 헌금제도를 실시하여 교단의 재정을 마련하고 있었는데, 교인의 수가 증가하는 만큼 재정도 풍족해졌다. 그 정확한 실태를 파악하기는 어렵지만, 1918년 봄 중앙교당 신축기금 명목으로 거둔 돈이 30여 만 원이었고, 이 무렵 매월 성미액만도 5~6천 원에 달했다고 한다. 그리고 3·1운동이 일어날 시점에 교단 재산은 가옥家屋이 40동이고 동산動産으로 현금 13, 4만 원이 있었다고 한다.12 천도교는 재정이 안정되기 시작한 1910년대 초반부터 학교 경영과 출판 사업에 적극 나섬으로써 사회적 영향력을 증대시켜 나갔고, 이를 통하여 대중적 지지 기반을 넓혀 나갈 수 있었다.13 3·1운동을 추진하는 과정에서 천도교 측이 주도적 역할을 할 수 있었던 것은 이처럼 축적된 역량이 있었기에 가능했던 것이다.

마지막으로, 손병희를 위시한 천도교단의 지도부는 다른 어떤 종교단체보다 강한 정치적 성향을 띠고 있었다. 이러한 성향은 기본적으로 보국안민輔國安民과 광제창생廣濟蒼生이라는 기치를 내걸었던 동학의 현실 개혁 이념에서부터 비롯되었다고 할 수 있다. 그런데 갑오농민전쟁 당시 동학교단은 뚜렷한 정치 개혁 목표와 그 방법론을

---

11 조규태, 「舊韓末 平安道地方의 東學—敎勢의 伸張과 性格에 대한 檢討를 중심으로」, 『東亞硏究』 21, 1990, 49~93쪽; 金正仁, 앞의 논문, 136~139쪽 참조.
12 朴賢緒, 앞의 논문, 233쪽.
13 金正仁, 앞의 논문, 140~142쪽.

제시하는 데 실패했지만, 1904년의 러일전쟁의 발발을 배경으로 한 소위 갑진개화운동甲辰開化運動에서부터는 문명개화노선文明開化路線을 표방하면서 일본군과의 전략적 제휴에 의하여 친러파 정부를 전복하고 정권을 장악하려는 시도를 했다.[14] 이러한 시도는 동학교도에 대한 정부의 탄압과 일진회의 공공연한 친일 행위로 인한 여론의 약화, 그리고 일본의 조선 보호국화로 좌절되었다.

그런데 갑진개화운동을 통하여 드러난 동학의 성격 변화는 1905년 12월 천도교로의 개편으로 보다 확실해졌다. 즉 이듬해 6월 17일 천도교 기관지로 창간된『만세보萬歲報』의 첫 논설에서는 신문 발간의 목적이 '문명文明한 신공기新空氣'로 '아한我韓 인민人民의 지식계발'에 있음을 강조했다.[15] 그리고 제2호와 3호의 논설에서는 당시

---

[14] 보다 자세한 내용은 이은희,『東學教團의 '甲辰開化運動(1904~1906)에 대한 연구』, 1990, 연세대 석사학위논문과 金炅宅,『韓末 東學教門의 政治改革思想 硏究』, 연세대 석사학위논문 참조. 이은희는 '갑진개화운동'이 농민적 입장에서의 변혁 세력과는 구분되는 非特權 地主 및 商人層이 주도한 운동으로서 일제와의 타협에 의한 대외 의존적이라는 한계를 갖고 있지만, 封建的 特權階級에 대항해 近代化와 自主化를 조직적으로 달성하려고 노력했다는 점을 평가한다. 한편 김경택은 갑오농민전쟁 이후 東學教門은 文明開化를 추구하였는 바, 일제의 침략에 대한 정치적 대결을 통하여 국가적 주권을 확립하기보다는 그들의 정치적 보호 하에 지주・부르주아 중심의 경제적 실력 양성만을 추구함으로써 정치적 지향에 있어 '근대적 민족'의 차원을 획득하지 못했다는 비판적 입장을 보인다. 이러한 양자의 차이는 결국 근대 민족운동의 주체와 목적, 그리고 외세와의 관계에 대한 포괄적 이해와 평가에 대한 입장의 차이에서 비롯되는 것이라 할 수 있다.

전국 각처에서 일어나고 있는 의병에 대하여, "편견의 사림士林을 선동하야 오로誤路에 지도指導하고 무죄한 인민을 유취誘聚하야 사지死地에 구입驅入"하는 '국가의 죄인'이라고 몰아치는 한편, "일청일노日淸日露의 양차兩次 개전시開戰時에 일본이 아한我韓의 독립 유지를 선포하얏스니 고하건대 금일 형세가 일본이 만국萬國에 대하야 식언食言키는 불능不能할지라 연즉然則 아국我國은 맛당히 피彼의 보호력保護力을 이용하야 자자孜孜히 국가 실력을 양하야 후일의 자강력自强力을 득得하면 피보호彼保護하던 자는 반동反動의 역력力으로 자퇴自退할 것이라."는 입장을 개진했다.16 이 논설에 대한 비판이 제기되자, 제6호의 논설에서는 최익환崔益煥과 같이 의병을 일으키는 "완고頑固의 배輩를 소탕掃蕩하고 개화당開化黨이 문명적으로써 만기萬機를 일신一新케" 하여 문명부강국을 건설해야 한다고 거듭 강조했다.17

이러한 논설에서 드러나듯 동학의 천도교로의 개편은 단순한 명칭상의 변화가 아니라 성격상의 일대 전환을 보여주는 것이었다. 즉 '서학西學'과 대립되는 의미에서의 동학東學은 서양 열강뿐만 아니라 일본의 조선 침투에 대해서도 강렬한 위기의식과 적대감을 갖고 있었는데, 천도교로의 개편 이후에는 서구문명의 전면적 수용을 주창하는 한편 일본의 보호국화를 불가피한 현실로서 받아들이고 실력

---

15 이 社說은 신문사 사장 吳世昌의 이름으로 게재되었다. 만세보의 발간 경위와 목적에 대해서는 崔起榮,「天道敎의 國民啓蒙活動과〈萬歲報〉의 發刊」,『大韓帝國時期 新聞研究』, 1991, 一潮閣 참조.
16 『萬歲報』1906년 6월 28일과 29일자 논설「義兵」.
17 『萬歲報』1906년 7월 3일자 논설「解紛議」.

양성에 매진해야 한다는 입장을 밝히고 있는 것이다. 이러한 동학의 성격 변화에는 일본 체류시(1901~1906) 손병희 자신의 개인 체험과 더불어 갑오경장 때 친일 개화 노선을 추구하다가 일본으로 망명한 정객들―즉 조희연趙義淵, 조희문趙義聞, 권동진權東鎭, 오세창吳世昌, 이진호李軫鎬, 박영효朴泳孝 등―과의 교류가 크게 작용했다.18 그들 가운데 특히 오세창과 권동진, 그리고 역시 일본에서 손병희와 만나 그의 측근이 된 양한묵 등은 귀국 후 천도교단의 중견 간부로서 활약하는 한편19 헌정연구회憲政研究會와 대한협회大韓協會 등 정치적 성격의 단체 활동에도 적극 가담하고 있었다.20 이들 단체를 통한 천도교 지도부의 정치 활동은 대체로 일본과의 정면 대결을 회피하

---

18 손병희의 일본 체류와 친일 망명객과의 교류에 대해서는 崔起榮, 앞의 논문, 93~102쪽 참조.
19 손병희의 귀국 직후인 1906년 2월 10일에 발표된 「宗令 第七號」를 보면, '原職'으로 오세창은 教授, 권동진은 都執, 양한묵은 執綱에 각각 임명되고 있다. 그리고 같은 날짜에 발표된 「宗令 第八號」를 보면, 처음 구성되는 中央總部에 오세창은 理文觀長, 권동진은 典制觀長, 양한묵은 眞理課員으로 각각 선임되고 있다(趙基周 編, 『天道教宗令集』, 天道教中央總部出版部, 1983, 14~16쪽). 이른바 '文明派'들이 손병희의 측근으로서 교단 지도부에 충원되기 시작한 것이다.
20 양한묵은 1905년 5월에 설립된 헌정연구회의 발기인이자 평의원이었다 (崔起榮, 「憲政研究會의 설립과 立憲君主論의 전개」, 『韓國近代啓蒙運動研究』, 一潮閣, 1997, 160쪽). 오세창과 권동진은 1907년 11월에 설립된 대한협회의 발기인으로서, 창립총회에서 오세창은 부회장으로, 권동진은 평의원으로 각각 선출되었다(李鉉淙, 「大韓協會에 關한 研究」, 『亞細亞研究』 13-3, 1970, 17~22쪽).

는 가운데 새로운 정치적 구심체를 형성하고 이를 바탕으로 내정 개혁을 도모하여 보호국 체제 하에서의 '자치' 획득 또는 더 나아가 국권 회복을 기도했던 것으로 볼 수 있다.21

이러한 시도는 1910년 8월 일본의 조선 병합으로 말미암아 일단 좌절되었다. 그러나 천도교단의 입장에서 볼 때, 조선왕조의 멸망은 그들의 일차적인 개혁 또는 전복 대상이 소멸되었음을 의미한다.22 이는 곧 일제의 식민통치로부터 벗어났을 때 새로운 형태의 정부 수립에 대한 전망을 갖게 하는 것이었다. 3·1운동이 단순히 독립선언에 그치지 않고 손병희를 수반으로 한 임시정부 수립 구상으로 연결될 수 있었던 것도 이러한 전망 위에서 가능했던 것이다.

---

21 康成銀, 앞의 논문, 168~175쪽에서는 日帝의 統監府 시기 천도교 상층부의 정치 활동 목적은 李完用內閣을 타도하고 자신들이 정권을 장악하여 自治를 획득하고자 하는 '妥協主義的'인 것으로 평가했다. 따라서 이들의 정치 활동을 民族主義運動으로는 볼 수 없다는 입장을 밝히고 있다. 그런데 여기서 민족주의의 기준을 단순히 外勢와의 타협 여부에 둘 수 있는지 하는 점과, 손병희를 비롯한 천도교 상층부의 자치 획득 운동이 스스로 독립으로 나아갈 수 있는 가능성까지를 완전히 포기해 버린 것인지 하는 점에 대하여 좀 더 신중하게 생각할 필요가 있다고 생각된다.

22 손병희는 독립선언 후 재판정에서 "일본의 조선 병합 당시 어떠한 생각을 품고 있었는가."라는 신문에 "우리들은 일청전쟁 당시 정부를 전복하지 않으면 인민의 행복은 얻을 수 없다는 생각으로 전복을 꾀했으나 성취할 수 없었으며, 한번은 정부가 전복될 때가 올 것으로 생각하고 있었으므로 별로 감상도 없었다."고 대답했다(『자료집』11, 62쪽).

3. 대통령제 임시정부 조직안

1) 『조선독립신문』

1919년 3월 1일 '민족대표' 33인에 의하여 조선의 독립선언이 있은 후 처음으로 정부 수립 구상을 발표한 것은 『조선독립신문』이었다. 즉 이 신문의 제2호(3월 3일자)와 제3호(3월 5일자)에는 다음과 같은 기사가 실렸다.[23]

> (1) "假政府組織說, 日間 國民大會를 開하고 假政府를 組織하며 假大統領을 選擧하였다더라. 安心 安心 不久에 好消息이 有하리라."(제2호)
>
> (2) "十三道 各 代表者를 選定하여 三月 六日 午前 十一時 京城 鐘路에서 朝鮮獨立人大會를 開催할 것이므로 神聖한 我 兄弟姉妹는 一齊히 會合하라."(제3호)

이 두 기사는 3·1운동이 처음부터 조선의 독립과 임시정부 조직이라는 뚜렷한 목표를 갖고 있었음을 보여주는 매우 귀중한 자료로서 최근에 주목을 받기 시작했다.[24] 특히 '가정부'(즉 임시정부)의 형태로서 대통령제

---

23 國史編纂委員會編, 『韓國獨立運動史』 資料 5(3·1運動編 1), 探求堂, 1975, 1~2쪽.
24 愼鏞廈, 「大韓民國 臨時政府의 역사적 의의」, 『大韓民國 臨時政府와 指

를 명시함으로써 공화제의 이념을 구현하고자 하는 의지를 분명히 했다는 것은 특기할 만한 사실이다. 아울러 정부 조직의 절차로서 '국민대회' 개최를 먼저 언급한 후 곧바로 13도 대표자들이 참석하는 '조선독립인대회'의 개최 일시와 장소를 일반에 공개함으로써 정부 수립에 대한 구체적인 일정이 마련되어 있었음을 암시하고 있다. 물론 조선 독립인 대회는 일제의 엄중한 감시와 탄압으로 말미암아 열리지 못했고, 따라서 임시정부의 공개적인 조직도 무산되었다. 사실 조선 독립인 대회 개최 자체는 선언적인 의미가 강했으며 실질적인 정부 조직은 비밀리에 이루어질 수밖에 없었다.

그런데 여기서 갖게 되는 당연한 의문은, 3·1운동을 임시정부 수립으로 직결시키려 했던 세력이 과연 누구였을까 하는 점이다.25 이와 관련하여 일차적으로 독립선언서에 서명한 민족대표들을 지목할 수도 있지만, 당시의 여러 정황으로 미루어볼 때 이들 사이에 정부 수립에 대한 구체적 논의가 진행되었다고 보기는 어렵다. 천도교 측의 '합동' 제의가 기독교 측에 의하여 최종적으로 수용된 것은 1919년 2월 24일이었고, 민족대표의 선정 작업이 완료된 것은 2월 27일, 그리고 이들이 한자리에 모여 서로 지면知面을 갖고 선언식의 절차를 논의한 때는 2월 28일 저녁이었다.26 이처럼 촉박한 일정과 또 각

導者의 役割』(島山思想研究會 주최, 제8회 島山思想 세미나 발표 요지문), 1996, 3~4쪽.
25 愼鏞廈, 위의 발표문에서는 이 문제에 대한 분석이 결여되어 있다.
26 金良善, 「三·一運動과 基督敎界」, 『三·一運動 50周年 紀念論文集』, 1969, 253~258쪽.

종교 단체의 대표들이 서로를 제대로 알지도 못하는 상황에서 정부 수립에 대한 논의가 진행될 수는 없는 일이었다. 한편 처음부터 '독립청원'을 생각하고 있던 기독교 내부에서 천도교 측이 주장한 '독립선언'의 수용 여부를 놓고 진통을 겪었으며, 이 문제가 일단락된 것은 2월 22일경이었다는 점도 간과해서는 안 된다.27 독립선언 자체가 이처럼 예민한 쟁점이었다면 정부 수립에 대한 이야기는 언급조차 하기 어려웠다고 보아야 할 것이다.28

따라서 우리는 '가정부조직설'을 발표한 『조선독립신문』의 출간 경위에 주목하지 않을 수 없다. 조선총독부의 재판 기록에 따르면, 이 신문의 창간과 제작에 직접 간여한 사람은 이종일李鍾一과 이종린李鍾麟이다.29 천도교 직영의 인쇄소인 보성사普成社 사장으로서 민족

---

27 監理敎 목사인 吳基善은 독립선언서 발표를 끝까지 반대하다가 천도교와의 합동이 결정되자 탈퇴하고 관계를 끊었다(위의 논문, 252쪽).
28 실제로 조선총독부의 재판 기록이나 민족대표들이 나중에 남긴 회고록 등을 검토해 보더라도 각 종교단체의 대표들 사이에 어떠한 형태로든 임시정부 수립에 대하여 논의했다는 기록을 찾아볼 수 없다.
29 李鍾一(1858~1925)과 李鍾麟(1885~1950)은 같은 星州 李氏로서 行列 上 사촌지간이 되며, 1906년과 1908년 각각 천도교에 입교했다. 그리고 이 두 사람은 1910년 8월에 창간된 『天道敎會月報』의 편집과 발행 책임을 번갈아 맡으면서 천도교의 역사와 교리 해석에 관한 글들을 월보에 계속하여 발표했다. 3·1운동이 일어난 당시 이종일은 월보과장이었고, 이종린은 편집원이었다(『자료집』18, 3, 9쪽). 이종일에 대해서는 朴杰淳, 「沃坡 李鍾一의 思想과 民族運動」, 『한국독립운동사연구』 9집, 1995, 45~66쪽과 金昌洙, 「沃坡 李鍾一의 思想과 行動」, 『吳世昌敎授華甲紀念 韓國近現代史論叢』, 1995, 333~34 4쪽 참조. 이종린에 대해서는 李東初

대표 33인 가운데 한 사람이었던 이종일은, 「독립선언서」의 인쇄와 배포 책임을 맡고 있으면서 자신이 투옥될 것을 예상하여 『조선독립신문』의 발간을 당시 『천도교회월보』의 편집을 맡고 있던 이종린에게 의뢰했다. 이에 따라 이종일은 3월 10일에 피체될 때까지 자신이 직접 신문 기사를 작성·제작하는 한편, 천도교 대도주 박인호朴寅浩와의 협의를 거쳐 보성법률상업학교 교장인 윤익선尹益善의 명의로 신문을 발간했다.30

요컨대 『조선독립신문』의 발간에는 천도교와 그 교단이 운영하는 보성사, 천도교회월보사, 그리고 보성법률상업학교의 책임자들이 모두 간여하고 있었던 셈이다. 따라서 『조선독립신문』의 발간은 천도교 측의 독자적인 결정에 따라 이루어진 것이며, 이 신문에 실렸던 대통령제 임시정부 수립 구상은 천도교 지도부 내의 의견이 반영된 것이라 하겠다.

2) 대한민간정부안

『조선독립신문』에 공개된 대통령제 임시정부 수립 구상과 관련하여 먼저 주목할 것은 이종일의 『묵암비망록』이다.31 앞서 지적했듯

編, 『鳳山集』卷一, 東洋書籍公社, 1982, 277~283쪽과 김순석, 「이종린: 친일대열에 선 천도교계의 거물」, 『무크-친일문제연구』2, 가람기획, 1995, 223~238쪽 참조.
30 尹炳奭, 「硏究 노-트: '朝鮮獨立新聞'의 拾遺」, 『中央史論』, 1972, 79~80쪽.

이 『조선독립신문』은 이종일의 주도로 창간되었고, 그의 부탁을 받은 이종린이 '가정부조직설'이 실린 신문 원고를 직접 작성했던 만큼,32 적어도 이 두 사람은 독립선언 이전에 이미 정부 조직에 대한 나름대로의 복안을 갖고 있었음이 분명하다.

그런데 『묵암비망록』에 따르면, 3·1운동이 성공할 경우에 대비한 '수권정부기구受權政府機構'로서 한인韓人들로 구성된 '대한민간정부大韓民間政府'를 만들고 그 본부를 천도교중앙총부에 두기로 계획이 짜여져 있었던 것으로 되어 있다. 그리고 다음과 같이 구체적인 인

---

31 이 자료를 발굴하여 학계에 처음 소개한 李炫熙 교수에 의하면, 『黙菴備忘錄』은 1898년 1월부터 1925년 8월까지 27년간에 걸친 '日記體的인 記錄集'으로서 200자 원고지 3천 여 매 정도의 방대한 분량이었다고 한다 (『韓國思想』 16, 1978, 265~267쪽). 그런데 지금까지 그 원본이 공개되지 않고 있으며, 전체 내용 가운데 1922년 2월 27일까지의 기록만이 沃坡紀念事業會에서 1984년에 펴낸 『沃坡李鍾一先生論說集』 3(289~665쪽)에 번역문과 일부 원문(漢文)이 수록되어 있다. 그런데 비망록은 서술에 있어 일기체적인 형식을 취하고 있지만 回顧 형식의 기록들 또한 적지 않다. 이와 더불어 당시에는 쓰지 않았을 용어들이 눈에 띄고 있어 작성 시기에 대한 의문이 제기될 수도 있다. 내용면에서도 기존에 전혀 알려지지 않은 비밀결사들이 등장하고 있어 과연 그 실체가 있었는지를 확인하기가 좀처럼 쉽지 않다. 따라서 이 자료의 사료적 가치에 대한 전면적이고도 종합적인 검토가 요청된다. 이러한 사정임에도 불구하고 그간 학계의 일부에서는 비망록의 기록들 가운데 필요한 부분만을 따로 떼어 인용함으로써 이종일 개인의 생애뿐만 아니라 그가 간여한 사건과 운동에 대한 이해에도 적지 않은 혼선을 초래하고 있는 것으로 보인다.
32 『자료집』 18(1994), 9~13쪽을 보면, 이종린은 자신이 『朝鮮獨立新聞』의 1·2·3호의 원고를 작성했다고 시인했다.

선 작업까지 마쳤다는 것이다.33

> 大統領 孫秉熙,
> 副統領 吳世昌, 國務總理 李承晩,
> 內務部長官 李東寧, 外務部長官 金允植, 學務部長官 安昌浩,
> 財務部長官 權東鎭, 軍務部長官 盧伯麟, 法制部長官 李始榮,
> 交通部長官 朴容萬, 勞動部長官 文昌範, 議政府長官 金奎植,
> 總務部長官 崔麟.

  이러한 정부 조직안이 갖는 가장 큰 특징은, 정부 형태가 대통령제이면서 손병희를 정부 수반으로 내세우고 있다는 점이다. 그리고 부통령, 재무부장관, 총무부장관에 손병희와 더불어 3·1운동을 기획했던 천도교의 핵심 인물들—즉 오세창, 권동진, 최린 등—이 포진하고 있다. 이로 미루어볼 때 대한민간정부안은 3·1운동이 성공할 경우 천도교단이 주도하는 새로운 독립 국가를 수립하려는 강력한 의지를 반영한 것이라 할 수 있다.

  그런데 문제는 무슨 이유로 대한민간정부안이 3·1운동이 일어난 후 국내의 다른 '전단정부傳單政府'들과 같이 세상에 공개되지 않고 『묵암비망록』에만 회고 형식의 기록으로 남게 되었는가 하는 점이다.34

---

33 李炫熙, 『大韓民國臨時政府史』, 集文堂, 1982, 54~56쪽.
34 이현희, 같은 책, 54~56쪽에 나오는 각주를 보면, 『默菴備忘錄』의 다음 기록들이 인용되고 있다. 생략된 부분은 각주 그대로이다.

이 문제에 대하여 현재로서는 다음의 두 가지 정도로 추론해 볼 수 있을 뿐이다.

첫째는 비망록에 정부 조직과 관련하여 '기시其時 오등吾等'이라고 표현되어 있듯이35 이종일과 그 주변 인물들의 구상이었을 뿐 천도

---

(1) 1925년 1월 10일자: '… 其時 吾等推以孫秉熙爲大統領 以吳世昌爲副統領 以李承晚爲國務總理 以李東寧爲內務部長官 以金充植爲外務部長官 以安昌浩爲學務部長官 以權東鎭爲財務部長官 以盧伯麟爲軍務長官 以李始榮爲法制部長官 以朴容萬爲交通部長官 以文昌範爲勞動部長官 以金奎植爲議政府長官 以崔麟爲總務部長官 而無選次官 依衆望故也'.

(2) 1925년 1월 15일자: '顧三一示威當時 欲推進同年四月一日 大韓民間政府形貌於畿湖地域內 以因餘之被囚故不發矣'

(3) 1925년 2월 20일자: '若有成事萬歲示威運動 則必備受權政府機構 故變改日政體制 其代置我之(大韓)民間政府也……'

(4) 1925년 2월 25일자: '餘則人旦協援該政府耳 何則餘之性品拙馳故也.'

(5) 1925년 2월 26일자: '大韓民間政府之本所 則天道敎中央總部也.' 그런데 이러한 기록에 대해 다음과 같은 몇 가지 의문점이 생긴다. 첫째, 3·1운동을 전후하여 일어난 일들이 왜 1925년에 가서야 회고조로 서술되었으며, 또 같은 줄거리의 이야기들이 상당한 시차를 두고 띄엄띄엄 나뉘어 기술되었는가 하는 점이다. 둘째, 정부 조직 시기와 주체가 대단히 모호하게 처리되어 있다는 점이다. 셋째, 각료 인선이 어떠한 기준과 절차에 의하여 이루어졌는지 밝히지 않았다는 점이다. 넷째, 정부 조직안을 만들어 놓고 당시에 세상에 공개되었기 때문에 무산되었다고 설명하고 있는데((2)의 인용문), 이 같은 사태는 이미 예견된 일이었다. 이러한 여러 가지 의문점들은 '大韓民間政府'와 관련된 새로운 자료들이 발굴되지 않는 한 쉽게 해결되기 어려울 것으로 보인다.

교 내에서 최종적으로 합의된 안이 아니었을 가능성이다. 비망록에서 1910년대 기록을 살펴보면, 이종일은 자신이 직접 관계하고 있던 천도교회월보사와 보성사의 인적 자원을 활용하여 다양한 형태의 운동을 구상하고 계획했던 것으로 되어 있다. 즉 이종일은 1912년경부터 종교계의 연합 투쟁을 제의한 바 있으며, 이것이 제대로 이루어지지 않자 '민족문화수호운동본부民族文化守護運動本部'라든가 '천도구국단天道救國團'이라는 비밀결사를 조직하여 천도교 독자의 민중 봉기 운동을 계획했던 것으로 되어 있다. 1914년 8월에 결성된 천도구국단의 경우, 본부는 보성사에 두었으며 손병희를 명예총재로 추대하고 이종일은 단장으로 취임하였으며 단원은 50여 명 정도였다고 한다. 이들은 자체적으로 제1차 세계대전 발발 이후의 국제정세를 분석하는 한편 무기를 비축하고 군자금을 염출하는 등 나름대로 민중 봉기 운동을 실행에 옮길 준비를 진행시켰지만, 정계 원로에 대한 교섭 지연과 자금 부족 그리고 대중 동원 조건의 미성숙 등의 한계로 결국 성사되지 않았다고 한다. 따라서 3·1운동과 임시정부의 수립 구상 또한 이러한 운동의 연장선상에 놓이게 되는 것이다.36

그런데 이러한 기록들은 『묵암비망록』에만 나올 뿐 다른 자료에서는 좀처럼 확인되지 않기 때문에 그 사실 여부와 일의 진행 정도를 파악하기가 쉽지 않다.37 그러나 1910년대가 일제의 소위 무단통

---

35 위의 각주 1) 인용문 참조.
36 보다 자세한 내용은, 朴杰淳, 앞의 논문, 13~16쪽 참조.
37 1898년 『제국신문』 창간 당시부터 이종일과 줄곧 같이 활동했을 뿐만

치기였다는 점을 고려한다면, 비밀 결사 조직에 의한 민중 봉기 운동은 결코 쉽지 않았을 것이다. 또한 3·1운동 당시 천도교 지도부의 비폭력 투쟁 원칙을 상기한다면, 비록 이종일이 그러한 계획을 갖고 있었다 하더라도 교단 지도부에 의하여 수용되기는 어려웠을 것이다. 이종일이 스스로 자신이 천도교 내에서 '과격파'로 지목되었다고 기록했던 것도,38 이러한 사정을 반영하는 것이라 하겠다.

둘째는 대한민간정부안이 공표될 경우, 그 정부의 인적 구성상 다른 종교단체나 민족운동 세력의 반발을 불러일으킬 뿐만 아니라 천도교 측이 3·1운동에 참여한 동기 자체를 정치적으로 해석할 우려가 있었기 때문으로 생각해 볼 수 있다.39 따라서 내부적으로는 천도교 독자의 임시정부 수립 구상을 갖고 있었다 하더라도, 대외적으

아니라 그의 임종시 비망록을 보관하여 장차 출판할 계획까지 세웠다는 張孝根(1867~1946)의 日記가 李炫熙 교수에 의하여 발굴된 후 공개된 바 있다. 이 일기는 1916년 1월 1일부터 1945년 12월 31일까지 30년에 걸친 기록이다. 이 가운데 3·1운동이 일어날 때까지의 기록을 살펴보면, 장효근이 손병희에게 여러 차례 '民衆蜂起'와 '獨立示威運動'을 건의한 내용은 나오지만 비밀결사 조직과 그 활동에 대한 이야기는 찾아볼 수 없다.

38 『黙菴備忘錄』 1918년 12월 15일자에는, "지난 번의 독립운동 3大原則을 재확인했다. 이젠 나도 기진맥진이다. 나를 과격파라고만 일축하는 것은 말도 안 된다."고 적혀 있다(『沃坡李鍾一先生論說集』3, 499쪽).

39 예컨대 尹致昊의 경우, 1919년 3월 3일자 일기에 3·1운동에 대한 자신의 부정적 견해를 몇 가지로 나누어 정리하면서 그 끝에 '천도교인들과 같은 책동가들에게 속지 말라'는 경구를 적어 놓았다(國史編纂委員會, 『尹致昊日記』7, 1986, 262쪽).

로는 그것이 보다 완화된 형태로 발표되어야 할 필요가 있었을 것이다. 이러한 추론은 다음에 서술하게 될 '노령임시정부露領臨時政府'와 '조선민국임시정부朝鮮民國臨時政府' 안의 각료 인선을 살피게 되면 보다 설득력을 얻게 될 것으로 생각된다.

3) 노령임시정부설

3·1 독립선언 이후 가장 먼저 정부 수립을 선포한 단체는 러시아 영내의 대한국민의회大韓國民議會였던 것으로 알려져 왔다. 이른바 노령임시정부설로서, 그 주요 근거는 김원용金元容의 『재미한인오십년사』(Reedly, California: Charles Ho Kim Co., 1959)였다. 이 책에 따르면, '만주와 아령의 동포 대표자들이 모여' 1919년 3월 17일에 대한국민의회를 설립한 후 3월 21일에는 다음과 같은 정부 조직을 선포한 것으로 되어 있다.40

> 대통령 손병희, 부통령 박영효, 국무총리 리승만,
> 탁지총장 윤현진, 군무총장 리동휘, 내무총장 안창호,
> 산업총장 남형우, 참모총장 류동열, 강화대사 김규식.

그런데 김영우의 『대한독립혈전기』(호놀룰루: 태평양잡지사, 1919)와 노재연盧載淵의 『재미한인사략在美韓人史略』 상上(美洲 羅城: 亞美利加印

---

40 金元容, 『재미한인오십년사』, 1959, 451~452쪽.

刷會社, 1951)에도 이와 거의 동일한 정부 조직안이 실려 있는데, 그 조직 주체가 명시되어 있지 않으며 또 발표 시기와 장소도 대단히 모호하게 서술되어 있다.41 세 책 모두 재미 한인 사회에서 발간된 것인데, 어떻게 가장 늦게 출간된 『재미한인오십년사』에 가장 구체적인 기록이 나오게 된 것일까?

이러한 당연한 의문에도 불구하고 그간 학계에서는 『재미한인오십년사』의 기록을 그대로 인용함으로써 노령임시정부의 존재는 기정사실화되어 왔다. 그러나 반병률潘炳律은 1987년에 발표한 「대한국민의회의 성립과 조직」이라는 논문에서 대한국민의회가 별도의 정부 조직을 선포했다는 사실 자체에 대하여 강한 의문을 제기했다. 그는 우선 관련 자료들의 비교·검토를 통하여 『재미한인오십년사』의 기록에 적지 않은 의역과 생략 그리고 추가된 내용이 있음을 밝혀 냈다. 아울러 그는 자신이 접한 대한국민의회의 조직 성격 및 구조와도 부합하지 않는다는 점을 지적했다. 즉, 대한국민의회는 의회 기능뿐만 아니라 사법과 행정부의 기능까지도 통일적으로 공유한 '소비에트제' 조직으로서 임시정부적인 중앙기관을 자처했고, 의장인 문창범文昌範은 대내외적인 최고 대표자로서 러시아 영내 한인들 사이에 '대통령'으로 불리거나 추칭推稱되고 있었다는 것이다. 또한

---

41 김영우의 『대한독립혈전기』는 3·1운동에 관한 국내외 소식을 모아 놓은 일종의 자료집으로, 國史編纂委員會, 『韓國獨立運動史』 資料4(臨政篇 IV), 1974, 291~446쪽에 수록되어 있다. 이 가운데 335~336쪽 참조. 盧載淵의 『在美韓人史略』 上/下는 編年體 기록으로서 역시 자료집의 성격을 띠고 있는데, 이 가운데 上卷(修正 2판, 1965), 89쪽 참조.

대한국민의회는 조직 내부에 선전부, 재무부, 외교부 등의 집행기관적 성격을 지닌 부서를 두고 있었다는 사실을 상기시켰다. 요컨대 대한국민의회는 그 자체로 정부적 조직과 기능을 갖고 있었기 때문에 별도의 임시정부를 조직하여 발표할 이유는 없었다는 것이다.42

이러한 반병률의 연구를 통하여 대한국민의회의 정부 조직설은 더 이상 설득력을 가지기가 어렵게 되었다. 따라서 기존의 '노령임시정부'안이 언제 어디서 누구에 의하여 조직되고 또 대외적으로 알려지게 되었는지를 처음부터 다시 검토해야 할 필요성이 제기된 셈이다. 이와 관련하여 반병률은 나름대로 몇 가지 근거를 제시하면서 문제의 정부 조직안이 독립선언이 있은 후인 3월 어느 시기에 노령 또는 간도 지역에서 발표되었을 것으로 보고, 그 배경에는 미주의 독립운동 세력 특히 대한인국민회를 주도하고 있던 이승만과 안창호 등의 영향력이 작용했을 가능성을 제시했다.43

그러나 반병률의 이러한 추론은 '노령임시정부'안이 대외적으로 알려지게 되는 과정을 추적해 볼 때 사실과 거리가 있다. 『대한독립혈전기』에 따르면, 이 정부안의 출처는 중국 상해上海에서 활동하고 있던 현순玄楯이었다. 주지하듯이 현순은 3·1운동이 일어나기 며칠 전 국내의 '민족대표'들이 대외적 선전의 필요성에서 상해에 파견했던 인물이었다. 독립선언 소식이 알려진 다음부터 현순은 본격적인

---

42 潘炳律,「大韓國民議會의 성립과 조직」,『韓國學報』46, 1987, 157~165쪽 참조.
43 위의 논문, 159~160쪽.

선전 활동을 개시했는데, 3월 29일자로 미주의 대한인국민회에 다음과 같은 전보를 발송했다.44

"한·청·아 3국 접계되는 간도에서는 한인들이 림시대한공화국정부를 조직하고 대통령 이하 내각 임원을 선택한 것이 여좌하더라.
대통령 손병희, 부통령 박영효, 국무급 외무총장 리승만,
내무총장 안창호, 탁지총장 윤현진, 사법총장 남형우,
군무총장 리동휘, 참모총장 류동열, 평화대사 진정원."

이 전보를 받은 대한인국민회는 1919년 4월 5일자『신한민보新韓民報』에 다음과 같은 기사를 게재했다.

"만주에 있는 각 단체 대표자들을 소집한 후에 대한공화국임시정부 내각을 조직하였습니다.
대통령 손병희, 부통령 박영효, 국무경 리승만,
내무경 안창호, 탁지경 윤현진, 법무경 남형우,
국무경 이동휘, 강화전권대사 김규식."

필자가 확인한 바로는, 손병희를 대통령으로 하는 정부 조직안이 공개된 것은 이것이 처음인 것으로 보인다. 그런데『대한독립혈전기』와『신한민보』의 기사에서 표현과 내용상에 조금씩 차이가 나는 것

44『大韓獨立運動史』資料 4(臨政篇 IV), 335~336쪽.

은, 현순의 영문 전보를 번역하고 문맥을 손질하는 과정에서 발생한 것으로 보인다. 이와 같은 과정을 통하여 재미 한인 사회에 '노령임시정부'안이 알려지게 되었던 것인데, 정부 조직 주체와 시기 및 장소 등이 분명치 않았기 때문에 적지 않은 논란이 생겼다.

1919년 4월 14일부터 16일까지 3일 동안 재미 한인들이 필라델피아에 모여 앞으로의 독립운동 방향을 논의한 '제1차 한인회의First Korean Congress'에서는 과연 만주 또는 노령 방면에 임시정부가 조직되어 실제 활동하고 있는지에 대한 강한 의문이 제기되었다. 물론 이러한 의문은 풀리지 않았다. 그럼에도 불구하고 이 회의에서는 대외적 선전 필요성 등을 감안하여 '대한공화국임시정부(The Provisional Government of the Korean Republic)'—이러한 국호는 임의로 붙여진 것으로 보인다—에 보내는 메시지를 공식적으로 채택했다.45

그런데 '노령임시정부'의 소식이 알려지면서 국무경國務卿으로서의 활동을 개시한 이승만은, 손병희가 대통령으로 추대된 데 대하여 내심 불만을 갖고 있었다. 그는 4월 7일자 연합통신과 가진 기자 회견에서 3·1운동의 인도자들은 한국으로 하여금 동양에서는 처음 보는 기독교국을 만들려 한다고 공언했다.46 이는 3·1운동에서 큰 몫을 차지하고 있던 천도교 세력을 의도적으로 배제하는 것일 뿐만 아니라『신한민보』지상을 통하여 이미 대통령으로 발표된 손병희의 존재를 부정하는 것이기도 했다.

---

45 元聖玉 옮김,『最初의 韓國議會』, 汎韓書籍株式會社, 1986, 135~139쪽.
46『新韓民報』1919년 4월 8일자 「우리나라를 예수교국으로 만들어」.

한편 이승만을 지지하고 있던 하와이 국민회는 기관지인 『국민보 國民報』(466호)에, "대한제국 황제 폐하가 그대로 있고 또한 황태자까지 있은즉, 졸지에 대통령과 부통령을 뽑은 것은 법률상으로나 이론상으로나 잘못된 것이다"라는 기사를 게재함으로써 물의를 일으키기도 했다.47 그로부터 얼마 후 재미 한인 사회에서는 상해임시정부 上海臨時政府와 더불어 국내에서 세칭 한성정부 漢城政府가 공표된 사실을 전해 듣게 되었고, 따라서 그 실체를 파악할 수 없던 '노령임시정부'의 존재에 대해서는 더 이상 거론하지 않게 되었다.

이러한 과정을 살펴볼 때 손병희를 대통령으로 하는 임시정부안이 미주 지역의 독립운동 세력과 연결되어 발표되었을 가능성은 거의 없다고 단정할 수 있다. 또한 대한국민의회가 임시정부를 조직하여 선포했다는 『재미한인오십년사』의 기록도 그를 뒷받침할 객관적 자료가 있었던 것이 아니었음이 분명해졌다. 따라서 이 책에 의거하여 학계의 통설로 인정되어 온 이른바 노령임시정부설은 수정되어야만 한다. 그러나 이것으로 모든 문제가 해결된 것은 아니다. 왜냐하면 여전히 '노령임시정부'의 조직 주체는 베일에 가려져 있기 때문이다.

이 문제와 관련하여 앞서 본 대한민간정부와 '노령임시정부'안을 비교해 보면, 여러 면에서 공통된 특징을 갖고 있음을 알 수 있다. 첫째는 정부 형태(대통령제)와 정부 수반(손병희)이 같다는 점이다. 이 점은 매우 중요한 의미를 갖고 있다. 왜냐하면 3·1 독립선언 후 국내의 민족운동 세력이 임시정부 수립 문제를 논의할 때 이 두 가지

---

47 『新韓民報』 1919년 4월 29일자 「금문공원에서의 하와이 시국담」.

문제가 가장 큰 쟁점이었기 때문이다.48 둘째는 대통령 이외에도 부통령이라는 직제를 두고 여기에 국내 인물을 각각(오세창과 박영효) 선정했다는 점이다. 그런데 박영효는 손병희가 일본에 체류할 때부터 서로 교류가 있었을 뿐 아니라 천도교 측에서도 3·1운동을 추진할 때 맨 먼저 접촉했던 인물 가운데 한 사람이었다.49 셋째는 국무총리로, 미국에서 활동하고 있던 이승만을 선임했다는 점이다. 국내에서 임시정부가 실질적인 활동을 전개할 수 없었던 여건을 고려할 때, 국무총리는 현실적으로 가장 비중이 큰 자리였다. 그 외의 직제와 인선에 있어서는 두 정부가 차이가 나는데, 그것은 지금 지적한 세 가지 점에 비추어 볼 때 중요한 것이라고 보기는 어렵다.

이러한 점들을 고려해 볼 때, '노령임시정부'는 천도교와 직접 관련된 특정 세력 또는 인물이 대외적 선전 효과를 노리고 상해의 현순에게 은밀히 통보했던 것으로 추측해 볼 수 있다. 그리고 현순은 정부 조직의 주체와 시기 그리고 장소 등이 분명치 않았지만 일단 자신이 입수한 정보를 미주의 대한인국민회와 파리에서 외교 활동을 벌이고 있던 김규식金奎植에게 알려 주었던 것이라 할 수 있다. 왜냐하면 독립선언 후에 처음으로 임시정부 조직이 구성되었다는 사실은 그 자체만으로도 선전 효과가 크기 때문이었다.50 물론 이 같은 해

---

48 이에 대해서는, 고정휴, 「3·1운동과 임시정부 수립에 따른 몇 가지 문제 제기」 참조.
49 손병희와 박영효의 '친밀한' 관계에 대해서는, 義菴孫秉熙先生紀念事業會 編, 『義菴孫秉熙先生傳記』, 1967, 161, 274~277, 328쪽 참조.
50 金奎植이 1919년 5월 10일자로 파리강화회의에 제출한 「청원서」에 '대

석은 아직까지 추론에 지나지 않는다. 그러나 앞으로 새로운 자료가 발굴되지 않는 한 이 이상의 다른 해석은 어렵지 않을까 생각된다.

4. 조선민국임시정부의 선포

1) 선포 문건상의 특징

1919년 4월 9일 국내에서는 처음으로 임시정부 성립을 알리는 전단이 서울에서 발견되었다. 당시 일제 경찰에 압수된 문건은 4가지 종류였다. 즉 「조선민국임시정부朝鮮民國臨時政府 조직포고문」과 '별책別冊' 형식으로 된 「조선민국임시정부 창립장정創立章程」, 그리고 「도령부령都領府令 제일호」, 「도령부령 제이호」이다.51

조선민국임시정부의 조직이 공개된 후 4월 17일에는 평안북도 철산鐵山·선천宣川·의주義州 등지에서 신한민국정부의 성립을 알리는 전단이 발견되었으며, 4월 23일에는 또다시 서울에서 세칭 한성정부의 선포 문건이 거리에 배포되었다.52 그런데 이들 '전단정부'들은

한공화국'에 관한 서술이 나오는데, 현순이 미주에 보낸 전보문에 의거한 것으로 보이는 '노령임시정부'의 소식이 기재되어 있다(『韓國獨立運動史』 資料 4: 臨政篇 Ⅳ, 350쪽).

51 姜德相 編, 『現代史資料』 25(朝鮮 1), 東京: みすず書房, 1967, 449~452쪽; 金正明 編, 『朝鮮獨立運動』 Ⅱ(民族主義運動篇), 東京: 原書房, 13~17쪽.

지하에서 비밀리에 조직된 후 세상에 공개된 것인 만큼 그 조직 주체라든가 시기, 또는 절차 등이 아직까지 분명히 드러나지 않고 있다. 그런데 한 가지 다행스러운 것은 각 정부의 선포 문건 내용이 나름대로의 특징을 갖고 있다는 것이다. 이는 곧 조직 주체들의 성격이 서로 다르다는 것을 말해 준다.

조선민국임시정부에서 먼저 주목해야 할 것은 국호에 '민국民國'이 명시되어 있다는 것이다. 그리고 연호 사용에 있어서도 '조선민국朝鮮民國 원년元年'이라고 하여 새로운 공화국가의 성립을 분명히 하고 있다. 이것은 신한민국정부의 경우와 비슷하지만 선포 문건에 국호가 명시되지 않고 또 '조선건국 사천이백오십이년'이라고 표기한 한성정부와는 뚜렷이 그 성격을 달리한다.

그 다음으로 조선민국임시정부의 조직 주체로서 '조선민국대회朝鮮民國大會·조선자주당연합회朝鮮自主黨聯合會'가 등장하고 있는데, 이는 『조선독립신문』 제2호에서 밝힌 국민대회를 개최하여 임시정부를 조직한다는 원칙과 부합하면서도 조선자주당과의 연합 형태를 취하고 있다는 점에서 무척 흥미롭다. 조선자주당이 과연 근대적 '정당'을 의미하는 것인지는 그 실체가 확인되지 않고 있기 때문에 알 수 없지만, 조선민국이 공화정부를 표방하고 나선 만큼 나름대로는 정당적 성격을 염두에 두었던 것으로 짐작해 볼 수 있다.

셋째는 「조선민국임시정부 창립장정」이다. 총 12장 33조, 부칙으로 구성된 「창립장정」은 한성정부의 선포 문건에 나타난 「약법約法

---

52 姜德相 編, 위의 책, 452~455쪽; 金正明 編, 위의 책, 17~22쪽.

6조」와는 비교가 되지 않을 정도로 구체적이고 또 짜임새를 갖추고 있다. 즉 「창립장정」에는 정부의 조직·주권·기관·입법에 관한 사항을 명시하고 있을 뿐 아니라, 외무·내무·군무·재무·학무·법무·식산·교통 등의 순으로 각 정부 기구의 임무를 규정하고 있다. 이 가운데 특히 눈에 띄는 조항들은, ①조선민국의 헌법과 국회 조직법 및 의원선거법을 만들 헌법제정위원회의 구성 절차(제4장 입법), ②'한일합병조약' 및 그 전후의 조선에 관한 대외 조약의 무효 선언과 더불어 일본과의 새로운 국교 수립 시에 내걸 9개 조항의 요구 조건(제5장 외무), ③지방행정에서의 자치제 발달(제6장 내무), ④의무교육제의 실시(제9장 학무), ⑤중요 산업의 국영책國營策과 국민균산주의國民均産主義 원칙 제시(제11장 식산) 등이다. 이러한 조항들은 일단 새로운 독립국가의 수립을 전제로 한 것으로서, 3·1 독립선언이 단순히 선언적인 의미에 그치는 것이 아니었음을 분명하게 뒷받침해 주고 있다.

넷째로 정부 조직의 형태와 직제, 그리고 인선 내용을 보면 다음과 같이 되어 있다.

都領府：正都領 孫秉熙, 副都領 李承晩

內閣：內閣總務卿 李承晩, 外務卿 閔瓚鎬, 內務卿 金允植, 軍務卿 盧伯麟, 財務卿 李相, 學務卿 安昌浩, 法務卿 尹益善, 殖産務卿 吳世昌, 交通務卿 趙鏞殷

萬國國際聯盟會議에 參列할 民國外交委員：李承晩·閔瓚鎬

이러한 정부 조직이 갖는 특징은 국내의 천도교 세력과 미주의 독립운동 세력을 고루 안배한 일종의 과도적 '연립정부' 형태를 취하고 있다는 점이다. 즉 「창립장정」에 따르면, 정·부 2인으로 구성된 도령부가 조선민국의 '통할권通轄權'을 잠정적으로 행사하도록 되어 있는데, 손병희와 이승만이 각각 정도령과 부도령으로 선임되었을 뿐 아니라53 내각 구성에 있어서도 윤익선(법무경)·오세창(식산무경)·이상(재무경)54 등 천도교 측 인물과 민찬호(외무경)·노백린(군무경)·안창호(학무경) 등 미주 지역에서 활동하고 있던 인물들로 짜여져 있는 것이다. 물론 전체적으로 볼 때는 정부 수반인 손병희로 상징되듯 국내의 천도교 세력이 우세하다. 한편 국외 독립운동 세력 가운데 미주지역에 치우쳤던 것은, 전후 민족자결주의의 원칙을 제창함으로써 '세계개조'의 분위기를 고조시켰던 미국과 그를 매개로 파리 강화회의에 대한 외교 선전의 필요성이 절실했음을 반영하는 것이라 하겠다. 전체적으로 볼 때 조선민국임시정부가 국내외 독립운동 세력을 배합하면서도 국내에 무게중심을 실었던 것은, 처음부터 '망명정부'를 상정하여 국외 인물들(주로 기독교계)로만 구성되었던 신한민국정부라든가 한성정부와는 크게 대조적인 것으로 주목할 만하다.55

---

53 '正都領'이라는 칭호는 『鄭鑑錄』의 '鄭道令'과 음이 같은데, 이 정부 조직에 간여한 천도교인들이 불안한 민심을 수습하고 인도하는 데 미칠 수 있는 영향력을 고려한 것으로 해석하는 견해가 있다(독립운동사편찬위원회, 『독립운동사』4, 임시정부사, 1972, 148쪽).
54 李相은 가명으로 천도교계 인물로 추정된 바 있다(같은 책, 148쪽).
55 高珽烋, 「世稱 漢城政府의 組織主體와 宣布經緯에 대한 檢討」, 『韓國史硏究』 97, 1997, 171~175쪽.

2) 관련 인물에 대한 검토

　선포 문건상으로 보면, 조선민국임시정부의 조직 주체는 '조선민국대회·조선자주당 연합회'로 되어 있다. 그러나 이것은 정부 조직의 대표성을 내세우기 위한 명목이었을 뿐 그 실체가 있었다고 보기는 어렵다. 따라서 정부 조직의 실체는 달리 찾을 수밖에 없는데, 학계에서는 일찍부터 이 정부의 조직에 천도교 측이 깊숙이 개입했을 것으로 추측하여 왔다.56 그 이유는 크게 두 가지였다. 첫째는 앞서 살핀 대로 이 정부의 수반과 각료 명단에 천도교단의 주요 인물이 다수 포함되어 있었다는 점이다. 둘째는 이 정부의 성립을 알리는 전단 제작과 배포에 천도교인들이 직접 관련되어 있었음이 일제 측의 정부 보고와 재판 기록에서 확인되었다는 점이다. 서술의 편의상

56　독립운동사편찬위원회, 앞의 책, 147~149쪽; 李炫熙, 『大韓民國臨時政府史』, 59쪽, 이현희는 『黙菴備忘錄』을 인용하여 李鍾一이 선언문을 기초하고 인쇄비를 제공한 후 보성사의 직원인 申永求를 통해 발표토록 했다고 단정짓고 있다. 그러나 각주에 인용된 『黙菴備忘錄』에는 '余亦關於朝鮮民國臨時政府組織. 申永求亦聯之'라고만 기술되어 있을 뿐, 두 사람이 구체적으로 정부 조직에 어떻게 관련되어 있는지에 대해서는 밝히지 않고 있다. 그리고 3월 1일에 투옥된 이종일이 4월 7일 밤에 인쇄된 선포문을 기초하고 인쇄비를 제공할 수 있었을까 하는 의문이 제기된다. 만약 이종일이 투옥되기 이전에 이러한 준비를 했다면, 그는 정부 형태와 인선 내용이 다른 大韓民間政府案과 朝鮮民國臨時政府案을 동시에 만들었다는 이야기가 된다. 이러한 점들을 고려할 때 『묵암비망록』의 기록을 그대로 믿기는 어려울 뿐 아니라 이 자료에 기초하여 새로운 해석을 덧붙일 경우 신중을 기해야 할 것으로 보인다.

이들 기록에 등장하는 사람들의 인적 사항을 간단히 표로 만들어 보면 <표 1>과 같다.57

<표 1 : 문건 등장인물 일람>

성명	연령	본적	주소	직업	종교	비고
權熙穆	27	충북 제천	경성부 이화동	의사	불교	★징역 1년
許益煥	38	평북 구성	(부정不定)	무직	천도교	★징역 1년
朴理垠	30	평북 영변	경성부 안국동	무직	천도교	미체포
李林洙	27	강원 춘천	경성부 익선동	무직	?	〃
李 政	36	함남 신흥	中國 大連	兩替商	?	〃

★ 朝鮮總督府 高等法院에서의 최종 형량임

<표 1>에 나온 5명 가운데 일제 경찰에 의하여 검거된 후 재판에 회부된 사람은 권희목과 허익환이다. 먼저 검거된 권희목58에 대한 재판 기록을 요약해 보면 이렇다. 일한병합 후 조선인에 대한 일본의 차별 대우에 불만을 품고 독립운동의 기회를 엿보던 권희목은, 1918년 2월 20일 경 동지인 박리은朴理垠59의 집에서 이임수 등과

---

57 姜德相, 앞의 책, 455~456쪽; 金正明, 앞의 책, 22~23쪽.
58 國家報勳處에 소장된 권희목의 「平生履歷書」를 보면, 그는 安東權氏로서 1913년에는 第一高普를, 그리고 1917년에는 京城醫學專門學校를 각각 졸업한 후 수련의로 있다가 3·1운동을 맞은 것으로 되어 있다. 1년간의 옥고를 치른 후에는 숙부인 權命相과 경기도 일대에서 지하운동을 벌이다가 1925년 만주로 건너갔다. 그 후 상해임정과 연결하여 독립운동에 종사하던 중 1930년에는 중국군 軍醫로 입대, 항일전쟁에 참여했다가 사망한 것으로 되어 있다.
59 朴理垠은 조선총독부의 경찰 조서나 재판 기록에는 朴理根으로 기록되어

회합했다. 이때 천도교인 허익환으로부터 '동 교주 손병희 등이 가까운 장래에 조선독립운동을 개시한다'는 말을 전해 듣고 함께 거사에 참여할 뜻을 피력했으나 허익환은 극비리에 일을 추진하고 있기 때문에 어려울 것이라고 대답했다. 이에 권희목·박리은·이임수 등 3인은 독자적으로 운동을 전개하기로 결심하고 중국 대련에서 양체상을 하는 이정李政(또는 李晸, 박리은의 친구)에게 연락하여 서울로 오도록 한 다음 자금 지원을 부탁했으나 거절당했다. 그 후 3월 15~16일 경 권희목 등 3인은 허익환을 다시 만나 천도교 측의 자금 지원을 요청했다. 4, 5일 후 허익환은 천도교 재정부원 '이 모李某'의 말이라면서 "운동금을 지출하기는 어려우나 여론을 환기시키기 위한 인쇄물을 출판한다면 등사판 및 종이를 줄 수는 있다."라고 통보했다. 이리하여 4월 7일 저녁 박리은의 집에서 허익환이 갖고 온 조선민국임시정부 선포 문건을 2천 매 정도 등사했는데, 그 다음날 아침에 허익환이 등시한 문건을 모두 갖고 갔다는 것이다.[60]

있다. 그러나 그의 인적 사항을 다음에 보게 될 『普專校友會報』와 대조해 보니 朴理垠이 실명임이 확인되었다. 따라서 본문에서는 朴理垠으로 통일했다.

[60] 京城地方法院檢事局, 『刑事判決原本』 第一冊, 大正 八年(1919), 총무처 정부기록보존소 소장(문서번호 77-2222). 이 재판 기록에는 京城地方法院과 覆審法院 그리고 高等法院의 판결문이 수록되어 있다. 이 가운데 경성지방법원의 판결문은 독립운동사편찬위원회, 『독립운동사자료집』 5(3·1운동 재판 기록), 1972, 248~250쪽에 번역·수록되어 있다. 권희목은 경찰과 지방법원 그리고 복심법원에서 진술을 조금씩 달리하고 있는데, 큰 줄거리에는 차이가 없다.

한편, 뒤늦게 검거된 허익환은 권희목과는 전혀 다른 진술을 했다. 그에 따르면, 4월 어느 날 박리은의 아들 박동건朴洞鍵의 안내로 권희목의 숙부의61 집을 찾아갔더니 그곳에 박리은과 권희목이 기다리고 있었다. 이때 박리은이 실은 조선 독립운동과 관련하여 '가정부假政府'를 조직하고 '도령부령都領府令'을 발포하려고 하니 인쇄하는 것을 도와 달라고 하여 마지못해 원고를 쓰고 인쇄하는 것을 도와주었을 뿐이라고 진술했다.62 그러나 이러한 허익환의 진술은 가능한 자신에 대한 혐의를 줄이는 한편 천도교의 배후를 숨기려는 의도가 역력한 것으로서 그 신빙성이 떨어진다고 하겠다.

앞서 보았듯이 조선민국임시정부의 선포 문건은 매우 구체적이고 또 짜임새 있는 것으로 결코 하룻밤 사이에 완성될 수 있는 것이 아니었다. 그리고 독립선언 후의 임시정부 수립 문제를 2~30대의 청년들이 독자적으로 결정할 수 있는 사안도 아니었다. 따라서 권희목의 진술대로, 그 자신과 박리은·이임수 등은 단순히 '불온 문서'의 제작 또는 배포에 가담한 행동대원 정도의 역할에 그쳤던 것으로 보

---

61 권희목의 숙부는 權命相(1883~1951)이다. 그는 1919년 12월에 조선총독부 군속으로 있으면서 임시정부의 군자금 모집운동에 가담했다가 재판에 회부되어 징역 1년 6월의 형을 선도받은 바 있다(독립운동사 편찬위원회, 『독립운동사자료집』 9, 1975, 1119~1124쪽).

62 京城地方法院檢事局, 『刑事判決原本』第一二冊, 大正 八年(1919), 총무처 정부기록보존소 소장(문서번호 77-2234). 이 재판 기록에는 京城地方法院과 覆審法院 그리고 고등법원의 판결문이 수록되어 있다. 이 가운데 경성지방법원의 판결문은 독립운동사편찬위원회, 『독립운동사자료집』5(3·1운동 재판기록), 1972, 250~252쪽에 번역·수록되어 있다.

는 것이 설득력 있다. 그리고 허익환은 이들 3인과 천도교 측을 연결시키는 중간책임자 정도로 볼 수 있다. 그 이상의 인물로는 천도교 재정부의 '이 모李某'라는 사람만이 언급되고 있을 뿐이다. 그만큼 정부 조직의 일은 신중하고 비밀리에 진행되고 있었음을 알 수 있다.

여기서 우리는 몇 가지 추정을 할 수밖에 없다. 우선 문서 제작과 배포에 연루된 사람들의 관계를 살펴보는 것이 중요한데, 다행스럽게도 허익환·박리은·이정 세 사람의 이름을 고려대학교에 소장된 『보전교우회보普專校友會報』 제2집(1934년)에서 찾을 수 있었다. 이 회보에 따르면, 세 사람 모두 보성전문 제7회(1914) 법과 졸업생이었다. 그리고 1934년 당시 허익환은 서울에 거주하면서 천도교회天道敎會 관서觀書 직책을 맡고 있었고, 이정은 함흥상업회咸興商業會 이사理事를 지내고 있었다. 박리은의 경우는 거주지로 중국 길림성吉林省 성리城裏만이 나올 뿐 직업란은 공란이다.63 어쩌면 박리은은 3·1운동 이후 중국으로 피신하여 그곳에서 활동하고 있었는지도 모른다.

한편 1915년 10월부터 발간된 『법학계法學界』라는 잡지를 보면, 허익환·박리은·이정 세 사람은 법학협회의 회원으로 등록되어 있으며,64 박리은은 「동산動産 부동산不動産의 구별」이라는 논문을 게재하기도 했다.65 또한 박리은은 『천도교회월보』의 간행 2주년 기념호

---

63 普成專門學校 校友會, 『會員名簿』(고려대학교 소장), 1938, 60~61쪽에도 세 사람의 이름이 나오는데, 朴理垠의 경우 출신지만 平北 寧邊으로 기재되어 있을 뿐 직업과 거주지는 공란으로 비워 뒀다.
64 法學協會, 『法學界』 제1호, 1915, 56쪽과 제3호, 63쪽.
65 法學協會, 『法學界』 제4호, 1916, 28~37.

에 '축사'를 실었을 뿐 아니라66 포교 활동에 대한 포장襃章을 받은 기록이 있는 것으로 보아 천도교 열렬 신도였음을 알 수 있다.67 요컨대 세 사람은 서북 지역 출신으로서 보성전문 법과의 동기생이며 또 천도교 신도이기도 했던 것이다. 따라서 서로 마음이 통했고 비밀 유지가 가능했던 것으로 볼 추측해 볼 수 있다.

문제는 이들의 배후 인물이 누구였을까 하는 점인데, 보성전문의 법과 졸업생이라는 점을 감안다면 이 학교의 교장이었던 윤익선尹益善을 생각해 볼 수도 있다. 왜냐하면 윤익선은 3·1 독립선언 직후 '가정부설'을 유포시킨 『조선독립신문』의 사장이었을 뿐만 아니라, 조선민국임시정부의 각료 명단에 법무경으로 이름이 올라 있기 때문이다. 그리고 앞서도 지적했지만 이 임시정부의 「창립장정」은 전문적인 법률 지식이 없이는 작성되기 어려운 문건이었음을 상기할 필요가 있다. 한편 재판 기록을 보면, 윤익선은 '학사시찰學事視察'을 목적으로 1918년 11월 22일 중국의 봉천奉川·대련大連을 거쳐 상해上海로 갔다가 그 해 12월 16일 귀국했으며,68 3·1운동이 일어나기 직전에는 손병희로부터 '후사後事'를 위촉받았던 것으로 되어 있다.69 이러한 일들은 겉으로 분명히 드러나지는 않았지만, 윤익선이 손병희로부터 모종의 지시를 받았음을 암시해 주고 있다.

---

66 『天道敎會月報』 1912년 8월호(통권 25호), 39~40쪽.
67 『天道敎會月報』 1913년 1월호(통권 30호), 44~47쪽에 실린 「中央總部彙報」에 朴理垠은 '新布德褒章 3等'을 받은 것으로 되어 있다.
68 『자료집』 13(1990), 5~6쪽.
69 『자료집』 18(1994), 5쪽.

윤익선 이외에 거론할 수 있는 사람은 이관李瓘이다. 그 근거는 두 가지이다. 첫째는 일제 경찰이 권희목을 체포한 후 조선민국임시정부의 문서 작성과 관련하여 천도교도 이관을 주목했고,70 둘째는 권희목에 대한 재판 기록에서 허익환이 접촉한 인물로 천도교 재정부 '이모'라는 사람이 등장하기 때문이다. 이 '이 모李某'는 조선민국임시정부의 각료 명단에 재무경으로 이름이 올라 있는 이상李相(假名으로 추정된 바 있음)71과 동일한 인물로 추정된다.

그런데 경암敬菴 이관李瓘(1860~1928)은 본관이 성주星州로서 영남 유림의 거두인 면우俛宇 곽종석郭鍾錫 문하門下에서 수학한 바 있으며, 1900년에는 중국으로 건너가 북경北京·남경南京·상해上海 등지의 한학자漢學者들과 교류하기도 했던 유학자였다.72 그는 1908년에 천도교에 입교한 후 이종일·이종린 등 같은 문중의 사람들과 『천도교회월보』의 편집원으로 활동하면서 「교회의 월사月史」를 집필하는 등 천도교의 역사와 교리 해석에 남다른 노력을 기울인 바 있다.73

3·1운동이 일어난 후 피체된 이관에 대한 재판 기록을 보면, 그는 두 가지 사건에 직접 연루되어 있었다. 첫째는 3·1운동의 준비 과정에서 주익主翼·강기덕康基德 등 보성전문 출신의 청년들과 접촉

---

70 姜德相, 앞의 책, 456쪽; 金正明, 앞의 책, 23쪽.
71 주 54)와 같음.
72 李炳吉 編, 『敬菴李瓘先生文獻錄』, 敬菴李瓘先生紀念事業會, 1991, 114~127쪽 참조.
73 李瓘이 『天道敎會月報』와 『開闢』지에 썼던 글들은 『敬菴李瓘先生文獻錄』에 수록되어 있다.

하면서 이들이 독자적으로 마련한 독립선언서의 내용과 문장을 검토·수정했다는 것이다.74 둘째는 3·1운동이 일어나기 바로 전날 이종일과 만나「독립선언서」52매를 전달받은 후 집에 찾아온 사람들에게 나누어 주었다는 것이다.75 그런데 재판정에서는 이러한 혐의에 대한 추궁만 있었을 뿐 조선민국임시정부와의 관련 여부에 대해서는 신문하지 않았기 때문에 실제로 그가 이 정부의 조직에 간여했는지의 여부는 확인할 수 없다. 그러나 학생 조직과 또 천도교 내에서 이종일·이종린과의 긴밀한 관계로 미루어 볼 때 배후에서 정부 조직에 간여했을 가능성을 배제할 수는 없다.76

이러한 여러 가능성에서 우리가 최종적으로 고려해야 할 것은 천도교단 내에서 절대적 권위를 갖고 있던 손병희의 의중이다. 3·1독립선언 후 다른 민족대표들과 함께 최고 사형에 처할 수 있는 내란죄로 기소되었던 손병희는, 재판정에서 총독부 판사와 다음과 같은 일문일답을 나누었는데 여러 모로 시사하는 바가 무척 크다.77

---

74 『자료집』17(1994), 265~269쪽.
75 『자료집』18(1994), 80쪽.
76 이종일, 이종린, 이관 세 사람은 모두 星州 李氏로서 유학자 집안에서 태어나 漢學을 수학했으면 일본의 조선 '보호국화'로 어수선한 가운데 천도교에 입도했다. 그 후에는 주로『天道敎會月報』의 편집과 발행에 직접 간여하면서 천도교의 역사와 교리 해석에 관련된 글들을 월보에 집중적으로 발표했다. 이러한 공통점이 세 사람을 한데 묶는 요인이 되었을 것이고, 따라서 이관 역시 이종일과 이종린 등의 정부 수립 계획에 참여했을 가능성이 높다. 다만 이들 사이에서도 정부형태와 각료 인선의 문제에 있어 의견이 다를 수 있다는 점을 참작해야 할 것이다.

문 : 피고 등은 독립을 선언하면 어떤 순서에 의하여 조선 독립의 목적을 달성할 수 있다고 생각했는가?

답 : 나는 세계가 개조될 것으로 생각하고 있으므로 독립선언서를 일본 정부에 보내면 일본 정부는 동양 평화를 위하여 조선을 독립시킬 것으로 생각하고 있었다.

문 : 조선이 독립되면 어떤 정체의 나라를 세울 생각이었는가?

답 : 민주 정체로 할 생각이었다. 그것은 나뿐만 아니라 일반적으로 그런 생각인 것으로 안다. 그리고 나는 유럽 전쟁(제1차 세계대전)이 한창일 무렵 교도들과 우이동에 갔을 때, 전쟁이 끝나면 세계의 상태가 일변하여 세계에 임금이란 것이 없어지게 된다는 말을 한 일이 있다.

문 : 피고는 천도교를 생명으로 한다는 것이고, 사람을 훈화해야 할 지위에 있으면서 정치의 와중으로 뛰어들어 조선의 독립을 기도한다는 것은 피고의 사상에 위반하는 것으로 생각되는데 어떤가?

답 : 그것은 종교가 만족스럽게 행해지도록 하기 위하여 조선의 독립을 도모했는데, 종교가 만족스럽게 행해지지 못하는 동안은 아무래도 종교가가 정치에 관계하게 된다고 생각한다.

이 재판 기록에서 먼저 눈여겨 볼 대목은, 손병희가 전후 '세계 개조'의 분위기에 따라 일본도 조선의 독립을 허용하지 않을 수 없을 것이라는 매우 낙관적인 견해를 피력하고 있다는 점이다.[78] 이 같은 정세 인식

---

77 『자료집』11(1990), 128~129쪽.
78 손병희·권동진·오세창·최린 등 3·1운동을 기획했던 천도교단 지도부는

은 「독립선언서」에 서명한 민족대표들의 일반적 특징이자 또 그 한계로서 이미 지적된 바 있는데, 특히 그들은 1917년 초 미국 대통령 윌슨이 제창한 바 있는 민족자결주의 원칙이 파리 강화회의에서 조선의 독립에 유리하게 작용될 수 있기를 기대했다.79 이러한 대외 의존적 태도가 결국 천도교단이 독립선언 후 임시정부 수립에 나름대로 여러 가지 복안을 갖고 있었음에도 불구하고 그것을 주체적으로 추진할 수 없게 만든 주된 요인이었다고 할 수 있다.

그 다음으로, 손병희는 만약 조선에 독립이 허용되면 전후의 세계적 추세에 따라 '민주 정체'의 국가를 세울 계획이었음을 분명하게 밝히고 있다. 그런데 동학·천도교단의 지도부는 이미 러일전쟁을 전후한 시기부터 서양 '문명국'의 정체 도입의 필요성을 역설하면서 나름대로 입헌군주제로의 전환을 시도한 바 있었다.80 이러한 노력이 일본의 조선 병합으로 말미암아 좌절되었지만, 이후 중국의 신해

    궁극적으로 '독립'을 목적으로 했지만, 2차적으로 '자치' 내지 '총독 정치의 개선'까지도 염두에 두고 있었을 것으로 추측된 바 있다(박찬승, 「3·1운동의 사상적 기반」, 『3·1 민족해방운동 연구』, 406쪽).

79 고정휴, 「3·1운동과 미국」, 『3·1 민족해방운동 연구』, 432~441쪽.

80 일본에 머물로 있던 손병희가 1903년 8월에 발표했다는 「明理傳」을 보면, '西洋之人……政治必明 君民之分 相守不失故 立憲之治 文明於當世 名聞於世界 此無乃東西洋盛衰飜覆之理耶'라 하여 政體의 차이가 東西의 문명을 역전시켰다고 보고 立憲政治의 도입을 역설하고 있다(李敦化, 『天道敎創建史』, 天道敎中央宗理院, 1933, 88~89쪽). 그 후 소위 갑진개화운동에서부터 동학·천도교단의 지도부는 조선왕조를 입헌군주제로 바꾸려고 시도했다(金炅宅, 앞의 논문, 74~75쪽과 120~121쪽).

혁명과 러시아혁명 그리고 제1차 세계대전에서 독일의 패전 등을 지켜보면서 더 이상 군주제 국가는 존립할 수 없다는 인식을 갖게 되었던 것으로 볼 수 있다.

마지막으로, 손병희는 자신이 비록 종교가이기는 하지만 정치가 종교에 직접 영향을 미치는 상황에서는 종교가도 부득이 정치에 간여하지 않을 수 없다는 입장을 피력했다. 손병희는 1906년 일진회와 관계를 단절할 때 '교정분리'의 원칙을 내세우기도 했지만, 동학은 그 발생에서부터 현실 개혁을 추구하고 있었다. 또 손병희 자신이 일본에서 정치 망명객들과 교류하면서부터 교단 지도부의 정치적 성향이 더욱 강화되어 왔음은 이미 지적했다. 그리고 일본의 조선병합 이후 정치적 활동이 일체 허용되지 않는 상황에서도 천도교는 교세를 꾸준히 확장해 나가는 한편 교육과 출판 사업에 적극 투자하면서 사회적 영향력을 확대해 왔다.[81]

요컨대 손병희는 천도교단의 조직과 그 사회적 영향력을 바탕으로 전후의 국제정세가 조선의 독립에 유리하게 전개되고 있다고 판단하고 3·1운동을 통하여 독립된 '민주국가' 건설이라는 정치적 포부를 실현하고자 했던 것으로 해석할 수 있다.[82] 그리고 이러한 그

---

81 金正仁, 앞의 논문, 140~142쪽.
82 1922년 5월 16일 손병희가 파란만장한 삶을 마감하자 국내에서 발간되던 신문과 잡지들은 거의 예외없이 그의 죽음을 호외 또는 특집 기사로 다루었다(1922년 5월에 간행된 『天道敎會月報 臨時號』 참조). 이때 『東亞日報』는 손병희의 '宗敎上 成績은 그 氣格이 '마호메트'에 近似하나 徹底치 못하며 政治的 起點은 陳勝 劉邦 彷彿하나 完全치 못하며 敎育上으

의 포부가 천도교단의 독자적인 임시정부 수립 구상으로 표출될 수 있었던 것이다.

5. 정부 조직안의 특징과 의의

3·1 독립선언 후 천도교단의 독자적인 정부 수립 움직임은 『조선독립신문』의 '가정부조직설'에서 처음으로 그 모습을 드러낸 후 『묵암비망록』의 대한민간정부안, 기존에 러시아 영내의 대한국민의회가 조직·선포한 것으로 알려진 소위 노령임시정부안, 그리고 조선민국임시정부안 등 세 가지 형태로 구체화되었을 가능성을 추적해 보았다. 이처럼 여러 갈래로 임시정부 안이 만들어졌던 것은, 천도교단 내부에서도 정부 형태와 각료 인선 등의 문제를 놓고 의견의 차이가 있었음을 보여주는 것이라 할 수 있다.

그럼에도 불구하고 이들 정부 조직 안은 몇 가지 공통점이 있었다. 첫째는 공화국가의 수립을 분명한 목표로 설정하고 있었다는 점이다. 특히 조선민국임시정부의 선포 문건에 들어 있는 「창립장정」에는 일본과의 관계 청산과 더불어 새로운 독립국가상이 구체적으로

로 貢獻이 不少하나 敎育家의 性格을 발견할 수 없도다'라고 평가했다(1922년 5월 25일자 「孫秉熙先生을 弔하노라」). 여기서 주목할 것은 손병희를 중국의 첫 통일제국인 秦나라 말기에 새 왕조를 개창한 陳勝·劉邦에 비유하고 있는 점이다. 이는 곧 손병희의 정치적 야심이 어디에 있었는가를 잘 표현해 주고 있다.

명시되어 있었다. 둘째는 정부 수반('대통령' 또는 '정도령')으로 천도교의 제3세 교주로서 교단 내에서 절대적 권위를 갖고 있던 손병희가 추대되고 있었다는 점이다. 이 점은 처음부터 '망명정부'를 목표로 국외 인물들로만 짜여졌던 신한민국정부나 세칭 한성정부와는 뚜렷이 구분되는 특징이었다. 셋째는 임시정부의 각료 인선에 있어 국내외 인물을 배합했는데, 국외 인물로는 미국에서 활동하고 있던 이승만을 '국무총리' 또는 '부도령 및 내각총무경'으로 선임함으로써 독립이 달성될 때까지는 실질적으로 그의 주도로 정부가 운영될 수 있도록 했다는 점이다. 물론 이러한 인선 배경에는 파리 강화회의와 미국에 대한 기대감이 크게 작용했다고 볼 수 있다.

그러나 이러한 기대는 수포로 돌아갔다. 따라서 독립을 전제로 한 천도교단의 임시정부 수립 구상도 좌절될 수밖에 없었다. 3·1운동 당시 천도교단은 3백만의 신도를 거느리고 있다고 공언할 정도로 탄탄한 조직과 비교적 풍족한 재정을 갖추고 있었음에도 불구하고 자력에 의한 독립 쟁취가 아니라 외세에 의한 독립 허용의 가능성을 전망했던 결과였다. 물론 이러한 한계는 비단 천도교 지도부에만 국한된 것이 아니라 다른 종교단체나 민족운동 세력들에서도 쉽게 찾아볼 수 있는 것이었다.

비록 좌절되었지만, 3·1운동에서의 독립선언을 공화제 임시정부 수립으로 연결시키려 했던 천도교단 지도부의 구상과 이를 대외적으로 알리려는 노력은 그 자체로 의의를 갖는 것이었다. 1894년 갑오농민전쟁에서 뚜렷한 정치 개혁 목표와 방법론을 제시하지 못했던 동학이 1905년 12월에 천도교로 개편된 다음부터는 '문명개화노선'을 공식적으로 표방하는 가운데 입헌군주제를 거쳐 최종적으로는 근대적인 국민국가상을 스스로 정립해 나가는 데까지 이르렀던 것이다.

한편, 대외적으로는 선언의 최종 목적이 정부 수립에 있음을 여러 경로를 통하여 국내외 민족운동 세력과 일반 민중들에게 전달함으로써 3·1운동에 활력을 불어넣고 임시정부 수립 운동을 촉진시킬 수 있었다는 점을 간과해서는 안 될 것이다.

3·1운동 시기 일제 언론의 한국 통치에 관한 논조

이동초*

1. 문제제기

일제의 식민지 통치 밑에서 천도교가 주도하여 일으킨 3·1독립운동은 우리나라 민족운동사에서 가장 빛나는 위치를 차지하는 거족적인 독립 투쟁이다. 뿐만 아니라 1918년 11월 제1차 세계대전이 끝나자 미국 대통령 윌슨(Woodrow Wilson)이 전후 처리 방안인 14개조의 기본 원칙으로 민족자결주의民族自決主義를 이행한다고 발표한 후1 최초이자 최대 규모로 일어난 제국주의에 대항한 비폭력 투쟁으로서

---

* 천도교 서울교구 순회교사
1 三一運動의 중심인물인 權東鎭은 1918년 11월 신문에서 윌슨의 民族自決主義 原則 14개 조항에 대한 기사를 읽었다. 민족 자결의 의미에 好奇心이 끌린 권동진은 이 원리가 한국에도 적용이 될 것인지 알아보고자 마음먹었다. 유럽 民族主義者들의 활동이 민족 자결을 목표로 삼고 있다는 보도를 읽어감에 따라 그의 관심은 높아갔다. 권동진은 이러한 遠隔地의 事

세계 여러 약소 민족국가와 피압박 민족의 해방운동에 끼친 영향은 실로 지대하며, 그만큼 세계사적인 의의를 갖는다고 하겠다. 또한 '최후의 일인一人까지, 최후의 일각一刻까지'를 부르짖은 3·1독립운동이 비록 민족 해방을 쟁취하는 투쟁으로서는 실패는 하였으나, 평화적인 수단으로 지배자에게 청원請願을 하거나 외세에 의존하는 사대주의적 방법2으로는 자주독립이 불가능하다는 교훈을 남겼다는 점에서도 그 의의는 크다고 할 것이다.

그동안 3·1운동에 관한 학자들의 부단한 연구는 3·1운동의 원인과

態發展이 의미하는 바를 파고들었다. 그리하여 한국도 민족 자결의 所願을 表示할 운동을 조직해야 하겠다는 결론을 얻었다.─1918년 12월 초 그는 천도교의 同志 吳世昌과 崔麟에게 자기 생각을 披瀝했다. 그들 역시 같은 신문보도를 읽었고 민족 자결을 한국에 適用함에 똑같은 希望과 懷疑를 품었으며 한국의 獨立 所願을 示威할 어떤 행동을 마련해야 겠다는 데 뜻을 모았다. 1919년 4월 8일 權東鎭 訊問錄, 「윌슨, 民族自決主義, 三一運動」, 『三一運動50周年紀念論集』, 1969년 동아일보사, 515쪽.

2 ㉮ 1918년 11월 20일 美洲의 韓人團體(李承晩 徐載弼 鄭翰景) 윌슨 대통령에게 한국의 實情을 陳情하는 嘆願書를 提出하다. 1918년 12월 1일자 미국의 평화협상위원회에 보낸 「新韓協會」 書翰 ㉯ 나는 다음 이유로 獨立運動에 加擔하였다. 첫째 한민족의 생존권 확보, 둘째 일본정부로 하여금 그 對韓政策을 後悔하도록 하는 것, 셋째 현재 世界平和가 講和會議에서 唱導되고 있으니 世界列強 사이에 同情을 심어놓고자 하였다. 이 目的을 達成하기 위해서는 민족 자결이 한국에도 적용되어야 하겠다.─그러므로 우리의 방법은 국민에게 독립선언을 발표하고, 동시에 일본정부에 嘆願書를 보내고, 파리 講和會議의 각국 대표와 윌슨 美國大統領에게 道義的 支援을 요구하는 서한을 傳하도록 하는 것이었다.─1919年 3月 5日 崔麟 訊問錄 ㉮㉯ 윌슨, 「民族自決主義, 三一運動」, 앞의 책, 516~518쪽.

배경을 비롯하여, 운동의 형성과 전개 과정, 일제의 통치 지배 정책, 운동의 국내외의 반향, 운동의 검토와 평가, 그리고 3·1운동 이후의 국내외 민족운동 등 각 분야에 걸쳐 수많은 저작을 내놓고 있다. 언론 분야는 3·1운동이 일어나자 독립선언서와 함께 천도교의 보성사에서 인쇄하여 발행한 지하신문인 『조선독립신문朝鮮獨立新聞』이 나오자 이를 계기로 국내에서는 『각성호회보覺醒號回報』, 『국민회보國民會報』, 『국민신보國民新報』, 『신조선보新朝鮮報』, 『진민보震民報』 등 29종, 서북간도 등지에서 『조선민보朝鮮民報』, 『대한독립신문大韓獨立新聞』 등 13종, 노령 연해주에서는 『자유종自由鍾』, 『한인신보韓人新報』 등 9종, 상해와 구미에서는 『우리의 소식』, 『독립獨立』 등 9종의 신문이 쏟아져 나왔기 때문에 이들 자료를 통해 많은 연구가 이루어져 있다.3

그러나 많은 저서들 가운데 통치 지배자인 일본 측의 언론에 관한 연구는 거의 없고, 다만 당시 일제 신문의 보도기사를 중심으로 다룬 논문 「3·1운동과 일본 언론의 반향反響」4과 일제의 한국 통치에 관한 신문 사설의 논조를 다룬 번역 단행본 『일제언론계日帝言論界의 한국관韓國觀』5 등을 찾을 수 있을 뿐이다. 그 외에는 거의 국내신문

---

3 尹炳奭, 「朝鮮獨立新聞의 拾遺」, 『韓國近代史論』, 一潮閣, 1979.
4 申國柱, 「三一運動과 日本言論의 反響」, 『三一運動50周年紀念論集』, 東亞日報社, 1969
5 姜東鎭, 『日帝言論界의 韓國觀』, 一志社, 1982. 姜東鎭은 1925년 晉州 出生. 1951年 서울大法科大學卒業 後, 首都女子師範大學 副敎授와 建國大敎授, 日本東京大學文學部硏究所와 社會科學硏究所 硏究員 歷任. 1976年

의 보도기사를 통한 발전 과정이나 민족 언론의 발자취에 중점을 두었을 뿐 일제 언론을 통한 한국 지배 정책 측면에서 연구된 글은 별로 보이지 않는다. 따라서 당시 일본 언론이 일제의 한국에 대한 식민지 정책이나 일본 국민의 대한국관對韓國觀 형성에 있어 많은 영향을 끼치고 있음을 고려하면, 한국을 강점 지배하고 있던 일제의 언론이나 또는 지식인들이 식민지인 한국에 대한 일제 당국의 지배 정책 논리를 어떻게 인식하고 있었는가를 일본의 언론이나 종합잡지를 통해 실증적으로 살펴보는 것은 3·1독립운동을 연구함에 있어 매우 중요한 과제라 하겠다.

일제 강점기를 역사적 통치 방식의 단계로는 일반적으로 ①1910년대의 무단통치 시기 ②1920년에서 1930년대 전반기의 문화통치 시기 ③1930년대 후반과 1940년대 전반기의 식민지 파시즘 통치 시기(大陸兵站基地化政策時期와 戰爭時期)로 구분하고 있으나, 언론·출판문화의 변천 과정에 대한 단계로는 ①구한말(1896~1909년) ②무단정치 시대(1910~1919년) ③문화정치 표방 시대(1920~1936년) ④친일 언론 강요 시대(1937년~1945년 8월 15일) 등의 4기로 구분하기도

東京大學에서 文學博士(日本近代史), 日本國立筑波大學 敎授로 在職中 1986年 11月에 他界. 主要著書로『日本의 朝鮮支配政策史研究』,『日帝의 韓國侵略政策史』,『韓國農業의 歷史』,『日本言論界의 韓國觀』,『日本近代史』 等과 主要論文으로「文化主義의 基本性格」,「日帝下 韓國社會運動研究」 等이 있으며, 그 밖에 1985년 8월15일~1986년 5월 9일까지 34회에 걸쳐 朝鮮日報에『韓-日80年』을 連載하여 日帝의 韓國人親日派育成과 庇護政策을 파헤쳐 受難의 民族史를 再照明하였다.

한다.6

　이러한 각 시기의 식민지 정책 변천 과정은 국제정세와 함께 일제의 침략적 요구의 변천에 의한 점도 있겠으나, 한편으로는 한국민족의 해방 투쟁인 민족운동의 성격과 상황에 의해서도 변화하였다. 따라서 일제의 통치 내지 지배정책의 변화에 따라 일본 언론이나 지식인의 한국 통치에 대한 관점도 변화하는 측면이 있으나, 이와 반대로 전혀 변하지 않는 경향도 볼 수가 있다. 본고는 3·1운동의 발발 직후부터 8월에 이르는 6개월 동안의 시기를 단계별로 구분하면서 이러한 측면을 당시의 신문 사설을 통해 분석하고자 한다. 참고로 본고를 초함에 있어 기본적 표본 자료가 되는 일본 신문의 사설은 『일제언론계의 한국관』에서, 보도기사는 「3·1운동과 일본언론의 반향」에서 인용하였음을 밝혀 둔다.

2. 3·1운동기 일제 신문의 보도와 사설 개관

　한국에서 3·1운동이 발발하자 한국 문제를 별로 다루지 않았던 일본의 언론들이 갑자기 한국 문제를 많이 다루기 시작하였다. 이러한 상황에서 알 수 있듯이 3·1독립운동은 일본의 통치 지배층을 비롯하여 언론과 지식인들에게 커다란 충격을 주었기 때문에 신문의

6　金根洙,「1920年代의 言論과 言論政策」,『三一運動50周年紀念論集』, 東亞日報社, 729쪽.

기사는 물론 사설을 쓰는 빈도도 급격히 증가하기 시작하였다. 이때의 신문의 논조는 3·1독립운동의 발전 과정이나 또는 그 시기에 따라 내용과 논리가 변하는 것을 볼 수 있다. 이를 몇 단계로 분류해 보면 제1단계는 3·1독립운동의 시작에서부터 3월 중순에 이르는 발발 초기 단계이다. 제2단계는 3월 하순에서 4월 말경 사이에 3·1독립운동이 최고조에 이르러 일제가 대학살을 자행하는 시기이다. 제3단계는 5~7월 일본이 본토에서 군대를 증파하여 대대적인 무력 사용을 통해 진압함으로써 3·1운동이 쇠퇴하는 시기이다. 그리고 제4단계는 8월의 소강기와 일제의 한국 지배 정책이 무단통치에서 문화통치의 표방으로 개편되는 시기 등으로 구분할 수 있다. 이에 따라, 3·1운동의 발발에서부터 고조와 퇴조 그리고 기복 상황에 대처하는 일본 정부의 대응책을 검토할 필요가 있다고 하겠다. 이러한 시기 구분의 방법에 의해 1919년 3월부터 8월에 이르는 당시 일본 주요 일간지인 『동경조일신문東京朝日新聞』, 『대판조일신문大阪朝日新聞』, 『대판매일신문大阪每日新聞』, 『동경일일신문東京日日新聞』, 『독매신문讀賣新聞』, 『만조보萬朝報』 등7의 사설을 대상으로 하여 그들이 보는 3·1독립운동의 원인과 일본 정부에 촉구하는 대응책, 그리고

---

7 1910년 8월 일본 정부가 韓日合邦을 발표하자 당시에도 『東京朝日新聞』, 『東京每日新聞』, 『萬朝報』, 『讀賣新聞』, 『大阪朝日新聞』 등 有力紙들은 일본 지배층이 내거는 「倂合」을 합리화하는 理論에 호응하여, 이를 支持하는 記事는 물론 論說과 社說을 연속하여 싣고 일제의 한국 침략을 支持하였다. 姜東鎭 「韓日合邦 時期의 新聞社說의 論調」, 『日帝言論界의 韓國觀』, 一志社, 1982, 11~12쪽.

한국 통치 문제 등에 나타난 논조를 분석하기로 한다.8

3·1운동에 대해 최초로 보도한 일본신문은 3월 3일자 『동경조일신문』과 『동경일일신문』이었다. 이어 3월 5일에는 『중외상업신보中外商業新報』, 3월 6일에는 『시사신보時事新報』와 『만조보』, 그리고 3월 7일에는 『독매신문』과 『국민신문國民新聞』 등이 차례로 싣고, 3월 8일에는 조선총독부의 공식발표인 「조선소요경과朝鮮騷擾經過」를 기사로 게재하면서 모든 신문이 일제히 다루기 시작하였다. 이러한 보도기사는 3월 12일부터는 통제를 받았으나 14일경까지는 속보가 나왔는데, 이상하게도 15일 이후부터는 각 신문이 일제히 3·1운동에 대하여 침묵으로 일관하고 있다. 따라서 3·1운동 초기의 보도기사는 수일간에 불과한 것이었다. 또 다음에 열거한 각지에 보도된 기사의 표제標題만 보아도 식민지인 한국민족이 거족적으로 민족해방을 위해 일으킨 3·1독립운동의 원인이나 진실, 또는 한국 민중에게 가하는 잔인한 탄압 실상은 전혀 보도하지 않고 있다는 것을 알 수 있다.9

【3월 3일】

『東京朝日』 <不穩檄文 配布> 2日 京城特派員發 / <鎭南浦에서도 不穩의 形勢> 2日 鎭南浦特派員發 / 사회면에는 <李太王國葬>을 보도

---

8 姜東鎭, 「3·1運動期에 있어서의 日本言論界의 韓國觀과 朝鮮統治論」, 『日帝言論界의 韓國觀』, 一志社, 1982.
9 申國柱, 「三一運動과 日本言論의 反響」, 앞의 책.

『東京日日』〈群衆 大漢門에 모여〉, 〈煽動者는 天道敎祖라 稱하는 一派〉, 〈總督諭告를 發하다, 妄動者는 嚴重히 處分〉, 〈流言蜚語에 迷惑되지 말라〉 등 標題로 〈朝鮮京城의 不穩〉을 2日 京城特電로 보도

【3월 4일】

『東京朝日』〈京城의 大行列〉 2日 京城特派員發 / 續報 〈鮮人의 運動〉 3日 京城特派員發로 보도

『東京日日』〈朝鮮騷擾의 首魁 孫秉熙 捕縛되다〉, 〈愚民을 惑하는 天道敎信者 百五十萬人〉 등의 續報

【3월 5일】

『中外商業新報』〈朝鮮人의 不穩尙未鎭靜〉 京城電로 보도

【3월 6일】

『時事新報』〈鮮人騷動은 全혀 黑幕의 煽動〉이라는 標題로 京城特派員發의 〈朝鮮의 天道敎〉라는 中傷 記事

【3월 7일】

『東京朝日』〈朝鮮 各地의 暴動〉 題下에 〈主謀者는 天道敎와 基督敎〉, 〈米人看護婦 檄文을 撒布〉, 〈警官隊 등과 衝突하여 死傷者를 내다〉, 〈鎭南浦의 騷擾―拘引된 被告를 奪取하고자 警察을 襲擊〉, 〈平壤方面의 大警戒―學生은 全員 退學屆 提出〉, 〈少年을 先頭로 示威―開城의 警察派出所 破壞〉, 〈沙川, 成川에서 蜂起―駐在所와 派遣所를 消却〉, 〈憲兵慘殺〉, 〈警察官 捕虜, 憲兵中尉 傷死〉, 〈각지의운동 首謀者 계속 검거―宣川, 甑山, 咸興, 黃州〉 등의 기사를 6日 京城特派員發로 보도

『東京日日』〈各地同時勃發, 아직 騷亂〉, 〈黃州署長橫死―暴民, 警察署 襲擊, 유리창 등 破壞〉, 〈헌병분대장 被殺―暴民도 死傷 20여 명〉,

<安州의 暴徒 憲兵隊를 襲擊―千名集團으로> 등 6日 京城特電으로 보도

『讀賣新聞』 <朝鮮에 넘치는 學生騷動重大> 題下에서 "지난 1일 운동 이래 경성부내 鮮人학교 83교의 생도 19,814명은 거의 다 학업을 폐하고 그 학생은 일절 制帽制服을 착용하지 않고 순조선복으로 山高 帽나 鳥打帽를 쓰고, 관헌의 눈을 피하여 隨所에 밀집하고, 이제는 경성만이 아니라 今回 운동의 本體라고 할 30만 신도를 有하는 천도교 이외의 全鮮 學生도 거의 모두 휴교하여 가요를 고창하고 있는 상태이다."> 라고 보도

『國民新聞』 <形勢漸次重大, 軍隊出動할 듯>, <天道敎徒는 耶蘇敎의 使嗾를 받다>, <惡辣한 野心敎, 煽動者는 米國宣敎師>, <公約을 作하여 暴行을 禁하다> 등

【3월 8일】

『東京朝日』 <이 暴動은 東京의 電車騷擾보다 작다, ―古賀拓植局長의 目擊談>

<迷信으로 一部의 徒가 煽動하고 있다> ― 加藤 副官의 實見談

『東京日日』 <朝鮮을 위하여 슬픈 일> 尹致昊의 談話

『時事新報』 <我憲兵隊 到處에서 危險>, <暴徒, 平壤警察署를 襲擊―殺害하겠다고 脅迫>, <事件裏面에 異國 宣敎師 있다>, <女學生과 少年隊도 示威開始>, <內地人 商鋪에 暴行> 등 京城 中村 特派員發로 보도

【3월 9일】

『東京朝日』 <6日 以來 朝鮮各地騷擾는 전혀 그치지 않고 開城에서는 6日 午後 9時半, 約 1千名의 集團이 警官에게 瓦石을 던지며 警察署로 殺到하여 왔으나 11시에 이르러 解散하였다.―그 밖에 平北, 黃海, 咸南, 忠南 各道 數十個所에 暴民이 蜂起하였으나 각각 檢擧解散시켰다. 8일까지

全鮮에 亙하여 檢擧된 者는 4천명에 달하였다…"을 京城特派員發로 보도

『時事新報』<谷山市에서 天道敎徒示威開始> <鮮人店鋪는 全部閉鎖-平安北道>

『國民新報』<天道敎大檢擧-京城, 黃州 尙不穩> 등 기사를 報道

【3월 10일】

『讀賣新聞』<禍根의 天道敎-20萬信徒를 선동하여 蜂起>, <犯人 多數는 耶蘇敎徒 일일이 聖書 앞에 誓約케 하고 口供>, <憲兵巡査 虐殺 繼續>, <暴動尙未熄, 劃策經路 대략 判明> 등의 기사

『東京朝日』<大邱의 學生及基督敎徒 示威運動-首謀者 60명 逮捕>, <鳥致院, 旅行及集合 禁止-忠南方面도 不穩>

『國民新報』<亂魁 孫秉熙와 愛妾 朱氏>이라는 中傷의 解說記事.

『時事新報』<壯烈한 遺言, 佐藤上等兵 遂戰死> <牧使의 煽動, 80명을 逮捕> 등의 기사

【3월 11일】

『國民新報』<暴動 드디어 南鮮 方面에 波及> <京城에서는 學生에서 勞動者로 波及>

『東京朝日』<浦潮(海蔘威)의 鮮人 檢擧> <女學生에 拘留狀> <安城鮮人, 邦人借家人에게 退去를 强迫> 등

『時事新報』<朝鮮暴徒와 健戰, 中西憲兵曹長 重傷> 등의 記事

【3월 12일】

『東京朝日』<平安南道의 暴動> 題下에 <憲兵分遣所를 包圍> <警官隊와 大衝突> <暴徒死傷者 50餘 名>

<咸鏡北道의 暴動> 題下에 <端川에서 千名의 폭도 군청을 放火> <暴徒10 射殺, 140명 逮捕>

『國民新報』<京城의 警戒 嚴重을 極하다>, <中夜軍曹 重傷危篤>

『讀賣新聞』<妖僧 孫秉熙의 素情(正體)>이라는 中傷의 解說을 보도

『時事新報』"京城中村特派員電—判檢事의 訊問에 대하여 獨立宣言書에 署名한 孫秉熙 등은 獨立을 要望하고 死刑에도 遺憾없다고 豪然히 음모를 자백하였다."고 보도

【3월 13일】

『東京日日』, <朝鮮의 騷擾地 마침내 80個所에 미치다>

『讀賣新聞』<朝鮮暴徒, 憲兵을 襲擊>

『時事新報』<京城聯隊 出動—仁川, 咸興, 大邱等에>

『中外商業新報』<憲兵上等兵 죽다—孟山暴動에서> 등 보도

【3월 14일】

『東京朝日』"13日 城津電으로—咸鏡北道 吉州郡에서 13일 約 萬名 以上의 暴民이 모여 不穩한 行動이 있었다. 오후에 이르러 때마침 憲兵隊가 城津으로 向하는 途中 이에 부딛쳐, 憲兵과 協力 鎭撫하였다. 鮮民의 死傷15명이라는 정보가 있다 騎馬隊는 잠시 吉州에 駐留할 것이다." <群山 警察署에 放火, 各 地 其後 狀況은 依然不穩> 의 기사를 數行으로 보도

*3월 15일 이후에는 각 신문에서는 3·1운동에 대한 보도기사는 보이지 않는다.

한편 일본신문의 사설은 3·1독립운동이 일어나자 일제히 반응을 보이기 시작하였다. 1910년의 한일합방 직전에는 『평민신문平民新聞』

을 제외한 모든 신문이 일본의 한국 합방을 적극적으로 환영하며 지지하였는데, 3·1운동 시기에도 기본적으로 일제의 한국 지배를 반대하거나 한국의 독립을 주장한 사설은 없었다. 그러나 1910년의 합방 때와는 다른 여론의 움직임이 있었는데, 그것은 유력지들이 정도의 차이는 있으나, 일제의 식민지 정책에 대해서 잠시나마 예리한 비판을 하고 있는 점이다. 이것은 전년에 일본에서 발생한 민중폭동인 '쌀소동'10에서 보는 것과 같은 일본 국내 체제의 위기와 러시아 혁명에 따른 위기의식의 반영이라고 할 수도 있겠으나, 3·1운동기 일본 언론계의 동향은 중요한 연구 과제가 아닐 수 없다.

이때의 일제 신문의 보도기사나 논조는 신문의 성격이나, 신문사 규모, 중앙지과 지방지 등의 구별에 따라 차이가 보인다. 즉『동경조일신문』,『동경일일신문』,『대판조일신문』,『대판매일신문』,『만조보』,『독매

---

10 일본은 1917년의 흉작으로 쌀값이 오르기 시작하고 일본의 시베리아 출병을 예견한 자본가와 지주 및 상인들이 매점을 하여 특히 한국 쌀을 독점 수입하던 미쓰이 물산과 스즈끼 상점이 쌀을 내놓지 않아 미곡가는 천정부지로 치솟았다. 이에 1918년 7월 도야마(富山)현 우오즈(魚津)에서 시작된 주부들의 쌀 반출투쟁이 도화선이 되어 군중들이 미곡상과 지방행정 기관에 호소하여 쌀의 염가를 요구하는 소동을 일으켰고. 이것이 발단이 되어 1개월 여에 걸쳐 전국 각지에서 대규모 봉기가 일어 났는데 이 사건을 '쌀소동'이라 한다.『大阪朝日新聞』,『大阪每日新聞』에서는 「越中女一揆」라는 제목으로 기사화하여 투쟁을 확대시켰다. 越中은 富山縣의 옛 지명이며 一揆는 농민의 폭동을 가르킴. 姜東鎭,「제8장 5.사회운동과 민족 해방운동의 앙양과 지배체제의 개편」,『日本近代史』, 한길사, 1985, 282쪽.

신문』,『시사시보』,『보지신문報知新聞』,『국민신문』 등의 중앙지와 그 계열지는 기사나 사설이 비교적 많은데 비하여 지방지는 보도가 늦은데다가 사설에서 3·1독립운동이나 한국 통치 문제를 언급하고 있는 것이 매우 드물게 보인다. 다만 한국에 있는 조선총독부의 기관지인『경성일보京城日報』만은 그 성격 때문이겠지만 많은 보도기사와 사설을 싣고 있음을 볼 수 있다.

유력지 중에서도『대판조일신문』11은 한국 문제에 큰 관심을 가지고 있었는데, 6월부터는 편집 진용이 개편되어, 이른바「대정大正데모크라시」12의 민주적 풍조에 편승한 민본주의자民本主義者가 많아 일제 정부와 군벌의 식민지 정책에 대하여 신랄한 비판을 가하고 있음을 볼 수가 있다. 기사는 각 단계마다 특색을 보이는데, 사설의 논조는 더욱 현저한 특색을 보이고 있다. 사설 논조의 빈도를 보면 거

---

11 國際情勢 推移에 不斷한 관심을 보였던 孫秉熙는 國內發行 신문 이외에도『大阪朝日新聞』과『大阪每日新聞』을 오래 전부터 購讀하고 있었다. 朴賢緖,「三一運動과 天道敎界」,『三一運動50周年紀念論集』, 東亞日報社, 1969.
12 1916년 1월, 제국대학 정치학교수 요시노 사꾸조(吉夜作造)가『中央公論』에 발표한 논문「憲政의 본의를 풀이하여 그 유종의 미를 거두는 방도를 論함」에서 "政治는 '民衆의 與論'을 尊重해야 한다."고 강조한 후 일본은 군대가 통수권의 독립을 방패로 내각도 마음대로 하는 2중정부가 출현하고 있다고 지적하면서, 軍部와 貴族院의 개혁을 요구하였다. 이 주장은 자유주의적 부르주아의 요구를 체계화한 것으로 '民本主義'라고 불리는 '대정데모크라시' 시대의 특징적 思潮이다. 姜東鎭,「대정데모크라시운동」,『日本近代史』, 270쪽.

의가 3월 중·하순경부터 4월의 3·1운동의 최고조기와 8월 중순의 「관제개정」시기에 집중되고 있다.

5~7월의 퇴조기에는 유력지들도 거의 사설을 싣지 않고 있는데, 다만 『대판조일신문』만이 7월에 하라(原) 내각이 여론을 무시하고 「문무관병용제文武官倂用制」라는 이름으로 조선총독의 무관총독제를 지속하려는 의도를 탐지하여, 사설과 「석간평단夕刊評檀」란을 통해 때때로 공격을 가하고 있는 것을 볼 수 있다. 1910년 3월에서 8월까지 사이에 '3·1독립운동'과 '한국 통치 문제'에 관해서 일본 신문에 실린 사설의 빈도는 대판조일신문—11회, 대판매일신문—5회, 동경조일신문—9회, 동경일일신문—5회, 만조보—13회, 시사신보—8회, 야마도신문—5회, 중앙신문中央新聞—2회, 경성일보—23회 등으로 사설은 조선총독부 기관지인 『경성일보』가 가장 많고, 중앙지로는 『만조보』가 13회로 가장 많이 나타나고 있다.

3. 3·1운동 발발 초기 신문 사설의 논조

1) 일제 신문의 보도기사

신문 사설에 앞서 3·1운동 직후의 보도기사를 살펴보면 몇 가지 특징을 찾을 수가 있다. 첫째는 3·1운동에 관한 신문기사가 당국의 보도관제로 매우 늦게 신문지상에 실린 것이다. 이것은 3월 1일부터 「이태왕국장의李太王國葬儀」 기사가 큰 글자로 보도되고 있지만 이 국장을 보려고 전국 각지에서 상경한 수십만의 민중이 벌인 시위운동에 관해서는 전혀 보도하지 않고 있다가 보도관제가 해제된 7일자의 『동경조일신문』에 비로소 보도되고 있는 데서 알 수가 있다. 그러나 이러한 신문의 보도관제 속에서도 유독 '조일신문계'와 '매일신문계'만은 3월 3일에 벌써 기사가 나타나고 있는데, 비록 작은 활자로 게재하고 있지만 당국의 보도관제 속에서도 기사를 게재할 수 있었던 것은 유력지인 두 신문의 영향력 크기 때문으로 추측된다. 또 『보지신문報知新聞』은 3월 5일에, 『시사신보』는 3월 6일에 작은 기사로 다루고 있을 뿐 다른 신문에서는 찾아볼 수가 없다. 한국 현지에 있는 『경성일보』도 3월 2일에 「경거망동을 경고한다」라는 하세가와(長谷川) 총독의 유고諭告를, 6일에는 사설 「소위 독립운동자멸의 죄맹罪氓이 되지 말라」를 싣고 있을 뿐, 보도기사는 없고 7일에서야 처음으로 기사가 보일 뿐이다. 3월 7일에 보도한 신문은 『독매신문』, 『만조보』, 『국민신문』 등이고, 8일경에 가서야 『야마도신문』, 『중앙신문』, 『신사신문』 등 중앙지와 지방지가 한결같이 기사를 다루고 있다.

둘째는 3·1운동의 원인을 명확하게 보도하지 않고 있다는 점이다. 3·1운동의 발발 원인은 일제에 의한 식민지 지배가 근본적인 것이다. 그런데 식민지인 한국 민중이 독립을 위해 벌인 평화적인 비폭력 시위를 통치자인 일제가 무력으로 탄압함으로써 전국적인 투쟁으로 발전한 것이 직접적인 원인임에도 불구하고, 사건 확대의 원인을 '일부 천도교의 선동'[13]이나 '일부 불량학생의 강제'에 의한 것

---

13 ①宗敎取締에 관해서는 明治39년 統監府令 제45호로써 內地人의 종교

으로 보도하고 있다는 점이다. 그 외에도 '외국 선교사의 선동', '일부 불령선인不逞鮮人의 선동', '무지한 선인鮮人들의 부화뇌동' 등으로 돌리고 있다. 이러한 신문보도는 3·1독립운동을 한민족의 자각에서 나온 주체적인 민족해방운동으로 보지 않으려는 일제의 3·1운동에 관한 일관된 태도와 궤를 같이 한다고 하겠다. 이러한 논리는 신문기사에서 '야소교도 조선인의 폭동, 대거 경찰서를 습격하여 수비대와 충돌'14, '조선에 충만된 학생소동 중대 일만구백의 학생 학업을 폐하고 노래를 고창하고 시위하다'15, '불온한 격문 배포'16,

---

선포 수속을 일정하게 한 외에 조선인 및 외국인의 종교에 관해서는 하등법규의 근거가 없기 때문에 宣布所 濫設에 계속 폐단이 있었고 특히 조선인의 조직에 관계된 것으로는 천도교, 시천교 등의 제종교가 있어 그 종류가 잡다할 뿐 아니라 움직임도 政敎를 혼동하여 순연한 종교라고 인정하기 어려운 것이므로 適意한 取締를 가하고 있다. 朝鮮總督府, 「朝鮮總督府施政年報」 3권, 1911.②총독부에서 규정한 「祭祀 및 宗敎」에 관한 문건 중 종교 부문의 「宗敎類似團體」라는 題下에 "조선재래의 종교 유사단체로서는 법령에 아직 종교로 인정하지 않은 것은 천도교, 시천교를 위시하여—그 말하는 바 대부분은 미신으로 아직 하나라도 종교의 영역에 이른 것이 없고 심지어 당사자 중에는 상투적으로 황당무계한 설을 유포하여 愚民을 狂惑해서 私腹을 채우고자 하는 협잡의 무리가 적지 않으므로 取締를 要함한다." 朝鮮總督府, 「朝鮮總督府施政年報」 7권, 1921. 日帝當局이 天道敎를 종교로 인정하지 않고, 불교, 기독교와 구별하여 잡다한 '宗敎類似團體'로 규정한 것은 宗敎에 대한 日帝의 植民地統治政策의 一環으로 計劃된 것임을 알 수 있다.

14 『大阪朝日新聞』 1919년 3월 3일 기사
15 『中央新聞』 1919년 3월 8일 기사
16 『東京朝日新聞』 1919년 3월 3일 기사

'폭민 계속하야 검거중'17, '안주安州의 폭도 헌병대를 습격, 천명千名의 집단'18, '배후에 모국의 선교사'와 '외부로부터 무기자금의 공급'19 등으로 보도하고 있는 것에서도 찾을 수가 있다. 특히 우익계의 신문인 『야마도신문』이나 『경성일보』는 더욱 심하여 "일부 불량학생들이 차제에 시위운동에 참가하지 않는 자는 살해하라고 강박"20한 것이 원인이라고 언급하기까지 하였다.

이때 유일하게 『만조보』만은 '불령선인'이란 말 대신 '불평선인'이라고 표현하는 것과 그들의 궐기가 일본의 악정에 원인이 있다고 지적하고 있는데, 『만조보』는 과거 수년 동안 한국에서 광산을 경영하는 관계로 내륙 지방을 많이 돌아다닌 「모씨담某氏談」이란 기사로 다음과 같이 일제 헌병치하 한국인의 참상을 소개하고 있다.

【某氏談】 어떠한 산간벽지에도 2명의 헌병 상등병이 屯營하고, ―그들은 미치 염미대앙처럼, 총독부로부터 출장관도 그 눈치를 살핀다. 鮮人이 慴伏하고 있음은 상상하고도 남음이 있다. 某工學士가 경성에서 某地에 측량으로 출장 가서 산림측량이 시작되자, 갑자기 부근의 농민이 봉기하여 그 고지를 포위하고 돌을 던졌다. 언어 불통으로 변명할 도리가 없으므로 短銃을 발사하였다. 그 소리를 들은 헌병대가 출동하여 선인을 2,

---

17 『萬朝報』 1919년 3월 13일 기사
18 『東京日日新聞』 1919년 3월 7일 기사
19 『讀賣新聞』 1919년 3월 11일 기사
20 『야마도新聞』 1919년 3월 8일 기사

3명 칼로 치자 겨우 진압되었으나, 土民을 봉기시켰다 하여 공학사 등은 免官되었다. 이것은 그곳의 헌병에게 도착신고를 안 했다 하여 憲兵이 土民을 선동시켰다는 소문도 있다. 고리대금업자가 토지를 담보로 잡아 기한을 속여 토지를 횡령한다. 鮮人은 재산도 잃고 산으로 들어간다. …척박한 땅에서는 아무리 일해도 먹고 살 수가 없어 그들은 八萬, 十萬씩 흘러 흘러 시베리아, 남만주, 몽고지방으로 나간다. 이런 것들을 생각하니 조선의 앞 일이 무서워질 따름이다. <萬朝報 1919년 3월 8일 기사>

셋째는 3·1운동 때부터는 신문 사설에서 사용하는 '조선인'의 명칭을 '조선인'이라 하지 않고 멸칭蔑稱인 '선인鮮人', '사민土民' 등으로 사용하고 있다는 점이다. 이러한 용어를 사용하는 경향은 그 전부터 있었지만 3·1운동 직후부터는 노골화되고 있으며, 자주독립을 위해 평화적 비폭력으로 궐기한 민중을 '폭도', '범인', '불령선인不逞鮮人' 등으로 부르고 있다.

넷째는 3·1운동의 중대성을 인식하지 못하고 일본 민중에게 오해와 적개심을 조장시키기 위해 '불온 격문의 살포', '폭도 습격, 경찰서장 횡사', '헌병 참살되다', '헌병순사 학살', '내지인의 상점에 폭행', '무관계한 내지인 남녀까지 참살' 등의 표현으로 연일 선전보도를 하고 있다는 점이다. 심지어는 '난괴亂魁 손병희와 애첩愛妾 주씨朱氏', '요승妖僧 손병희의 정체'와 같은 중상하는 기사까지도 보도함으로써 3·1운동이 '일부 불령 천도교도와 기독교도의 음모 또는 외국 선교사의 선동'에 의한 '맹목적 폭동'이며, 한국민족은 일제의 '선정善政'을 이해하지 못하는 '우민愚民'이라고 비난하는 동시에 전적으로 무력에 의한 진압의 필요성을 지지하고 있다.

다섯째는 신문의 기사에 당국자의 담화, 목격담, 의견 등만을 보도하고 있을 뿐, 한국 민중의 주장이나 의견은 전혀 무시해 버리고 있다는 점이다. 사건을 왜소화하기 위한 보도나[21] 위협적인 협박조의 '당국담화'[22]는 많이 싣고 있으나 일제 군경의 한국 민중에 대한 무자비한 탄압 방법이나 비참하게 죽어 가는 한국인의 실상에 대해서는 전혀 보도하지 않고 있다.

2) 일제 신문 사설의 논조

일본의 신문 사설은 보도기사와 비슷하게 늦게 나타나고 있다. 중앙의 유력지로 3·1운동에 관한 사설을 최초로 언급한 신문은 『대판매일신문』인데 3월 4일자에 「일선日鮮의 융합融合」이란 사설을 싣고 있다. 이에 앞서 3월 3일 『야마두신문』에서는 재빨리 「근조이태왕謹弔李太王」이란 사설을 싣고는 있으나, 이 사설은 3·1운동을 의식하지 않은 것으로 보인다. 이때부터 3월 중순까지 사이에 3·1운동 관련 신문 사설의 표제를 열거하면 다음과 같다.

---

21 1919년 3월 7일 각 신문에 보도된 遞信大臣 野田車中談(李太王國葬에 일본 정부 대표로 참석하고 귀국)
22 1919년 3월 8일의 『萬朝報』, 『朝日』계 『每日』에 실린 朝鮮總督府의 司法部長官 구니와케(國分)의 위압적인 담화

○『大阪每日』
　「日鮮의 融合」 3월 4일 사설
　「朝鮮의 騷擾」 3월 8일 사설
○『報知新聞』
　「武官制를 폐지하라. 총독부와 陸海兩相」 3월 7일 사설
　「北朝鮮의 騷擾」 3월 9일 사설
○『東京朝日』
　「朝鮮騷擾의 先後」 3월 13일 사설
○『讀賣新聞』
　「朝鮮의 統治」 3월 14일 사설
○『中央新聞』
　「朝鮮暴動眞因, 憲治政治의 弊 이 기회에 없애라」 3월 15일 사설
○『萬朝報』
　「總都督文官制」 3월 19일 사설
○『京城日報』
　「民族自決主義의 誤解」 3월 6일 사설
　「所謂獨立運動自滅의 罪民(죄맹)이 되지 말라」 3월 7일 사설
　「當然한 措置」 3월 7일 사설
　「朝鮮騷擾에 관한 質問書를 읽다」 3월 12일 사설
　「新聞紙의 墮落」 3월 13일 사설
　「朝鮮의 德育」 3월 20일 사설

이때 신문 사설의 논조를 보면 그 특징이 첫째로, 보도기사와 마

찬가지로 3·1운동의 원인을 '외부의 선동', '일부 민족자결주의를 오해한' 천도교도, 일부 학생 지식인의 선동에 있다고 보는 점이다. 3·1운동에 대한 사설을 제일 먼저 실은 『대판매일신문』의 사설 「일선日鮮의 융합」과 3월 8일자 『대판조일신문』 사설을 보면, 미국의 하와이 식민지화를 예로 들어 한국의 자치 주장은 쓸데없는 것이라고 위협하고, 한국이 일본과의 동화를 싫어하는 것은 신사조新思潮인 민족자결주의에 반하는 것이라는 억지 논리를 펴고 있다. 또 조선의 소요가 천도교 등 일부 종교인의 선동에서 비롯되었으며, 한일합방 전과 비교해 보면 일제 식민지하에서 한국민족의 행복이 더욱 증진되었다는 식으로 논리를 펴고 있는 것은 경악하지 않을 수 없다.

【日鮮의 融合】우리 朝鮮人 중, 때로는 民族自決主義를 誤解하고, 때로는 外人의 離間策의 犧牲이 되어, 경솔하게도 思慮 없이 자기 스스로 不安, 窮乏의 慘禍에 빠지려는 자가 있음을 불쌍한 일이라 아니할 수 없다. 더욱이 外人 중에 排日思想을 가지고 이를 濫用하는 자가 있다. 朝鮮人民을 欺瞞하여 그 資料로 삼으려는 자가 적지 않다는 것과 같은 것은 조선인의 가장 주의해야 할 바이다. 일찍이 米人이 하와이에 植民하여 하와이 인에게 自治를 주는 것처럼 꾸며 하와이의 革命을 宣布하여 써 合倂의 素地로 삼아 마침내 모든 이익과 권력을 하와이인의 손으로부터 빼앗아 하나의 異族을 가지고 다른 異族의 國土를 掠奪해 버린 例는 조선인이 가장 알아야 할 점이다. 一鮮人이 이런 位置, 이런 책임에 비추어 일본과 同化하여 協力하여 同族發展의 평화사업에 공헌하여 5대강국의 一民族의 힘 如何를 보이는 것은 鮮人이 바로 자랑으로 여겨야 할 바이다. 一만

일 鮮人이 적어도 日韓同化를 싫어한다고 한다면 이는 오히려 民族自決 主義의 最新思潮에 反하는 것으로 陰謀를 가지고 排日의 惡計를 행하려 는 外人의 傀儡가 됨을 甘受하려는 것, 鮮人된 자의 스스로 크게 경계해 야 할 바이다.

<大阪每日新聞 1919년 3월 4일 社說>

【朝鮮의 騷擾】 처음 吾人이 騷擾의 報道를 듣자 吾人은 그 무슨 이유 인지를 이해하지 못하여 거의 보도의 眞否를 의심하였다. 잠깐 있다가 그 天道敎徒 및 耶蘇敎信者의 陰謀에서 나온 것임을 듣고 그런 것인가 하고 생각할 수가 있었다. 도대체 보통 鮮人의 情意로써는 오늘 폭동을 일으켜 官憲과 抗爭하지 않으면 안 될 이유 있음을 상상할 수가 없기 때문이다. —民族自決이 필요함은 民衆의 生存을 자유롭게 하고 民衆의 재산을 安固 하게 하여 즉 민중의 행복을 增進하기 위할 뿐이다. 표준은 민중의 행복 여하에 있다.—이제야 民族自決은 세계적 유행이다. 일부 不逞의 徒가 이 것을 가지고 無辜의 鮮人을 선동하려고 함은 잘하는 것이라고 볼 수 없 다. 더욱이 착실한 민중은 이에 付和하여 民族自決을 부르짖기에 앞서 먼 저 舊韓國時代와 倂合後를 비교하여 냉정하게 신중히 민족의 행복이 어 디에 있는가를 생각하지 않으면 안 될 것이다.

<大阪朝日新聞 1919년 3월 8일 社說>

또한 3월 13일자의 『동경조일신문』도 사설 「조선 소요의 선후善後」에 서 위의 두 신문과 같은 인식에서 3・1운동에 대하여 "이번 조선의 소요는 무지한 선민鮮民이 민족자결주의의 세계적 유행에 유혹되었다는 것이 그 일인一因이다."라고 하였으며. 3월 9일자의 『보지신문』 역시 다음과 같은 사설에서 외국 선교사들의 선동에 의한 외인론外因論을 주장하고 있다.

【北朝鮮의 騷擾】더욱이 吾人이 看過하지 못하는 것은 이 運動의 裏面에 米國宣敎師가 있다는 명백한 사실이 이것이다. 그들은 多年 小惠를 賤民에게 베풂으로써 多少의 세력 있음을 이용하여 事事件件에 그들을 煽動하여 써 平地에 파란을 일으켰다. <報知新聞 1919년 3월 9일 社說>

그러나 한국 현지에 있는 『경성일보』만은 일제의 식민 지배의 압박이 3·1운동의 원인임을 알고 있으면서도 '일부 사려思慮 없는 조선청년과 모모교도某某敎徒의 계획한 것'이라 하여 한민족이 거족적으로 궐기한 3·1운동의 원인이 일제의 식민지 지배라는 사실을 은폐, 왜곡하고 있다. 뿐만 아니라 다음과 같이 한국민족은 동족동종同族同種인 일본민족과 협동 일치하여 행복과 진보를 발전하자는 어처구니없는 논리를 펴고 있다.

【所謂 獨立運動自滅의 罪民이 되지 말라】아아 가엾은 조선동포여, 당신들은 실은 惡魔의 선동에 매혹되어 물거품보다 못한 迷夢에 빠지고 있다. 각성하라, 각성하라, 꿈의 세계는 결코 당신네들의 永住할 곳은 못된다. 당신네들은 왜 現實生活로 되돌아와서 당신들의 행복과 진보 발전을 도모하지 않는가. 당신들과 同族同種인 일본민족과 協同一致하여 써 당신들의 건실한 立脚地를 정하여 지구상에서 활보하려고 꾀하지 않는

가. <京城日報 1919년 3월 7일 社說>

둘째로, 민족 자결의 원칙에 대하여 모든 사설이 비난하면서 공격을 가하고 있다는 점이다. 제1차 세계대전 직후의 아시아 아프리카 여러 민족이 한동안 현혹되었던 윌슨의 이른바 '민족 자결의 원칙'은 일본을 포함한 이른바 전승국23에는 통용되지 않는다는 것과 한민족이 윌슨의 민족 자결의 원칙을 오해하고 있다고 주장하면서 한민족의 독립은 일본의 이익을 위해서 또한 동양평화를 위해서도 허용해서는 안 된다는 논리이다. 특히 한국이 일본 통치 하에 있는 지금의 상태가 바로 세계적 신사조인 민족자결주의의 원칙에 맞는 것이며, 한국의 분리 독립의 주장은 도리어 그 원칙에 반하고 이러한 세계적 대세를 모르면 자멸뿐이라는 협박적인 논리까지 보이고 있다. 예를 들면 다음과 같은 『대판매일신문』과 『경성일보』의 사설 논조를 보면 알 수가 있다.

【日鮮의 融合】조선과 일본과는 太古 이래로 떨어질 수 없는 친근한 관계가 있다. 그 인민은 同祖同根이다. 그 국토는 많은 시기에 한 나라였

---

23 소련에 대한 간섭전쟁이 한창이던 1919년 1월부터 파리의 베르사이유 궁전에서 시작된 강화조약은 6월에 조인되었으나, 평화회의는 전승국인 미, 영, 불, 이, 일 등의 5대 강국 중심으로 진행되었다.—아시아, 아프리카, 라틴아메리카 민족들의 식민지에게는 민족 자결 원칙이 적용되지 않았다.—姜東鎭, 「4. 동아시아에서의 열강간의 모순격화와 러시아혁명에 대한 간섭 전쟁」, 『日本近代史』, 한길사, 1985, 280~281쪽.

다. 즉 말하자면 오늘의 日鮮關係는 단지 역사적 추세, 전설적 관계가 자연으로 돌아갔다는 것뿐만 아니라 세계 최대의 힘을 보여 준 民族自決主義를 발휘하고도 남음이 있는 것이다. 즉, 만일 鮮人으로서 적어도 日鮮同化를 싫어하는 것과 같은 것은 이는 오히려 민족자결주의의 最新思潮에 위반하는 것, 陰謀를 가지고 排日의 惡計를 행하려는 外人의 傀儡로 되는 것을 甘受하려는 것으로 鮮人들은 스스로 크게 경계하지 않으면 안 될 것이다. <大阪每日新聞 1919년 3월 4일 社說>

【所謂 獨立運動自滅의 罪民이 되지 말라】 당신들은 현대의 最大思潮가 區區한 小民族의 自立에 있지 않고, 同種同族의 가장 큰 集團을 형성하고 있음을 알지 못하는가. 우선 영국이나 미국을 보라. 어디에 小民族의 自立을 꾀하는 자가 있단 말인가. 당신들은 세계의 大勢를 알지 않으면 안 된다. 그렇잖으면 오직 自滅을 얻을 뿐이다.
<京城日報 1919년 3월 7일 社說>

4. 3·1운동 최고조기의 신문 사설의 논조

2단계로 구분되는 3월 하순에서 4월 말경에 이르는 기간에는 운동 전개가 전국적으로 확대되어 일본의 언론들은 연일 대대적으로 보도를 하였다. 3·1운동의 사태 전개는 일제 당국에게 큰 충격을 주어 조선총독부 정무총감 산현이삼랑山縣伊三郎은 급히 본국으로 가서 총리에게 사태의 중대함을 보고하고 4월 6일에 일본군 대부대를 한국에 파견하기로 결정하였다. 이와 같이 일본의 3·1운동에 대한 대응책이 무력에 의한 진압으로 방향을 잡자, 일본 각 신문들은 일제히 이에 호응하여 '부득이 양민 보호를 위해' 또는 '로과격파露過激派와 짜가지고 폭동 위험성을 더함'24이라는 등의 미명美名 아래 3·1운동을 러시아혁명과 연계시키려는 일본 육군당국의 파병 이유와 설명을 대대적으로 보도하는 한편, '폭민의 헌병대 습격', '헌병 참살', '양민 보호', '일본 거류민 보호' 등을 거론하면서 무력으로 탄압하는 이유를 설명하기에 광분하고 있음을 볼 수가 있다. 4월에 들어 일본군의 한국 민중에 대한 무차별적인 살육전25에 관해서도 각 신문은 사실을 보도하지 않은 채 오히려 살육전에 참가한 군인의 '보용담步勇談'을 크게 싣기 시작하고 있다.26

3·1운동의 최고조기인 이때에는 신문에 사설이 많이 실린 것을

---

24 1919년 4월 9일 『國民新報』 記事, 「鎭壓의 對策 결정되어 朝鮮에 增兵— 6個師團에서 1個大隊씩을 元山과 釜山에」.

25 일제는 한국 주둔 육·해군의 무력도 부족하여 일본에서 대부대를 끌어들여 이루 형언할 수 없는 야만적 살인 행위를 자행하였다. 이들은 비무장의 민중을 닥치는 대로 살육하였는데 1919년 4월에 있었던 수원 학살사건은 그 일례에 불과하다. 일제의 가혹한 탄압은 그들이 남긴 불충분한 통계에 의하더라도 발발 직후 3개월 동안만도 학살당한 자 7,509명, 부상자 15,961명, 피검거자 46,948명에 달하였다. 부상자 가운데는 많은 수가 죽거나 학살당하였다. 姜東鎭, 「3·1운동과 5·4운동」, 『日本近代史』, 한길사, 1985, 285~286쪽.

26 "—황해도 연안에서 한 헌병 중위가 폭도의 한 사람을 보기 좋게 日本刀로 쳐죽였다." 1919년 4월 3일 『萬朝報』 기사.

보면 언론의 관심이 크다는 것을 알 수가 있는데, 논설의 특징은 종전에 있었던 '외부의 선동'이나 '지배층의 불평', '일부 선인의 민족자결주의에 대한 오해', '무지한 부화뇌동' 등의 원인론이 차츰 변하기 시작하여 '총독 정치의 비정秕政', '조선의 민족적 억압의 사실'을 어느 정도 인정하기 시작한 것이다. 그래서 무력만으로 사태를 수습하기는 어려운 것이며 지배 체제에 대한 일정한 정책 변화가 불가피하다는 여론이 대두하기 시작한 것이다. 이때 유력지들의 사설 제목을 살펴보면 다음과 같다.

○『東京朝日新聞』
　「植民地統治의 革新」 4월 5일 사설
　「朝鮮의 統治, 鎭定後의 方針」 4월 16일 사설
○『大阪朝日新聞』
　「朝鮮과 言論」 4월 6일 사설
　「露國過激派의 國外運動」 4월 10일 사설
　「在鮮米宣教師의 使命」 4월 12일 사설
　「同化主義와 文化主義」 4월 14일 사설
○『東京日日新聞』
　「朝鮮의 暴動」, 「植民政策革新의 必要」 4월 10일 사설
○『萬朝報』
　「朝鮮의 施政」 3월 27일 사설
　「朝鮮善後策如何」 4월 5일 사설
　「朝鮮의 增派兵」 4월 10일 사설

「鮮人虛報傳播」 5월 21일 사설
○『讀賣新聞』
　「基督教宣敎師 諸君에게 묻하는 書」 3월 27일 사설
　「本土와 朝鮮」 4월 18일 사설
○『東洋經濟新聞』
　「外國宣敎師의 朝鮮統治非難」 4월 25일 사설

이 시기의 논조에 있어서의 원인론의 변화는 지금까지 선동에 의한 외인론外因論을 주장하던 언론들이 한결같이 무단 전제 정치에 의한 통치를 폭동의 직접적인 원인으로 보는 것으로 방향 전환을 시작한 것이다. 『동경조일신문』의 사설 「식민지통치의 혁신」과 『만조보』의 사설 「총독문관제」와 「조선의 시정」에서는 3·1운동의 원인에 대해서 다음과 같이 논조를 펴고 있다.

【植民地統治의 革新】 우리나라에서는 수백년의 封建的 武斷的 역사를 자지고 있지만 조선의 역사는 그렇지 않다. 半島가 仙人國이라고 불리어지고, 국민성이 女性的인 것은 혹은 이런 歷史의 결과인지도 모른다. 이런 백성들에게 제국정부는 武官總督制를 펴고 憲兵制度에 의한 軍隊的 警察을 全道에 행하고 醫院 같은 것조차 軍醫로 하여금 이를 맡아보게 하며, 심지어는 助長行政에까지 軍人으로 하여금 容喙시키는 제도를 감행하였다.―아무튼 군인정치는 高抑威壓의 정치이다. 總督武官制 밑에서 武斷專攻의 폐단이 있음은 당연한 것이며, 憲兵警察 밑에 人權蹂躪이 빈발함은 면치 못할 사정이라. 조선에서는 言論의 抑壓이 세계에 비할 데가

없으며 御用新聞 이외에는 신문의 발간을 허용하지 않는다. 그러니 총독 정치의 결함을 그 누가 지적하고 교정할 수가 있단 말인가. 在朝鮮 某勅任檢事는 말하기를, 「조선에 범죄인이 있을 때 이를 수사하기 위해 가는 헌병은 그 집의 부인을 强姦하고 財物을 强奪하는 것을 常例로 한다. 鮮民은 이런 폭행에 대하여 구제를 요구할 길이 없을 뿐더러, 이를 검거해야 할 檢事도 憲兵에 의하지 않고서는 범인을 잡지 못하기 때문에 헌병 자신의 犯行은 어쩔 수가 없다」고 말하더라. 또 「內地의 警察署長 정도의 憲兵隊長조차도 小學校生徒에게 出迎을 시키며, 皇室에 대하여 하는 것과 같은 敬禮를 강요하는 자가 많다」고 하지 않는가. 이상은 이번 會期의 議會에서 행해진 某議員의 진술 중의 한두 가지를 인용한 것뿐이다. 吾人도 이와 비슷한 사실을 자주 들었기 때문에 여기에 言語道斷의 實例로써 이를 싣는 바이다. <東京朝日新聞 1919년 4월 5일 社說>

【總督文官制】植民地統治의 要諦는 이를 정복할 것이 아니라 同化하는데 있다. 오늘 朝鮮 13도, 80여 개소에 걸쳐서 蜂起한 폭동도 이미 조선인의 사상이 軍人萬能의 총독정치의 억압 밑에서 견디지 못하게 된 반감의 구체화라고 보는 것은 매우 옳은 견해가 아니겠는가. 군대 생활에 익숙한 군인과 민중과 접촉하는 문관과는 氷炭이 서로 맞지 않는 것과 마찬가지다. 그리고 경제적 발전은 自治主義에 의할 것이 당연하다고 한다면 오늘의 조선과 臺灣總督에 文官制를 채용하는 것은 매우 시급한 일이라 아니 할 수 없다. <萬朝報 1919년 3월 19일 社說>

【朝鮮의 施政】朝鮮의 대폭동은 여러 外國新聞에서 점점 큰 문제로

되어 가고 있다. 在中國의 미국 신문기자 중에는 특히 조선의 목적을 가지고 조선에 간다는 사람도 있다. 만약 일본 스스로가 빨리 폭동의 진상을 발표하지 않는다면 어떠한 오보가 전파될는지 모르겠다. 우리 당국자는 이미 사건이 발발한 후에도 될 수 있으면 그 사실을 발표하지 않으려고 하는 흔적이 있다. 그러므로 조선에서는 유언비어가 매우 성행하여 內地人조차도 매우 불안한 상황에 있다고 전해진다. ㅡ조선이 일본의 지배에 들어간 이후 13년, 그 동안 조선인은 매우 자유를 즐길 수 있었다. 특히 伊藤公의 시정에 관하여는 外人도 嘆稱을 禁하지 못할 정도였다. 조선인이 관리의 虐政을 받는 일은 公이 있었을 때는 완전히 일소되었다. 군인 총독이 되고 나서부터는 압박의 수단이 행해지고 더욱이 언론에 대하여 불필요한 속박을 가하였다. ㅡ外國人의 說을 들어보면, 총독부의 군인 정치는 억지로 일본에 대한 충성심을 양성하려다가 도리어 반대의 결과를 초래하게 되었다고 한다. ㅡ또 어떤 外紙는 총독부에서 하급관리까지도 內地人을 사용하는 것은 매우 큰 잘못이라고 말하고 있다. 영국이 인도를 통치하는데 매우 소수의 英人으로써 통치하고 있음은 매우 주의해야 할 일이다. ㅡ조선인은 매우 예민한 感受性을 가지고 있다. 內地人의 마음속을 쉽게 알아챈다. 그들은 대접하는데 劣等民으로서 하거나 아니면 偏頗한 행동으로 나간다면 그들은 결코 이를 참지는 못할 것이다.

<萬朝報 1919년 3월 27일 社說>

이상과 같이 언론의 논조는 3·1운동의 원인이 군인 총독의 통치제도에서 기인하고 있다고 보고, 언론의 압박, 혹심한 민족적 차별 등이 궐기 투쟁의 원인이라는 논리를 전개한 것이다. 일제 언론 중

가장 심한 독설로 한국 민중에게 모욕적인 언사를 퍼붓던 조선총독부의 기관지『경성일보』까지도 한국민족에 대한 민족적 차별 대우와 멸시에 대해 지적하고, 한국인의 분노를 언급하는 동시에 일본인들에게 한국인에 대한 행동을 조심할 것을 언급하였다.

【內地人을 忠告한다】… 그런데 內地人의 성격으로 鮮人의 妄動을 보고 蔑視하여 건방지기 짝이 없다. 일본 男兒의 실력을 모르는가 하고 분개하여 관헌보다도 먼저 私刑을 가하려고 하는 짓은 매우 있을 수 있는 일로써 지금에 와서 시작된 것은 아니나 실은 결코 명예로운 일은 아니다. 그것도 지방에 따라 관헌의 손 부족에 가세하여 그 지휘 명령 밑에서 활동한다면 그것은 다른 문제로써 이런 경우엔 아무쪼록 일본남자의 本領을 잘 발휘하여 허용되는 범위 내에서 충분한 활동을 하는 것은 물론이나 京城 또는 그 밖의 큰 도시에서 단속하는 관헌의 손도 부족함이 없는 데다가 군대의 경비도 충분한데도 불구하고 그러한 제멋대로 조선인에 危害를 가하는 일은 매우 온당치 못하다고 아니할 수 없다.
  <京城日報 1919년 3월 25일 社說>

이러한 원인론의 변화는 『경성일보京城日報』에서도 보이지만 한편으로 우익계 신문들은 총독정치가 한국인을 너무 애무愛撫하여 그 결과로 한국인이 일제당국의 위신을 무시하게 된 것이 원인이라고 보는 논리를 가지고도 있었다. 그 밖에 『중외상업신보中外商業新報』 같은 것은 1917년의 러시아혁명의 영향이 3·1운동에도 영향을 끼쳤다고 보기도 했다.

【朝鮮騷擾의 性質】세계 문명국의 公敵인 過激思想은 이제 조선에 들어와 이번의 소요로 하여금 더욱더 크게 만들려고 하고 있다. —이미 조선에 침입한 이 강렬한 만연력을 가지는 과격주의의 暴亂은 만약 이참에 철저히 진정 근절하지 못한다면 우리 본토에도 파급해 올 것임을 알지 않으면 안 된다. <中外商業新報 1919년 4월 11일 社說>

3·1운동의 최고조기에는 원인론에 대한 약간의 변화를 보이지만 일본군의 대대적인 증파와 가혹한 탄압에 대해서는 외국 신문들이 많이 비난을 하는데도 불구하고 일본 각 신문에서는 비난의 논조는 전혀 보이지 않고 있다. 오히려 일부 우익지에서는 더욱 철저한 탄압을 함으로써 '화근禍根의 절멸絶滅에 효력效力'할 것을 주장하는 상황이었다. 우익지가 아닌 유력지들도 하라(原) 내각의 군대 파병 자체를 반대하는 신문은 하나도 없었으며 오히려 당연한 것으로 보고 있는 것이 대세였다. 다만 무력 탄압으로 수습을 한 후의 과제로 통치 방법에 대한 변혁을 주장하면서 군인 총독에 의한 '군벌 정치 반대'만을 고창高唱하고 있다. 이때의 『동경조일신문』과 『만조보』는 다음과 같은 사설을 싣고 있다.

【朝鮮의 統治, 鎭定後의 方針】二千萬의 鮮民은 병합을 한 결과로 일본의 법률에 의하여 보호를 받음으로써 합병 전의 悲境에서 벗어나 평안하게 그 생명 재산을 보전할 수 있었고 교육 재정 교통 위생 제반의 정비와 함께 인류생활의 행복을 누리고 있음에도 불구하고 말하기를 道를 가지고 하지 않고 행동함이 義를 저버리며 함부로 흉기를 가지고 관아에 방

화하며 관인을 살상하는 등 人道를 저버린 행위를 자행하는 이상 이를 진압하는데 兵을 가지고 하는 것은 말릴 수 없는 노릇이 아니겠는가. 그것이 우리 정부가 내지로부터 6대대를 보내어 조선 사단과 협력하여 일거에 이를 평정하려는 까닭이라고 한다.
　〈東京朝日新聞 1919년 4월 16일 社說〉

　【朝鮮의 增派兵】조선에 군대를 증파한 것은 일시적인 진압수단으로써 부득이한 것이다. 그러나 시정 방침을 개선하여 민심의 완화에 힘쓰는 것도 또한 긴급한 일이다. 위압은 더욱더 민심을 격앙시킬 따름이다. 재조선의 외국인 중에는 병사 또는 警吏 아닌 內地人이 조선의 양민을 구타하여 사상시키는 사실을 지적하고 있다. 그 사실의 유무는 모르되 內地人의 조선인에 대한 태도는 확실히 반성을 要할 점이 있다.
　〈萬朝報 1919년 4월 10일 社說〉

　이때에 와서야 겨우 3·1운동의 원인론이 일제의 한국 지배의 포학성에 있다는 신문의 논조가 보이는데, 앞으로의 대책 강구의 책임은 모두 군벌정치에 돌리고 군인총독제의 폐지를 주장하면서 개선책에 대해서는 추상적인 수준에 그치고 있다. 그러나 언론에서 '조선의 독립'을 거론한다는 것은 상상도 할 수가 없는 것이었다. 『대판조일신문』의 사설을 보면 '고압적 동화주의'로부터 '자치적 문화주의'로의 전환은 바로 횡설수설하는 추상론으로써 그들이 주장하고 있는 것을 보면 다음과 같다.

【同化主義와 文化主義】自由를 經으로 하고 敎化를 緯로 하여 正義 人道의 넓은 地帶에 입각하여 인류의 이름으로 주민의 利福을 증진시키는 것을 기약하기 때문에 통치자와 피통치자와의 사이에 의사 감정의 충돌이 있을 리 없으며, 고도의 문화는 그 결과에서는 마침내 同化의 열매를 수반하지 않을 수 없다. 이는 어찌 조선통치의 극치가 아니고 무엇이랴. <大阪朝日新聞 1919년 4월 14일 社說>

3·1운동의 원인을 동화정책의 강요라고 보는 다음의『동경조일신문』사설을 보면 이러한 동화주의同化主義 정책에 대해서는 추상론에 그치고 오직 폭력 정치와 군벌정치에 그 책임을 전가하고 있음을 볼 수 있다. 다만 폭력에 의한 위압 정치는 반발을 초래하므로 교묘한 방법으로는 '종교를 이용한 교화敎化의 힘'으로써 통치하는 것이 앞으로의 식민지 지배정책에 과제가 된다고 주장하였다. 이러한 논의는 3·1운동 후 1920년대에 이르러 민족운동을 와해시키기 위해 종교단체를 이용하는 정책으로 나타나는 것에 주목할 필요가 있다.

【朝鮮의 統治, 鎭定後의 方針】同化主義는 가능하다고 하지만 풍속 습관을 하나로 만들며 형식적 도덕을 같이 하려는 것은 결코 同化의 근거는 아니다. 그러므로 同化의 眞髓는 정신의 交通共鳴에 있는지라. 그리고 정신의 교통은 관헌이나 법률이 잘 할 수 있는 물건은 아니다. 국민 상호간의 연락에 의할 수밖에 없다. 同化政策을 가지고 관헌의 것으로 만들며, 법률의 것으로 하며, 또는 형식적 교육의 것으로 한다는 것은 지금의 총독정치가 저지른 제일의 오류가 아니겠는가. 우리 정부는 우선 이 根本

義에 있어서 충분한 연구와 양해를 필요로 한다. 그리고 이 根本義를 제도 형식 위에 구현시키는 데 있어 첫째로 급무로 삼을 것은 군인총독제를 철폐하고 문관 총독을 두어 각 府縣의 헌병정치를 개선하여 鮮民으로 하여금 가까이 할 수 있고 반길 수 있게끔 하지 않으면 안 된다. ―그리고 이 정신이 交歡을 완벽하게 하는 방법으로써 종교의 힘에 의거하는 것도 한 방법이다. ―요컨대 참다운 同化란 敎化의 힘에 기대하지 않으면 안 될 것이다. <東京朝日新聞 1919년 4월 6일 社說>

다음으로는 통치 시책에 관한 필요성에 대해 각 신문마다 여러 가지의 방책을 제시하고 있는데, 『동경조일신문』을 보면 '식민지의회의 개설'을 처음으로 다루고 있으며, 『만조보』는 '폭행의 괴수'를 제외하고는 구속 중에 있는 시위 민중을 해방시킬 것을 주장하고, 그 설득의 방법을 제창하고 있다.

　【植民地議會의 開設】 이번 소란에 있어서 미국의 신문지가 번번이 우리통치 정책을 비판하는 것도 제도자체가 武人政治이기 때문이다.[27] 먼저 총독군인제를 철폐하고 총독정치와 군사지휘권과를 확연히 구분하여 헌병제도의 경찰을 폐지하고 보통 경찰관으로 하여금 그 일을 맡아보게 하고 鮮民도 될 수 있는 대로 널리 임용하여 그 일을 맡아보게 하는 것

---

[27] 미국 신문은 일본의 식민 통치 자체를 비판하지는 않고, 다만 정치선전으로 이용하였다. 姜東鎭, 『日帝의 韓國侵略政策史』 제1장 제1절 참조.

이 필요하다. 다음에 植民地議會 문제도 이 참에 상당히 고려할 필요가 있다고 보고 있다. 一물론 帝國議會와 같은 구속력 있는 결의기관을 설치함은 매우 중대한 것으로써 아직도 시기상조의 감이 있지만 널리 주민의 희망을 들을 수 있는 정당한 諮問機關을 권위 있는 勅令의 형식에 의하여 설치하는 것과 같은 것은 결코 尙早가 아니며 또한 有害한 것도 아니다.

<東京朝日新聞 1919년 4월 5일 社說>

【朝鮮善後策如何】 첫째로 急要한 수단으로서 조선인 일반에 대하여 저항이 그들에게 불리하다는 것을 모든 방법을 다하여 설득하지 않으면 안 된다. 둘째로는 폭행의 괴수를 엄벌에 처함은 하는 수 없는 일이나 지금 구류 중에 있는 다수의 조선인을 힘써 해방하는 수단을 취하지 않으면 안 된다. 셋째로 우리 치하에 있음으로써 생활의 安易를 얻는 방법을 강구해야 된다. 넷째로 조선인을 고급관리에 채용하는 길을 강구하지 않으면 안 된다. 다섯째로 조선인으로 하여금 힘써 그 직업을 잃지 않도록 하지 않으면 안 된다. 여섯째로 邦人이 四海同胞主義에 서 있음을 충분히 납득시키지 않으면 안 된다. 만일 이러한 수단이 취해진다면 아마도 조선인일지라도 무익한 저항은 하지 않으리라고 본다.

<萬朝報 1919년 4월 5일 社說>

한편 『대판조일신문』은 '10 수년 후 어느 정도의 자치를 허용'해야 한다고 하여, 처음으로 '자치自治'에 대한 언급을 하고 있어 주목이 되나 '자치론'의 구체적인 내용은 밝히고 있지 않다. 『대판매일신문』도 「조선과 언론」이란 사설에서 조선통치에 관해서는 앞으로 '언론의 자유를 부여해야 한다'고 주장하고 있다.28 『시사신보』도 군인의 총독 제도를 없애는 것을 소요 진압 후에 가장 먼저 해야 할 일로 삼아야 한다고 하면서도 "단지 폭동의 원인만을 중시하고 이른바 선인鮮人의 불평을 완화하는 것을 가지고 유일의 능사로 삼는다면 조선 통치의 대책을 세우는데 있어 의외의 오류에 빠질 염려가 있을 것이다."라고 회유정책의 위험성을 경고하고 있다.29

이상과 같은 일본 신문의 논조는 군인총독제의 폐지와 문관총독제의 주장에 대해서만 확실한 논리를 펴고 있을 뿐, 식민지의회나 자치문제에 관해서는 그 내용이 명확하지 않을 뿐 아니라 주장의 강도도 미약하기 짝이 없어 보인다. 『동경조일신문』의 '자문기관의 설치' 주장도 합방 후 한 번도 열린 적이 없는 자문기관인 중추원中樞院이 있다는 사실을 도외시한 것으로 보이며, 또 『대판조일신문』의 '자치론'이라는 언급도 하나의 추상적인 논리에 불과한 것으로 보인다.

그런데 이상과 같은 언론의 논조가 지배적인 경향인데도 불구하고 제국주의 비판에 가장 철저했던 『동양경제신문』의 논설만은 다른 신문에서는 볼 수 없는 양식 있는 논조로 3·1운동에 대한 사실을 싣고 있다. 『동양경제신문』 4월 25일자 '외국 선교사의 조선 통치 비난'을 보면, 평양의 선교사회의위원회가 세계 각국에 공표한 '조선 소요의 진상'이란 성명서(전문 8개항)을 싣고, 3·1운동은 한민족이

---

28 『大阪朝日』 1919년 4월 14일 社說, 「同化主義와 文化主義」과 『大阪每日』 1919년 4월 6일 社說, 「朝鮮과 言論」.
29 『時事新報』 1919년 4월 19일 社說, 「不平과 改革」.

일제통치에 반대하고 자주 독립을 요구하고 있는 것이라는 사실을 소개하여 신문으로서의 양심적 사명감을 보이고 있다.

5. 3・1운동 퇴조기의 신문 사설의 논조

이 3단계는 일제의 가혹한 탄압에 의해 3・1운동의 투쟁이 점차 퇴조기를 맞이하는 시기로 신문에서는 '조선점차평정朝鮮漸次平定'이라는 기사가 가끔씩 보이고 사설도 차츰 사라지는 시기이다. 그러나 투쟁은 그 후에도 1년간이나 지속되었고, 산발적으로는 2~3년이나 지속된, 세계사를 통해 찾아 볼 수 없는 장기간의 민족 투쟁이었다. 조선총독부 고등법원 검사장 코쿠분 산가이(國分三亥)가 담화에서 "─이제야 일시적인 것으로는 볼 수 없고 완전히 영구적인 것으로 되어, 이것의 화근을 없애기는 용이한 일이 아니게 되었다."30라고 말한 데서 3・1운동의 성격과 규모를 가늠할 수가 있다. 신문의 기사나 사설이 보이지 않는 대신 베르사이유 강화회의나 중국을 둘러싼 미・일의 대립, 시베리아에 파견한 일본군에 관한 것이 일본 언론의 대상이 되고 있다. 그러나 한국 통치에 대한 '총독 무관제'의 철폐 주장만은 사라지지 않고 경성특파원의 보도로써도 계속된다.

---

30 『東京日日』1919년 8월 29일 朝鮮總督府 高等法院 檢事長 國分三亥의 談話.

【記事-京城特派員】관헌에 대한 조선인의 반감, 內鮮 民間人끼리의 반목과 民情의 분규 우심하여 거의 四分五裂의 상태에서 —이의 수습은 가장 곤란한 일로써 총독정치 개선의 최대급무이다.
<東京朝日新聞 1919년 6월 20일 記事>

제3단계인 5월~7월의 일본 신문에는 다음과 같은 한국 관련 사설이 보인다.

○『東京朝日新聞』
　「文官인가 武官인가」6월 21일~30일(9回) 連載 사설
○『大阪朝日新聞』
　「朝鮮總督 선임(新人物을 뽑아라)」7월 12일 사설
　「總督後任의 人選」7월 16일 사설
　* 그 밖에「鮮督問題」,「文武倂用制」,「軍閥의 蠢動」등 9편의 '夕刊 評檀'을 싣고 있다. 6월부터는 論說陣이 개편되어 民本主義者라고 하는 사람들이 많이 들어와 軍閥 공격을 일층 강화한 감이 있었다.
○『東京日日新聞』
　「政策의 不徹底」6월 17일 사설
○『萬朝報』
　「鮮人虛報傳播」5월 21일 사설
　「日本軍閥攻擊」7월 22일 사설
○『大阪每日新聞』

「政策의 不徹底」 6월 17일 사설

「原首相의 妥協策」 7월 9일 사설

○『東洋經濟新聞』

「鮮人暴動에 대한 理解」 5월 15일 사설

「朝鮮의 將來」 6월 5일 사설

    이 시기 신문 사설의 특징은, 3·1운동의 고조기에 보이던 식민지 의회나 자치론은 자취를 감추고 군벌에 대한 공격과 아울러 문관총독제의 실현에 관심이 집중되었다는 점이다. 한편 한국 민중에 대한 무차별적인 학살에 대한 보도나 사설은 거의 보이지 않고 있다. 다만 '수원학살 사건'으로 외국인으로부터 큰 비난을 받았다고 언급한 것은 『동경조일신문』뿐이었다.[31]

    그러나 『동경조일신문』은 6월 21일부터 31일까지 9회에 걸쳐 연속 사설을 실어 일제의 한국에 대한 무단 헌병통치를 신랄하게 비판한 것은 이례적인 것으로 보인다. 전국이 3·1운동으로 인하여 소용돌이에 빠져 있는데도 불구하고 무단 통치를 지속하려는 군벌정치의 잘못을 비판하고, 문관 총독의 실현과 아울러 한국에 대한 멸시와 차별정책을 버리지 않는 한 '한국 통치'의 안정은 어려울 것이라고

---

[31] 『東京朝日』 1919년 6월 8일자 社說 「文官인가 武官인가」에는 『재팬애드버타이저』 紙上에 보도된 水原事件(堤岩里虐殺事件)에 관하여 吉野作造가 가장 자료를 많이 가지고 있지만 입을 열지 않으니 알 수 없다고 말하고 있을 정도이다.

하여 군인정치를 중심으로 하는 데라우치 총독의 시정에 대한 비판을 토지 수용 정책까지도 포함하여 지적하고 있다.

　　【文官이냐 武官이냐】寺內伯의 遺法이 지금도 엄연히 존재하고 그 제도나 시설의 방침에 變改를 원치 않는 관료가 있으며, 군벌이 있고 거기다 그것이 현재 정계에서 큰 세력의 하나인 이상, 우리는 건설공사에 앞서 먼저 부숴 놓은 것부터 착수하지 않으면 안 된다. ―(憲兵政治에 대한) 鮮民의 감정은 거의 원수에 대한 것 같은 것이다. 무지의 鮮民 사이엔 독립운동이 무엇인지 아는 자는 드물다. 그런데도 그들이 일제히 봉기하여 도처에서 憲兵駐在所를 습격한 것은 무슨 까닭인가. ―寺內는 軍人政治를 확대하여 文官의 軍人化를 꾀하였다. 그 무렵의 총독부 문관으로 制帽와 긴 칼을 차게 한 것 이외에 거수경례 때의 팔의 각도까지 寺內 총독의 잔소리를 듣지 아니한 자가 없었다. ―그는 一朝有事時를 가상하여 도로나 殖産에 이르기까지 모든 것을 군사상 목적을 제일로 하고 인민을 위한 것은 그 둘째로 보았다. <東京朝日新聞 1919년 6월 23일 社說>

이러한 사설에서 비판 폭로하고 있는 토지 수용 정책에서는 도로 개설을 위한 토지를 '기부'란 명목으로 빼앗고 도로공사는 한국인의 부역으로써 충당하고 있으며, 경성 시내의 전차궤도가 군대행진에 장애가 된다 하여 데라우치 총독이 일일이 고치라고 하는 등의 독단적인 시정을 지적하고 있다. 또한 사설 「문관이냐 무관이냐」에서는 군벌과 정치인 또는 언론인의 무관제 지지자들의 논거는 한국인에 대한 통치자로서의 위상과 군대 통수권자 권능의 필요 또는 갑자기 문관 총독으로 변경하는 것이 한국인으로부터 멸시감을 불러일으키게 한다는 것이었다. 이와 같은 지지자들은 데라우치 총독 같은 군벌과 그들과 맥을 같이하는 귀족원貴族院의 일부 의원들이 그 주창자였다. 『재팬타임즈』의 전신인 『재팬애드버타이저Japan Advertiser』가 보도하고 있는 '수원 학살 사건'도 일본의 군국주의, 무단정치, 탄압정치가 원인이라고 비난하고 이에 대한 진상을 수상이 함구하고 있다고 지적하면서 守屋此助의 「조선시찰담朝鮮視察談」과 그의 수습책에 대해서도 다음과 같이 비판을 하고 있다.

【軍閥主義, 武斷政治, 壓迫主義】 폭동 진정에 다소 필요한 수단─또는 부득이한 수단이 있었을지는 모르겠다. 우리는 사실을 굽히지 않는 한 善意로운 해석을 가지고 임해야 할 것이다. 그러나 우리가 아무리 선의로 해석하려고 해도 종래의 방식에 의하여 주어진 心證은 이를 외국인으로부터 갑자기 제거하기는 어렵다. 그 심증이란 무엇인가. 왈 군벌주의, 왈 무단정치, 왈 압박주의가 그것이다.32

이어 사설에서는 한국에서 독립을 주장하는 자들에게는 동정의 여지가 전혀 없고, 다만 1910년 합방 시에 동양평화와 양국 민족의 이익을 위해 합의하여 합방한 것인데도 일본이 한국을 식민지로 차별하니 불평할 수밖에 없다고 하는 자들에게는 주장을 수용하여야 한다는 것이다.33 이와 같은 『동경조일신문』의 사설은 당시 지식인

---

32 『東京朝日新聞』 1919년 6월 28일 사설 「文官이냐 武官이냐」.

이나 언론이 할 수 있는 최대한의 주장으로 보인다. 이 시기의 단계에서도 유일하게 무관총독제를 주장한 신문은 총독부의 어용지인 『경성일보』뿐으로써 『대판조일신문』, 『동경조일신문』을 비롯한 대부분의 유력지들의 문관총독 지지론에 반대하여, 「중앙정계中央政界의 오류誤謬」 등의 사설을 실어 강력히 반박하였는데, 그 사설 요지를 보면 다음과 같다.

① 조선총독부의 시정이 文治에 치우쳐 있으며, 일체의 무단적 사실이 없다는 것.
② 무단정치가 3·1운동의 원인이 아니고, 첫째는 관리가 되는 길이 막힌 점, 둘째는 일본인에 비하여 대우가 못한 점, 셋째는 항상 멸시를 받는 점 등 때문에 불평이 생긴 것.
③ 무관총독제를 대신하여 문관총독제가 되었어도 한국인은 전혀 다른 정치가 시행된다고 기대하지 않는 것.
④ 일본의 중앙정계에서는 식민지 통치의 실정을 모르면서 제멋대로 발언하는 것.

이상에서와 같이 한국 민중의 생각이 무관 총독제에서 문관총독제로 변경이 되어도 일제의 식민지통치 자체에는 변화가 없다고 보는 『경성일보』의 주장은 타당한 것이다. 이것은 일제의 총독이 무관이든 문관이든 간에 한국의 식민지 통치는 마찬가지이기 때문이다.

---

33 『東京朝日新聞』 1919년 6월 29일 사설 「文官이냐 武官이냐」.

그런데 이러한 주장을 유독 『경성일보』만이 하고 있는 것은 당시 총독인 하세가와(長谷川好道)가 무관제 존속을 위하여 한국의 이지용(李址鎔)과 이완용(李完用) 등의 친일파를 시켜 데라우치 마사다케(寺內正毅) 등에게 운동을 전개한 사정과 관련이 된다. 일본 신문 중 가장 진보적인 '조일(朝日)계'의 『대판조일신문』도 한때는 식민지의회, 자치를 언급하였는데, 7월경이 되자 '형식적인 자치'를 주어서도 안 된다고 하면서 문관 총독 하에서 '선정(善政)'만으로 충분하다는 논조로 바뀌고 있다.34

다만 이 단계에서도 『동양경제신문』만은 5월 15일의 「선인 폭동에 대한 이해」란 사설을 통해, 폭동의 진압은 표면뿐이고, 관헌의 힘으로 압복(壓服)된 것에 불과하다고 하면서, 우리는 선인의 폭동에 대하여 이를 이해하지 않으면 안 된다고 하였다. 이와 같이 전제한 후 3·1운동은 일본의 한국 지배 그 자체에 근원이 있다고 지적하고, 문제의 해결은 대다수 논자들이 말하는 것 같은 총독정치의 개혁이 아니라 일본의 한국 지배에 대한 반대에서 얻을 수 있다는 다소 양심적인 논조를 펴고 있다.

【鮮人暴動에 대한 理解】무릇 어떠한 民族이라 할지라도 타민족의 屬國됨을 유쾌하게 여기는 사실은 고래로 거의 없다. 조선인은 一民族이다. 그들은 그들의 특수한 언어를 가지고 있고, 다년에 걸친 그들의 독립의 역사를 가지고 있다. 충심에서 일본의 속국 되기를 기뻐하는 선인은

---

34 『大阪朝日新聞』 1919년 7월 14일 夕刊評檀 「所謂 自治의 意味」.

아마도 일인도 없을 것이다. 그런고로 선인은 결국 그 독립을 회복할 때까지 我統治에 대하여 반항을 계속할 것임은 물론, 일본의 통치 하에 어떤 선정을 浴하더라도 결코 만족할 까닭이 없다. 그들은 그들의 독립자치를 얻을 때까지 결단코 반항을 그치지 않을 것이다. 問題의 根本은 여기에 있다.35

6. 3·1운동 소강기의 지배 체제 개편과 신문 사설의 논조

3·1운동이 발발하고 6개월이 지나자 국내에서의 투쟁은 4단계인 소강기小康期에 접어들었지만 간도間島와 연해주沿海州 그리고 북부의 국경지대에서는 아직도 치열한 저항이 되고 있었다. 일제는 이러한 실태는 외면한 채 8월에 들어서자 일본의 하라(原) 내각은 조선총독부의 개편과 총독 선임 문제를 구체화하기 시작하고, 언론에서도 한국 문제에 관해서 지배 체제 개편과 총독의 문무관병용제文武官倂用制가 논의가 대상으로 떠올랐다. 특히 8월 10일 경에는 예비역 해군대장인 사이토齋藤實를 현역으로 복귀시켜 조선총독으로 임명하자, 언론은 일제히 이를 비난하고 문관총독 선임을 주장하고 있다. 8월 중에 군부에 굴복하여 무관총독을 임명한 하라 내각을 신랄하게 공격한 주요 신문의 사설은 다음과 같다.

---

35 『東洋經濟新聞』 1919년 5월 15일 社說 「鮮人暴動에 대한 理解」.

○『東京朝日新聞』

　「新朝鮮總督 軍閥妥協은 不可」 8월 7일 사설

　「總督과 現役大將」 8월 13일 사설

　「總督府 新官制公布 不徹底한 改正이다」 8월 21일 사설

○『大阪朝日新聞』

　「朝鮮敎育問題 差別敎育은 안 된다」 8월 14일 사설

　「原首相의 談話」 8월 20일 사설

　「朝鮮總督府 官制改正 憲兵政治의 廢止」 8월 21일 사설

　* 그 밖에도 「大將과 男爵」, 「政務總監後任」 등 5편의 夕刊評檀에서 주로 武官總督制의 존속을 비난하는 논설을 싣고 있다.

○『東京日日新聞』

　「植民地의 統制 왜 이렇게 不徹底한가」 8월 7일 사설

　「依然한 武人總督, 新官制의 趣旨를 沒却함」 8월 13일 사설

　「朝鮮의 新政, 制度改正의 精神」 8월 21일 사설

　「原 總裁의 演說 誠意가 없다」 8월 22일 사설

○『大阪每日新聞』「兩總督府官制改正」 8월 21일 사설

○『萬朝報』

　「總督府 新組織」 8월 9일 사설

　「總督府改正」 8월 10일 사설

　「鮮民一視同仁」 8월 21일 사설

　「京城 또다시 不穩」 8월 31일 사설

○『東洋經濟新聞』

　「朝鮮의 將來」 8월 5일 논설

이때 일본 정부를 가장 신랄하게 공격한 '조일계'의 『동경조일신문』은 다음과 같은 사설을 싣고 있다.

【新朝鮮總督 軍閥妥協은 不可】 세상에서 이미 잃어버린 예비역 해군 대장을 起用함은 하라(註—수상)의 軍에 대한 타협, 長州派(註—지금의 山口縣地方인데 명치유신 때부터 일본 정부를 쥐고 흔든 세력이 이곳에서 나왔기 때문에 붙은 이름)에 대신하여 隆派(註—九州南端 카고시마지방 출신의 세력들로 長州派와 마찬가지이나 해군의 주도권을 쥐고있었음)를, 육군에 대신하여 해군으로 충당시킨 데 불과하다. 新進氣銳의 문관총독을 임명하여 開明政治를 해야 할 것….
<東京朝日新聞 1919년 8월 7일 社說>

『만조보』도 8월 9일자 '총독부 신조직'과 '총독부의 개정'이라는 사설에서 다음과 같이 공격하고 있다.

【總督府의 新組織】 즉 지방행정을 약간 內地와 같은 조직으로 개정하고 가장 비난받았던 헌병제도를 폐지한 데 불과하다. 총독의 人選이 매우 世人을 실망시킨 것처럼 이 개정도 역시 세인의 기대에 어긋나는 것.— 다소의 개정도 사실에 있어서는 아무런 변화 없고 단지 약간 문관제의 기분을 주입했을 따름이지 이것으로써 施政의 改善을 바라는 것은 처음부터 不當하다.

이때의 사설 논조는 모두가 이런 따위인데, 총독 선임에 이어 8월

20일에는 총독부의 신관제新官制가 발표되자, '조일계'인 『동경조일신문』은 8월 21일 사설 「총독부신관제공포, 불철저한 개정」에서 문관총독제가 실현되지 못한 것을 중대시하고 정부 안이 군인 총독인 때는 당연히 군사 통솔권을 부여하려는 것을 추밀원樞密院이 반대한 것은 주객전도라고 비난하였으며, 같은 날 『대판매일신문』은 사설 「조선총독부 관제개정 헌병정치의 폐지」에서 군인 총독은 비난하면서도 완전 폐지는 아니지만 헌병경찰제도의 폐지만은 찬성하고 있다. 또 같은 날 『만조보』도 사설 「선민일시동인鮮民一視同仁」에서 "관제개혁의 조칙詔勅이 조선민중을 애무愛撫하기를 일시동인一視同仁, 신민臣民으로서 추호의 차이도 있을 리 없다고 말씀하신 바 있다. 조선민은 이 황송하신 훌륭한 배려에 대하여 크게 감격하지 않으면 안 될 것이다. … 조선인은 일본의 치하에서 최대의 행복을 향수享受할 수가 있다."고 하여 3·1운동을 일으킨 한국 민중을 모독하고 있다.

한편 유일하게 무관武官총독제를 주장하던 『경성일보』는 새로운 관제가 공포되고 무관총독제가 존속되자, 8월 21일 일본 정부의 개혁안을 지지하는 사설에 '선일鮮人의 동화同化를 저해하는 일이 있다면 성지聖旨에 반하는 죄는 피하지 못할 것'이라는 논조를 펴고 있다. 다만 이 단계에서도 『동양경제신문』만은 「조선의 장래」라는 논설을 다음과 같이 싣고, 조선통치를 위한 방책은 '자치自治'를 부여하는 약속밖에 없다고 주장하고 있다.

【朝鮮의 將來】 이제 成年鮮人으로서 독립만세를 부르는 자는 없어졌다. 그들은 만세를 부르면 곧 관헌으로부터 벌칙에 처해지는 것을 알고

있다. 그러나 어린이들은 법률 앞에 책임이 없다. 선인의 어린이들은 아무 두려움도 겁도 없이 독립만세를 부르며 뛰놀고 있다. 선인의 성인들은 스스로 독립의 희망을 달할 수 없다 하더라도 自己의 후계자에게는 반드시 이 희망이 달성 될 수 있도록 자주 어린이들에게 이것을 鼓吹하고 있는 모양이다. 표면은 가장 일본의 통치에 柔順한 듯한 鮮人으로서 실은 이 決心을 매우 견고하게 가지고 있는 자가 不少하다. … 조선의 장래는 도저히 오늘날대로 갈 수는 없는 것이라고 믿는다. 만일 이를 무사히 다스리는 方策이 있다고 하면 그것은 오직 조속히 自治를 부여하는 約束을 하는 것밖에는 없다. 그 자치를 실시하는 期를 빨리 하는 시설을 행하는 것밖에 없다. 총독을 文官으로 하는가 武官으로 하는가 함과 같은 것은 문제의 말단이다. 이것으로 조선이 다스려진다고 본다면, 世界 大勢에 盲目한 者이다. <東洋經濟新聞 1919년 8월 5일 論說>

이상으로 3·1운동 시기에 있어서의 일본 신문 사설의 논조와 경향을 살펴보았다. 한국 민족이 자주독립을 요구하는 목소리는 시종 외면하면서 일제의 식민지 지배 정책의 존속을 대전제로 하고 다만 통치 지배자인 무관 총독을 문관으로 교체하자고 주장하고 끝난 것이 당시 일제 언론의 논조라고 하겠다.

7. 3·1운동기 일제 종합잡지의 한국 통치에 관한 논조

신문 이외에 종합잡지는 이제까지 한국 통치론에 대하여 많은 지면을 할애해 오던 『교시보交時報』를 비롯하여, 『동방시론東方時論』은 물론『비판批判』(1919년 3월 창간), 『개조改造』(4월 창간), 『해방解放』(6월 창간) 등에서도 3·1운동에 관한 글은 보이지 않을 뿐 아니라, 특히 그 밖의 지식인들도 3·1운동에 관해서는 모두가 약속이라도 한 것처럼 언급을 하지 않고 있다.36 다만 『중앙공론中央公論』과 『태양太陽』, 『일본日本 및 일본인日本人』37 등에서만 한국 통치에 관한 글이 보인다.

---

36 姜東鎭, 「민족해방운동에 대한 일본지식인의 대응」, 『日本近代史』, 288~289쪽; 申國柱, 「三一運動과 日本言論의 反響」, 앞의 책, 494쪽.

37 ①『中央公論』은 1887년에 8월에 『反省會雜誌』로 創刊, 1896년 1월부터 『中央公論』으로 개제. 일본에서 가장 오랜 역사를 가진 종합잡지. 1910년부터 『太陽』을 압도하고 종합지의 왕좌를 차지하였다. 1920년대 후반기부터는 退潮期를 맞이하여 점차 『改造』에게 밀리기 시작하였다. 그동안 많은 文學者의 소개, 吉野作造에 活躍의 무대를 제공한 것은 의의가 컸다고 한다. 전쟁중 일시 解散 當하였으나, 敗戰 후 復刊되어 1960년 12월호의 소설 「風流夢談」 때문에 右翼 테러를 불러일으켜 言論思想의 自由에 많은 문제를 던졌다. 戰後에는 『世界』에 밀리는 감이 있으나, 현재에는 유력지로 활약하고 있다. ②『太陽』은 1895년 1월부터 1928년 2월까지 博文館에서 발행된 종합잡지. 정치, 경제, 사회, 문학 등 각 방면에 걸친 潮流를 보도하여 評論하는 것을 목적으로 創刊된 것. 초기 寄稿家는 당시의 학계, 관계, 실업계의 주요인물을 모았고, 그 主潮도

『중앙공론』를 통해 요시노사꾸조(吉野作助)는 「조선폭동朝鮮暴動 선후책先後策」(1919년 4월호), 「조선에 있어서의 언론의 자유」(1919년 6월호) 등 몇 편의 논문을 발표하여 일제에 의한 한국 통치의 가혹함과 한국인의 반일 감정의 앙양을 솔직히 시인하고 식민지 통치 수법의 완화를 요구하고 있다. 그러나 요시노사꾸조(吉野作助)와 같은 자유주의자도 한국에 대한 식민지 통치의 철폐에 관해서는 언급을 하지 않고 있으며 다만 합리적 통치 수법의 채택만을 주장한다.

1919년 7월호 『태양』에 실린 스에히로(末廣重雄)의 「조선 자치 문제」에서도 3·1운동의 원인이 군인 총독의 압정과 한국인에 대한 인종적 차별에 있으나, 합방 후 10년 간 일제 통치로 한국이 물질적 진보를 가지게 되었기 때문에, 이제는 정신적 자유를 요구하게 된 것이라고 하는 아전인수격의 논리를 펴고 있다. 시대적으로 한국민족이 자주적 발전을 도모하려는 사조思潮는 막을 수 없는 것이나, 독립을 주는 일은 병합의 취의趣意를 몰각하는 것이므로 배척하고, 대신 자치 정도는 주어야 한다는 것이다. 한국에 자치를 주면 그것은

시대의 요구에 합치하였음으로 1910년대까지는 종합잡지의 王座였으나 大正 데모크라시 運動, 社會主義 運動의 대두와 함께 『中央公論』, 『改造』에 壓倒되어 없어졌다. 그러나 한동안 "同誌를 부르조와 民主主義의 보급에 寄與하고 自然主義 文學의 興隆에 이바지한 功은 컸었다."고 한다. ③ 『日本 및 日本人』은 1906년부터 1944년까지 발행한 國粹主義的인 종합잡지. 일반적으로는 '保守的 東洋趣味'의 잡지로 보여져 識者 外에는 '敬遠' 당하는 경향이 있었으나 1910년대까지는 有力誌였음.— 姜東鎭, 「韓日合邦의 日本綜合誌에 나타난 倂合論과 朝鮮統治論」, 『日帝言論界의 韓國觀』, 一志社, 1982, 80쪽.

독립의 한 단계이므로 반대하는 자가 많으나, 자신은 한국 문제는 자치가 아니면 근본적 해결이 어렵고, 자치 결과로 독립의 능력이 있어 한국의 전 민족이 원한다면 독립을 허락해도 좋을 뿐 아니라 오히려 일본에게도 이익도 된다는 것이다. 이 자치론은 3·1운동 시기에 있어서 지식인층에서는 처음으로 등장한 것으로 많은 반발을 예상하면서도 "아국我國이 이를 차단함으로써 조선을 늘 화란禍亂의 연원으로 삼는 것보다는 그 독립을 인정하고 일선 양국이 화충협동和衷協同하여 서로 국운의 발전 신장을 도모하고 극동 영원의 평화를 유지하는 데 힘쓰는 것은 병합 조서에 말하는 제국의 안전을 장래에 보장하는 소이所以가 된다."고 주장한다고 하였다. 그러나 이러한 자치론도 한국 병합의 테두리 안에서의 논리일 뿐 아니라 또 당시는 이런 주장을 수용할 만한 대중적 기반이 없기 때문에 언론이나 학계에서 논쟁조차 되지 못하였다.

또 『일본 및 일본인』은 한국 문제에 관한 논설을 다룬 횟수는 가장 많으나 내용이 짧은 것이고, 논지 또한 신문 논조의 대세를 벗어난 글은 없다. 다만 1919년 7월호에 실린 다음과 같은 4편의 글을 보면, 「조선통치정책朝鮮統治政策」에서는 3·1운동의 원인이 일제의 한국 통치에 관한 주의, 즉 병합倂合이라 하면서도 속령屬領으로 통치하고 있기 때문이라는 것이다. 「문관총독제文官總督制」에서는 3·1운동의 원인이 배일排日이 아니고 총독 정치의 폭정에 대한 반항에서 기인한 것이라 하였다. 「조선은 식민지인가」에서는 친일파 송병준이 3·1운동 직후에 동경 스테이션 호텔에서 기자들에게 말한 것처럼, "조선은 일본과 합방한 것이지 식민지가 아니다. 조선이 식민지가 아닌 이상 내지內地의 연장延長으로 볼 수밖에 없다. 내지의 연장이라면 동화同化나 자치自治도 문제가 아니다."라고 주장하여 당시 하라 내각이 내세운 '내지연장주의內地延長主義'를 가지고 일제가 민중의 회유를 위해 사용한 기만적인 논리라 하겠다. 마지막으로「조선통치사안朝鮮統治事案」에서는, 동화주의同化主義보다는 한국병합韓國倂合 자체가 사리에 맞지 않기 때문에 조선 문제의 해결은 가능성이 없으므로 한국의 독립운동을 막기 위해서는 형식적인 참정권을 주어야 한다는 것이다. 즉 일제의 정치나 이익에 영향을 끼치지 않는 장치를 마련하여 통치를 하라는 것이다.38

【朝鮮統治策】우리 국민은 입으로는 조선의 倂合을 말하고 있다. 그러나 과거에 있어서의 우리나라의 조선 통치책은 영구히 조선을 屬領으로 통치하려는 방침에서 나온 것이라 생각된다.―조선이 영구히 일본의 屬領으로서 통치된다면 그들의 정치적 장래는 絶望이다.―그러니 이와 같이 그들의 정치적 장래가 절망이라고 그들이 생각하면 단연 실행 불가능이라고 생각되는 독립운동도 꾀하게 되는 것은 자연의 추세라고―우리 국민의 조선인에 대한 태도도 一變하지 않으면 안 된다.―우리 국민은 優者에 대하여 隷屬屬從을 감수하고 있다. 이와 함께 劣者에 대하여는 자칫하면 傲慢無禮이다.―우리 국민의 이 태도는 가장 심각하게 조선인의 감정을 해치고 있다.―조선이 우리나라에 병합되었다고 한다면, 조선민은 我國民과 同胞이다. 그들은 後進者이지만 劣等者는 아니다.―무력 또는

---

38 姜東鎭, 앞의 책, 217~230쪽.

경찰권을 가지고 한 나라를 통치하는 시대는 이미 지나갔다. 또한 나라가 다른 나라를 屬領으로써 영구히 통치하는 것은 불가능하다.-目下의 급무는 조선의 통치 방침을 그 병합의 정신에 기초하여 결정하는 데 있다. 이것이 결정되면 자연 武官總督도 문관이 될 것이고 諸般施設도 근본적으로 革正되어 조선의 질서와 평화를 유지하기가 비교적 쉽게 될 것이다.
  <『日本 및 日本人』1919년 7월 1일>

  【朝鮮騷擾와 文官總督制】이번 騷擾의 기초는 排日에 있는 것이 아니라 실은 총독 정치에 대한 반항에 기인하는 것이다. 그러므로 총독 정치의 惡政을 목격하고 있는 일본인은 오히려 鮮人에 同情하기에 이르렀다.-寺內가 총독이 되자 더욱더 가혹한 정치가 행해졌다. 그는 鮮人의 貯蓄心이 없음을 책하여 各戶各人에게 향하여 우편저금을 하도록 엄명하였다. 警吏, 헌병은 獄吏가 죄수에게 대하여 하는 것과 같이 매호마다 시달하였다. 그 결과 寺內가 바라던 것과 같이 鮮人의 저금 고도는 해마다 증가하였다.-寺內는 또한 山林의 伐採를 금하였다. 이 때문에 겨울 차디찬 온돌방에서 한집의 부모자식이 피눈물을 흘렸다는 사실은 도처에 있다. 寺內는 또한 도로의 관통을 명령하였다. 이 때문에 토지를 빼앗기고 논밭이 줄어든데다 심지어는 측량하는 관리에 의하여 집의 벽이 뚫리어 원성은 지상을 덮었다. <『日本 및 日本人』1919년 7월 1일>

  【朝鮮統治私案】近代에 일러 완전한 獨立國을 송두리째 自國內에 包容하여 이와 有機的 生活을 시작하려는 계획 자체는 너무나 그 예를 듣지 못한 일이다.-한 개의 독립국을 마구 삼켜 버려 이것을 자기 몸 속에 同

化해 버리려고 한 例는 어디에 그 先例가 있단 말인가.—총독이 임명한 조선인 의원과 총독부관리 중에서 총독이 임명한 의원과를 가지고 구성하고—선거는 계급투쟁(계급선거와 보통선거의 조화)로 하여 各級同數의 의원을 내는—成案은 총독의 裁可를 얻지 못하면 효과를 발생하지 않으며 또한 留保된 成案은 일정한 기일 내에 모국정부의 재가를 얻지 못하면 그 효력을 발생하지 못하는 것⋯. 〈『日本 및 日本人』1919년 7월 1일〉

이상으로 간략하게 일제 잡지에 실린 3·1운동 시기의 한국 통치에 관한 일별을 마치며, 당시의 종합잡지에 실린 논설 제목만을 열거하기로 한다.39

○ 吉夜作造, 「朝鮮의 벗으로부터의 편지」, 『中央公論』, 1919년 1월호.
○ 吉夜作造, 「人種的 差別撤廢運動者에게 준다」, 『中央公論』, 1919년 3월호
○ 吉夜作造, 「朝鮮暴動善後策」, 『中央公論』, 1919년 4월호.
○ 吉夜作造, 「朝鮮에 있어서의 言論自由」, 『中央公論』, 1919년 6월호.
○ 江木翼, 「植民地總督制度改革論」, 『中央公論』, 1919년 7월호.
○ 社論, 「朝鮮統治方針을 更新하라」, 『改造』, 1919년 5월호.
○ 末廣重雄, 「朝鮮自治問題」, 『太陽』, 1919년 7월 1일자호.
○ 南宮璧, 「朝鮮統治政策에 관하여」, 『太陽』, 1919년 8월 1일자호.
○ 京城生, 「朝鮮의 獨立萬歲」, 『日本 및 日本人』, 1919년 4월 1일자호.

---

39 姜東鎭, 앞의 책, 217~220쪽.

○ 秋禮庵, 「鮮人騷擾의 原因」, 『日本 및 日本人』, 1919년 5월 1일자호.

○ 植原悅二郎, 「朝鮮統治策」, 『日本 및 日本人』, 1919년 7월 1일자호.

○ 高木繁, 「朝鮮統治私案」, 『日本 및 日本人』, 1919년 7월 1일자호.

○ 大番町人, 「朝鮮騷擾와 文官總督制」, 『日本 및 日本人』, 1919년 7월 1일자호.

○ 鐵人, 「朝鮮은 植民地인가」, 『日本 및 日本人』, 1919년 7월 1일자호.

○ 瀨山順太郎, 「朝鮮銀行 改革論」 『日本 및 日本人』 1919년 8월 15일자호.

8. 맺는 말

앞에서 살펴본 바와 같이 3·1독립운동 시기에 있어서 일본 언론계의 논조를 단계별로 분석해 보면 다음과 같은 몇 가지 특징을 찾을 수 있다. 첫째, 일본 언론에서는 3·1운동의 원인에 대해서 처음에는 천도교를 비롯한 종교계 일부의 선동과 일부 학생들의 선동 및 미국 선교사와 같은 외부의 선동으로만 보았다. 그러나 점차 3·1운동이 전국으로 확대되고 투쟁 방법도 치열한 양상으로 사태가 발전하자, 식민지 통치의 가혹한 압박 정치가 원인이라고 인식하게 된 것이다. 그리고 그 책임을 전부 군인 총독에게 돌리면서 일본이 한국을 식민지 지배로 통치하는 동안에는 한국 민중의 반항이 존속한다는 논리에 대한 인식은 찾을 수가 없다. 둘째, 일본 언론이 3·1운동의 진상, 특히 한국인의 독립에 대한 열망과 한국인에 대한 일제의 만행을 전혀 일본인에게 알리지 않았다는 점이다. 이는 일제 당국의 언론 통제 때문이라고도 할 수 있으나 당시의 언론 보도 기사를 보면 도리어 한국인에 대한 일본인의 적개심을 유발시키려는 의도의 기사를 많이 싣고 있을 뿐 아니라 사설의 논조도 진상을 회피하는 경향으로 흐르고 있다. 셋째, 제1차 세계대전 이후 대두된 민족자결주의의 원칙에 주목하는 경향이 미약하다는 점이다. 민족자결주의에 의한 한국의 독립은 금기로 하면서도 한국 민중의 의사와는 전혀 무관하게 아무런 권한이 없는 식민지의회의 개설이나 또는 실현될 수 없는 식민지의 자치론을 주장하는 등의 추상적인 논조가 언론의 공통적인 경향이라는 것이다. 넷째, 일본과 한국은 동조동근同祖同根이라고 내세우는 것 같은 동화정책에 대한 강화와 민족적 차별대우에 대한 한국인의 불평에 대한 문제를 언급은 하고 있으나 이러한 문제를 어떻게 시정하느냐 하는 근본 해결 문제에 관해서는 구체적인 방책을 논의하거나 제시하는 것을 볼 수 없다는 것이다. 다섯째, 한국 민중이 일제의 무단통치 하에서 받는 가혹한 탄압이나 불평에 대해서 다소 언급은 하고 있으나, 합방 이후 일제가 한국에서 어떻게 체계적으로 경제 수탈을 하고 있으며, 그것이 한민족의 빈곤을 초래한 원인이라는 것과, 또 그 비참한 생활상에 대해서는 어느 신문에서도 언급하지 않고 있다는 것이다. 심지어 자치까지 운운하는 언론이나 지식인까지도 합방으로 인해 한국인의 물질적인 생활이 향상되었다고 인식하고 있다는 점이다.

이상 3·1운동 시기에 있어서 일본 언론의 논조가 3·1운동 직후에는 투쟁의 원인을 한국민족의 반일 감정으로 보지 않고 외부의 선동에 의한 타율성 원인론이 지배적이었다. 그 후 3~4월에 걸친 운동의 최고조기에는 군인총독제軍人總督制가 원인이라는 논리로 변화되어 문관 총독에 의한 통치제도의 개혁 논의가 활발하게 전개되었다. 이러한 논의는 다시 5월 이후 일제의 대대적인 탄압으로 운동이 퇴조기에 이르자 지배체제의 개혁론도 후퇴하고 문관총독제만을 중요 쟁점으로 삼게 된다. 그러나 일제 언론 특히 신문 사설의 논조는 일제의 식민지 정책 시행에 큰 영향력을 가지고 있다는 것이다. 그것은 이 시기에 일본 언론이 제창한 각종 제언들, 즉 총독제의 개정과 문화통치의 표방, 그리고 언론에서도 합방 후 처음으로 한국 신문의 발행을 허용하여 3개의 민족지『조선일보』,『동아일보』,『시사신문』 등이 탄생되는 것40과 같이 그 후의 식민지 통치 정책에서 대부분

---

40 ①齋藤實은 着任한 다음 날인 1919년 9월 3일 총독부 및 所屬官署의 高級官吏에게 행한 첫 訓示에서, 行政 司法事務를 改善할 것을 밝힌 다음 韓人의 言論, 集會, 출판 등에 대하여 "秩序 및 公安維持에 妨害가 되지 않는 한 상당히 考慮를 가해서 民意의 暢達을 쾨할 것"을 지시한 바 있다. 崔埈「三一運動과 言論의 鬪爭」,『三一運動50周年紀念論集』②3·1독립운동은 한국의 言論史에는 획기적인 契機를 마련해 주었다. 韓末에 隆盛했던 民間紙들은 韓日合邦과 동시에 모두 廢刊 당하고 국내 언론은 暗黑 속에 묻혀 있었다. 인구 1249만의 韓人을 위한 國文紙는 總督府 기관지「每日申報」(3천부)와 晉州의 민간지인「慶南日報」(3천부 미만)뿐이고, 인구 16만의 日人을 위한 日語版도「京城日報」(2만부)를 비롯한 16여 개에 불과했다. 三一運動을 契機로 인한 懷柔政策의 하나로 1920년 1월 6일에 함께 발행 허가를 얻은 3개지는 3월 5일에『朝鮮日報』, 4월 1일에는『東亞日報』와『時事新聞』이 각각 창간되었다. 崔永植,「三一運動과 民族言論」, 앞의 책.

실시되고 있음을 보아 알 수가 있기 때문이다. 또한 일제 언론의 논조는 일제 당국보다도 한국의 식민지 정책에 관해서는 보다 보수적이며, 식민지 통치 개혁에 관해서도 매우 소극적인 경향으로 흐르고 있었다. 3·1운동의 원인에 있어서도 외인론外因論만을 강조하고 자치론이나 참정권參政權 같은 문제는 언급만 한 채 구체적으로 다루지는 않고 있는 것이다. 신문 사설의 용어에서도 한국인을 선인鮮人, 사민士民, 우매愚昧, 미개未開 등으로 호칭하여 식민지 피지배 민족에 대한 멸시감을 고취하고 있다. 다만 일제 언론이 군벌정치에 대해서는 비판을 가하고 있으나, 3·1운동 시기에 있어서 일제의 한국에 대한 식민지 통치 지배를 근본적으로 부인하는 논조는 어떤 신문에서도 찾아볼 수 없다.

천도교의 민주공화주의 사상과 운동

오문환*

1. 민주공화주의와 3·1운동

대한민국의 정체성은 헌법 제1조 1항에 '민주공화국'으로 명시되어 있다.** 이러한 대한민국 정체성에 대한 헌법적 정의를 대한민국의 역사적·사상적 정체성의 총합으로 본다면 '민주공화국'에 대한 사상과 역사를 논하는 것은 정치사상적으로 의미 있는 작업이다.

정체로서의 민주공화제는 구한말 신민회에 의하여 본격적으로 제기되어1 1917년 「대동단결선언」이라는 문건에서 명확하게 개진된 것으로2 논의되고 있다. 그러나 민주공화국의 정치사상은 이미 이전

---

* 서강대 강사
** 『정신문화연구』30권1호(2007.3), 한국학중앙연구원
1 이승현, 「신민회의 국가건설사상」, 『정신문화연구』제29권 제1호(2006), 68쪽.
2 尹大遠, 「한말 일제 초기 正體論의 논의 과정과 民主共和制의 수용」, 『中

에 배태되었다고 할 수 있다. 특히 3·1운동은 민주공화제의 분수령이라는 데는 별다른 이론이 없다. 그러므로 헌법전문에도 이른바 '3·1정신'이 명시되고 있다. 3·1운동 이후 상해 임시정부를 포함한 무려 8개에 달하는 임시정부의 선포가 이루어지는 것3을 보아도 3·1운동은 민주공화제로의 결정적 전환점이라 할 수 있다.

3·1운동의 민주공화주의 사상과 운동을 이해하기 위해서는 3·1운동을 주도한 천도교의 역사와 정치사상을 고찰할 필요가 있다. 이 글은 '민주공화국'의 정치사상적·역사적 근원을 동학·천도교의 사상에서 찾아보는 데 있다. 비록 헌법에 명시된 민주공화국이 정체를 의미하더라도 논의의 편의상 민주주의와 공화주의에 대한 약간의 개념 정의가 필요하다.

민주주의의 경우 제헌헌법4에 명시된 기본권의 내용을 본다면 자유주의적 개인권에 기초한 절차적 자유민주주의의 성격과 함께 사회권과 같은 공화주의적 요소가 없는 것은 아니다. 이러한 요소는 임

國現代史硏究』第12輯, 73쪽.
3 서울의 漢城政府(大朝鮮共和國). 朝鮮民國. 平安地方의 新韓民國. 滿洲의 高麗共和國. 吉林과 間島의 臨時政府. 上海의 大韓民國. 露領의 國民議會. 天道敎의 京畿民間政府.
4 제헌헌법이 논의되었던 제헌국회에는 다양한 이념적 스펙트럼상의 다양한 정치 엘리트들에 의해 사회의 다양한 이해가 대표되고 논의되었지만 실질적 합의는 저수준이었지만 절차상에서는 고수준이었다고 이해된다. 백영철, 『제1공화국과 한국민주주의』, 나남, 1995, 제4장 참조. 제헌헌법의 기초위원을 둘러싼 논쟁과 한민당과 이승만의 갈등에 대해서는 서희경, 「대한민국 건국헌법의 기초와 수정」, 『공법연구』제31집 4호, 2003.5, 참조.

시정부의 삼균주의의 영향도 받았을 것으로 추산된다. 그렇지만 민주주의는 다양한 정치적 권리를 소유한 개인들 간의 거래·계약·합의의 절차적 성격이 보다 두드러지는 면이 있다. 공화주의에서는 절차적 합리성보다는 민의 일반의지의 표현이나 시민적 덕성 또는 도덕과 같은 윤리적 정당성이 강조된다. 공동체적 다양한 의사 결집과 표출들을 통합하는 혼합적인 정체가 중시된다.[5] 혼합정의 성격은 권력의 실질적 대표자인 왕권, 엘리트주의적인 귀족정, 다수 인민의 의사가 존중되는 민주정의 요소가 복합적으로 짜여진 정체는 고대 공화정에서 매우 중요한 요소이다.

근대적 맥락에서는 민주주의와 공화주의 사이에는 일정한 길항적 긴장이 존재한다. 인민의 주도권은 때로 정치적 통합과 안정과 충돌할 경우도 있기 때문이다. 민주주의와 공화주의 사이에 존재하는 이와 같은 긴장을 해소하기 위한 정치사상적 논의들도 제기되고 있다.

공화주의자들은 절차적 합리성보다는 오히려 시민적 덕성이나 윤리적 도덕에 바탕한 공공선을 강조한다. 정치적 통합이나 안정이 중시되기 때문이다. 그러나 공화주의자들의 희망처럼 모든 사람들이 시민적 덕성에 공감하는 것은 아니다. 여기에서 공동체적 도덕 정신

---

[5] 고대의 그리스나 로마에서의 공화정 그리고 중세의 플로렌스와 베니스에서의 공화정은 혼합정적인 성격이 뚜렷하다. 즉, 왕정(전제)·귀족정(과두제)·민주정(민회)의 요소가 복합되어 있었다. S.E. Finer, The History of Government From the Earliest Times Vol.1 (Oxford: Oxford University Press, 1995), pp.316~441; pp.950~1023. 그러나 근대의 공화정은 왕정과 전제권력과 대비되는 의미로 사용된다.

으로부터 개인의 권리와 자유를 보호하려는 자유주의자들의 비판이 설득력 있게 개진된다. 이와 같은 길항관계를 넘어서려는 의도에서 '절차주의적 공화민주주의'6 모델이 제시된다. 하버마스가 말하는 의사소통적 합리성에 기초한 '심의 민주주의(deliberative democracy)'도 절차적 합리성과 공화주의적 덕성을 동시에 고려하는 가운데서 나온 산물로 볼 수 있다.7

　이 글의 관심사는 개인권의 갈등을 조정하는 기제로서의 합리적 절차와 공동체적·일반의지적 덕성의 구현이라는 공화주의적 관심사의 긴장관계를 고려하면서 천도교가 제시하는 정치 주체와 정치 참여의 문제를 주로 분석하고자 한다. 정치 주체를 누구로 설정하며 이들의 정치참여 양태를 어떻게 설정하는가의 문제는 민주공화주의 정치사상에 있어서 매우 중요한 문제이기 때문에 천도교가 이 문제를 어떻게 생각하였는지를 분석하게 되면 천도교의 민주공화주의의 특성을 비교적 뚜렷하게 제시할 수 있을 것이다.

　정치 주체의 경우 천도교는 다른 정치사상에 비하여 매우 뚜렷한 특성을 보여준다. 다른 정치사상에 비하여 천도교는 깊은 종교철학적 성찰을 통하여 독자적인 인간관을 제시하였기 때문에 이로부터 정치 주체의 논의를 이끌어내는 데는 큰 어려움이 없다. 이 글에서

6　정원규, 「민주주의의 기본원리: 절차주의적 공화민주주의 모델을 제안하며」, 『철학』제71집, 2002, 참조.
7　하버마스의 토의 민주주의에 대해서는 다음 논문 참조. 이동수, 「하버마스에 있어서 두 권력」, 『정치사상연구』제5집, 2001 가을, 172~173쪽.

는 천도교가 제시하는 '자천자각自天自覺' 또는 '자심자배自心自拜'·'자심자경自心自敬' 등의 개념들을 개인성과 공동체성 그리고 합리성과 덕성의 문제의식으로 분석해 보고자 한다. 개인성과 공동체성 그리고 합리성과 덕성은 민주주의와 공화주의의 근간을 이루는 핵심적 개념이기에 이를 통하여 천도교적 정치 주체관의 성격을 규명해 보고자 한다.

정치 참여는 이 글의 두 번째 과제이다. 민이 정치 공동체의 주체로서 정치 과정에 직간접적으로 참여하는 실천 양태는 민주공화주의 사상에서 중요한 논제 중의 하나이다. 천도교의 경우 의회 설립 상소, 민회 설립 운동, 사회변혁운동, 혁명적 민족운동 등의 현실적 참여를 보여주었다. 이 글에서는 주로 1905년을 전후한 시기에 펼쳐졌던 '갑진개혁운동' 또는 '민회운동'과 1919년의 3·1독립운동, 1920년대 이후의 천도교청년회의 주도하에 펼쳐졌던 '전적 운동으로서 민회운동'을 주로 분석하고자 한다. 역사적으로 전개되었던 구체적인 정치운동을 통하여 천도교의 민주공화주의의 특성이 비교적 선명하게 드러날 것으로 기대된다.

천도교의 민주공화주의 정치사상은 동학혁명 이전까지 소급해 갈 수도 있다.8 그러나 이 글에서는 천도교에 집중하여 논의하고자 한다. 천도

---

8 國史編纂委員會編, 『韓國獨立運動史資料集』11, 1990, 62쪽. 의암은 3·1독립선언 후 재판정에서 "우리들은 일청전쟁 당시 정부를 전복하지 않으면 인민의 행복은 얻을 수 없다는 생각으로 전복을 꾀했으나 성취할 수 없었다."고 진술하고 있는 것으로 보아 그 당시 공화정을 염두에 두었음을 알 수 있다.

교가 발전시켜 온 독창적인 개념에 먼저 주목할 필요가 있다.

2. 천도교의 민주공화주의 사상

동학·천도교는 근대적 주체 형성에 종교철학적으로 뚜렷한 기여를 하였다. '자기 자신이 바로 하늘이라는(自天自覺)' 깨달음이야말로 천도교를 다른 근대사상들과 분명하게 구분짓는 점이다. 의암 손병희는 이를 토대로 '사람이 곧 하늘이다(人乃天)'라고 개념화하였다. 사람이 하늘이기에 천도교에서는 자기 마음에 정성을 드리며(自心自誠), 자기 마음을 공경하고(自心自敬), 자기 마음을 믿고(自心自信), 자기 마음을 법으로 삼는(自心自法) 것이 인간의 길이라고 강조한다. 근대의 주춧돌이라고 할 수 있는 주체적 인격이 탄생할 수 있었던 것이다. 이러한 주체는 물론 서구 모더니티적 주체와는 뚜렷하게 다르다. 근대 담론에서 매우 중요한 개념인 개체성과 공동체성 그리고 법치와 덕치의 개념을 통하여 천도교적 주체관의 특성을 분석해 보자.

1) '공개인公個人'의 정치 주체

개체성의 발견은 근대성의 표징 중의 하나이다. 개체성은 신적 전체질서로부터의 해방과 독립에 의하여 확보된 것이다. 해방된 개인들이 거래·타협·계약·합의 등에 의하여 정치사회를 형성한다는 것이 근대 자유주의자들의 구상이었다. 독립적 개인들 간의 상호작용을 조정하는 기제가 법이다. 그러므로 자치는 언제나 법치를 통해서만 보장되며, 개체들 간의 다양한 갈등 조정의 객관적 조정 역할을 법이 담당하고 있다. 그러나 이러한 자유주의적 구상은 인민 전체의 일반의지나 도덕성의 직접 실현이라는 공동체주의에 의하여 비판받는다.9 그리하여 개체성과 공동체성 간의 상호 길항적 대립은 근대 정치철학사에서 중요한 장을 차지하고 있다.

자천자각自天自覺을 개체성과 공동체성으로는 어떻게 이해할 수 있는가? 자천自天, 자심自心, 자성自性은 천도교에서 매우 강조되고 있는 개념으로서 주체성이 강조되고 있다. 이러한 주체성의 개념들은 신앙교리서였던 『천도교회월보』에서 매우 분명하게 자주 언급되고 있다. 이로 보아 주체성의 관념은 천도교인 사이에는 일반적으로 공유되고 있었다고 보아도 좋을 것이다.

뿐만 아니라 자중自重, 자신自信, 자각自覺, 자주自主, 자용自用 등의 개념들이 천도교 식으로 설명되고 있는 것만 보아도 천도교는 근대적 주체성을 독자적인 논리를 기반으로 하여 발전시켰음을 알 수 있다. 가령 "내 몸에 이미 신령한 천주를 모셨으니 자중自重이며, 나는 이미 직접直接으로 하늘이니 자신自信하며, 나는 이미 진리의 소혈巢

---

9 김비환, 「아렌트의 정치사상에서 정치와 법의 관계: 민주공화주의체제에서의 법의 본질을 중심으로」, 『법철학연구』제2호, 2003, 111~112쪽. 김비환에 의하면 아렌트는 "법의 진정한 권위 혹은 정당성은 그것이 다원적이고 자유로운 개인들 사이의 상호행위―발언과 토론 및 합의―의 결과로 '만들어진' 경우에 한하여. 그리고 행위를 고무하고 행위에 의해서만 표현되는 '원리'를 표현·보호하는 경우에 한해서만 확보된다."고 보았다고 한다.

穴임을 아니 자각自覺이며, 나는 이미 마음대로 할 수 있는 독재獨裁의 권權이 있으니 자립自立이며, 나는 이미 내 몸에 활동의 원소임을 알았으니 자용自用"10이라는 설명은 서구 모더니티적 논리 전개라기보다는 동학·천도교적 논리 전개이다. '자주'와 같은 근대적 개념도 단순히 서구적 개념의 수용이 아닌 천도교식 논지에 의거하여 설명되고 있다. 예를 들자면 "움직이지 않는 마음이 곧 독립적으로 자재한 마음이다. 마음이라 함은 곧 자심을 자유로 운용하는 마음이다."11라고 하여 주체적 인간의 근거를 자유로운 마음에서 찾고 있다. 여기에서 천명天命, 천리天理, 천성天性 등과 같은 보편적·객관적 개념들이 모두 주체화·자기화되고 있다. 주체를 떠난 보편 진리가 아닌 주체 안에 구현된 보편 진리라는 시천주侍天主의 자기 전개 과정을 볼 수 있다.

주체성과 자주성의 발견은 타율과 의존의 배척으로 나타나고 있다. "의뢰하지 말라. 내 마음에 내가 절하니 성현이 여기에 있고 자기 하늘을 자기가 모셨으니 상제가 곧 나로다."12 데카르트적 방식

---

10 李敦化,「信仰性과 社會性」其四,『天道敎會月報』第102號(布德60年 2月. 1919), 14쪽. "不動心 卽 獨立自在의 心이라 홈은 卽自心을 自由로 運用 ᄒᆞ는 心이니…."
11 李敦化, 앞의「信仰性과 社會性」其四, 14쪽. "不動心 卽 獨立自在의 心이라 홈은 卽自心을 自由로 運用ᄒᆞ는 心이니…."
12 李鍾麟,「吾道ᄒᆞ 平常이며 自由이며 時代니라」,『天道敎會月報』第94號 (布德59年 5月. 1918), 6쪽. "依賴하지 말라. 自心自拜하니 聖賢이 是在 ᄒᆞ고 自天自侍ᄒᆞ니 上帝가 卽我로다."

과는 분명히 다르지만 일체의 기준점을 자기의 내부에서 찾았다는 점에서 근대성의 확고한 초석은 천도교에 의하여 세워졌다고 할 수 있다. 더욱이 절대·지고의 형이상의 하늘을 주체와 동일시하고 있다는 점에서 서구 근대적 주체와는 차원이 또한 다르다.

이처럼 주체성의 자각이 있지만 그 주체성이 곧 개체성에 한정되지 않는다는 점이 천도교적 주체관의 중요한 특징이다. 자심自心이나 자주自主는 보편적·객관적 원리의 주체화·자기화이지 보편성·객관성으로부터의 해방이나 독립과는 성격이 다르다. 천도교 식으로 설명하자면 천심天心이 곧 자심自心이라는 뜻이지 천심과 독립되고 해방된 자심이라는 의미가 아니다. 다음의 구절은 이 점을 분명하게 적시한다. "사람 마음 가운데 반드시 하늘이라 부르는 마음이 있다. 사람이 비록 천만이라도 하늘은 오직 하나일 뿐이다. 사람 마음 가운데 모셔져 있는 하늘에 존엄하고 비천한 하늘이 없다. 사람이 하늘이니 남에게서 구하지 말 것이다. 사람은 하나이니 각각 문호를 세우는 것은 불가하다."13 개체적 존재의 가장 내밀한 가운데 하늘이 있으며 이 하늘은 하나이니 높낮이가 없고 문호가 따로 없다는 주장이다. 개체성의 핵심에는 보편성이 내재되었다는 것이다.

보편성을 자기 안에서 찾는 것이 천도교의 가장 뚜렷한 특징이라

---

13 吳知泳,「聖師訓語」,『天道教會月報』第102號(布德60年 2月. 1919), 24쪽.
"人의 心의 中에 必曰天이 在ᄒ시니라. 人雖千萬이나 天惟一而已니라. 人心中에 侍在혼 天은 尊ᄒ고 卑혼 天이 無ᄒ니라. 人이 天이시니 他에 求치 勿홀지어다. 人은 一也니 各立門戶가 不可不可ᄒ니라."

는 주장은 쉽게 찾아볼 수 있다. 천도교의 대표적 이론가라고 할 수 있는 야뢰 이돈화는 "천하의 종교를 둘러보건대 자기 하늘을 자기가 모시며 자기 믿음을 자기가 독실히 하여 큰 하늘을 영원토록 모시며 타자 신앙을 자기 신앙으로 이끄는 자는 우리 교가 아니면 누가 있겠는가?"14라고 하여 천도교적 이해는 매우 독자적·독창적임을 강조한다. 이러한 논리는 동학의 '시천주侍天主'와 "내가 나 된 것 이외에 다름이 아니다(我爲我而非他)."라는 사유에서 왔다. 그러므로 천도교는 다른 것이 아니라 "자기 하늘을 알고 자기 하늘을 사용하고 자기 하늘을 먹는 것"15이라는 주장을 『천도교회월보』, 『개벽』 등에서 찾는 것은 어려운 일이 아니다.

  이러한 논의는 인간 존재성의 개체성과 공동체성에 대한 논의와 직접적으로 연결된다고 할 수 있다. 그러나 천도교의 담론에서 정치사회의 형성이 이러한 보편적 공동체적 주체성에 의하여 이루어진다거나 구성된다거나 하는 논의는 찾기가 어렵다. 정치사회적 실천 운동은 있었지만 이러한 정치사회운동을 인간관과 연결시켜 전개하는 논의는 찾기가 쉽지 않다. 즉, 천인공화는 논하지만 만인공화萬人共和나 공화사회에 대한 담론을 찾기 어려운 것이다. 정치 담론 자체가 억압당했던 시대적 상황 탓으로 돌릴 수도 있겠지만 그보다는 동양학의 담론적 특성에서 그 이유를 찾아볼 수

---

14 李敦化,「信念의 神聖」,『天道敎會月報』第9號, 明治44年4月15日, 28쪽. "試看天下之宗敎컨대 自天을 自侍ᄒ며 自信을 自篤케 ᄒ야 大天을 永侍ᄒ며 他信이 自至케 ᄒᄂᆫ 者ㅣ 非吾敎而其孰有之乎아."
15 朴明洙,「我天」,『天道敎會月報』第1號, 隆熙4年8月15日, 21쪽.

있다. 비록 독창적인 주체적 인간관을 토대로 한 정치사회론이 활발하게 전개되지는 않았지만 천도교는 다음 장에서 살펴보겠지만 적극적인 정치 참여운동을 전개하였다.

자심自心・자주自主・자유自由의 개념이 종교철학이나 심학적 맥락에서 논의되었지만 현실적 구체성과는 일정한 거리가 있다. 자유 개념은 의암의 대표적인 저술이라고 할 수 있는 「무체법경」의 삼심관에서 마음의 최상층의 경지로 표현된다. 이때 자유란 일체의 유무형으로부터 자유로울 뿐만 아니라 모든 일을 뜻대로 할 수 있는 마음의 경지로 이해된다. 오늘날 일반적으로 이해되는 현실적 정치사회 속에서의 자유의 의미가 아니라 동양의 심학적 맥락에서의 마음의 자유로운 경지이다. 달리 표현하자면 천명天命・천성天性・천리天理 같은 보편 진리와의 합일에서 나오는 자유이다. 그러므로 천도교에서 말하는 자유는 자유민주주의에서 제기되는 제반 개인권에 기반한 자유와는 뚜렷하게 구분된다. 오히려 천도교에서 말하는 자유는 공동체론자들이 말하는 보편성과의 합일을 연상시킨다. 루소적 일반의지, 정언명령에 따르는 칸트의 도덕적 시민, 헤겔적 절대이성 또는 국가이성, 마르크스적 계급의식을 구현한 개체성이 천도교가 말하는 자천자각自天自覺이나 자심자각自心自覺과 상호 소통될 수 있는 가능성이 있다.

공동체주의자 바버는 이러한 보편성을 갖춘 개인을 인민이나 대중과 구분되는 시민이라고 주장한다. 즉, 시민은 "심사숙고(deliberate)하여 정치에 참여하고 자신의 몫을 공유하며 공동선에 기여"16할 수 있어야 한다는 것이다. 공공선에 심사숙고하여 참여할 수 있는 개인

이어야 한다는 것이다. 개체성이나 공동체성에 매몰되지 않는 성숙된 정치 주체가 민주공화주의를 가능케 한다는 주장이다. 이러한 시민적 주체는 개인적 권리를 확보하기 위한 거래·타협·계약을 하는 자유주의적 개인이나 일반의지적 또는 계급적 의지를 관철시키기 위한 공동체성과는 구분할 수 있을 것이다.

천도교에서 '나'는 종교적으로 천주를 모시고 있는 주체이듯이 정치적으로는 국가의 존망을 결정하는 주체로 인식되고 있다. 오상준은 이러한 인격을 '공개인公個人'이라 불렀으며 이들은 종교와 국가에 대하여 "공익심과 공의심과 공덕심과 공무심과 공용심과 공분심과 공법심을 독실하게 지키고 발표하고 실행해야"17한다고 강조하였다. '공개인'은 일종의 공화적 개인이라고 할 수 있다. 천도교의 정치적 주체는 자유주의적 개인, 공동체주의적 계급이나 보편의식, 국가주의적 보편자와는 사뭇 다른 공화적 시민이라 할 수 있다. 이러한 인격체를 동학에서는 '천주를 모시고 있는 존재(侍天主)'라고 표현하였으며 정치사상적으로는 '공화적 개인'으로 표현할 수 있겠다. 공공성을 담지한 개인이라 하겠다. 물론 이때의 공공성이란 단순히 해당 공동체나 국가의 공공성이 아니라 보다 확장되고 심화된 우주적·영적 성격을 갖는다고 하겠다. 이러한 성격은 비교적 선명하게

---

16 Benjamin R. Barber, *Strong Democracy: Participatory Politics for a New Age* (University of California Press. 1984). pp.154~155 참조.

17 吳尙俊, 『初等敎育』, 普文舘, 光武11年(1907), 76쪽. "公個人의 責任으로 言ᄒᆞ면 吾宗敎와 吾國家에 對ᄒᆞ야 公益心과 公義心과 公德心과 公務心과 公勇心과 公憤心과 公法心을 篤守ᄒᆞ며 發表ᄒᆞ며 實行ᄒᆞ야…"

개진되고 있다.

그렇다면 '인내천'적 정치 주체는 보편적 공동체성의 맥락을 중시하였다는 점에서 민주공화주의적 특성을 지녔다고도 할 수 있다. 공공선을 중시하는 소통하는 주체라는 점에서 천도교적 정치 주체는 공동체주의와 공화주의적 성격을 지니지만 이때의 공공성은 인간의 지, 사유적 도덕법칙, 국가성, 계급성과 같은 유한성에 속박되지는 않는다는 특성이 있다. 다시 말하자면 '인내천'이라고 하는 것은 사람은 하늘처럼 규정할 수 없는 무한적 존재라는 의미가 내포되어 있기 때문에 어떤 유한성에도 갇힐 수 없다는 점에 주목할 필요가 있다. 다시 말하자면 천도교가 보는 공공선이나 공동체성은 특정한 시대나 사회구속적인 상대적 성격보다는 우주보편적인 성격이 매우 강하다는 점이 그 특징이다.

천도교가 찾아낸 정치 주체를 전통적 개념으로 표현하자면 '시천주侍天主'적 주체라 할 수 있을 것이며 풀어 말하자면 우주적 공동체성을 간직한 주체라고 할 수 있겠다. 유학적 개념으로 말한다면 지공무사至公無私한 주체라 할 수 있겠다. 천도교는 이러한 인격체가 정치 주체로 등장하는 사회를 지향하였다고 하겠다.

2) 천도교적 공화주의

정치 주체들의 합리적이며 정당한 절차 과정을 통하여 형성된 것이 국가 권력이다. 정치 과정에 대한 천도교의 이해를 분석하기 이전에 먼저 정치권력을 어떻게 인식했는가의 문제를 분석할 필요가 있다. 정치권력에 대한 천도교의 이해는 매우 독특하다.

법치는 자유민주주의의 중요한 정치 과정이다. 법치는 공정한 계약 및 다수 합의의 결과물로 간주하기 때문이다. 그러나 공화주의共和主義는 이성보다는 시민적 덕성이나 시민적 도덕의 결집을 중시한다.18 합리적 법치보다 의사소통적 공론을 중시한다. 확실히 공화주의는 민의 강력한 주도권보다는 다양한 계층의 입장 조정을 강조한다.

정치권력에 대한 천도교의 이해가 가장 뚜렷하게 나타난 곳은 「도연구도道硏究圖」이다. 이 글에는 정치에 대한 천도교의 기본적인 입장이 비교적 선명하게 나타나고 있으므로 간략하게나마 살펴볼 필요가 있다. 「도연구도」에서 의암은 도道를 정치권력과 종교의 상위에 위치시킨다. 여기에서 도는 물론 천도天道라 하겠다. 이러한 도식에 의거한다면 정치는 도를 실현하는 하나의 방편이며 도를 구현하는 또 다른 길이 종교로 제시되고 있다. 정치는 종교와 함께 도를 구현하는 방편으로 설정되고 있으므로 정치가 도를 떠난다는 것은 불가능해 보인다. 도로부터 정치의 자율성을 인정하지 않는다는 점에서 근대 정치학과는 일정한 거리가 있다. 뿐만 아니라 정치를 종교와 병치·공존시킴으로써 양자 균형 또는 견제를 중시하고 있다.

정치와 종교를 정법政法과 교리敎理로 표현한 것을 보면 의암은 정치를 법치로 파악한 것이 분명하며 종교는 천리로 파악하였다. 천리란 곧 천명으로 중용 철학에 의하면 천명을 내면화한 것이 성性이며

---

18 곽준혁, 「민주주의와 공화주의: 헌정체제의 두 가지 원칙」, 『한국정치학회보』 제39집 3호, 39쪽.

이 성을 따르는 것이 도道이므로 결국 법은 도덕과 균형을 이루어야 한다는 것이 이 도식에 내포된 의미라 할 수 있다. 따라서 천도교가 보는 법치로서의 정치는 언제나 천명이라고 하는 보편적 이치의 궤도를 벗어날 수는 없다.

근본은 도道이고 정치는 종교와 함께 도덕의 하위 단위임을 알 수 있다. 「도연구도」에 나타난 도를 현대적 담론에서의 도덕과 동일시하기는 어렵다. 이러한 천도교적 특성은 민주공화주의를 넘어서는 담론이므로 이 글의 주제와는 직접적 관계는 없지만 천도교에서의 정치의 위상에 대한 이해는 민주공화주의에 대한 기초 이해로 중요하다.

의암은 일본에 체류하고 있던 당시에 이미 공화정체를 이상적 정체로 제시하고 있었다.19 「명리전」에서 개진되고 있는 공화정은 문맥으로 보면 오히려 민주주의적 성격이 강하다. 민을 정치의 객체나 노예로 보는 정치에서 민이 주체나 주인이 되는 정치로의 지향성이 뚜렷하게 나타나기 때문이다. 그러나 민이 주체가 되는 정치는 여전히 민심에 순응하는 합의의 정치로 이해되고 있다. 이 합의의 당사자로 군주를 용인하고 있는지는 분명치 않다.

교리가로 명망이 있었던 오상준吳尙俊이 펴낸 『초등교육初等敎育』

---

19 「明理傳」, 李敦化, 『天道敎創建史』3편, 89쪽. "今我東洋則 不然 君視民 如奴隷 民視君 如虎威 此則苛政之壓制也 今若一變其政 敬天命而 順民心 養人材而達其技 郁郁乎文風 燦然復明於世則 無往不復之理 可得而致矣 惟我東球中 有志君子 念哉念哉"

에 묘사된 국가관에서 천도교의 민주공화주의의 특성을 찾을 수도 있다. 『초등교육』은 천도교인의 시대관이 잘 반영된 일종의 교양서이기 때문이다. 이 책에서 "공화정체는 국민 전체로써 하나의 합의체를 조직하여 국민 총회에서 통치권의 작용을 행사하는 것"20으로 정의되어 있다. 주권이 다수민에 있는 민주국체와 구분하여 공화주의는 국민합의적 정체로 이해하고 있다. '국민합의'라는 표현에는 군주가 포함되어 있다고 보기는 어려울 듯하다. 이로써 보면 천도교의 정치관은 이미 군주제에서 공화제로 넘어갔다고 볼 수 있다.

천도교에서 '나'는 우주의 주체로 이해되었을 뿐만 아니라 '국가의 본체'로 이해되고 있다. 즉, '국가의 성질은 나의 공동적 생활'이며 '국가의 책임과 국가의 본체되는 나의 책임이 중대'하다고 하였다.21 정치를 군주나 정치 엘리트의 전유물이 아니라 일반 국민의 일로 본다는 사실 자체가 민주적 공화주의의 성격을 보여준다.

국가를 형성하는 영토와 국민도 중요하지만 보다 강조되는 사항은 역시 '나'의 애국심으로22 보고 있다는 점이 흥미롭다. 나와 국가

---

20 黃錫翹, 「法律經濟槪要」, 『天道敎會月報』 第92號(布德59年 3月, 1918), 42쪽. "共和政體는 國民全體로써 一의 合議體를 組織ᄒᆞ야 國民總會에서 統治權의 作用을 行使ᄒᆞᆫ 者 ㅣ라."
21 吳尙俊, 『初等敎育』, 普文舘, 光武11年(1907), 35쪽. "國家는 一定ᄒᆞᆫ 土地內에 多數ᄒᆞᆫ 吾人의 團合體니 國家의 性質은 吾人의 共同的 生活로 以ᄒᆞᆫ 者오. 國家의 行動은 生活의 安寧 幸福으로 以ᄒᆞᆫ 者오. 國家의 面目은 外에 對ᄒᆞ야 獨立自存의 外敵侵侮를 防ᄒᆞᆫ 者니 國家의 責任과 國家의 本體되는 吾人의 責任이 甚히 重大ᄒᆞ도다."
22 吳尙俊, 앞의 『初等敎育』 62~63쪽. "我의 墳基와 我의 家屋과 我의 土

의 관계는 나와 몸의 관계처럼 살아서도 떨어지지 못하고 죽어서도 떨어지지 못하는 관계23로 이해한다는 것은 국민국가적 성격을 뚜렷하고 보여주는 점이다. 그러나 이때 국가 주체로서의 민은 계약론자들이 말하는 시민과도 다르다. 국가를 '나의 본체'로 보는 공화주의적·공동체론적 사유와 국가를 '나의 계약' 결과물로 보는 입장은 현저하게 다른 사상이다. 자신과 자국을 동일시하는 사상思想은 계약론적이기보다는 공동체론적인 성격이 강하다.

이러한 사상에서는 국가의식이 강조될 수밖에24 없게 된다. 왜냐하면 몸은 개인이지만 의식은 얼마든지 국가로 확장될 수 있으므로 국가의식이 중시되고 나아가 '국가의식이 있고서야 국가가 있다'고 하게 된다. 이러한 주장을 입증하는 사례로 미국을 든다. 미국민에게 미국이라는 국가의식이 있었기에 영국과 전쟁을 하여 미국을 세울 수 있었고, 베트남인에게는 베트남이라는 국가의식이 미약했기에 프랑스에게 국가를 잃었다고 하여 애국심이 국가의 바탕이라고 주창한다.25 이제 국가의 존망은 국민의 애국심에 달려 있게 된다. "우리나

地가 此에 在훈 바라. 此가 無학면 我도 無학며 我의 祖先도 無학며 我의 種族도 無학며 我의 親戚도 無홀지오. 我의 墳墓와 我의 家屋과 我의 土地가 또한 無할지니 我國을 愛학기는 我를 自愛학는 觀念에 基因훈 바니라."

23 吳尙俊, 앞의 『初等敎育』 73쪽. "吾人과 吾國의 接着홈이 吾人身上에 骨肉이 서로 接着홈과 如학야 生이라도 分離치 못학며 死라도 分離치 못홀 關係가 有학니라."
24 吳尙俊, 앞의 『初等敎育』 73쪽. "吾人의 思想上에 自身과 自國이 進退학도다."

라의 현재 상황을 보건대 국민의 참 의무는 결단코 애국 두 자에 불과하다."26 그러나 이러한 천도교의 입장을 국가주의적 애국으로 보기는 어렵다. 왜냐하면 국가주의에 의하여 주체가 상실된 것이 아니라 국가는 오히려 개인의 애국심에 의존하고 있다는 점에서 여전히 주체성은 중시되고 있기 때문이다. 그렇다고 이러한 국가관을 자유민주주의적이라고도 하기 어렵다. 이러한 애국심은 오히려 동학·천도교의 사상적 맥락에서 이해하여야 할 것이다.

「도연구도」에 대한 논의에서도 나왔듯이 천도교에서 종교는 정치와 대등하게 간주되고 있다. 종교성과 사회성에 대한 논의에서도 이런 균형적 입장을 볼 수 있다. '종교와 사회는 개인의 생명'27으로 이해되고 있다. 종교성과 사회성의 완전한 실현을 '천인공화天人共和'로 표현하고 있다. 즉, 지금까지 인류는 무형한 하늘의 절대자에 의한 '전제專制'의 상태였는데 수운에 의하여 최초로 유형한 사람도 또한 하늘이라는 '천인공화'의 시대가 열렸다는 주장이다.28 이러한 주장

---

25 吳尙俊, 앞의 『初等敎育』 74쪽. "大凡國은 國民의 思想中出來호 者라. 國民의 思想이 有호면 英國手下에 在호던 美國이 英國頭上에 居호고 國民의 思想이 無호면 安南國의 獨立이 法國統治下에 入호느니…"
26 吳尙俊, 앞의 『初等敎育』 90쪽. "吾國의 現時狀況을 見홀진대 吾國人의 眞義務는 決斷코 愛國二字에 不過하도다."
27 鳳山, 「宗敎의 信仰과 社會의 規則」, 『天道敎會月報』 第98號(布德59年 9月. 1918), 1쪽. "此의 宗敎가 아니면 煩惱疑懼의 心을 何地에 安定호며 此의 社會가 아니면 危險孤獨의 身을 何所에 存立호리오. 一言斷之曰 宗敎와 社會는 吾人의 生命이니라."
28 鄭桂玩, 「三新說」, 『天道敎會月報』 제9호, 明治44年4月15日, 23쪽. "鼻

을 토대로 수운 이전에는 전제천專制天·전제지專制地·전제인專制人이 지배하던 시대였다면 수운 이후로 비로소 자유천自由天·자유지自由地·자유인自由人의 시대라는 것이다.29 무형한 절대자에 의한 보편성의 독점을 전제로 보았다면 유형한 다수자에 의한 보편성의 균등적 점유를 자유로 보았다고 하겠다. 하늘과 사람이 공화하는 '천인공화'처럼 정치도 '나'를 떠나서 특별한 절대군주나 소수 정치 엘리트의 전유물이 아닌 만인공화萬人共和라는 것이다. 즉, 모든 존재자들이 자기 안에 하늘의 보편성을 안고 있다는 자각이 정치적으로 확장되는 것을 공화주의로 이해하였다는 것이다.

천도교의 대표적인 이론가였던 야뢰 이돈화는 「신앙성과 사회성」이라는 제목의 긴 글을 3·1독립운동이 있기 4개월 전인 1918년 11월호에서 시작하여 1달 전인 1919년 2월까지 4차례에 걸쳐서 나누어 싣고 있다. 3·1운동을 염두에 둔 글이라 할 수 있다. 야뢰는 "신앙성과 사회성은 인간의 두 개의 본능이며 사람은 두 가지 본능을 수련하여 인내천의 대정신을 발휘하는 것이 종교 최후의 목적이다."라는 의암의 말을 인용하면서 그 의미를 자세하게 분석적으로 설명하고 있다.30 의암의 이 말에는 사회성을 실현한다는 말이 빠져 있으며 3·1운동은 인간의 본능인 사회성의 실현임을 알 수 있다.

祖水雲大神師ㅣ 蕩蕩 上帝로 於焉面會ㅎ야 酬酌이 密勿ㅎ사 天人共和案을 提出ㅎ시다."

29 鄭桂玩, 앞의 「三新說」 23쪽.

30 李敎化, 「信仰性과 社會性」, 『天道敎會月報』第99號(布德59年11月), 7쪽. 이 글은 第102號(布德60年2月)까지 연재되었다.

여기에서 인간의 사회성의 구현은 독립이며 곧 정치성의 회복이라 하겠다. 따라서 천도교는 3·1운동을 인간의 본능인 사회성의 회복이라는 맥락에서 바라보았다는 점을 알 수 있다. 3·1운동은 공화주의의 적극적 실천으로 볼 수 있다.

3. 천도교의 민주공화주의 실천 운동

1) 민회운동과 민주공화주의

자유 민주주의에서 개인의 자유권은 정당정치를 통하여 결집되고, 의회를 통하여 대변되고, 법치적 행정을 통하여 집행된다. 그렇지만 절차적 합리성이 지배하는 체제에서는 다수결의 전횡이나 소수 의견의 억압 문제가 발생하기도 한다. 이를 해결하는 방안으로 소수자에 대한 배려와 억압 배제 그리고 소수자의 대표권 부여 등이 제안된다. 그러므로 배려 민주주의나 의사소통적 합리성의 담론이 제기된다.

공화주의도 시민의 자율권에 기초한다. 그러나 법치보다 시민의 덕성과 도덕성 등에 의거한 권력의 정당성 문제가 중시된다. 절차주의적인 고려보다는 국민 일반의 의지나 공론이나[31] 도덕성이 중시되

---

31 김대영, 「시민사회와 공론정치: 아렌트와 하버마스를 중심으로」, 『시민사회와 NGO』제2권 제1호(2004), 112쪽. 민주주의와 공화주의에 대한 다양한 논의를 소개할 수 있겠지만 하버마스는 일반의지·공론을 중시하

는 것이다. 이러한 이유로 공화주의는 특정 공동체의 가치적 지향성과 동일시되거나 해당 공동체 밖의 가치와 개인성에 대한 억압과 배제가 문제시된다.32 여기에서 이른바 절차주의적 공화주의 논의가 나오게 된다.33

정체로서의 민주정은 인민 주권을 실현하는 선거와 대의제가 중시되는 반면 공화정은 다양한 정치세력들 간의 소통과 합의 그리고 공론 등을 반영할 수 있는 혼합정이 중시된다. 민주정이 진보 성향을 띤다면 공화정은 다분히 보수 성향이 강하다. 현실 정치 구조로서의 민주공화정이 갖는 이러한 특성들에 의거하여 천도교의 실천운동에 새로운 의미를 찾아낼 수 있을 것이다. 1904년에 천도교에 의하여 시작된 자주적 근대화운동인 민회운동은 다분히 민주주의적 성격이 강조되었다면 일제치하에서 민족 독립을 지향한 3·1운동의 경우에는 민족 일반의지의 실현을 통한 독립이라는 공화주의적 성격이 강하다. 1920년대의 민회운동에서는 민주주의적 성격과 공화주의적 성격은 '전적 운동론', '좌우 통합론' 등으로 구체화되어가는 점을 분석할 것이다.

였다. "의사소통적 권력은 시민사회의 공론장에서 국민의 지지와 의견이 형성됨으로써 발생하는 권력으로써 국민주권의 토대이다."
32 정윤석, 「아렌트의 근대비판과 새로운 정치의 모색: 근대적 정치기획을 넘어서 공화주의에로」, 『철학사상』 제11집(2000), 287쪽.
33 다양한 공화주의의 스펙트럼에 대해서는 곽준혁, 「민주주의와 공화주의: 헌정체제의 두 가지 원칙」, 『한국정치학회보』제39집 3호, 41~42쪽 참조.

(1) 1904년 근대적 민회운동

1904년부터 시작되는 민회운동은 근대화운동이었다. 당시 한반도와 만주를 둘러싸고 러시아와 일본의 긴장이 고조되던 상황에서 의암은 국가 보존 방책으로 조정에 '민회 설립'을 통한 민력의 총결집을 제시하였다.34 이때의 민회는 의회 설립을 뜻하며 근본 취지가 개인권의 대표 기구를 설립한다는 것보다는 오히려 국민적 역량의 총결집에 놓여 있음을 볼 수 있다. 의회 설립은 기본적으로는 민주정의 요체이지만 의암의 문제의식은 공화주의적임을 알 수 있다. 즉, 민회는 국민 공화의 방책이었으며 국가 보존 방안으로 제시되었던 것이다.

천도교의 민회운동은 충돌하는 개인적 권리·이익·관심을 조정하는 성격보다는 국가를 보전하고 국민을 각성시키는 민족주의적 성격을 갖는 운동이었다. 그러나 민족 자활의 길을 민력 향상에서 찾았다는 점에서 민주주의적이었다. 그러나 본의는 민력에 기초한 민족 독립이라는 공화주의적인 혁명을 지향하는 성격이 강했던 운동이었다.

민회 설립 상소에 대한 정부의 별다른 반응이 없자 의암은 1904년 4월 자율적 민회 설립을 결정하고 박인호와 홍병기를 일본으로

---

34 『天道敎百年略史』上, 344쪽. "士林之中에 擇其有志者 幾千百萬하야 招集於化育之內하야 何以名之나 設立民會하야 大小開議하야 政府交涉이면 則外交未達이나 蒼生保生之精力이 骨髓侵入矣리니 如是之後에 外敵難便之請求事件을 指揮則 民心이 死守對抗하야 外敵某對抗을 受之라도 民力暴害之經緯無矣리라."

불러 교인들에게 민회 조직을 지시했다.35 그리하여 1904년 9월과 10월에 전통의 상징인 상투와 백의로부터 단절한다는 '단발흑의斷髮黑衣' 운동을 전국에 걸쳐서 시행하였다.36 1904년이 갑진년이므로 흔히 갑진혁신운동37이라고 한다. 1904년 10월 9일에는 이른바 '사대강령'38을 내걸고 총궐기를 단행하였는데. 이때 궐기에 참가한 사람은 전국적으로 360여 군에서 20만 명에 이르렀다고 한다.39

운동의 핵심적 사안은 민생 보호와 민력 신장을 통한 국권 보호였다. 다음의 구절에 이 점이 명료하게 나타나고 있다. "국민의 자유대로 자활력을 득하는 것이 제일국가의 유지하는 대계요. 인종을 생존하는 대계요. 강토를 보전하는 대계이니 국민들은 자각자수自覺自修하야 자활력을 각득하기로 대주의할지어다."40 민력은 곧 국력으로 이해되었다. 자치력을 향상시키기 위한 향자치안이 '민회' 운동이었

---

35 조기주,『동학의 원류』, 천도교중앙총부출판부, 1982, 228면.
36 高建鎬,「韓末 新宗敎의 文明論: 東學・天道敎를 中心으로」, 서울대학교 대학원 종교학과 박사학위논문, 2002, 33면.
37 갑진개혁운동에 대해서는「특집 갑진개화운동의 재조명」,『동학학보』제7호(2004), 7~88쪽 참조.
38 일본에 체류 중이던 손병희가 망경객들과 협의하여 만들어 국내로 보냈다는 진보회의 이른바 4대강령은 "1.황실을 존중하고 독립 기초를 공고히 할 사. 2. 정부를 개혁할 사. 3. 군정 재정을 정리할 사. 4. 인민의 생명재산을 보호할 사."『天道敎會史草稿』. 511면. 그러나 지방마다 이 4개 강령에 다른 조항을 첨부하는 경우도 많았다.
39 조기주,『동학의 원류』, 229쪽.
40「國民自活力」,『萬歲報』1907.5.8.

다는 점에서 민주주의 운동의 성격을 갖는다. 동학 시대부터 뿌리를 내리고 있었던 농촌 지역의 자치 운동이 민회운동이다. 이러한 민회 운동 구상과 방향은 이미 「준비시대」라는 글에서 상세하게 검토되었으며 부록으로 첨부된 향촌자치제는 지방자치를 통한 민력증진의 구상을 볼 수 있다.41 이러한 민회운동은 3·1운동의 토대가 되었다고 할 수 있다.

(2) 1920년대 전적 민회운동론

1919년 3·1운동 이후 일제의 탄압과 억압을 떨치고 나아가는 운동 방식으로 1920년대 민회운동이 부활하였다. 이때 운동의 주도권은 천도교청년회에 있었다. 운동을 주도한 인물들은 일본의 근대화 문물의 세례를 받았거나 천도교에서 운영하던 보성전문 출신들로서42 근대적 사상·과학의 조류를 소개하는 계몽주의적이며 실력양성론적 성격이 강하였다.43

---

41 오문환, 「천도교의 민회운동」, 미발표논문, 2006 참조.
42 천도교청년회를 이끈 이른바 신·구파 제3세대 지도자들의 개인적인 이력과 면모에 대해서는 다음을 참조. 조규태, 1999, 78~86쪽.
43 '애국계몽운동'을 제국주의적 근대화에 매몰된 시각으로 보는 연구도 있으며(김도형, 『대한제국기 정치사상연구』, 지식산업사, 1994), 3·1독립운동이 국권회복에 실패한 후 국민형성과 경제·교육 실력을 증진시키려는 운동으로 보는 시각(신용하, 「한말 애국계몽사상과 운동」, 『한국사학』 I, 한국정신문화연구원, 1980)이 있다. 박찬승(박찬승, 『한국근대 정치사상사연구: 민족주의 우파의 실력양성운동론』, 역사비평사, 1992)은 운동 집단에 따라서 성격을 달리하는 것으로 본다. 이러한 논의는 국권 상실

천도교청년당 산하에 청년회(1920), 소년회(1921), 학생회(1924), 내수단(여성회, 1924), 조선농민사(1925), 조선노동사(1931)가 설치되어 부문운동을 이끌어가게 된다.44 최전성기에는 200여 지회에 8천여 회원을 가지고 있었다.45 이 시기의 민회운동은 이후 청우당에 의하여 '신민주주의'로 자리매김되었다.

신민주주의는 '범인간적민족주의汎人間的民族主義46'라는 흥미로운 개념으로 설명되었다. 풀어 보자면 보편적 휴머니즘의 민족주의라는 것이다. 민족주의 운동이지만 보편적 휴머니즘이 기본 바탕에 깔린 운동이라는 주장이다. 개인권적인 측면보다는 공동체주의적 성격이 보다 강하게 보인다.

1920년대에 이러한 공화주의적 지향성은 '전적全的 운동'이라는 개념으로 표현되었다. 전적 운동이란 천도교의 운동이 특정 집단이나 특정 계급을 대변하는 것이 아니라 민족 전체를 대변한다는 주장이다. 좌우 분열의 상황에 대한 천도교의 독자성을 확보하기 위한 방안으로 볼 수 있다. 그러나 운동의 지향성에 있어서는 전체 구성

이후 산업과 교육을 통한 민의 형성 이외의 전면적 투쟁이 불가했던 시대 상황에서 기인한다. 특히 만주사변 이후 일제로부터의 외적 압박에 의하여 제국주의적 근대성에 함몰되어가는 양상을 보인다.

44 황선희, 「역사적 입장에서 본 천도교 100년」, 『한국사회에서의 천도교 100년, 그 진단과 전망』, 동학학회 주최, 2005.11.26. 프레스센터 20층 국제회의실, 2005, 98쪽.
45 김병제, 「지상천국의 건설자 천도교청년당의 출현」, 『천도교회월보』 1923년 10월호.
46 「汎人間的 民族主義」, 『開闢』 1923.1.

원의 보편적 대변을 주장하였지만 운동은 천도교 내에 한정되었었다. 그러므로 지향성에 있어서는 공화주의적이었지만 현실 운동에서는 부문운동의 한계를 넘어서지 못했다고 할 수 있다.

이러한 전적 운동론을 이론적으로 뒷받침해 준 이론이 야뢰의 '지기일원론至氣一元論'47이었다. '지기일원론'은 인간 사회뿐만 아니라 우주 전체가 하나의 기운으로 관통된 공동체적 공화의 존재로 본다. 이 이론을 기초로 천도교는 좌우 통합 운동의 입장을 보였으며 해방 이후에는 통일운동의 철학적 토대로 작동하였다.

1920년대 이후 자치운동은 1904년처럼 기초 단위에서의 자치 운동이 아니라 국가 단위의 자치 운동으로 되면서 식민지 체제를 용인하였다는 논란을 제공하게 된다. 식민지 치하에서의 절차적 합리주의란 반민족주의였을 뿐이었다. 천도교 내에서도 자치운동과 민족독립운동이 상충하면서 점차 위축되어 갔다. 민족독립운동은 오심당五心黨 사건, 6·10만세운동, 신간회 참여, 멸왜기도滅倭祈禱 사건 등을 통하여 지속적으로 전개되었으며 해외에서도 조선혁명당 및 고려

---

47 李敦化, 『新人哲學』, 천도교중앙총부, 1982, 30쪽. 야뢰는 지기일원론으로 좌우통합과 민족통합을 할 수 있다고 보았다. "唯心 唯物의 現象을 더듬어 올라가 그 極 卽 萬物의 本源에 도달하고 보면 여기에는 物質이라고 볼 수도 없고 精神이라고 稱할 수도 없는 一元的 極이 있다는 것이다. 極은 무엇으로 된 것이냐 하면 水雲은 이것을 至氣라 命名하였다. … 이로 보면 至氣는 물질도 아니요 精神도 아닌 宇宙의 實體로 活動力의 單元이 되는 것이다. 이른바 힘이라 함은 自存自活的 힘으로서 他의 影響에 依하여 變化하지 못하는 獨立自存體인데 分割하지 못할 非物質的인 것이다."

혁명당 운동이 전개되었다.48 그러나 3·1독립운동과 같은 전민족의 독립운동의 흐름을 만들기에는 역부족이었다. 일제의 폭압정치와 함께 내부 분열도 큰 원인으로 작용했다. 그 결과 1920년대 민회운동은 3·1독립운동과 같은 그 지향성에도 불구하고 전적 운동을 실현하지 못하였다.

2) 3·1운동과 공화민주주의

(1) 복합적 통합과 공화주의의 정신

천도교는 한국독립운동사의 분수령을 이루는 3·1운동을 주도하였다. "천도교계는 3·1독립운동의 발의, 민족대표의 선정, 독립선언서의 인쇄와 배포, 거사자금의 제공, 교인의 조직적 동원, 독립신문의 간행·배포 등 중요한 역할을 수행"49하였다.

민회운동과 달리 3·1독립운동은 권력의 정당성 문제를 전면에 제기하였다. 일제의 폭압 정치를 고발하고 민족자결주의를 주장하였다. 전 민족의 일반 의지가 전국에 걸쳐서 표출되었다. 역사적으로 3·1독립운동은 '척왜양斥倭洋'의 보은집회와 일본군의 침략에 대항

---

48 천도교중앙총부교서편찬위원회, 『천도교약사』, 천도교중앙총부출판부, 포덕147(2006), 313~342쪽 참조.
49 조규태, 「3·1독립운동과 천도교계의 민족대표: 오세창과 나인협을 중심으로」, 『3·1독립운동 86주년기념: 제3회 '민족대표33인'의 재조명 학술대회』, 2005. 2.28. 서울프레스센터19층, 민족대표33인유족회 주최 학술회의.

하는 제2차 동학농민전쟁의 민족주의 운동의 연장선상에 서 있다고 할 수 있다. 따라서 민족의 자주독립이라는 공동체의 일반 의지가 전체 민족 구성원에 의하여 평화적이지만 혁명적으로 분출하였다.

이러한 3·1운동에서 우리는 공화주의적 통합주의를 볼 수 있다. 천도교가 주도하여 기독교와 불교의 협력을 이끌어냄으로써 '종교통합'적 성격을 보여주었을 뿐만 아니라 '교정쌍전敎政雙全'이라는 종교성과 사회성의 통합성을 보여주었다. 뿐만 아니라 「독립선언서」에서도 명시되고 있는 윌슨의 민족자결주의와 동학의 '척왜양창의斥倭洋倡義'적 민족 자주는 서로 소통되고 있음을 발견하게 된다. 이처럼 3·1운동에는 다양한 분절성이 복합적으로 통합되어 있음을 발견하게 된다. 이 공화적 통합을 이루어낸 정신이 무엇인가?

공화적 통합성이 잘 나타난 곳은 공약삼장이다. 대중화·일원화·비폭력의 공약삼장은 이미 3·1운동의 구상 단계부터 정립된 것으로 33인 민족대표들을 접촉하고 연락하는 역할을 맡았던 최린은 증언한다.50 기독교계와의 접촉에서 이 원칙을 강하게 주장하고 설득하였다고 한다.51 세 원칙을 수립한 이유는 전체 민족의 의사 결집을 위해서였다는 것이다. 공화적 통합이 이루어져야 비로소 민족 독립의 정당성이 설득력을 얻을 수 있다는 주장이다.

이러한 공화적 통합의 정신은 역시 동학의 '동귀일체同歸一體' 또는 '동귀일리同歸一理'라는 우주관에서 찾을 수 있다. 삼라만상은 하

---

50 如菴先生文集編纂委員會, 『如菴文集』上, 1971, 182쪽.
51 如菴先生文集編纂委員會, 『如菴文集』上, 1971, 188쪽.

나의 기운으로 통해져 있기 때문에 존재자들 사이의 협동과 연대가 존재의 실상일 뿐만 아니라 모든 존재들이 준수해야 하는 도덕이라는 것이다. 즉, 우주를 '일대지기적一大至氣的 생명체'[52]로 보는 종교철학적 토대가 공화적 공동체운동을 뒷받침하였다고 볼 수 있다.

(2) 공화주의적 임시정부 구상

3·1독립운동은 임시정부 수립 선언과 거의 동시적으로 이루어졌다. 다시 말하자면 3·1운동과 새로운 공화국의 설계는 거의 동시적으로 나타났다. 이는 천도교계에서 3·1운동과 함께 새로운 공화정을 체계적으로 구상하였다는 사실을 말해준다.

임시정부 수립 구상은 『조선독립신문』 제2호와 제3호에 발표되었다. 제2호에는 "가정부조직설假政府組織說, 일간日間 국민대회國民大會를 개최開催하고 가정부假政府를 조직하며 가대통령假大統領을 선거選擧하였다더라."라고 보도하고 있으며 제3호에는 "십삼도十三道 각 대표자代表者를 선정選定하여 3월 6일 오전 11시, 경성京城 종로鐘路에서 조선독립인대회朝鮮獨立人大會를 개최할 것"[53]이라고 보도하였다.

임시정부 수립을 선언한 이 신문의 창간과 제작은 이종일과 이종린이었다. 이종일은 「독립선언서」 인쇄와 배포 책임을 맡았던 보성사 사장이었으며 이종린은 「천도교회월보」의 편집을 맡고 있었던 천

---

52 李敦化, 앞의 『新人哲學』, 37쪽.
53 國史編纂委員會編, 『韓國獨立運動史資料集』자료5(3·1運動編1), 探求堂, 1975, 1~2쪽.

도교 중진이었다. 따라서 정부 조직설, 대통령 선거, 조선독립인대회 개최 등은 천도교의 새로운 국가 건설안이라 할 수 있다. 이 안에는 대통령 손병희, 부통령 오세창, 국무총리 이승만으로 하는 등 내각 진용까지 짜여 있었다. 3·1운동을 준비한 오세창, 권동진, 최린 등 천도교의 핵심 인물들이 들어 있다.54

의암은 또한 러시아령의 대한국민의회大韓國民議會의 노령임시정부露領臨時政府, 조선국민대회朝鮮國民大會·조선자주당연합회朝鮮自主黨聯合會의 조선민국임시정부朝鮮民國臨時政府에서 새로운 공화국의 수반으로 추대되고 있었다. 이 두 임시정부는 천도교와 직·간접으로 관련이 있는 것으로 보인다.55 이러한 문건으로 볼 때 천도교의 새로운 공화정 수립 안은 심도 있게 논의되고 준비되었던 것으로 보인다.

주목할 만한 사항은 「조선민국임시정부 창립장정」이다.56 총 12장 33조와 부칙으로 구성된 새로운 국가 설립안은 매우 구체적이고도 체계적이다. 그 가운데 조선민국의 헌법과 국회조직법 및 의원선거법을 만들 헌법제정위원회의 구성 절차를 상세하게 설명하였으며, 대외관계로서 '한일합병조약' 무효화 및 새로운 조약안, 지방행정 자치체, 의무교육, 중요산업의 국영화와 국민균산주의 등의 원칙이 제

---

54 천도교의 임시정부안에 대한 보다 자세한 논의는 李炫熙, 『大韓民國臨時政府史』, 集文堂, 1982, 54~56쪽.
55 고정휴, 「3·1운동과 天道敎團의 臨時政府 수립 구상」, 『한국사학보』제3·4집(1998), 고려사학회, 218~235쪽 참조.
56 姜德相, 『現代史資料』25(朝鮮), 東京:原書房, 449~452쪽; 金正明 編, 『朝鮮獨立運動』II(民族主義運動編), 東京:原書房, 13~17쪽.

시되고 있다. 고정휴 교수는 이 문건은 천도교계에서 나왔으며 보성전문 출신이며 유학자이기도 했으며 천도교 교리에 관한 많을 글을 썼으며 문집도 나와 있는 경암敬菴 이관李瓘(1860~1928)이 중심이 되어 작성한 것으로 추정한다.57

천도교계는 3·1운동과 동시에 새로운 공화국의 건설까지 염두에 두었던 것이 분명하다. 이러한 독립운동가들의 낙관적 기대와는 달리 제1차 세계대전 이후 윌슨의 민족 자결은 승전국에 한하였으며 아직 조선의 독립은 요원하였다.

의암은 3·1운동 이후 재판정에서 조선 독립이 된다면 어떤 정체의 나라를 세울 것인가라는 질문에 '민주 정체'라고 대답하였다.58 또한 천도교가 관련된 3건의 임시정부 안은 대통령 또는 '정도령正都領'을 손병희로 명시하고 있는 공화국 체제였다. 임시정부의 국명에 '민국民國'이 들어간 것도 민주공화국의 성격을 확고하게 뒷받침해 준다. 따라서 천도교는 3·1독립운동과 함께 민주공화국을 건설 기획안을 가지고 있었다고 할 수 있다. 따라서 '민주공화국'의 정체와 정치사상적 시원이 천도교에서 비롯되었다고 할 수 있다.

민회운동과 3·1운동은 천도교의 정치 참여의 대표적 사건이었다. 1904년부터 시작되는 민회운동이 근대적 시민 형성의 민주주의 운동의 성격이 강하였다. 반면 3·1운동은 천도교적 시민을 토대로

---

57 고정휴, 「3·1운동과 天道敎團의 臨時政府 수립 구상」, 『한국사학보』제 3·4집(1998), 고려사학회, 231~232쪽.
58 國史編纂委員會編, 『韓國獨立運動史資料集』11, 1990, 128쪽.

운동을 전체 민족으로 확장시키면서 국가의 자주독립이라는 민족주의적 성격이 뚜렷하였다. 그러나 1904년 민주주의 운동도 자유주의적이라기보다는 공동체 전체를 중시하는 민주공화주의적 성격이 강하였으며, 1919년 3·1독립운동도 자유주의적이거나 계급운동적 성격보다는 민족공동체의 자주 독립이라는 공화주의적 성격이 뚜렷하였다. 여기에는 동학 이래로 견지되고 있는 '동귀일체'라는 독특한 통일철학이 기본 바탕이 되었다고 할 수 있다. 그러나 강력한 통합 지향성과는 달리 일제의 억압 정치의 강도는 나날이 강도를 높여갔으며, 독립운동계뿐만 아니라 천도교 내에서의 좌우 분열도 심해졌으며, 체제순응적 근대화 노선과 민족적 독립 자주 노선 갈등도 나날이 커져만 갔다.

4. 맺음말

지금까지 천도교가 제시하는 '새로운 정치 주체'와 '정치참여운동'의 분석을 통하여 민주공화주의의 사상과 실천을 분석하였다. 그 결과 다음과 같은 소결론을 얻을 수 있다.

첫째, 천도교가 제시하는 정치 주체는 공화민주주의적 성격을 갖는다. 공화민주주의적인 정치 주체란 우주적 공동체성을 특성으로 하는 개인들을 의미하며 자유주의적인 개인, 계급주의적인 프롤레타리아, 국가주의적인 국민과는 또 다른 성격을 가진다. 이러한 정치 주체는 천도교에서 '공개인公個人'의 개념으로 나타나고 있다. '공개인'은 우주적 공공성을 담지한 주체로서 고립적인 개인이 아니라 보편성·공동체성·공공성을 내면화한 시민이라 할 수 있다. 공공선을 고려할 줄 아는 성숙한 시민과 소통 가능성이 높다.

둘째, 법치가 개인들 간의 계약관계를 엄정하고 정의롭게 유지함으로써 공공선을 증대시킨다는 자유민주주의적 절차를 강조한다면 천도교적 공화주의는 '종교성'과 '사회성'에 대한 논의에 잘 나타나고 있다. 여기에서 '종교성'이란 모든 존재들은 '천주'를 안에 모시고 있다는 점에서 영적 존재이며, '사회성'이란 동시에 우주의 한 기운과 소통하고 있다는 점에서 우주적 공동체적 존재라 할 수 있다. 종교성과 사회성을 구현한 이상적 상태를 천도교에서는 '천인공화天人共和'로 표현하였다. 하늘과 사람이 공화 상태에 이르게 되면 만인 간의 공화도 함께 이루어진다고 하겠다. 여기에서 서구적 공화주의와는 또 다른 독창적인 공화주의 사상을 볼 수 있다.

셋째, 이러한 민주공화주의의 정치사상은 현실적인 민주공화주의 운동 실천으로 표출되었다. 민회운동은 민주주의 운동의 성격이 강하지만 천도교의 경우에는 단순히 인민 주권의 실천 이상의 의미를 지닌다. 왜냐하면 민회운동이 주권자로서의 민의 자각 운동이기도 하지만 동시에 민족적 공동체를 각성시키고 강화하기 위한 공화주의적 고려가 강하기 때문이다. 1904년의 민회운동에서는 근대화에 강조점이 주어졌고 1920년대에는 민족 통합주의적 성격이 강조되었으나 근본에는 전민족의 통합을 통한 민족 독립이라고 하는 공화주의적 고려가 근본 바탕에 깔려 있다.

넷째, 3·1독립운동은 명실공히 민족의 공동체주의적 공화주의가 전적으로 표출된 운동이었으며 이후 임시정부안에서 보이듯이 명백한 민주공화국으로의 이행이 나타났다. 3·1독립운동은 이익을 계산하고 거래관계를 계약하는 공리적 자유민주주의의 성격이나 프롤레타리아 혁명과 같은 계급주의적 공동체주의의 성격보다는 민족공동체적 공화민주주의의 성격이 강하다. 이는 민족공동체 존립의 정당성을 형성하여 실현해야 하는 시대적 요청에 부응하는 과정에서 나왔다. 민족주의적 민주공화주의는 비단 역사상황적 요청이었을 뿐만 아니라 동학의 '혼원일기渾元一氣' 또는 '동귀일체同歸一體'와 같은 종교철학에서 그 정치철학적 뿌리를 두고 있다고 할 수 있다.

마지막으로 천도교의 민주공화주의의 정치사상은 서구적 맥락의 민주공화주의 담론과는 또 다른 독특한 면이 있다. 예컨대 초월적 절대성으로 이해되는 하늘을 모신 인간 주체관이라든지 정치의 상위에 천도道를 위치시키는 정치관은 공화민주주의 담론으로는 접근하기 어려운 천도교의 독특한 측면이다. 이러한 점은 서구 민주주의나 공화주의의 문제점을 극복하는 혜안을 줄 수도 있을 것이다. 유감스럽게도 이러한 맥락은 아직까지 본격적인 조명을 받고 있지 못하며 향후의 연구 과제로 남아 있다.

제4부

1920년대 이후 천도교 민족운동: 통섭의 약화와 갈등적 근대성

1920년대 전반기 천도교의 노선 갈등과 분화 　|　김정인

1930년대 천도교의 반일 민족통일전선운동:
　　　　조국광복회를 중심으로 　|　성주현

천도교 구파의 6·10만세운동 　|　장석홍

제4부는 의암 사후 1920년대 이후에 복잡다단하게 펼쳐지는 좌우 대립, 민족 자주와 현실적 근대화의 대립, 교단 내의 계파 갈등 등을 포함하여 한국 사회의 갈등과 맞물리는 천도교의 갈등을 볼 수 있을 것이다. 통섭의 약화와 대립의 심화는 천도교 내에서만 진행된 것이 아니라 한국 사회도 같은 길을 가게 된다. 이 갈등·대립의 현장에서 통합의 길을 걷는 천도교를 3편의 논문이 분석적으로 잘 드러내주고 있다. 이 시기는 오늘을 사는 천도교인뿐만 아니라 한국인에게 큰 교훈을 주는 시기이기도 하다. 분열과 대립은 결국 한반도의 분단을 초래하고 자주적 근대성의 쇠락을 보여준다.

1920년대 전반기
천도교의 노선 갈등과 분화

김정인*

1. 천도교의 노선 갈등과 분화

　1920년대 전반 천도교는 두 번의 분화를 겪었다. 1922년 혁신파의 이탈로 종결된 제1차 신·구파 분화에서 쟁점은 전제적 교권 체제의 공화제로의 개혁이었다. 손병희 사후 무교주제와 집단지도체제가 채택되면서 개혁은 계속 추진되었지만, 혁신파의 좌경 성향을 우려한 보수파의 배척으로 결국 혁신파는 천도교단을 떠나야 했다. 보수파의 혁신파 축출은 1920년대 초반 근대화 노선을 둘러싼 좌우 투쟁에서 좌파가 우세를 보이면서 우파가 취한 수세적 대응의 일환이었다. 혁신파와 보수파 간에는 '절대평등론'과 '진화론적 평등론'으로 대표되는 사상과 노선의 좌우 갈등이 잠류하고 있었다.

───────────

* 춘천교육대학교 교수
** 『동학학보』 5호, 2003에 처음 수록됨.

1925년 제2차 신·구파 분화의 쟁점은 교주제의 부활 여부였다. 손병희 사후 교권을 장악한 최린계는 기존의 집단지도체제를 고수하자는 입장을 취했고, 오영창계는 교주제 부활을 고집했다. 이종린계는 양자 간의 통일을 기성하고자 절충에 나섰다. 결국은 최린계(신파) 대 이종린·오영창계(구파)의 분화로 종결된 제2차 신·구파 분화는 최린계와 이종린계의 민족운동 노선상 갈등의 산물이기도 했다. 서북의 농촌에 세력 기반을 둔 최린계는 천도교를 기반으로 '주의적 단결'에 입각한 독자적 정치세력화를 추구했다. 그 전위기관은 천도교청년당이었으며 타협적 우파 진영의 일원으로 자치 운동을 전개했다. 기호·호남의 농촌에 세력 기반을 둔 이종린계는 일제와의 타협을 거부하고 좌파와의 연대를 도모하는 비타협적 우파였다.

   본고는 이와 같은 1920년대 전반 천도교단의 2차례에 걸친 신·구파 분화 과정을 종래의 사건사적인 연구 성과와 자료를 바탕으로 '근대화와 민족운동 노선을 둘러싼 갈등'이라는 정치사상사적인 시각에서 재해석한 것이다.1

---

1 1920년대 천도교의 노선 갈등 및 분화와 관련된 연구 성과는 다음과 같다. 졸고, 「1910~25년간 천도교 세력의 동향과 민족운동」, 『한국사론』 32, 1993; 조규태, 「1920년대 천도교연합회의 변혁운동」, 『한국근현대사연구』4, 1996; 조규태, 「1920년대 천도교의 문화운동 연구」, 서강대 박사학위논문; 김도형, 「1920년대 천도교계의 민족운동 연구」, 『역사와현실』 30, 1998; 이준식, 「최동희의 민족혁명운동과 코민테른」, 『역사와현실』32, 1999; 이용창, 「1920년대 천도교의 분규와 민족주의운동」, 『한국근현대이행기연구』, 신서원, 2000.

2. 근대화 노선을 둘러싼 갈등과 분화

1) 천도교청년회의 문화계몽운동

3·1 운동으로 천도교는 일제의 탄압을 받아 존폐의 위기에 처하지만, 선도적인 활약 덕분에 정치적 위상과 사회적 영향력은 일층 제고되었다. 영어의 몸이 된 중장년급 지도자를 대신해 신진 청년 지도자들이 활동 전면에 나섰다. 그러한 시도의 산물이 바로 1919년 9월 2일 결성된 천도교청년교리강연부天道敎靑年敎理講硏部였다. 천도교청년교리강연부는 다음해인 1920년 4월 25일 천도교청년회로 확대 개편되었다.2

천도교청년회는 1920년대 초반 문화운동의 선도자였다. 문화운동의 이념을 생산·전파하는 '신문화 선전의 봉화' 역할은 물론이요 이를 구현하기 위한 문화계몽운동에 솔선수범했다. 천도교청년회는 언론 운동의 일환으로 1920년 6월 대중적인 월간잡지 『개벽開闢』을 창간했다. 『개벽』은 "허다한 군소잡지가 조출모몰朝出暮沒하고 창간호가 거의 폐간호가 되는"3 당시 척박한 언론계의 현실 속에서 '잡지의 모반母盤' 혹은 '잡지계의 패왕'으로 불릴 만큼 절대적 권위를 갖

---

2 김병준, 「지상천국의 건설자 천도교청년당의 출현」, 『천도교회월보』 1923년 10월호.
3 「만십주년기념축사」·「개벽시대를 추억하며」, 『별건곤』 1930년 7월호.

고 여론을 선도했다. 천도교청년회 지도자들은 『개벽』의 창간호에서
'개조와 진보의 새 시대에 눈을 뜨고 귀를 열어 세계를 보고 들을
것'4을 촉구하며 자신들이 사회개벽을 위한 본격적인 문화계몽운동
에 뛰어들었음을 선언했다. 이돈화李敦化, 김기전金起田, 박달성朴達成
등의 천도교청년회 간부들은 『개벽』에 실명·이명·무기명으로 다
량의 논설을 집필하며 문화운동의 이론가로 명성을 날렸다.

천도교청년회의 문화계몽운동 중 가장 독특한 활동은 소년운동이
었다. 전국적 소년운동의 효시가 바로 1921년 5월 1일 김기전·방
정환 등의 주도로 천도교청년회 산하에 결성된 천도교소년회였다.
천도교소년회의 목적은 지덕체를 겸비한 쾌활한 소년을 만드는 것이
었다. 천도교소년회는 1922년부터 5월 첫째주 일요일을 어린이날로
제정하고 다양한 행사를 펼쳤으며 1923년 3월에는 월간잡지 『어린
이』를 창간했다.5

소년운동과 함께 천도교청년회의 특징적 활동으로 들 수 있는 것
은 경제적 실력 양성 운동의 시대적 붐을 타고 전개했던 무궁사無窮
社의 창립이다. 천도교청년회는 1921년 실업부를 설치하고 자본금
30만원의 유한책임조합인 무궁사를 설립했다.6 중앙에 회사를 설치
하고 각 지방에 지사와 출장소를 두어 '교회의 제반 물품은 우리 교
회 내부에서 지변하도록 한다'는 무궁사의 창립 목적에서 알 수 있

---

4 「세계를 알라」, 『개벽』 1920년 6월호.
5 이기훈, 「1920년대 '어린이'의 형성과 동화」, 『역사문제연구』 8, 2002.
6 『천도교회월보』 1923년 1월호 광고.

듯이 천도교의 전국 조직을 활용한 소비조합을 구상했던 것으로 보인다.7 천도교청년회가 자본가 계층과 기독교계가 주도한 물산장려운동에 참여하면서 동시에 중앙집권적 조직을 십분 활용한 독자적인 경제적 실력양성운동을 추진했음을 알 수 있다.

천도교청년회는 문화계몽운동의 이념으로 인내천주의人乃天主義를 선전하고 이에 대한 사회적 동의를 확보하는 데 주력했다. 인내천주의를 체계화하고 선전하는 데 앞장선 이는 이돈화였다.8 그는 『개벽』 1920년 7월호부터 총 9회에 걸쳐 「인내천의 연구」를 연재하여 1907년 교리서 『대종정의大宗正義』에서 최초로 등장한 '인내천'이라는 종지를 화두로 천도교리의 체계화를 시도했다. 이를 체계화하고 집대성한 것이 『인내천요의』(1924)다. 이돈화의 인내천주의의 특징은 "신은 사람 속에 내재한 것이지 결코 초월적인 존재가 아니다."라는 동학 이래의 인간 중심주의·인간 지상주의를 계승하는 데서 나아가 인간의 본성에 대해 탐구하고 있다는 점에 있다. 그런데 보편적 자아로서의 개체의 사람성을 강조하는 그의 '사람성주의'는 계급·민족을 뛰어넘어 인간의 보편적 속성에 강조점을 두는 인류주의로 확장될 소지를 다분히 갖고 있었다.

문화운동의 이념으로 인내천주의를 선전하는 한편, 천도교청년회

---

7 강인택, 「천도교청년회 실업부에 대하여」, 『천도교회월보』 1921년 12월호.
8 사상가로서의 이돈화의 면목을 면밀히 분석한 연구성과로는 허수, 「일제하 이돈화의 사회사상과 천도교 : '종교적 계몽'을 중심으로」, 서울대학교 박사논문, 2005가 있다.

는 『개벽』을 통해 문화운동, 즉 문화계몽운동의 구체적인 실천 방안도 제시했다. 그들에게 문화운동은 '신문명의 확립을 요구하는 발동이요 완전한 인류의 생활을 기성하는 원동'이었다.9 여기서 신문명이란 서구 자본주의 문명을 일컫는다. 신문명·신세계·신사조·신생활에 대한 갈망은 전통과 과거, 그리고 거기에 긴박된 조선의 현실에 대한 부정을 수반했다. 그들에게 과거의 종교·윤리·도덕·철학 등은 모든 것이 모순이요 피상이요 외적이요 공상이요 이론일 뿐이었다.10 뿐만 아니라 그들이 보기에 조선인은 경제 관념이 희박하고 유교 생활 전통에서 비롯된 명예심·권리심·당쟁심을 폐기하지 못해 현대문명을 향유하기엔 여전히 자격 미달인 민족이었다. 그러므로 가장 긴요한 문화운동은 민족 개조 운동이었다. 이돈화는 최우선으로 개조해야 할 민족성은 도덕성이라고 보았다.11

천도교청년회 지도자들이 볼 때 조선이 시급히 해결해야 할 2대 과제는 교육문제와 농촌문제였다. 교육문제는 '조선의 문명화·조선인의 문명인화'를 위해 절실한 문제였다. 박달성은 '문명의 영광'을 누리기 위해서는 "편협적·반시적反時的·야매적·보수적 교육을 탈피하여 보편적·시대적·문명적 교육을 실시해야 한다."는 교육목표를 제시했다. 구체적 방안으로는 군·면·리마다 교육회를 조직하여

---

9 신식, 「문화의 발전 급 기운동과 신문명」, 『개벽』 1921년 8월호.
10 정창선, 「과도기에 입한 여의 신운동」, 『개벽』 1921년 3월호, 61쪽.
11 이돈화, 「생활의 조건을 본위로 한 조선의 개조사업」, 『개벽』 1921년 9월호·10월호.

학교를 하나씩 설립할 것과 개량서당을 활용할 것을 제안했다. 농촌문제는 천도교인의 대다수가 농민이고 일제의 수탈 농정으로 농민들의 처지가 더욱 열악해지는 만큼 무엇보다 절박한 문제였다. 박달성은 '노동문제니 공산문제 하는 것도 농촌을 위해서 일어난 문제'라고 주장하면서 농촌문제 해결을 위한 지주의 각성을 촉구했다. 농민들에게는 쟁의가 아니라 농회 결성을 통해 문제 해결에 나설 것을 촉구했다.12 김기전도 가장 심각한 농촌문제가 지주-소작 관계의 악화라는 박달성의 주장에 동의하면서 그 해결 주체로 농촌 청년에 주목하고 농촌 청년회를 설립할 것을 제안했다.13

이처럼 천도교청년회의 문화계몽운동론은 대한제국기 이래 자본주의 근대화를 추구했던 문명개화노선의 연장선상에 놓인 것이었다. 이에 기반해 전개된 천도교 문화계몽운동은 언론을 통한 계몽 활동에 주력하고 농촌문제에 대한 해결을 고민하면서 독자적인 경제적 실력양성운동을 추진하고 어린이 문제에까지 활동 범위를 확대하는 특징을 보였다.

---

12 박달성, 「시급히 해결할 조선의 이대문제」, 『개벽』 1920년 6월호; 박달성, 「세계와 공존키 위하여 교육문제를 재거(再擧)하며 위선 서당개량을 절규함」, 『개벽』 1920년 11월호.
13 김기전, 「농촌개선에 관한 도안」, 『개벽』 1920년 12월호; 묘향산인, 「농촌청년회의 설립을 촉함」, 『개벽』 1921년 1월호.

2) 보수 · 혁신의 대립과 혁신파의 이탈

1920년대 초반 문화운동과 계급운동의 여파로 사회 전반에 민주주의, 특히 자유와 평등을 구가하는 시대 풍조가 확산되면서 천도교 내에서도 '중앙집권에서 지방분권으로', '독재에서 중의衆議로', '차별에서 평등으로'의 방향 전환을 촉구하는 혁신운동이 일어났다. 혁신운동의 중견급 지도자로는 최제우의 양손이자14 최시형의 장자인 최동희崔東曦를 중심으로 결집한 윤익선, 이상우, 오지영 등이 있었다. 한편, 3·1운동 이후 사회주의 사상이 본격적으로 도입되고 서울청년회를 비롯한 사상단체들이 결성되면서 기존의 '문화운동'이 사회주의로 무장한 좌파 진영의 도전을 받기 시작하자 천도교청년회 내에도 계급운동에 관심을 갖거나 동조하는 지도자들이 등장하기 시작했다. 김봉국, 이동구, 이동락, 송헌, 강인택 등으로 대표되는 청년 지도자들이 혁신운동에 동참했다.

최동희는 1920년 말부터 '시대의 요구와 정의의 공론'이라는 취지를 공언하며 지지세력을 규합해 나갔다. 그의 노력은 1921년 4월 6일 개최된 부구部區 총회에서 결실을 맺게 된다.15 「천도교대헌天道教大憲」 개정 · 의사기관議事機關 확장 · 연원 누폐累弊 개량 등의 요구

---

14 『소수선생 신유년일기』 1921년 3월 10일자; 素水는 최동희의 호다. 최동희는 국내에서 활동하던 1921년 한 해 동안 일기를 썼는데, 최동희의 장자인 고 최익환 선생이 보관하고 계시던 것을 입수한 것이다.
15 「중앙총부휘보」, 『천도교회월보』 1914년 9월호.

조건을 담은 혁신안이 통과되었던 것이다.16

혁신운동의 일환으로 제일 먼저 1921년 7월 26일 의사기관인 의정회議正會에 관한 규정이 반포되었고 전국 60개 구역에서 의정원 선거가 실시되었다.17 선거는 여성에게도 참정권을 부여하고 빈부에 관계없이 18세 이상의 교인 누구에게나 1표를 부여하는 보통선거 방식으로 진행되었다. 공선된 60명의 의정원 중 약 1/3 정도는 중앙에서 명망성과 영향력을 갖고 있던 소장급 지도자들이었다.18

최동희는 대도주 박인호朴寅浩, 대종사장 정광조鄭廣朝, 그리고 도사道師인 오영창吳榮昌 등의 중앙 교단 원로가 주축이 된 보수파들이 혁신운동을 방해하자 이를 무력화시키기 위해 중앙의 원로와 지방의 유력 천도교 지도자들을 하나로 묶는 (가칭)교우구락부 결성을 계획했다.19 (가칭)교우구락부는 1921년 10월 30일 종법회宗法會로 공식 출범하였다. 이즈음 3·1운동으로 투옥되었던 천도교 원로들이 잇달아 출옥했다. 종법회는 출옥한 장로 및 도사와 중앙총부의 간부를 망라한 전도사회傳道師會로 개칭되었다.20 홍병기, 홍기조, 나인협, 나용환, 임예환 등 서북지방 출신 장로와 도사들이 혁신운동을 적극 지지하고 나섰다. 이때부터 전도사회가 혁신운동의 중추기관이 된다.

---

16 『소수선생 신유년일기』 1921년 4월 6일자.
17 「중앙총부휘보」, 『천도교회월보』 1921년 8월호, 104~105쪽.
18 「중앙총부휘보」, 『천도교회월보』 1921년 10월호, 109~110쪽.
19 『소수선생 신유년일기』 1921년 8월 27일; 9월 6일자.
20 「종령 제125호(1921.11.30)」, 『천도교종령집』(조기주, 1983), 170~171쪽.

전도사회가 합의한 개혁안은 중앙기구를 종법원, 종무원, 종의원으로 분권화하고, 교주선거제의 실시와 연원제 개정 등을 주요 골자로 하고 있었다. 일체를 중앙총부로 보내던 연성미年誠米의 1/3을 지방 교구에서 사용하도록 하여 지방교구의 재정 자립도를 높이는 방안도 포함되었다. 이러한 공화제의 원칙에 따른 개혁안은 중앙집권적인 기존 교단을 장악한 보수파의 입장에서 볼 때 혁신파가 '혁명'을 통해 교권을 장악하려는 음모의 일환이므로 적극 저지하지 않을 수 없었다. 그들은 혁신파가 상당수의 지방 천도교인과 여론의 지지를 받고 있는 현실을 인정하고 대의기구인 의정회 설치에는 동의했으나, 교주 선거제와 연원제 개정에는 정면으로 반대하고 나섰다.[21]

1921년 12월 10일 개회한 제1회 의정회는 혁신파와 보수파의 대립으로 초반부터 팽팽한 긴장감 속에 진행되었다. 우선 의정회의 의장 선거부터 양측은 치열한 대결을 펼쳐 보수파가 내세운 최준모가 의장에, 혁신파가 내세운 조인성이 부의장에 각각 당선되었다.[22] 하지만 12월 13일에 혁신파가 전도사회의 후원으로 보수파는 물론 천도교청년회 간부 등 100여 명이 참여하는 간친회를 개최하여 공개적으로 교단 민주화 방안의 취지를 설득하고 병석의 손병희가 혁신안이 시대에 순응한 개혁안이라며 찬동을 표시하자 대세는 일단 혁신파 쪽으로 기울었다.[23] 12월 17일에는 혁신파 주도로 교주 선거제

---

21 『소수선생 신유년일기』 1921년 12월 9일자.
22 「천도교의정회 제1회 회록」, 『천도교회월보』 1922년 1월호, 120~123쪽.
23 박사직, 앞의 「천도교 양차 분규 비화(1)」.

실시, 연원제 폐지, 중앙기관의 3권 분립 등 공화제를 지향하는 「천도교종헌天道敎宗憲」이 의정회에 제출되어 12월 23일에 가결되었고, 1922년 1월 17일에 공식 반포되었다.24 「천도교종헌」의 제1조는 '천도교는 천도교인의 전체 의사로 이를 호지護持함'이라 하여 교권은 천도교인으로부터 나온다는 점을 명시하고 있었다.25

그런데, 보수파는 혁신파의 대세론에 밀려 합법적인 절차에 입각한 '혁명'을 용인했으나 기득권을 위협받게 되자 실질적인 '교주' 손병희를 설득했다. 일제의 감시와 탄압에 시달리고 있는 상황에서 교주 선거제와 연원제의 폐지는 교단 존립의 구심력을 파괴하는 것으로 시기상조라는 것이다. 손병희가 시기상조론에 동의하면서 순항하던 혁신운동에 제동이 걸리기 시작했다. 손병희가 「천도교대헌」 체제로의 복구를 명령했던 것이다.

혁신파 대 보수파의 파쟁이 격화될 조짐을 보이자 오세창, 권동진, 최린 등이 중재를 자임하고 나섰다. 그런데, 그들은 일찍감치 중재 노력을 포기한 채 보수파에 가담하고 말았다. 뿐만 아니라 전도사회의 도사들도 돌연 보수파에 가담했다.26 이처럼 혁신파의 원로뿐만 아니라 중도파까지 혁신의 대세를 거부하고 보수파에 가담하게 된 것은 혁신파의 좌경적

---

24 앞의 「천도교의정회 제1회 회록」 121~122쪽.
25 「천도교종헌초안」.
26 지방의 천도교 지도자 다수도 자신들 휘하의 독자적 연원이 부정되고 그로 인해 성미를 거둘 수 없어 재정적 압박을 받게 될 것을 우려하면서 혁신운동에 반대하고 나섰다(김병준, 「우리 교회의 제도개선에 대하여」, 『천도교회월보』 1922년 2월호).

경향 때문이었다. 사회주의자로 지목받았던 최동희는 혁신운동을 하면서 김한, 박일병, 원우관, 주종건 등 노동단체나 사상단체에서 활동하는 좌파 지도자들과 자주 만났고 때로는 그들을 식객으로 거두어 주고 있었다. 혁신파 소장 그룹의 김봉국, 이동락, 이동구, 송헌 역시 천도교청년회 내 급진적인 성향을 대표하는 인물들이었다.

혁신파와 보수파의 대립은 더욱 파국을 향해 치달았다. 박인호가 의정회의 후신인 종의원의 상임위원으로 선출된 김봉국과 조인성의 중앙교단 상주를 인준하지 않자 혁신파는 4월 5일 임시종의회를 개최하고 교주 불신임을 결의했다. 그러자 4월 12일 보수파는 「천도교대헌」 체제로의 복귀를 골자로 한 손병희의 친명서를 발표하고[27] 이종훈·홍병기·정계완·오지영 등을 "종의사후원회를 조직하여 교단의 중심을 현혹케 하고 교회의 체면을 손상시켰다."는 명목으로 제명해 버렸다.[28]

5월 19일 손병희가 사망하면서 사태는 새로운 국면을 맞았다. 박인호마저 6월 6일 교주직을 사퇴했다.[29] 6월 10일 보수파는 임시교인대회를 통해 무교주제를 채택하고 나용환, 정광조, 최린 등 42인의 선출직 대표위원에게 교무 전반을 일임했다.[30] 대표위원회는 6월

---

27 「경고(敬告) 제5호」(1922.4.12), 『천도교종령집』, 176~177쪽; 『의암성사병상일지』 1922년 4월 5일자.
28 「중앙총부휘보」, 『천도교회월보』 1922년 5월호, 98~104쪽.
29 「중앙총부휘보」, 『천도교회월보』 1922년 7월호, 97쪽; 「경고 제7호 (1922.6.6)」, 『천도교종령집』, 178쪽.
30 「공함 호외(1922.6.12)」, 『천도교종령집』, 179~180쪽.

12일 혁신파에 대한 출교를 취소했다. 그리고 그날로 최린, 정광조, 이인숙, 오세창, 오상준 등 5인의 대표가 12개 조항의 협상안을 갖고 혁신파 측 교섭위원인 최안국, 이태윤 등을 찾아가 협상을 시작했다. 양자 모두 무교주제에 찬동하고 있었으므로 협상은 예상 외로 쉽게 일괄 타결되었다.31 마침내 두 달 뒤 8월 17일부터 시작된 교구대표위원회에서는 김봉국, 송헌, 유공삼 등 혁신파도 참석한 가운데 무교주제와 종리사宗理師에 의한 집단지도체제를 골자로 한 「천도교교헌天道敎敎憲」이 통과되었다.32 그런데, 9월 9일 실시된 종리사 선거에서 공교롭게도 전원 보수파가 당선되었다. 이 와중에 이종훈, 홍병기, 정계완 등 대표적인 혁신파 지도자 23명도 보수파에 가담했다.33 결국 보수파는 개혁의 대세를 능동적으로 수용하면서 위기를 오히려 입지 강화의 계기로 전환하는데 성공했다. 반면에 혁신파는 '보수적 개혁'에 밀려 조직마저 와해될 위기에 처하고 말았다. 혁신파는 불안한 동거를 끝내고 결별을 위한 준비에 들어갔다. 천도교혁신단天道敎革新團을 결성하고 '신구 분리'를 선언한 뒤 「임시약법」을 공포했다. 그리고 1922년 12월 말 천도교연합회를 창설해 천도교단을 이탈했다.

그런데, 제1차 신·구 분화를 주도한 혁신파와 보수파는 천도교의 개혁 노선뿐만 아니라 근대화 노선에서도 뚜렷한 입장 차이를 보였

---

31 한동조, 「천도교의 통일중심주의」, 『천도교회월보』 1922년 8월호.
32 최린에 의하면, 종리사제는 공인된 이사가 교를 관장하는 기독교를 본딴 것이었다.(최린, 「합의제는 시대에 가장 적당함」, 『신민』 1925년 9월호)
33 박사직, 「천도교 양차 분규 비화(3)」, 『신인간』 1930년 10월호; 오지영, 앞의 책, 233쪽.

다. 먼저, 혁신파나 보수파는 교주제와 연원제 중 어느 것이 더 근본적인 개혁 사안인가에 대해 견해를 달리했다. 혁신파의 오지영은 1910년대부터 '연원의 정신은 존중하되 연원의 폐해는 혁거해야 한다'며 연원제의 혁파를 일관되게 개진하고 있었다. "연원 관계로 말미암아 시시비비를 가리며 인내천의 본의를 저버리고 동귀일체라는 천의天意를 소멸시킬 뿐이니 우리 교에서 불화하는 것은 모두 연원 문제에서 발생하기 때문"이었다.34 보수파의 이종린은 "교주는 삼세 신성의 내원來源으로서 우리 3백만의 총발원이므로 교주직제가 그대로 있으면 연원제도 그대로 있지만 교주의 직제가 변동되면 연원제도 따라서 자연히 변동할 문제"라며 연원 문제를 교주 문제에 부수한 사안 정도로 파악하고 있었다.35

양자는 조직 노선에서도 통일·집중과 연합·분권을 추구하며 일관된 입장 차이를 보였다. 보수파는 '용담연원으로의 일원화'라는 방식으로 연원제를 폐지하고 교주제 대신 종리사 합의제로 교단을 운영하는 등 혁신안을 대폭 수용하기는 했지만, 중앙집권적인 교단 운영 체제의 틀은 그대로 존속시키고자 했다. 지방 분권의 요구는 결코 수용하지 않았던 것이다. 보수파는 "우리들이 통일제를 추구한다면 혁신파는 지방 분권의 연합제를 추구하는 제도적 차이를 갖고 있을 뿐인데 그것을 계급 대 평등이라며 이념적으로 대비하여 비판하는 것은 옳지 않다."고 주장했다. 오히려 '교주와 소사의 봉급을 동

---

34 원암(오지영), 「연원문제」, 『천도교회월보』 1921년 2월호.
35 이종린, 「6월 12일 그날」, 『천도교회월보』 1922년 8월호.

일하게 하라'는 극단적인 조치까지 요구하는 혁신파의 "개인 본위·지방 중심의 연합제가 더 위험하다."며 몇몇 단체의 의무금으로 겨우 영위하고 있는 조선청년회연합회의 영락을 예로 들었다.36 중심의 해체는 아예 천도교의 해체로 이어질 수 있다는 것이다.37

보수파와 혁신파는 정치사상적으로 근대화 노선을 놓고도 서로 갈등을 빚고 있었다. 양자간의 사상적·이념적 경향성의 차이를 가장 잘 보여주는 것이 평등론이다. 최동희는 인내천주의를 '부귀, 빈천, 지우知愚, 존비는 물론 하등 계급도 차별도 없는 절대평등을 추구하는 것'으로 이해했다.38 김봉국은 "인인평등人人平等만이 아니라 인천평등人天平等이 이루어져야 하는데, 강자와 부자가 인내천을 깨달을 때만 비로소 일체 평등이 가능하다."고 주장했다.39 이처럼 혁신파는 인내천주의를 절대평등으로 이해하면서도 방법론적으로는 계급투쟁보다 계급 화해를 선호하는 경향을 보였다. 여기서 혁신파가 주장하는 '절대평등론'은 평등의 절대적 가

---

36 「천도교회의 통일제와 연합제에 대하여」, 『천도교회월보』 1923년 3월호; 이돈화, 「조선청년회연합회의 성립에 취하여」, 『개벽』 1921년 1월호, 39쪽.
37 이광수가 일찍이 '우리에게 시급한 단체는 인원이 많고 일심(一心)하는 단체이고 중앙집권제의 단체여야 하는데 기독교는 인원이 적고 일심이 부족하고 중앙집권제가 아니고 각 교회분권인데 반해 민족의 문화부강을 목적한 중앙집권적 단체는 천도교가 유일하다'라는 견해를 밝혔는데, 이것이 또한 손병희를 비롯한 보수파의 공통된 인식이었던 것이다(노아자, 「천도교의 사회적 사명」, 『천도교회월보』 1921년 7월호).
38 최동희, 「편산선생전」 1923년 12월 20일자; 최동희는 1924년경 연해주에서 인내천·인즉천은 공산주의의 본지와 같다는 선전하고 다녔다고 한다.
39 김봉국, 「만종교의 통일적 정신」, 『천도교회월보』 1920년 10월호.

치를 강조했던 최시형의 '사인여천주의'에서 발원한 것이라 볼 수 있다.

보수파의 박달성은 "인류가 다 강强이 되면 세계는 균형을 얻을 것이고 세계가 균형을 얻으면 강약우승이 없을 것이니 그것이 바로 평등이오 자유"라고 주장했다.40 강자가 되어야만 진정한 평등과 자유를 실현할 자격을 갖게 된다는 것이다. 그는 혁신파의 '절대평등론'에 대해 "너도 사람 나도 사람 너도 한울 나도 한울 하여 노소장유의 구별이 없어지고 너도 한 말 나도 한 말 너도 한 푼 나도 한 푼 하여 균형이 아주 극도에 달하여 심지어 제 아비보고 너도 사람 나도 사람하여 언어 행동을 같이 하자며 교조까지 신임치 않는 기미까지 보인다."고 신랄하게 공격했다.41 이돈화는 절대평등론은 "무법한 무차별 평등관념으로 다수를 점한 열악자의 수평선으로 인간을 하향평준화하는 것에 불과하다."고 비판했다.42 이처럼 보수파는 평등도 실력 양성을 통해 현대 문명인으로서의 자격을 갖춘 뒤에나 실현 가능하다는 '진화론적 평등론'을 추구하고 있었다.

이와 같은 평등에 관한 이견은 사상적·이념적 격변을 초래한 '주의'·'주의자'의 동향과 밀접한 관련을 갖고 있었다. 혁신파 대 보수파 간의 제1차 신·구파 분화가 진행되었던 1922년은 본격적인 좌우 투쟁이 시작된 '좌우 진영의 분립운동기'였다.43 보수파의 입장에

---

40 박달성, 「동서문화사에 나타나는 고금의 사상을 일별하고」, 『개벽』 1921년 3월호.
41 박달성, 「모든 행동을 좀더 무겁게 가지소서」, 『개벽』 1922년 5월호.
42 백두산인, 「문화주의와 인격상 평등」, 『개벽』 1920년 12월호, 13쪽.
43 배성룡, 「조선사회운동의 사적 고찰(1)」, 『개벽』 1926년 3월호.

서 볼 때 좌파의 등장은 민족운동의 영도자인 천도교의 위상에 대한 중대한 도전일 수 있었다. 보수파는 좌경화의 흐름이 천도교 내에 미칠 파장을 경계하지 않을 수 없었다. 그들은 절대평등을 추구하는 혁신파의 좌경적 성향을 '급격히 모든 것을 파괴하길 목적하는 것에 지나지 않는다'고 경계했다. 즉 그들이 "절제 있는 파괴가 아니라 풍조에 피동하여 오직 파괴 그 자체만을 목적으로 하고 있었으므로 교주제를 폐지하고 연원제도를 개혁하는 영단의 개혁이 실현되어 쟁론의 여지가 없어지자 이탈했다."고 공박했다.44

이처럼 1922년 혁신파의 이탈은 표면상 교단 운영의 방향과 주도권을 놓고 진행되었지만, 그 이면에는 민족운동 진영 내 좌우 분화와 좌우 투쟁이 자리하고 있었다. 하지만 사회주의 근대화를 추구하는 좌파 진영이 민족운동 진영의 주도권을 장악한 반면에, 천도교 내 좌경 세력인 혁신파는 천도교의 본류로부터 사실상 파문당하면서 소수 종파로 전락하고 말았다.

3) 민족운동 노선을 둘러싼 갈등과 분화

(1) 최린계의 교권 장악과 천도교청년당의 출범

손병희 사후 천도교를 이끌 차세대 지도자로 부상한 권동진, 이종린, 최린, 정광조 4인방은 모두 연원을 세력 기반으로 중앙에 진출한

---

44 동양실주인, 「만인주시의 흥미 중에 쌓인 금후의 천도교」, 『개벽』 1922년 10월호.

지도자가 아니라는 공통점을 갖고 있었다. 4인방 중 교권에 가장 적극적인 관심을 보인 이는 최린이었다. 서북 출신의 최린은 서북인들이 수적으로는 80% 이상의 지분을 갖고 있음에도 불구하고 천도교 중앙의 교권을 장악하지 못하고 있는 현실에 주목했다. 그는 중앙교단에서 자신의 계파를 결집하기 시작했다. 먼저, 서북 출신은 아니지만 사실상 교권을 장악하고 있던 손병희의 둘째 사위 정광조를 포섭했다. 함남 고원 출신의 천도교 이론가이자 웅변가인 이돈화도 최린의 측근이 되었다. 최린은 평안남북도의 청년 지도자, 즉 천도교청년회 간부로 활동하면서 『개벽』을 통해 대내외적인 명성을 얻고 있던 김기전, 조기간, 박달성, 박사직 등도 포섭했다.

손병희 사후 최린계의 교권 장악은 예상보다 빠른 속도로 진행되었다. 1923년 4월에 개최된 10명의 종리사 선거에서 최린계가 최린, 이돈화, 김옥빈, 정광조, 계연집, 홍일창, 최단봉, 이두성 등 8명이나 당선되었다. 종리사가 각 지역 대표의 투표에 의해 선출되고 교단이 종리사의 합의에 의해 운영된다는 점을 감안할 때 이러한 투표 결과는 최린계가 천도교의 중앙교단과 지방의 주요 연원을 거의 장악했음을 의미했다. 또한 이는 최린이 제1차 신·구파 분화를 거치면서 진행된 천도교 민주화의 최대 수혜자가 되었음을 의미했다. 연원 기반과 간부 경력이 일천했음에도 그가 3·1운동에서 얻은 명망과 천도교청년회의 지지를 기반으로 비교적 손쉽게 교권을 장악할 수 있었던 것은, 교주제가 폐지되고 연원제 역시 용담연원으로 일원화되면서 사실상 폐지되어 중앙과 지방 교단에서의 세대교체가 비교적 순조롭게 진행된 덕을 톡톡히 보았기 때문이다.

교권 장악에 성공한 최린계는 천도교 세력을 발판으로 한 정치 활동을 모색했다. 먼저 최린계는 천도교 제일주의에 입각해 천도교인을 기반으로 정치·사회 단체를 결성하고 활동한다는 원칙을 수립했다. 그것은 서북 지방 출신들이 아직은 중앙무대에서 비주류를 면치 못하는 현실과 서북의 세력 기반에 입각한 천도교만의 독자적 정치세력화가 가능하다는 포부가 빚어낸 최린계 특유의 운동 노선이었다. "조선이 장차 조선다운 조선이 되려면 실력 양성과 단결을 공고히 해야 하는데 이를 위해서는 교육·산업·종교를 통한 단체 훈련이 반드시 필요하며 종교로서는 우리 땅에서 나서 우리의 것을 먹고 자랐으며 우리의 것을 입고 성장한" 천도교를 통한 단체 훈련이 최선이라는 것이다.45

1923년 초부터 최린계는 '민족적 중심 단체' 결성의 필요성을 제기하면서46 "조선에는 정치적 또는 사회적 중심 세력이 없으니 동화주의든지 자치론이든지 독립주의든지 사회주의든지를 불문하고 조선인은 이 중심에 어느 것 하나를 취하여 민족적 의사를 대표할 대단체를 이루어 민족적 중심 세력이 되는 자가 조선민족을 대표해야 한다."고 주장하고 나섰다.47 이는 독자적 정치세력화가 가능한 인적·물적 기반을 갖고 있는 천도교만이 민족을 대표하는 중심 세력

---

45 한동조, 「천도교와 조선」, 『천도교회월보』 1922년 10월호.
46 「조선의 특이한 처지와 이에 대한 특이한 구제책」, 『개벽』 1923년 1월호.
47 「곧 해야할 민족적 중심세력의 작성」, 『개벽』 1923년 4월호.

으로서 자격을 갖추었다는 자신감에서 나온 것이었다. 그들은 조선 민족에게는 막연한 대동일치·민족일치보다는 "우리가 바라볼 유일한 표준점을 인정하고 거기에 도달할 유일한 방도를 발견하여 꼭 동일한 신념과 꼭 동일한 조직과 꼭 동일한 각오의 밑에서 절대의 약속을 가지고 새로이 내회來會하는 주의적 단결"이 필요하다고 주장했다. 이것만이 조선 민중을 정치적 경제적 쇠패衰敗에서 구출하는 유일한 힘이라는 것이다.48

최린계는 1923년 9월 2일 '동학당의 근대적 재생'을 표방하며 천도교의 정치적 전위조직인 천도교청년당을 출범시켰다. 천도교청년당은 "인내천의 원리 하에 지상천국을 건설하자는 천도교의 주의 목적을 사회적으로 달성한다."는 취지 하에 운동 목표로는 정신개벽·민족개벽·사회개벽의 3대 개벽을, 강령으로는 "1. 사람성性자연에 맞는 새 제도의 실현 2. 사인여천의 정신에 맞는 새 윤리의 수립" 등을 내세웠다.49 조기간은 종전의 천도교청년회가 문화 계몽 운동 단체였던 것과는 달리, 천도교청년당은 '새로운 윤리와 새로운 제도로서 지상천국의 새 세상을 건설하려는 주의적 단체'라는 점을 분명하게 천명했다.50

이처럼 최린계의 교권 장악과 독자적 정치세력화가 진행되는 동안 권

---

48 「민족일치, 대동단결을 운위하는 이에게」, 『개벽』 1923년 5월호.
49 김병준, 「지상천국의 건설자 천도교청년당의 출현」, 『천도교회월보』 1923년 10월호.
50 기간, 「천도교청년당의 과거 1년을 회고하면서」, 『천도교회월보』 1924년 12월호.

동진과 이종린을 비롯한 기호·호남 출신 천도교 차세대 주자들은 대외적인 정치 사회 활동에 역량을 집중하고 있었다. 천도교 내에 5% 정도의 지분을 갖고 있던 그들은 천도교의 '정통파' 대접을 받기는 했지만, 애초부터 교권에는 별 관심이 없었다. 하지만, 서북 출신과는 달리 그들, 특히 기호 출신은 학연과 지연을 발판으로 민족운동 진영 내에서 일정한 발언권을 갖고 있었다. 그들은 천도교 대외 창구 역할을 도맡은 이종린을 중심으로 결집해 하나의 계파를 형성해 나가고 있었다. '이종린계'는 최린계의 시각에서 볼 때 "모든 것을 정치적으로 판단하며 일찍 얻은 지위나 성망聲望을 이용하여 행세하고자 하며 자기의 몰락이 곧 조선의 몰락이라고 생각하는"51 시대의 낙오자들이었지만, 아직은 그들의 명망과 인맥이 서북 출신인 자신들의 취약적 정치 기반을 보완하고 있으므로 어울려 동거하지 않을 수 없었다.

(2) 최린계와 이종린계의 노선 갈등

1922년 보수파로 결집했던 천도교 내 '문화파', 즉 최린계와 이종린계는 모두 현대 자본주의 문명의 발달을 추구하는 문명개화론자로서 대한제국기 이래 천도교 문화 계몽 운동의 적자였다.52 그러므로 적어도 자본주의 근대화를 상징하는 경제운동인 물산장려운동에 대해서는 별다른 이견이 존재하지 않았다. 적극 가담자인 이종린은 토산의 장려와 가내공업·소공업의 생산에 기반을 둔 자작자급을 주장

---

51 「화가 유할진저 위선지자(僞先知者)들이여」, 『개벽』 1923년 8월호.
52 「제세안민지책아 차호아 피호아」, 『개벽』 1923년 5월호.

했으며53 서북 출신의 청년 지도자인 김병준은 "소자본 소규모의 미숙련한 기술자를 가진 조선인의 제조업은 오직 조선인의 의무적 소비자가 있어야 생존가능하다."며 애용 장려를 위한 조선인의 의무관념을 강조하고 있었다.54

천도교 내 자본주의 근대화 세력의 균열은 민족운동 노선을 둘러싸고 시작되었다. 우선 사회주의·좌파와의 관계 정립을 놓고 양자는 입장을 달리했다. 최린계에서는 "일반 민중 대부분이 독립적 희망의 변태심으로 부지불식간에 실망의 여기餘氣를 스스로 사회주의적 신사상에 부치게 된 사실", 즉 '사회주의적 기분의 득세'는 인정하지만, 좌파를 경계하고 견제하려는 분위기가 대세였다. 반면에 이종린계에서는 "좌파 진영이 민족운동 진영의 주도권을 장악했다는 사실을 인정하고 그들과 협력해야 한다."는 주장이 점차 설득력을 얻어가고 있었다. 이종린계에는 직접 좌파와 연계하면서 사회운동가로 활동하는 중견급 지도자들이 있었다. 가령, 오상준·김완규·이교홍 등은 1923년 7월 조선노동대회 제4회 정기총회에서 집행위원에 선출되는 등 언론노동자로서 노동운동에 참가하고 있었다.55

일본 제국주의에 대한 최린계와 이종린계의 인식 역시 달랐다. 최린계는 "조선은 반개半開한 나라이고 조선민족은 무산계급이므로 자

---

53 이종린, 「창간사」, 『산업계』 1923년 12월호; 이종린, 「본회의 제2회 총회를 경과하고서」, 『산업계』 1924년 7월호.
54 김병준, 「우리는 이러한 소질이 있다」, 『산업계』 1923년 12월호; 「조선의 특이한 처지와 이에 대한 특이한 구제책」, 『개벽』 1923년 1월호.
55 김준엽·김창순, 『한국공산주의운동사』2, 1986, 74쪽.

본주의적 타민족이 무산적 조선민족에 향하여 참혹한 독수를 뻗은 것에 대하여 우리는 그것을 우둔하게 대항하느니보다 냉리하게 견인하여 후일의 모든 기회를 기다리며 나아가 그 기회를 만들어 적의 독수로 하여금 스스로 마비하게 하는 것"이 가장 합리적인 운동 노선이라는 점을 강변했다.56 그렇지만 '후일을 도모하면서 준비하자'는 주장은 사실상 독립 투쟁을 포기하고 식민 체제를 인정하겠다는 성명聲明과 같은 것이었다. 최린계는 '조선의 발전과 조선인의 발전'이라는 이분법57을 구사하며 '조선'의 준비 없는 절대독립·자주화보다는 '조선인'의 발전·근대화가 우선이라며 자신들의 독립 포기 노선을 호도했다.

　1923년 가을 최린계는 "조선인도 문명의 철저한 정치 생활을 영위하는 정치가가 되어야 한다."며 자치 운동을 모색하기 시작했다.58 조선에서는 사회주의 운동도 안 될 말이요, 절대 민족주의운동도 안 될 말이고, 오직 타협적 민족주의운동만이 가능하다는 것이 최린계의 현실 인식이었다. 그들의 연대 세력은 호남에 기반을 둔 김성수·송진우 등의 동아일보계였다. 그것은 서북과 호남의 신흥 정치 세력 간의 연대였다. 양자는 힘의 논리가 지배하는 국제 환경에서 현실적으로 독립은 불가능하므로 조선민족이 그나마 최소한의 자주권을 확보하려면 일본 제국주의로부터 자치를 얻어내는 길밖에 없다

---

56 「문제의 해결은 자결이냐 타결이냐」, 『개벽』 1923년 3월호.
57 「조선의 발전과 조선인의 발전」, 『개벽』 1922년 12월호.
58 창해거사, 「조선인과 정치생활」, 『개벽』 1922년 11월호.

는 공통 인식을 갖고 있었다. 그들은 일본 역시 직접적인 식민 경영으로부터 한발 후퇴해 조선에 자치를 실시하고 보호 통치하는 것이 일본의 국익에 합치하는 합리적 정책이라고 믿고 있었다.

최린계와 동아일보계는 좌파가 민족운동의 주도권을 장악한 이상 일단 우파만의 민족운동 단체를 결성하는 것이 시급하다는 데에 동의하면서 이종린계 및 신석우·안재홍 등의 조선일보계와 접촉했다. 그리고 우파 진영을 총망라하여 연정회를 결성하기 위한 협의에 들어갔다.59 그런데, 연정회 결성을 위한 모임은 자치 운동의 불가피성을 간접적으로 제기한 이광수의「민족적 경륜」이 1924년 신년 벽두에『동아일보』에 게재되어 사회적 논란을 야기한 필화사건으로 와해되고 말았다. 일제와의 비타협적 정치 투쟁을 결코 포기해서는 안 된다고 인식하고 있던 천도교의 이종린계, 조선일보계의 안재홍 등이 최린계와 동아일보계가 구상하는 '민족적 중심단체'가 우파 진영의 대동단결보다는 자치 운동을 위한 발판을 마련하기 위한 것이라는 사실을 분명히 알게 된 이상, 더 이상의 회합이 불가능했던 것이다. 결국 1924년 초 연정회를 둘러싼 정치 파동을 거치면서 우파는 타협적 진영과 비타협적 진영으로 확연히 분화되었다.

우파 진영만의 독자적 정치단체 결성에 실패하자 '사회주의를 용인하는 민족주의자'60인 비타협적 인사들은 민족운동을 지속적으로 전개하기 위해서는 좌파 진영과의 협동전선을 모색하는 것이 현실적

59「민족운동경개」,『재등실문서』10, 225쪽.
60「계해와 갑자」,『개벽』1924년 1월호.

으로 긴요하다고 판단하고 민족일치·대동단결을 기치로 좌파 진영과의 교섭을 시도했다. 이종린은 1924년 4월 조선노농총동맹 창립총회에 참가한 좌파 지도자 강달영에게 "주의고 뭐고 할 것 없이 조선의 현황으로서는 대중의 대동단결만이 가장 필요한 일이니 어떤 방법으로라도 대동단결의 방법이 없겠느냐."고 하며 자신의 협력 구상을 전달했다.61

비타협적 노선을 견지하던 이종린계는 사회주의자·좌파 진영과 조직적 혹은 개인적 유대를 맺고 있었다. 이종린은 좌파 그룹의 협의기관인 13인회가 주도하여 1924년 6월 7일에 결성한 언론집회압박탄핵회의 실행위원으로 활동했다.62 또한 그는 언론단체인 무명회 無名會 위원장으로서 조선노농총동맹 및 조선청년총동맹과 협력하여 1924년 9월 27일 조선기근구제회를 결성했다.63 이종린과 함께 조선기근구제회에 참가했던 박래원은 경성인쇄직공조합 결성에 주도적으로 참여하고 1924년 4월에 결성된 조선노농총동맹에서 상인중앙집행위원으로 선출된 노동운동가였다.64

---

61 1924년은 그야말로 좌파가 주도하는 사회운동의 개화기였다. 특히 1924년 4월 전조선청년총동맹과 전조선노농총동맹의 결성은 '조선의 신기록'으로 민중들에게 강렬한 인상을 남긴 일대사건이었다.(「갑자년과 조선의 득실여하」, 『개벽』 1924년 12월호)
62 13인회는 1924년 3월 경 서울청년회파·까엔당·신생활파·꼬르뷰로 내지부계 등 국내 주요 공산주의 그룹에서 파견된 13인의 대표로 구성된 협의기관이었다(이애숙, 「1922~1924년 국내의 민족통일전선운동」, 『역사와 현실』 28, 1998, 117~121쪽).
63 『시대일보』 1924년 10월 2일자.

이처럼 1920년대 중반에 접어들면서 우파 진영은 일제의 식민 통치하에서 정치적 진출을 모색하는 계열과 일제와의 타협을 거부하고 독립을 위한 정치 투쟁을 계속하려는 계열로 분화되었다. 우파 진영의 주도 세력인 천도교 지도자들은 이러한 민족운동 노선을 둘러싼 분화 과정에서 중심적인 역할을 수행했다. 1924년이 저물어 갈 무렵, 『조선일보』가 실시한 '조선인의 금후 진로는 무엇인가'를 묻는 설문에 대한 최린과 이종린의 답변은 양 계파의 민족운동 노선의 차이를 극명하게 보여주고 있다. 최린은 "조선 사람은 침착하게 우리 스스로의 힘으로 우리 앞길을 열어야 할 것이며 누구나 다 말하는 것과 같이 첫째 교육, 둘째 식산으로 조선 사람 스스로의 힘으로 노력하여 나아가야 된다."며 문화계몽운동·실력양성운동의 지속적인 추진을 강조했다.65 이종린은 "다른 길이 없을 때에는 합쳐야 살 길이 있다."며 좌우 합작과 민족통일전선운동의 도래를 기대하고 있었다.66 이와 같은 민족운동을 둘러싼 우파 진영 내 타협과 비타협 노선으로의 분화는 1925년 천도교의 신·구파 분화로 비화되었다.

(3) 1925년 신·구파의 분화

1925년 천도교 신·구파 분화의 빌미는 최린계가 제공했다. 중앙 간부직을 완전 장악한 최린계는 1925년 4월 2일 제2회 종리사총회

---

64 『시대일보』 1925년 7월 10일, 11월 2일자.
65 『조선일보』 1924년 11월 1일자.
66 『조선일보』 1924년 11월 1일자.

에서 제4대 교주 박인호의 승통기념일(도일기념일, 1월 18일)을 공식기념일에서 제외시켰다. 그것은 서북계·최린계가 자신들이 손병희의 적자로서 천도교의 정통성을 계승해 나겠다는 의지를 대내외에 천명한 사건이었다.

천도교 내 박인호 지지 세력이 반발하는 것은 당연했다. 당장 박인호의 측근인 오영창은 종법사를 사임하고 교주제 부활과 지방자치제 실시를 주장하면서 자파를 결집해 동지회를 조직했다. 그는 자신과 그의 측근들이 장악하고 있는 평안도와 황해도 지역의 2천여 호에 달하는 천도교인의 성미를 자신의 집에서 직접 수합했다. 그리고 1925년 8월 14일 지일기념일에는 상경한 지방교인 200여 명과 함께 교인대회를 개최하고 현 교단 간부의 퇴진·교주제 부활·지방자치제의 시행 등을 결의했다.67 오영창은 교주제 부활이 퇴행적 유물에 불과하다는 비판을 의식하면서 교주제 부활이 전제·독재로의 무조건적인 회귀를 주장하는 것은 아니라고 해명했다.68

최린계는 오영창계의 반발에 대해 강경하게 대처했다. 최린계 지도자 64명의 명의로 "교주제 부활은 시대착오적인 발상이므로 수용할 수 없으며 현 제도를 그대로 유지한다."는 내용의 성명서를 발표했다. 최린계에 속하는 지방종리원들도 이에 대한 지지를 표명했다. 최린도 자파가 지방에서 올려보내는 성미 헌금을 직접 그의 집에서 받기 시작했다. 이러한 최린계의 조치가 '각립하자', 즉 분가하자는

---

67 『동아일보』 1925년 8월 17일자.
68 오영창, 「도주제의 부활을 주장함」, 『신민』 1925년 9월호.

선전포고로 이해되면서 오영창계의 대응은 더욱 강경해졌다. 그들은 교단 사무실을 봉쇄하고 박인호를 다시 교주로 추대했다.69

오영창계와 최린계의 갈등이 격화되는 양상을 보이자 기호·호남의 이종린계는 분열 극복을 주장하며 1925년 8월 19일 천도교통일기성회를 결성했다.70 이종린계가 이처럼 나서게 된 것은 어느 쪽 입장에도 전폭적인 지지를 표명할 수 없는 모호한 처지 때문이었다. 그들은 오영창계가 주장하는 교주제 부활에도 반대하는 입장이었지만 최린계와는 이미 민족운동 노선을 놓고 갈등하고 있던 참이었다. 결국 통일기성회도 분규 와중에 자신들의 세력 기반마저 와해될 것을 우려해 통일기성회에 참여한 교인들의 성미를 직접 자신들이 수납하기 시작했다.71

통일기성회의 합동운동은 최린계와 오영창계 어느 쪽으로부터도 환영받지 못했다. 오영창계는 통일기성회의 합동운동을 '중앙종리원 일파의 간책'이라며 배척했다. 최린계도 '이종린, 권동진, 김경함 등의 과거 주장을 볼 때 그들의 행동은 당 중 당을 만들어 일부 간부들을 배제하고자 하는 음모'라며 합동 운동을 거부했다.72 통일기성회는 타협안으로 오영창계에는 종래에 주장하여 오던 절교 선언을 철회할 것, 최린계에는 64명 명의의 성명서를 취소할 것을 제안했

---

69 『시대일보』 1925년 8월 22일자.
70 『동아일보』 1925년 8월 21일자.
71 『동아일보』 1925년 9월 5일자.
72 조선총독부 경무국, 「최근의 천도교와 그 분열에서 합동으로의 과정」, 『재등실문서』 10, 1930, 460쪽.

다.73 하지만 8월 21일 어렵게 성사된 교섭이 결렬되면서 통일기성회 측의 합동 노력은 실패로 돌아갔다.

이종린계의 통일기성회는 기로에 서게 되었다. 그런데, 최린계가 정치적으로 이미 다른 길을 걷고 있던 '소수파' 이종린계와 합동할 리 만무했다. 오영창계와 합동하는 것만이 그들이 선택할 수 있었던 유일한 노선이었다. 결국 통일기성회는 박인호를 통해 오영창을 설득하고 교주제 부활 요구를 수용함으로써 1925년 11월 초 오영창계와 천도교중앙위원회라는 이름으로 합동할 수 있었다.

그런데, 1925년의 신·구파 분화는 최린계가 소수파인 이종린계·오영창계를 배제시키고 자신들만의 독자적인 천도교 운영을 도모하려 한 계획과 음모의 산물이기도 했다. 천도교만의 독자적 정치 세력화에는 비정치적 순수종교로의 회귀를 주장하는 오영창계나 민족운동 노선을 둘러싸고 갈등을 빚은 이종린계와 같이 '문명화한 야만인'은 구시대의 퇴물로 장애가 될 뿐이었다.74 이처럼 1925년 천도교의 신·구파 분화는 교권을 둘러싼 권력 투쟁의 결과물인 동시에 우파 진영 내 타협과 비타협으로의 분화를 상징하는 정치적 사건이었다.

---

73 『시대일보』 1925년 11월 6일자.
74 이돈화, 「문명화한 야만인」, 『개벽』 1926년 2월호.

3. 신구 분화 이후 천도교 계파의 노선과 갈등

1920년대 전반 교단 내에서의 좌우 갈등과 2차례에 걸친 분규를 통해 천도교단은 혁신파, 신파, 구파의 3계파로 분화되었다. 중도좌파적 성향의 혁신파, 타협적 우파 진영을 대표하는 신파, 비타협적 우파 진영을 대표하는 구파로의 분화에 이어 1920년대 후반 자치정국과 통전전국이 반복되면서 3계파는 자신들의 민족운동 노선에 충실한 민족통일전선운동을 전개해 나갔다. 1920년대를 풍미한 이들의 노선과 활동을 요약하는 것으로 결론을 대신한다.

호남을 세력 기반으로 동학의 적통임을 자부하면서 민족 자주의 동도주의東道主義를 고수하고 신구조제의 자세로 교단 민주화를 추구했던 천도교 혁신파는 대체로 사회주의·공산주의에 호의적이고 계급 타파 및 토지문제 해결에 적극성을 보이는 중도좌파적인 성향을 갖고 있었다. 혁신파는 1926년 만주의 정의부, 국내 형평사와 연합하여 통일전선체인 고려혁명당高麗革命黨을 결성했다. 혁신파는 만주를 근거지로 무장 투쟁을 전개하고 이를 국제적으로 지원할 수 있는 연대 세력으로 소비에트러시아와 코민테른, 그리고 중국 국민당 정부를 끌어들이는 통일전선 전술을 구사했다.

서북을 세력 기반으로 '조선 문화'의 전통을 부정하고 서구 지향적인 신문화 건설을 추구했던 신파는 인류주의를 지향하는 신흥 정치세력으로서 일제와 타협했고 자치 운동 노선을 추구했다. 그럼에도 불구하고 신파는 조선농민사朝鮮農民社 결성 과정에서 서울-상해파 계열의 좌파 인사를 영입하고 천도교인이 아닌 일반 농민 대중을 견인하는 신파 나름의 통일전선운동을 전개했다. 또한 조선농민사의 크레스틴테른(국제적색농민동맹) 가입을 시도했으나, 1926년 추진한 자치 운동이 빌미가 되어 실패하고 말았다. 신파는 신간회가 결성되자 천도교단과 천도교청년당의 집단지도 체제를 폐기하고 도령제道令制와 당두제黨頭制를 신설해 사실상 1인 지배 체제를 부활했다. 이는 반신간회 전술의 일환으로 천도교의 독자적 정치 기반을 강화하기 위한 제도 개혁이었다.

기호·호남에 세력 기반을 둔 구파는 무관·역관·상민常民 출신으로 대한제국에서 하급관료를 지낸 지도자들에 의해 주도되고 있었다. 이들은 근대화 과정에서 신분제 속박을 벗어날 수 있었던 이른바 신민이었다. 이들은 3·1운동 이후 분출된 반일의 민족정서에 충실하고자 했다. 그러므로 일제에 대해서는 비타협적인 태도를 견지했고 '동귀일체 대동단결'의 기치 하에 민족운동·사회운동에 적극 참여하면서 좌파와 연대했다. 구파는 6·10만세운동 모의와 신간회 결성 및 활동 과정에서 비타협적 우파 세력으로서의 역할을 비교적 충실히 수행했다. 구파는 좌우합작은 물론 우파 연합의 추진에도 참여하는 중도우파적 성향을 갖고 있었다.

1930년대 천도교의 반일 민족통일 전선운동: 조국광복회를 중심으로

성주현[*]

1. 머리말

　3·1운동 이후 국내에 사회주의가 본격적으로 유입되면서 민족운동 노선에도 적지 않은 영향을 주었다.[**] 1920년대 중반 이후 민족주의운동 세력은 타협파와 비타협파로 양분되기 시작하였고, 사회주의운동 세력은 민족해방운동에서의 영역을 확대시켜 나가기 시작하였다. 그러나 식민지 상황에서는 이들 양 세력 어느 쪽에서도 민족운동의 주도권을 확고히 잡을 수 없었다. 이들 각각의 운동 세력은 공동의 투쟁 대상인 일제로부터 조선의 독립을 달성하기 위하여 연대의 필요성을 인식하게 되었다. 이에 따라 1924년부터 양대 운동

---

[*] 독립기념관 한국독립운동사연구소 연구원, 부천대학 겸임교수
[**] 『한국민족운동사』25집(한국민족운동사학회, 2000)의 「1930년대 천도교의 반일민족통일전선운동에 관한 연구」를 수정·보완한 것이다.

세력은 반일 민족통일전선운동을 위한 논의가 전개되었다.

그 중에서 천도교의 반일 민족통일전선운동(이하 통일전선운동)은 3·1운동 직후인 1920년대부터 시작되었으며 천도교 전체를 대표하는 것은 아니었지만 독자적인 세력으로 1930년대 말까지 활동하였다. 천도교와 관련된 통일전선운동에 대한 기존의 연구는 1920년대를 중심으로 한 최동희·김봉국·이동국·이동구 등의 고려혁명당운동高麗革命黨運動,[1] 신숙·최동오·강제하 등의 민족유일당운동民族唯一黨運動,[2] 천도교 구파의 신간회운동新幹會運動[3]과 6·10만세운동萬歲運動[4] 등 그 성과가 적지 않다.

---

[1] 고려혁명당에 관해서는 김창수, 「高麗革命黨의 組織과 活動」, 『汕耘史學』 4, 汕耘學術文化財團, 1990; 조규태, 「1920년대 천도교연합파의 변혁운동」, 『한국근현대사연구』4, 한국근현대사연구회, 1996; 박환, 「정이형(1897~1956) 연구-고려혁명당의 조직과 활동을 중심으로」, 『한국민족운동사연구』, 우송조동걸선생정년기념논촌간행위원회, 1997 참조.

[2] 민족유일당운동에 대해서는 丁原鈺, 「在滿抗日獨立運動團體의 全民族唯一黨運動」, 『白山學報』19, 白山學會, 1975; 황민호, 「만주지역 민족유일당운동에 관한 연구」, 『숭실사학』5, 숭실대학교사학회, 1988; 김영범, 「1920년대 후반기의 민족유일당운동에 대한 재검토」, 『한국근현대사연구』1, 한국근현대사연구회, 1994 참조.

[3] 천도교와 신간회운동에 관해서는 조규태, 「천도교 구파와 신간회」, 『한국근현대사연구』7, 1997; 성주현, 「1920년대 경기지역의 천도교와 청년동맹 활동」, 『경기사학』4, 경기사학회, 2000; 김정인, 「1920년대 중후반 천도교세력의 민족통일전선운동」, 『한국사학보』11, 고려사학회, 2001 참조.

[4] 장석흥, 「천도교구파와 6·10만세운동」, 『북악사론』4, 국민대학교 국사학과, 1997을 참조.

그러나 1930년대 후반 조국광복회祖國光復會와의 통일전선운동에서 천도교와 관련하여 구체적으로 밝혀진 연구 성과는 아직 없는 실정이다. 특히 조국광복회와의 통일전선운동에 참여한 천도교의 인물, 지회 조직 및 활동 등에 대해서는 거의 주목하지 못하였다. 1920년대부터 전개된 통일전선운동에서 천도교의 역할을 주목할 때 조국광복회의 통일전선운동에서도 천도교인의 역할과 활동이 적지 않았으리라고는 쉽게 생각할 수 있다.

조국광복회 활동은 무장투쟁이라는 점과 해방 후 북한 정권을 수립한 김일성과의 연대라는 점에서 새로운 인식이 요구되고 있다. 그동안 조국광복회의 활동에 관한 연구 성과5가 발표되면서 천도교와 통일전선을 결성한 사실을 언급하고 있지만, 대부분 김일성金日成과 관련하여 활동의 진위 논쟁과 조국광복회의 결성 과정과 조직 그리고 공산당 재건이라는 데 초점을 맞추고 있다. 하지만 천도교와의 관계에 대해서는 소홀하거나 미미하게 취급하고 있다.

그러나 천도교는 조국광복회와 통일전선을 결성한 후 그 하부 조직으로 장백현 상강부 17도구의 장백현 종리원과 천도교인을 중심

---

5 조국광복회에 관한 국내의 선행연구는 다음과 같다.
　신주백, 「1930년대 반일민족통일운동운동의 전개과정」, 『역사와 현실』 제2호, 한국역사연구, 1989; 이준식, 「항일무장투쟁과 당재건운동」, 『일제하 사회주의운동사』, 한길사, 1991; 백동현, 「한인조국광복회운동에 관한 연구」, 『白山學報』제49호, 白山學會, 1997; 이종석, 「북한지도집단과 항일무장투쟁」, 『해방전후사의 인식』5, 한길사, 1990; 와다 하루끼, 이종석 역, 『김일성과 만주항일투쟁』, 창작과 비평사, 1992.

으로 왕가동지회와 종리원촌 분회, 국내에서는 갑산군을 비롯하여 풍산군, 삼수군, 혜산군 지역에 천도교 종리원을 중심으로 지회와 분회 조직, 그리고 생산유격대로 활동하였다. 조국광복회의 하부 조직은 만주 장백현과 함남 지역, 평안도 일부 지역에서 결성되었는데 이 중 장백현과 갑산, 풍산, 삼수 지역의 하부 조직이 가장 핵심 조직이었다는 점에서 천도교와 관련성은 매우 중요하다고 볼 수 있다.

본 연구의 중요성은 독립운동사에서 무장 항일 투쟁 조직인 조국광복회 활동을 통해 1930년대 민족운동 세력인 천도교의 통일전선 운동을 복원하고, 일제하에서 지속적으로 전개된 민족통일전선 또는 좌우 합작에서 천도교가 그 중심 세력이었음을 밝히는 데 있다.

따라서 본고에서는 천도교와 조국광복회의 관계를 규명하기 위해 다음의 사항을 중점적으로 살펴보고자 한다. 첫째 천도교와 조국광복회와의 통일전선을 결성하는데 주도적으로 역할을 한 김일성의 천도교에 대한 인식과 천도교인의 특성을 살펴보고, 조국광복회와 천도교의 통일전선 결성 과정을 김일성과 박인진을 중심으로 살펴보고자 한다. 이는 조국광복회를 실질적으로 지도한 김일성과 후치령 이북의 천도교를 대표한 박인진이 통일전선 결성 과정에서 가장 핵심적인 역할을 하였기 때문이다. 둘째로 천도교 조직을 통한 조국광복회 지회 조직 과정과 관련 인물들을 추적하고자 한다.

그리고 이를 규명하기 위하여 기왕에 소개되었던 일본 측 정보문서6 이외에 북한에서 발행한 기록물을 활용하고자 한다. 북한에서

---

6 「蕙山事件判決書」(金正柱 편, 『朝鮮統治史料』8, 한국사료연구소, 1960.

발행한 기록물은 두 가지로 분류할 수 있다. 하나는 김일성과 관련된 저작물로 김일성회고록 『세기와 더불어』[7]와 조국광복회의 운동을 정리한 『조국광복회운동사』[8]이며, 또 하나는 천도교단 측에서 발행한 개설서인 『천도교개요』[9]이다. 본고에서 천도교와 관련된 서술은 부득이 북한 측에서 발행한 기록을 중심으로 전개할 수밖에 없음을 밝혀 두고자 한다.

2. 조국광복회의 통일전선운동과 천도교

동만의 조선인 공산주의자는 1931년 12월 명월구회의에서 상비적인 무장력에 의한 무장투쟁 노선을 확립하였고, 1932년 4월부터 동만 각지에 조직된 항일유격대는 1934년 3월 동북항일연군 제2군

이하 「惠山事件判決書」); 『最近に於ける朝鮮治安狀況』(朝鮮總督府警務局 편, 1933·1938. 이하 『治安狀況』); 「抗日民族統一戰線の擴大」(姜德相 편, 『現代史資料』30, みすず書房, 1977. 이하 『現代史資料』30); 「在滿黨の鮮內抗日戰線統一運動並支那事變後方攪亂企圖事件」(『思想彙報』14, 高麗書林, 1988. 이하 『思想彙報』14) 등이 있다.

7 김일성회고록 『세기와 더불어』5, 조선노동당출판사, 1994(이하 『세기와 더불어』5).
8 『조국광복회운동사』는 원래 북한에서 1, 2권으로 발행하였으며 지양사에서 1권으로 1989년에 간행한 바 있다. 본고에서는 지양사에서 간행한 것을 참고로 하였다.
9 『천도교개요』1, 조선천도교중앙지도위원회, 1975(이하 『천도교개요』).

제1독립사로 통합 편성되어 항일 무장투쟁을 전개하였다. 조선인 공산주의자들은 코민테른의 1국 1당주의 원칙에 따라 조선공산당이 해체된 상황에서 1930년대 초부터 중국공산당에 개별적으로 입당하여 반제 항일 공동 투쟁과 조선 혁명을 위한 투쟁이라는 이중적 임무를 수행하였다. 이러한 이중적 임무는 코민테른의 1국 1당주의와 국제적 통일전선운동 원칙에 따른 것이었다. 이에 따라 조선인 공산주의자들은 통일전선을 구축하는 한편 조선혁명을 위한 구체적인 임무를 중국공산당에 요구하게 되었다. 이러한 요구에 대해 중국공산당은 '조선인의 조선민족을 위한 항일 투쟁'을 인정하였으며, 특히 1935년 7월 코민테른 제7차 대회에서 식민지 종속국의 광범한 반제 통일전선운동을 위해 항일연군 결성을 제기하는 한편, 조선인 공산주의자들로 하여금 직접적으로 조선 해방을 위한 혁명 투쟁에 매진할 것을 내용으로 하는 '동북인민혁명군 제2군의 조선 독립을 위한 부대로의 전환'이라는 새로운 방침이 결정되었다.10 이러한 방침에 의해 조선인 공산주의자를 중심으로 구성된 동북항일연군 제6사를 배경으로 조국광복회의 결성이 구체화되었다.

  코민테른 제7차 대회에 참석하였다가 돌아온 위증민은 1926년 2월 영안현 남호두회의에 "조선에서의 반일 민족통일전선 운동체의 조직과 조선공산당 재건"에 관한 코민테른의 지시를 전달하였다. 이 회의에서 조선인 공산주의자들은 동만 유격 근거지에서 반제반봉건 민주개혁 경험과 코민테른의 새로운 방침을 결합해 반일 통일전선운

---

10 이종석, 위의 책, 75~79쪽.

동 조직체 결성과 당을 재건하기 위한 준비 활동을 추진할 것, 제2군의 주력 부대를 국경 지대로 진출시켜 장백현 일대에 새로운 유격 근거지를 창설할 것 등의 방침을 결정하였다.11 이어 3월 미혼진회의 결과 동북인민혁명군 제2군을 동북항일연군 제2군으로 개편하면서 그 휘하에 3개 사단을 편성하였다. 특히 제3사는 화룡 제2단과 조선인 항일의용군 6개 중대를 흡수하여 7, 8, 9, 10단으로 편성되었으며 사장에는 김일성이 임명되었다. 그 외의 조선인 유격대 지도자들도 대부분이 제3사에 배속되었다. 이에 제3사로 하여금 조선의 국내 진공과 공작이 용이한 백두산 일대를 중심으로 근거지를 건설하라는 임무와 함께 조국광복회 결성의 임무도 맡겨졌다. 이에 따라 제3사는 새로운 근거지인 장백현으로 출발, 1936년 4월 무송현 동강에 이르러 조국광복회 창건을 위한 일련의 작업을 진행하는 한편 5월 1일 동강회의를 소집하고 5월 5일에는 남호두회의의 전략적 방침을 실행키로 하고 조국광복회를 결성하였다.12 그리고 창립 선언과 10대 강령을 발표하였다. 조국광복회는 10대 강령을 통해 전 조선 민족의 총동원을 통한 통일전선운동을 마련할 것을 제기하였는데 그 내용은 다음과 같다.

---

11 大內憲昭, 「朝鮮の人民政權と憲法」, 『アジア・アフリカ硏究』, 1938년 7・8호, 5면; 이준식, 「항일무장투쟁과 당건설운동」, 『일제하 사회주의 운동사』, 한길사, 1991, 432면 재인용.
12 『조선전사』19, 과학백과사전출판사, 1981, 87쪽.

첫째, 한국 민족의 총동원으로 광범한 반일 민족통일전선운동을 실현함으로써 강도 일본 제국주의의 통치를 전복하고 진정한 한국의 독립적 인민정부를 수립할 것.

둘째, 한·중 민족의 친밀한 연합으로써 일본 및 주구 만주국을 전복하고 한·중 인민이 자기가 선거한 혁명 정부를 설립하여 중국 영토내에 거주하는 한인의 진정한 자치를 실현할 것.

셋째, 일본 군대, 헌병, 경찰 및 그 주구들의 무장을 해제하고, 일본 군대가 우리 애국지사로 豹變하는 것을 원조하며, 전인민의 무장으로 한국인의 진정한 독립을 위해 싸우는 군대를 조직할 것.

넷째, 일본의 모든 기업, 은행, 철도, 해상의 선박, 농장, 수리기관, 매국적 친일분자의 모든 재산과 토지를 몰수하여 독립운동 경비에 소비하며, 일부 빈곤한 동포를 구제할 것.

다섯째, 일본 및 그 주구들의 인민에 대한 채권, 각종 세금, 전매제도를 취소하고 동시에 대중생활의 개선을 병행하며, 민족적 공·농·상업을 장애 없이 발전시킬 것.

여섯째, 언론, 출판, 집회, 결사의 자유를 전취하고 왜놈의 봉건사상을 장려하는 白地공포의 실현에 반대하며 모든 정치범을 석방할 것.

일곱째, 양민, 상민 및 기타 불평등을 배제하고 남녀, 민족, 종교 등의 차별을 반대하여 일률적인 평등과 부녀의 사회상의 대우를 제고하고 여자의 인격을 존중할 것.

여덟째, 노예 동화 교육에 반대하고 우리 말과 우리 글로써 학습하며 의무적인 免費교육을 실행할 것.

아홉째, 8시간 노동제 실행, 노동 조건의 개선, 임금의 인상, 노동법안의 확정, 국가기관으로부터 각종 노동자의 보험법을 실행하여 실업하고 있는 노동 대중을 구제할 것.

열째, 한국 민족에 대하여 평등하게 대우하는 민족 및 국가와 친밀하게 연락하며, 우리 민족해방운동에 대해 선의 및 중립을 표시하는 국가 민족과 동지적 친선을 유지할 것13

조국광복회는 이 강령을 통해 광범위한 반일 역량을 기초로 하여 조선의 독립적 인민정부를 수립할 것을 제시하고 있다. 이에 따라 조국광복회는 노동자・농민(빈농)뿐만 아니라 부농・지주 등 독립운동에 이해를 같이 하는 모든 반일 역량을 포섭하는 한편 조선 내의 유력단체인 천도교와의 통일전선 결성을 추진하였다.

천도교와 조국광복회의 통일전선운동 과정을 이해하기 위해서는 김일성의 천도교에 대한 인식과 박인진의 항일운동, 그리고 일제하 천도교인의 민족의식 성향을 살펴볼 필요가 있다.

김일성은 아버지 김형직이 평양 숭실학교를 다녔고 외가가 기독교 집안이었지만 그의 민족주의적 사상 형성에는 천도교의 영향이 적지 않았다. 김일성이 만주에서 화성의숙을 다닐 때 당시 숙장은 최동오,14 숙감은 강제하15가 각각 맡았는데,16 이들은 모두 천도교

---

13 『現代史資料』30, 265~266쪽.
14 崔東旿는 義州人으로 1911년 천도교에 입교하여 奉訓, 道師, 講道員, 典制員, 主任宗理師 등을 역임하였으며, 정의부에서 활동하였다. 그 후 임시정부에서는 法務長官 등을 역임하였다.
15 康濟河는 昌城人이며 1926년 1월 서간도 軍民代表會 대임대위원위원으

인으로서 김일성은 이들에게 많은 영향을 받았다. 김일성은 그의 회고록에서 다음과 같이 밝히고 있다.

> '제군들, 동학을 알려거든 보국안민의 구호부터 보라'
> 최동오는 천도교에 대한 선전을 할 때마다 매번 이런 표제를 프랑카드처럼 내들었다.
> '밖으로는 외래 침략에 대처해서 나라를 지킨다는 것이 보국이고 안으로는 악정에 대처해서 백성을 편안하게 한다는 것이 안민인즉, 이거야말로 얼마나 훌륭한 천도인가. 성주, 자넨 보국안민에 대해 어떻 생각하나?'
> 언제인가 숙장은 나에게 느닷없이 이런 질문을 하였다.
> '좋은 구호라고 생각합니다. 보국안민을 제창한 것이 천도교라면 그 교를 지지하겠습니다.'
> 그것은 나의 진심이었다. 공산주의 이념이 벌써 우리의 생활에서 주요한 사상적 지주로 되고 있던 때였으나 나는 동학에 대한 지지를 서슴없이 표시하였다. 나라를 지키고 백성들의 편안을 도모하는 것은 지각을 가진 사람이면 누구나 다 절실하게 바라는 것이다.17

> 천도교는 자기의 종교적 이념으로부터 출발하여 외세를 배격하고 나라의 독립과 국민주권의 확립으로 민생의 안전을 기하는 보국안민을 이

로 선임되었으며 주로 正義部에서 활동하였다. 강제하에 대해서는 성주현, 「평생을 만주에서 민족운동에 바친 강제하」, 『신인간』을 참조.
16 『세기와 더불어』5, 879쪽.
17 『세기와 더불어』5, 381~392쪽.

루는 동시에 나아가서 세계적인 포덕천하, 광제창생으로 평화로운 세계, 지상천국을 이룩하기 위한 실천투쟁에 떨쳐나섰다.18

이 외에도 김일성은 최동오로부터 천도교의 역사와 교리를 배웠으며, 『개벽』지를 통하여 천도교에 대한 이해를 넓혀갔다.19 이러한 천도교에 관한 인식은 김일성이 조국광복회 활동 과정에서 천도교와 통일전선을 형성하는 데 지대한 영향을 미쳤다고 볼 수 있다.

> 박인진과 같은 이름 있는 종교인을 혁명의 동반자로 삼는 데서 천도교에 대한 우리의 이해와 입장은 아주 중요한 작용을 하였다. 만일 우리가 천도교가 어떤 종교인지 전혀 모르는 문외한이었거나 편견의 적의를 가지고 이 종교를 대하는 사람들이었다면 우리는 애당초 박인진과의 협상도 시도하지 않았을 것이며 수백만에 달하는 전국의 천도교인들을 조국광복회의 기치 밑에 묶어 세우기 위한 통이 큰 작전도 벌리지 못하였을 것이다.20

한편 박인진이 공산주의자를 중심으로 조직된 조국광복회의 통일운동에 참여한 것은 그가 공산주의여서라기보다는 확고한 항일의식

---

18 『세기와 더불어』5, 391~392쪽.
19 이 부분에 대해서는 「민족종교 천도교를 두고」, 『세기와 더불어』5, 377~408쪽을 참조할 것.
20 『세기와 더불어』5, 373~374쪽.

과 천도교 이념에 입각한 민족의식이 강하였기 때문이다.21 박인진은 동학혁명에 참여하였던 아버지로부터 일제에 대한 저항의식을 그대로 이어받았으며, 1909년 천도교에 정식으로 입교한 후 교리강습소를 통해 민족의식이 더욱 강화되었다. 1919년 3·1운동 때에는 풍산군에서 천도교인을 이끌고 만세운동을 지도하였으며 이로 인하여 3년 동안 옥고를 치르기도 하였다. 이후 압록강 일대에서 독립군으로 활동하였으며 1927년 풍산군 천남면에서 시일학교와 야학을 설립, 청년들에게 우리 글과 우리 말을 가르치며 항일 민족의식을 고취하였다.22 조국광복회 결성 시기에는 일제의 감시를 피해 장백현 신흥촌으로 이주하였다. 특히 그의 민족주의 의식은 혜산사건惠山事件으로 검거되었을 때 피의자 신문을 통해서도 그대로 드러나고 있다.23

---

21 박인진은 김일성과 회담에서 자신은 공산주의자가 아님을 분명히 밝히고 있다.
22 성주현, 「영원한 혁명투사 문암 박인진」, 『新人間』 통권577호, 1998. 96~101쪽.
23 김일성회고록 『세기와 더불어』5, 박인진은 피의자 신문 과정에서 다음과 같이 자신의 의견을 피력하고 있다. "인류를 모독하는 것은 우리가 아니라 너희들이다. 너희들이 바로 우리 천도교의 종지를 짓밟은 장본인들이다. 네놈들은 수천 수만 명에 달하는 조선의 '한울님'을 소나 돼지처럼 매일같이 도살장으로 끌어가지 않았느냐. 군경들의 총칼이 번득거리는 곳에서 우리 백의민족의 피가 내와 강을 이루고 산 사람의 간장마저 원한에 썩고 있다는 것을 너희들은 알고 있지 않느냐. 그렇다면 대답해 보아라. 죄는 누가 짓고 재판은 누가 받아야 하는 것이냐? 우리는 조선국의 신성한 천도를 짓밟고 백성들을 무수히 살해한 강도들을 용서할 수 없다.

다음으로 일제 강점기 천도교인의 민족의식 성향을 살펴보자. 당시 천도교는 국내에서 어느 단체보다도 조직력이 강하고 민족운동의 선도적 역할을 담당하였으며, 만주 지역과 접경 지대인 함남 지역은 평북 지역에 이어 천도교단에서 최대 활동 무대였다. 참고로 1934년 일제에 의해 조사된 지역별 천도교 교세 현황은 <표1>과 같다.

<표1> 천도교 지역별 교세 현황(1934년 8월 현재)

지역별	교인수	포교소	교구	지역별	교인	포교소	교구
경기도	2,458	30	13	강원도	495	17	15
충청북도	415	10	9	충청남도	837	14	8
전라북도	986	12	11	전라남도	2,544	38	20
경상북도	221	10	3	경상남도	912	16	12
평안북도	38,491	321	23	평안남도	15,030	111	21
함경북도	2,092	15	11	함경남도	18,643	91	19
황해도	10,282	115	18	합계	93,406	781	193

(자료 : 조선의 유사종교)

일제 강점 하에서 천도교인의 입교 동기는 국권 회복과도 밀접한 관계를 가지고 있다. 일제 강점기라는 특수한 상황에서 1934년 조사한 바에 의하면 천도교에 입교한 동기를 다음과 같이 밝히고 있다.

우리 교는 내정 문란하고 왜적에 고통을 당하는 한국의 국권을 회복하

그리고 그 강도들이 불법적으로 조작해낸 국체라는 것을 인정할 수 없다. 그래서 우리 300만 교도는 2천만 동포들과 함께 분연히 일어나 피의 항쟁을 하는 것이다. 내 한 몸의 피가 너희들의 제국을 불사르는 한 점의 불꽃이 된다면 나는 죽어서 재가 된다 해도 보람을 느낄 것이다."

고 무고한 인민을 구제하고 무식자를 계몽하여 행복을 얻게 한다.24

조선 민족에게 행복을 수행케 하는 단체는 우리 교를 제외하곤 달리 없으며, 다른 사회단체, 사상단체 등 많이 있지만 모두 유명무실하고 오직 우리 교만이 조선 민족운동의 대표단체로서 활약한다.25

또한 신앙의 목적도 자기 수신이나 기복 또는 치병보다는 '민족주의 수행, 조선의 독립 후 특전적 지위 획득'에 중점을 두고 있다.26 이는 천도교가 여실히 민족주의와 독립을 지향하고 있음을 잘 보여주고 있다. 지역별 입교 목적 분포를 살펴보면 <표2>와 같다.

이와 같은 신앙의 목적은 함남의 경우에서도 그대로 나타나고 있다. 함남은 응답자 19명 중 10명이 '민족주의 수행과 조선 독립 기원'이 입교 목적이라고 응답하고 있다. 이러한 점은 당시 중국공산당이 천도교를 반일 통일전선운동의 대상으로 선정한 것과 전혀 무관하지 않을 것으로 추정된다.

---

24 『朝鮮의 類似宗敎』, 조선총독부, 1935, 776쪽(이하『朝鮮의 類似宗敎』).
25 『朝鮮의 類似宗敎』, 777쪽.
26 『朝鮮의 類似宗敎』, 779쪽. 1934년에 발행한 이 책에 의하면 천도교인 195명 중 87명이 입교한 목적을 민족주의 수행, 조선의 독립 후 특전적 지위 획득이라고 응답하고 있다. 이는 전체 응답자 중 45%에 육박하는 것이다.

<표2> 지역별 천도교인의 입교 목적[27]

입 교 목 적	경기	강원	황해	평북	평남	함남	함북	경남	경북	충남	충북	전북	전남	계
무병식제, 생활안전, 소원성취, 안락한 생활, 자손번영/영술획득		2	3	2	4	5	1	1			5		6	29
민족주의 수행, 조선독립/제폭구민	5	12	9	10	8	10	6	6		7	3		10	86
교주등극후의 고위, 고관취임									1					1
사업조합원이 되어 생활자재 획득		1				1	1							3
정신수양		2	1			1		1					1	6
사후 극락정토						2			1					3
사회적 인정/농촌계몽 및 문화운동					1			2					3	6
불명	8	2	4	11	3	1	3	1	10		1	12		56

천도교와 조국광복회의 통일전선운동은 동강회의에서 마련한 선언문과 10대 강령, 그리고 규약에 근거하고 있다.

全民族의 階級, 地位, 黨派, 年齡, 宗敎 등의 差別을 불문하고 白衣同胞가 一致團結하여 蹶起하고 仇敵인 日本奴 등과 싸워 祖國을 光復한다.[28]

양반, 상민, 기타 불평등을 배제하고 남녀, 민족, 종교 등의 차별 없이

---

27 『朝鮮의 類似宗敎』, 801~837쪽. 「各道敎別信仰表」를 참조하여 작성하였다.
28 『現代史資料』30, 314쪽.

일률적 평등과 부녀의 사회상 대우를 제고하고 여자의 인격을 존중히 할 것.29

本會의 취지와 10대 강령을 찬성하고 또 그 취지와 강령을 실천하고 투쟁할 수 있는 남녀, 노소, 직업, 종교, 지방, 빈부, 당파 등 차별 없이 본회에 참가하여 회원이 될 수 있음.30

중국공산당은 그동안 공산주의 운동의 교과서처럼 유지해오던 '계급대계급階級對階級'의 전술을 폐기하고 반제민족통일전선노선反帝民族統一戰線路線에 기초한 반일통일전선체反日統一戰線體 형성에 초점을 맞추었다. 이는 식민지 조선에도 그대로 적용되었다. 중국공산당은 통일전선운동의 대상으로 천도교를 지목하고 이를 획득하기 위하여 동북항일연군 제2사에 전달하였다.31 당시 국내에서는 천도교와 기독교가 유력한 단체를 대표하고 있었으나 중국공산당은 기독교보다는 천도교를 우선적으로 통일전선운동의 협상 대상으로 삼았다고 볼 수 있다. 중국공산당에서 천도교를 통일전선운동 대상으로 지목한 것은 앞서 살펴본 민족주의적 성향과 1919년 3·1운동 등에서 천도교가 조선 독립운동의 선구자적인 활동을 익히 알고 있었기 때문이다.32

---

29 『現代史資料』30, 266쪽.
30 『現代史資料』30, 316~317쪽.
31 姜德相, 『現代史資料』30, 295쪽; 「惠山事件判決書」, 614쪽.
32 「蕙山事件判決書」, 614쪽.

김일성과 위증민魏拯民은 권영달·이동석·장증열·황남훈 등 4인과 1936년 11월 초 만주 통화성 장백현 오지 산중에서 회합을 갖고 군중영도문제群衆領導問題, 당조직문제黨組織問題, 동북항일연군東北抗日聯軍의 지원문제支援問題, 주구반대문제走狗反對問題 등을 논의하였는데33 군중 영도 문제에 대하여 다음과 같이 결정함에 따라 천도교와 통일전선운동이 더욱 구체화하였다.

재만 조선인은 대부분 민족주의적 사상을 지니고 있어 조선의 독립을 열망하고 있으므로 이를 항일 기치 하에 대동단결시키기 위해 在滿韓人祖國光復會에 획득 가입시키고, 滿洲는 물론 朝鮮 내에 그 下部組織을 결성하며 이와 동시에 光復會와 동일한 목적이 있는 青年會, 婦女會와 같은 外廓團體를 결성할 것과, 조선에 있어서 유력한 宗敎團體인 天道敎를 획득함으로써 항일인민운동의 일익으로 할 것과, 신체 강건한 자로써 生産遊擊隊를 조직해서 군사적 교련을 실시하여 일조 유사시에 東北抗日聯軍과 제휴하여 군사 행동을 할 수 있도록 할 것.34

즉 식민지 조선에서 가장 강력한 중앙집권체제를 유지하고 민족운동의 주요 세력의 하나인 천도교와 통일전선체를 형성한다는 것은 민족운동에 도움이 된다는 것이다. 또한 김일성도 "천도교는 우리나라에만 있는 고유한 민족종교이다. 최제우가 천도교를 동학이라 명

---

33 「惠山事件判決書」, 595~597쪽.
34 「蕙山事件判決書」, 595쪽.

명하여 '서학(천주교)'과의 차이를 명백히 한 것만 보아도 이 종교가 가지고 있는 민족적 성격을 알 수 있다. 천도교는 그 기본 사상과 이념에서 애국적이고 진보적인 종교이다. 천도교가 내세운 '보국안민'과 '광제창생'의 구호만 보아도 그것을 충분히 알 수 있을 것이다. 천도교도들은 수십 년 동안 그 구호를 들고 나라의 독립을 이룩하고 만 백성이 복락하는 이상사회를 건설하려고 투쟁해 왔다."35고 하면서 김재범과 권영욱에게 천도교와의 통일전선 구축을 지시하였다. 이처럼 김일성은 천도교와 통일운동을 구축하는 것이 절실한 과제였던 것이다.36

그러나 천도교와 조국광복회의 통일전선운동은 이미 1936년 5월 동강회의에서 그 가능성이 제기되었다. 당시 조국광복회 결성식에는 장백, 임강, 안도 등 만주 일대의 한인 대표가 참석하였으며, 국내에서는 벽동의 천도교 대표와 농민 대표, 온성 지구의 교원 대표와 노동자 대표가 참석하였다.37 당시 벽동 천도교 대표가 누구이며 어떠한 경로로 그 결성식에 참가하였는지는 확인할 수 없으나 이때부터 이미 천도교와의 통일전선운동의 결성은 진행되고 있었던 것이다.

조국광복회와 천도교의 통일전선운동은 이창선李昌善이 동북항일 연군에 입대하면서 본격화되었다. 김재범은 김일성의 지시에 따라

---

35 『세기와 더불어』5, 351쪽.
36 김을천, 「조국광복회가 수행한 혁명적 역할—조국광복회 창건 30주년에 제하여」, 『력사과학』제3호, 1966, 6~7쪽.
37 『세기와 더불어』4; 심국보, 「천도교와 조국광복회」, 『新人間』통권545, 1995. 12, 33쪽 재인용.

1936년 10월경 천도교청년당 풍산당부 당원인 이창선을 동북항일연군 제2사에 입대시켰다.38 그러나 이창선이 동북항일연군에 입대하자 천도교인이라는 이유로 정치공작원 이제순 등으로부터 반대가 적지 않았다. 이에 대해 김일성은 "지금 우리가 어떤 호박을 잡았는지 아직 모르고 있다. 저 청년의 줄을 타면 갑산, 풍산, 삼수 지방의 천도교도들 속에 조국광복회의 씨앗을 뿌릴 수 있고, 나아가서는 영북의 광활한 대지를 우리 세상으로 만들 수 있다. 이제 두고 보면 저 청년의 가치를 알게 될 테니 그를 잘 대해 주고 귀중히 보호해 주라."고 하면서 천도교와의 통일전선 결성에 보다 적극적이었다.

이창선은 박인진과 한 마을에 살면서 그의 교육과 영향을 받았으며 그의 수제자로 불렸다.39 그는 청년당 풍산당부에서 농민부 위원으로 활동하였으며 일제의 감시를 피하여 장백현으로 옮겼다. 김일성은 이창선을 천도교 방면 정치공작원으로 교육시켰다.40 그 후 이창선은 7연대 선전간사로 천도교 방면 정치공작원으로 활약하였으며, 특히 박인진을 비롯한 북선 지구 천도교인을 조국광복회원으로

---

38 「惠山事件判決書」, 614쪽.
39 『세기와 더불어』5, 348쪽.
40 『세기와 더불어』5, 1994, 349~350쪽. "(이창선은) 지금까지 조선인민혁명군으로서의 견습 단계를 거쳤다. 이제부터는 유능한 정치공작원으로 되기 위한 단계를 거쳐야 한다. 나는 입대시킬 때부터 동무에게 앞으로 천도교인들과의 정치공작을 맡겨야 하겠다고 생각하였다. 동무는 1개 중대인원 정도가 아니라 수백 명, 수천 명, 혹은 수만 명의 천도교인들을 조국광복회 대열에 이끌어 들이고 지도하는 공작원이 되어야 하며 앞으로 더 큰 정치일군이 되어야 하겠다."(『세기와 더불어』5, 352~353쪽).

가입시키는 데 적지 않은 공헌을 하였다.41

　김일성은 "우리와 천도교인은 다같이 나라와 민족을 사랑하는 조선 사람들이며 척왜와 보국안민을 최우선적인 목표로 삼고 투쟁해 온 빈천 민중의 벗들인 만큼 서로 손을 잡고 합세하여 단합된 힘으로 일제와 맞서 싸워야 한다는 것과, 가까운 장래에 양측의 대표들이 한자리에 모여 앉아 진지하게 협상했으면 하는 희망을 표시한다는 것"을 특별히 강조하며 이창선을 일제의 감시를 피해 장백현 신흥촌에 와 있던 박인진에게 파견하여 통일전선운동을 위한 회담을 추진하였다.42

　조국광복회는 천도교와 통일전선을 구축하기 위해 박인진과 두 차례의 회담을 가졌다. 1차 회담은 11월 초순 천도교 장백현 종리원장 이전화李銓化의 집에서, 2차 회담은 백두산 밀영에서 개최되었다. 김일성은 이창선을 통해 박인진과 회담을 하려하였으나 부득이한 사정으로 정치위원 김재범(김평)으로 하여금 박인진을 만나도록 하였다.43 김재범은 1936년 11월 초순 천도교 장백현 종리원장 이전화의 집에 도착하였으며 다음날 홍명의44를 통해 박인진을 이전화의 집으로 초청하고 통일전선 결성을 위한 제1차 회담을 가졌다.45 이

---

41 『세기와 더불어』5, 353쪽.
42 『세기와 더불어』5, 356~357쪽.
43 『세기와 더불어』5, 357쪽; 『現代史資料』30, 295쪽; 「惠山事件判決書」, 614~615쪽; 『最近に於ける朝鮮治安狀況』, 411쪽.
44 洪明義는 北靑人으로 1921년에 천도교에 입교하였으며 傳敎師, 部領 등을 역임하였다(『天道敎創建錄』, 168쪽).

회담에서 김재범은 조국광복회 선언문과 10대 강령을 설명하고 천도교가 통일전선에 참여해 줄 것을 제의하였다.46 박인진은 조국광복회가 소비에트식 정권을 수립하려는 것에 대한 우려를 표명하고, 강령과 선언이 선전이 아니라 확고부동한 실천 의지가 있다면 천도교인들도 통일전선운동에 참여할 용의가 있음을 밝혔으며,47 그 이튿날 천도교 장백현 종리원에서 동북항일연군 대표들의 환영식을 갖기도 하였다.48

통일전선운동을 위한 2차 회담은 1936년 11월 백두산 밀영에서

---

45 『現代史資料』30, 295쪽.
46 이날 회담의 내용은 다음과 같다.
"천도교는 과거 3·1만세운동을 일으키는 등 조선 독립을 위하여 활동한 역사를 가지고 있는데 최근에 와서는 대동방주의를 제창하고 특히 최린과 같은 자는 천 엔이라는 대금을 국방헌금으로 강도 일본 제국주의에 제출하는 등 완전한 친일적 단체로 된 것은 매우 유감스러운 일이다. 그러나 동북항일연군은 십수만의 병력을 가지고 백만에 달하는 홍군과 4억 5천만의 중국 민중과 재만조선인 다수의 지원을 받고 있으며 그 배후에는 소연방이 있어 실로 그 세력이 웅대하다. 때문에 이때에 천도교는 우리들과 제휴하여 항일인민운동을 결성하고 조국광복을 위하여 활동하기 바란다."는 권유에 대하여 박인진은 "우리들은 중앙의 명령에 의하여 활동하기 때문에 자기 개인으로는 천도교 전체적인 대답을 하기는 극히 곤란한 일임으로 후일 최린과 협의하고 회답을 하겠다."고 답하였다. 그러나 김재범은 "천도교 전체의 의사 표시가 곤란하면 당신만이라도 우리의 취지를 찬동하고 일단 유사시에는 당신의 휘하에 있는 교인들을 동원하여 우리들과 행동을 같이하기 바란다."고 제기함으로써 이를 승락하였다.
47 『세기와 더불어』5, 358쪽.
48 『세기와 더불어』5, 359~360쪽.

김일성과 박인진, 그리고 이전화 장백현 종리원장 등이 참석한 가운데 개최되었다.49 김일성은 이 회담에서 "천도교도들 혼자만의 힘으로 척왜에 성공하고 보국안민을 도모할 수 없다. 우리 조선인민혁명군(동북항일연군)도 혼자의 힘만으로는 조선 독립을 이룩할 수 없다. 다른 반일 애국 역량을 다 묶어 세워야만 승산을 내다보게 된다. 그러므로 우리 서로가 민족대단결을 꼬는 단심줄이 되어 조국광복회의 두리에 뭉치자."50라고 역설하면서 천도교의 참여를 촉구하였다. 당시의 2차 회담 결과를 조국광복회 기관지 『3·1월간』에는 「천도교 상급 령수 모씨 우리 광복회 대표를 친히 방문」이란 제목으로 다음과 같이 소개하고 있다.

> … 내지에 있어서 유력한 대중적 기초를 가지고 있는 천도교 ××위원 모씨는 끓어 넘치는 애국의 정열을 가지고 친히 … 김일성 장군님을 방문하였다. … 전기 모씨는 개인적으로 우리 조국광복회 정강과 일체의 주장에 대하여 찬동을 표시하고 아울러 천도교청년당원 100만명을 조선독립운동에 출동시킬 의향을 맹세하고 장차 우리 광복회와 보다 긴밀한 련계를 취할 것을 굳게 약속하였다.51

이 2차 회합에서 박인진은 300만 천도교인과 100만 청년당원을

---

49 『세기와 더불어』5, 360쪽.
50 『세기와 더불어』5, 362쪽.
51 『現代史資料』30, 296쪽; 『천도교개요』, 102쪽, 재인용.

모두 조국광복회에 참여하도록 할 것을 밝혔다. 그러나 당시 천도교 전체가 참여하려면 조직 특성상 중앙집권제의 성격으로 중앙과 협의가 필요하였다. 박인진은 1936년 12월 24일 인일기념을 맞아 이전화와 함께 상경하여 최린과 협의를 하였으나 최린은 "김일성주의는 우리 천도교의 주의에 반대가 됨으로 제휴할 수 없다." 하여 거절하였다.52 이에 따라 박인진은 애초 김일성과의 약속대로 자신이 관리하는 연원인 지원포와 종리원 교인을 중심으로 참여하기로 결정하였다. 이에 대해 김일성은 천도교인의 통일운동에 참여한 것을 다음과 같이 회고하고 있다.

> … 국내에 있는 많은 진보적인 천도교인들도 반동적인 최린 일파의 친일적 행동을 반대하고 민족의 공동위업을 위한 투쟁의 길에 나서게 되었다. 그들은 조국광복회 10대 강령과 호소를 받들고 항일무장투쟁을 적극 지지 성원하고 있으며 수십 명의 대표를 파견하여 우리와 련합하여 조국광복운동에서 함께 싸울 것을 맹세하고 지금 물심량면으로 원조를 보내고 있다. 조국광복회는 이미 우리나라 북부지대 여러 군의 천도교인들을 수많이 자기 산하에 망라하였으며 갈수록 전국의 진보적 종교인들 속에서 그 영향력을 확대하고 있다.53

---

52 『現代史資料』30, 295~296쪽. 당시 최린이 조국광복회 참여를 거절한 것은 1934년 천도교청년당의 오심당사건과 관련지어 볼 수 있다. 당시 오심당사건으로 천도교청년당원 230명이 검거되었다. 이에 대해서는 좀 더 고찰해 보아야 할 것으로 보인다.
53 『김일성저작집』제1권, 170쪽; 『천도교개요』, 105쪽 재인용.

3. 천도교 조직과 조국광복회 지회

조국광복회의 하부 조직은 크게 세 가지 계통을 통하여 결성되었다. 첫 번째 계통은 동북항일연군 제2군 제6사의 권영벽, 이제순, 김재수, 장증열, 김창락, 박금록 등을 통한 장백현과 만주 지역의 하부 조직이고, 두 번째 계통은 한인민족해방동맹韓人民族解放同盟의 박달, 박금철 등을 통한 갑산 지역의 하부 조직 결성, 세 번째 계통은 천도교 연원 조직과 종리원, 그리고 박인진朴寅鎭, 이창선李昌善, 이경운李景云, 이전화李銓化 등을 통한 장백현・갑산・풍산・삼수 지역과 강병선康秉旋을 통한 평안북도 지방의 하부 조직 결성이다.54

조국광복회의 하부 조직 결성 작업은 1936년 9월부터 장백현에 정치공작원을 파견하면서 시작되었다. 항일연군의 제2군 제6사장 김일성은 장백현에 권영달權永達을 정치공작 책임으로 하여 김재수・장증열・김창락・이제순・박금록・황금옥・이인숙・조희숙・엄응국 등을 정치공작원으로 파견하여 1936년 10월부터 이듬해 1937년 6월까지 활동하도록 하였다.

이에 따라 1937년 2월 상순경 장백현공작위원회와 동만특위 장백현공작위원회를 결성하였다.55 이로부터 1938년 7월 제2차 혜산사건惠山事件으로 조직이 와해될 때까지 장백현공작위원회 산하에 구

---

54 『세기와 더불어』5, 387쪽.
55 『現代史資料』30, 267쪽.

회 3개, 지회 11개, 분조 41개, 반 10개, 생산유격대 6(미조직 2)개를 각각 결성하였다. 또한 김일성은 박달朴達・박금철 등을 국내에 파견하여 조직 사업을 전개한 결과 갑산군 운흥면과 보천면을 중심으로 한인민족해방동맹韓人民族解放同盟56 1개와 지회 3개, 분조 3개, 정우회 1개, 반일회 1개, 반일그룹 14개, 생산유격대(미조직) 2개, 그리고 갑산・풍산・삼수군의 천도교 세력을 획득하였다.57 조국광복회의 하부 조직 중 천도교와 직・간접으로 연결된 곳은 중국 장백현과 국내의 갑산군, 풍산군, 삼수군, 혜산군 등 후치령 이북 지역이다.

1936년 11월 김일성과 회담을 마친 박인진은 조국광복회와의 통일전선운동을 실현하기 위해 1937년 4월 5일 장백현 왕가골 이전화의 집에서 장백현・갑산・풍산・삼수군종리원의 대표 11명이 참가한 종리원 대표회의를 개최하였다. 이 대표회의에서 조국광복회 참여, 청년당원의 항일유격대 입대, 항일무장투쟁 원호에 관한 문제 등을 토의한 결과 조국광복회와의 통일전선운동에 참여키로 하였다. 장백현 종리원 대표회의를 계기로 하여 함경남도 일대에서는 천도교인이 중심이 되어 빠른 속도로

---

56 한인민족해방동맹에 관해서는 이준식, 「항일무장투쟁과 조선민족해방동맹」, 『일제하 사회주의운동사』, 한길사, 1991 참조.

57 『現代史資料』30, 260쪽. 조국광복회의 구체적인 조직 상황에 대해서는 이종석, 앞의 논문, 117~20쪽 참조. 일제 관헌 측 자료에 따르면 조국광복회 관련 검거자는 739명이었으며, 이 가운데 168명이 재판을 받아 권영벽・이제순・박달 등 사형 6명, 박금철 등 무기 4명, 징역 15년 4명, 징역 13년 6명, 징역 12년 9명, 징역 10년 18명 등 중형을 선고받았다. 통일전선운동체로서의 조국광복회 조직의 특징에 대해서는 신주백, 앞의 논문, 242~243쪽 참조.

조국광복회 지회가 조직되기 시작하였다.

장백현 지구의 조국광복회 하부 조직 결성은 1936년 9월부터 시작되어 상강구, 하강구로 각각 나누어 진행되었다. 당시 천도교 장백현 종리원은 17도구 왕가동에 있었으며 종리원장은 이전화가 맡고 있었고 청년당원은 22명이나 되었다.58 이들은 대다수가 빈농으로 일제에 불만을 품고 이곳으로 이주하였기 때문에 대부분 반일 감정이 강하였으며 민족주의 의식 또한 농후하였다. 특히 이전화는 1936년 12월 이창선의 권유로 조국광복회에 가입하였다.59

1937년 1월 초순 서응진은 동만특위 장백현공작위원회 총책임자로 있는 권영창과 장회열로부터 정치적 지도를 받고 하방면 하부 조직 결성 책임자로 선정되었다. 그는 1월 하순 17도구 안민촌 토기점리에 있는 자신의 집에서 최경화(천도교인으로 추정), 전남순, 이전화60 등과 모임을 갖고 조국광복회 왕가동지회를 결성하고 회장에 서응진, 청년부 책임에 최경화, 위원에 이전화·전남순을 임명하였다. 이어 왕가동지회는 천도교청년당 장백부 당원인 홍명의를 비롯하여 김희선, 송영권, 김창조, 이덕현, 천만형 등을 책임자로 하는 6개의 분회를 조직하였다.61 그리고 이듬해 1937년 4월 5일 종리원촌 분회

---

58 「黨員成績一覽表」에 의하면 1931년부터 33년까지 등록된 청년당원은 이전화 종리원장을 비롯하여 22명이 등록되어 있다.
59 「惠山事件判決書」.
60 李銓化는 『조국광복회운동사』에는 1937년 1월 하순에, 「惠山事件判決書」에서는 1937년 2월 조국광복회에 가입한 것으로 되어 있다.
61 『現代史資料』30, 274쪽.

를 조직하고 종리원장 이전화와 그 세 아들과 며느리를 비롯한 대부분의 교인들이 조국광복회에 가입하였다.62

　박인진은 장백현에서 종리원촌 분회를 조직한 후 갑산군에도 조국광복회 지회를 결성하기 위해 갑산군 각 면과 리의 종리원를 순회하였다. 혜산종리원에서는 조국광복회 10대 강령을 설명하고 1937년 4월 중순 혜산지회를 결성하였다.63 혜산지회는 종리원장과 교인, 그리고 청년당원 16명64이 참여하였다. 이어 5월에는 갑산군 조병학 종리원장을 책임자로 회린면・산남면・진동면・동인면 종리사와 청년당원65 등 대부분의 교인과 청년당원66이 참가한 가운데 갑산지회를 결성하였다.67

　삼수군 별동면 광생리지회 결성은 두 방면에서 추진되었다. 하나는 장백현 왕가동지회 청년부 책임 최경화를 통해서, 다른 하나는 천도교 지원포 도정 박인진을 통해서 추진되었다. 광생리지회 결성의 핵심인물은 이례영李禮泳68이다. 최경화는 이례영에게 이완영李完

---

62 『천도교개요』, 105쪽;『조국광복회운동사』, 147~150쪽.
63 『천도교개요』, 105쪽;『조국광복회운동사』, 167쪽.
64 『天道敎靑年黨成績表』에 의하면 1931년부터 1933년까지 혜산당부는 당원 16명이 활동하고 있다.
65 「黨員成績一覽表」에 의하면 갑산당부의 당원은 53명이 등록되었다. 당시의 교구 또는 청년당 조직상 당원 모두가 조국광복회에 가입한 것으로 보인다.
66 『天道敎靑年黨成績表』에 의하면 1931년부터 1933년까지 갑산당부는 당원 53명이 활동하고 있다.
67 『천도교개요』, 105쪽;『조국광복회운동사』, 167~168쪽.

泳69과 함께 고향인 삼수군 별동면 광생리로 돌아가 광생리지회를 결성토록 하였다.70 이례영은 1937년 4월 고향인 광생리로 돌아와 처가인 박병기朴秉基71의 집에 거처를 정하고 사금 채취에 종사하면서 천도교인을 조국광복회원으로 가입시키는 등 조직을 확대하였다. 2개월 후인 1937년 6월 하순 광생리지회를 결성하고 이례영은 회장, 박병주72는 조직부 책임, 박병열은 선전부 책임에 각각 선임하였다.73 박인진은 갑산군 지회를 결성에 이어 이례영과 박분화를 삼수군 별동면 광생리로 파견하여 1937년 6월 중순까지 조국광복회 광생지회를 조직토록 하였으며74 자신도 8월경 삼수군종리원으로 가서 조완협 종리원장, 이전화 장백현 종리원장 등과 협의하여 조국광복회와 통일선전을 적극 추진하였다.75 그리고 종리원 산하에 여러 개의 분회를 결성하였다.76

---

68 李禮泳은 1933년에 천도교청년당 장백현부에 입당하였다(『黨員成績一覽表』).
69 李完泳은 李銓化 長白縣宗理院長의 아들로 1933년 천도교청년당 장백현부에 입당하였으며 1934년에는 信道執을 지냈다.
70 『現代史資料』30, 288쪽.
71 朴秉基는 1902년 천도교에 입교하였으며 傳敎師, 講道員, 宗理師, 信道執, 靑年黨 常務, 道師 등을 역임하였다.
72 박병주는 1921년에 천도교에 입교하였으며 宗理師, 敬道執, 靑年黨 常務 등을 역임하였다.
73 『現代史資料』30, 288쪽.
74 『천도교개요』, 106쪽.
75 『세기와 더불어』5, 370쪽.

그러나 『사상휘보思想彙報』에 의하면 삼수군종리원의 조국광복회 참여는 실현되지 못한 것으로 보고하고 있다. 최경화는 1937년 7월 하순 이례영과 이완영으로 삼수군종리원을 조국광복회 조직을 획득하도록 지시하고 있다.

> 우리 조선 독립에 있어서 가장 관심을 가지고 있는 것은 교도 300만을 가지고 있는 천도교에 있어서 동교는 3·1운동 당시는 조선 독립을 표방하였으나 최근에 이르러서는 최린이 대동방주의를 교도에게 선포하고 자신은 중추원 참의가 되어 이번에 일지사변에서는 1천원을 국방헌금을 내어 친일적 태도를 분명히 하였는데, 금일 항일연합군에 있어서는 인민운동의 결성에 가장 중대한 관계에 있어서 천도교 간부의 이러한 행동에 분개하고 동교 간부의 암살을 기획하고 있는 상황에 이르렀지만 일부의 천도교인 중에서도 지역적으로 우리 연합군에 호의를 가지고 있는 지방이 있음으로 먼저 후치령 이북 각 종리원의 획득 공작키로 결정하였다. 그대는 살고 있는 삼수군 별동면에는 삼수군종리원이 있는데 국내에 귀국한 후 종리원 간부들에게 전술한 취지를 선전하고 동 종리원 교도들을 획득하여 반일 통일전선운동 결성에 노력할 것77

이례영은 1937년 8월 초순 광생리로 돌아와 조국광복회원이며 천도교인인 박병주朴秉珠, 박병열朴秉烈과 조완협 종리원장78, 조병수

---

76 『천도교개요』, 106쪽.
77 『現代史資料』30, 296~297쪽.

趙炳秀 청년당 대표79 등에게 지시 사항을 설명하고 종리원 차원에서 조국광복회와 통일전선을 구축할 것을 협의하였다. 즉 이례영은 천도교가 조국광복회의 통일전선운동에 빠른 시일 내에 참여하고 동북항일연군에 합류할 것을 교섭하였다. 그러나 조완협 종리원장은 조국광복회와 반일 통일전선운동 형성의 중대성을 인식을 하였으나 원회院會에서 결론을 내지 못하였다. 그러던 중 박인진 도정이 1937년 8월 중순 삼수군종리원을 방문함을 기회로 이를 다시 논의하였으나 역시 결정을 내리지 못하였다. 박인진은 9월 1일 호인읍에 사는 박용하80로 하여금 이전화 장백현 종리원장을 불러 그의 의견을 듣고 결정하려 하였으나 이 역시 일정이 맞지 않아 조국광복회와의 통일전선운동을 형성하는 것을 결정하지 못하였다.81

이처럼 『사상휘보思想彙報』에서는 조국광복회가 삼수군종리원을 획득하지 못한 것으로 되어 있지만 실제적으로는 광생리지회는 전적으로 천도교인을 중심으로 결성되었다. 또한 1937년 8월 박병주, 박병열, 조병수, 한창수, 조완서, 박병기 등을 중심으로 생산유격대를 조직한 바 있어82 삼수군종리원의 경우 조직적으로 참여하였다고 볼

---

78 조완협은 1912년에 천도교에 입교하였고 宗理師, 誠道執, 道師 등을 역임하였다.
79 趙炳秀는 1903년 천도교에 입교하였으며 講道員 宗理師 金融員 知道執 道師 宗正 黨執行委員 黨監査 등을 활동하였다.
80 박용하는 1919년 천도교에 입교하여 宗理師, 靑年黨常務를 역임하였다.
81 『現代史資料』30, 297쪽.
82 『現代史資料』30, 288~289쪽.

수 있다. 『조국광복회운동사』와 『천도교개요』에는 다음과 같이 기록하고 있다.

> 한편으로 광생리를 비롯하여 삼수군 안의 여러 곳에 조국광복회 조직을 확대해 나갔다. … 광생리 일대에는 대부분 화전민들이 살고 있었으며 그 중 많은 사람들이 천도교를 믿고 있었다. 조국광복회 장백위원회에서는 광생리 주민들의 특성을 고려하여 17도구 왕가동지회 회원이며 천도교 교인인 한 성원을 지하공작원으로 광생리 일대에 파견하였다. 지하 공작원은 이 지방의 유력자(천도교인:필자주)를 통하여 손쉽게 거주 수속을 하고 광생리에 자리잡았다. … 천도교인들의 모임에도 참가하면서 우선 반일의식이 강한 핵심들을 요해 장악하였다. … 이러한 사업 성과를 기초하여 1937년 7월 중순 조국광복회 삼수군 광생리지회가 결성되었다.[83]

> 그는 또한 삼수군 별동면 광생리에 이례영, 박분화 등을 파견하여 1937년 6월 중순 조국광복회 광생지회를 조직하였고 그 산하에 여러 개의 분회를 내왔다.[84]

풍산군의 조국광복회 하부 조직 역시 박인진 도정의 지도 아래 결성되었다. 풍산군종리원의 경우 박인진이 직접 관할하는 종리원이라는 점에

---

83 『조국광복회운동사』, 175~176쪽.
84 『천도교개요』, 106쪽.

서 조국광복회 지회 결성은 당연한 것이었다. 김일성도 "19 37년 중엽까지 풍산 일대의 천도교청년당이 왕성하였습니다. … 풍산 천도교가 매우 강하고 좋았습니다."라고 하였듯이[85] 풍산 일대는 일찍부터 천도교가 포교되어 농민들과 화전민 속에 깊숙히 뿌리를 내리고 있었다.

풍산군 조국광복회의 하부 조직 결성에서는 천도교청년당 대표인 이경운李景云의 역할이 적지 않았다. 이경운은 청년당원이었던 이창선의 권유로 1936년 12월 조국광복회에 가입하였으며, 이어 동북항일연군에도 입대할 정도로 적극적이었다.[86] 이경운은 정치공작원으로 활동하면서 1937년 3월 천도교 조직을 활용하여 풍산지회[87]와 풍산면, 천남면, 안산면, 능기면 등에 각 분회를 조직하였다.[88] 이로써 풍산군에서만 수백 명의 천도교인이 조국광복회에 가입하였다. 특히 청년당 풍산당부는 당원이 102명에 달하였는데 이들을 통해 풍산군종리원은 사실상 조국광복회 조직의 역할을 수행하였다.

이로써 박인진이 관할하는 갑산군·풍산군·삼수군과 만주 장백현의 종리원은 반일 민족통일전선운동에 참여하여 조국광복회 지회로 재조직되었으며, 대부분의 천도교인과 청년당원은 항일 대열에 참여하게 되었다. 각종 자료에 나타난 천도교와 조국광복회의 통일전선 결성 과정과 주요 참여 천도교인을 정리하면 <표3>, <표4>와 같다.

---

85 『천도교개요』1, 106쪽.
86 『思想彙報』제14호, 58~59쪽;「惠山事件判決書」, 615쪽 및 693쪽.
87 『現代史資料』14, 59쪽.
88 『천도교개요』, 106쪽.

<표3> 천도교와 관련된 조국광복회 하부 조직 결성 내용

	현대사자료	천도교개요	혜산사건판결서	조국광복회운동사
장백현	·37년 1월 왕가동지회 설립―종리원장 李銓化 (위원/특수위원)·37년 8월 왕가동지회 분회조직―洪明義(위원)·黨小組 조직―洪明義生産遊擊隊조직―洪明義	·37년 4월 5일 종리원에서 11명 참가, 종리원대표회의 개최, 조국광복회 참가 결의, 종리원촌 분회 결성	·37년 2월 상순 종리원장 이전화 조국광복회가입·金長錄 朴鳳勛 등 조국광복회 가입	·37년 1월 하순 왕가동지회 결성, 李銓化를 비롯한 교인 가입
혜산진		·37년 4월 중순 혜산지회 결성		·37년 4월 중순 혜산 지회 결성― 박인진, 혜산면 종리사 외 교인 가입
갑산군		·37년 5월 갑산지회 결성― 조병학, 청년당 대표, 회린면, 산남면, 진동면, 동인면 종리사 등 가입		·37년 5월 갑산지회 결성―박인진 종리원장, 청년당 대표, 산남면, 진동면, 동인면, 회린면 종리사 등 교인 가입
풍산군	·36년 9월 이창선 동북항일연군 입대·36년 11월 초순 박인진 김재범 회담·36년 12월 24일 박인진 최린 회담·36년 12월 초순 이경운 동북항일연군 입대	·37년 3월 풍산지회 결성―이경운, 염동재·분회조직―풍산면, 천남면, 안산면, 능기면·37년 4월 생산유격대 조직―종리원장 책임 하에	·36년 10월 중 이창선 동북항일연군 입대 혜산사건으로 피체·36년 11월 박인진, 김재범 회담·36년 12월 24일 박인진 최린 회담·37년 3월 하순 이경운 동북항일연군 입대 ·37년 5월 상순 원충희, 염종수 생산유격대조직	·37년 3월 풍산지회 결성―이경운, 종리원 조직 사실상 조국광복회 조직·37년 4월 생산유격대 조직―종리원장 책임하에
삼수군	·37년 6월 광생리지회 결성―이완영, 이례영(회장), 박병주(조직부책임), 박병열(선전부책임)·37년 8월 생산유격대조직―박병주, 박병열, 조병수, 한창수, 조완서, 박병기·37년 9월 1일 박인진, 이례영, 박병주, 박병열, 조완서, 조병수, 조완협, 이전화, 박용하 등 종리원에 회의 개최하고 종리원을 조국광복회 지회로 획득코자 하였으나 미완	·37년 6월 중순 광생리지회 결성―이례영, 박분화	·37년 7월 하순 천도교인 조국광복회 가입(이례영 활동)	·37년 7월 중순 광생리지회 결성―이례영, 조병수 외 교인 가입

<표4> 조국광복회와 통일전선결성에 참여한 주요 천도교인의 활동

이름	출신	입교 연대	교회 주요 경력	조국광복회 활동	비고
朴寅鎭	풍산	1909	金融員 講道員 共宣員 奉訓 敎訓 道訓 巡廻敎師 宗理師 主任宗理師 主幹布德師 知道執 道師 道正 靑年黨 顧問	·장백현, 갑산군, 풍산군, 삼수군, 혜산종리원에 지회 조직을 주도	혜산사건으로 피체된 후 고문후유증으로 1939년 4월 사망
李銓化	장백현	1901	接主 首接主 中正 傳敎師 巡廻敎師 庶應員 宗理師 主任宗理師 庶務宗理師 法道執 信道執 道師 宣正 宗法師 黨部代表	·왕가동지회 위원, 특수위원	혜산사건으로 피체
李昌善	풍산		靑年黨 農民部委員	·동북항일연군 입대·정치공작원	
李景云	풍산		信道執 知道執 黨代表	동북항일연군 입대·생산유격대 조직 지도자	혜산사건으로 피체
金東學	풍산		信道執	·오풍동사건 주도·보전경찰서 습격습격대장·보위연장	
洪明義	북청	1921	傳敎師 部領	·토기점리 분회조직, 당소조책임·생산유격대 조직	
李禮泳	삼수	계대교인	靑年黨員	·광생리지회장·생산유격대 조직	
李完泳	장백현	계대교인	靑年黨員	·신거주재소 습격사건 계획·정치공작원	
趙炳秀	삼수	1903	講道員 宗理師 金融員 知道執 道師 宗正 黨執行委員 黨監査	·생산유격대 조직	
朴秉基	삼수	1902	傳敎師 講道員 宗理師 信道執 黨常務 道師 黨女性部 靑年部委員	·생산유격대 조직	
朴秉珠	삼수	1921	宗理師 敬道執 黨常務	·광생리지회 조직부 책임·생산유격대 조직	혜산사건으로 피체
元忠喜	풍산	1928	敬道執 知道執 黨執行委員 黨常務 黨副代表 黨代表	·생산유격대 조직	
趙秉學	삼수	1904	共宣員 敎區長 主任宗理師 宗理院長 巡廻敎師布德師 奉訓 敎訓 道師 宗法師	·삼수군종리원 조국광복회 조직으로 획득하는 데 노력	
韓昌洙	삼수	1916	傳敎師 宗理師 巡廻敎師	·생산유격대 조직	
金鳳勛	장백현		工作契 會員	·생산유격대 조직	혜산사건으로 피체
趙完晝	삼수	1914	傳敎師 庶務宗理師 敬道執 黨副代表 黨代表 黨執行委員 道師	·생산유격대 조직	
朴龍河	혜산	1919	宗理師 黨常務	·박인진 이전화 연락	
趙完協	삼수	1912	宗理師 誠道執 道師 宗理院長	·생산유격대 조직	
田南淳	장백현		敎區 建築委員	·왕가동지회 위원, 특수위원	혜산사건으로 피체

4. 맺음말

이상으로 조국광복회와 반일 통일전선 결성 과정을 박인진을 중심으로 살펴보고 하부 조직 결성에 대하여 미진하나마 살펴보았다. 이를 다음과 같이 정리하면서 결론을 맺고자 한다.

첫째, 천도교와 조국광복회의 통일전선운동은 코민테른 7차 대회에서 공산주의운동의 교과서처럼 여겨졌던 '계급 대 계급'이라는 전술을 폐기하고 반일 역량을 통합하기 위한 변화와 천도교의 반일 또는 민족의식의 결합이었다. 1935년 7월 코민테른 제7차 대회에서 식민지 종속국의 광범한 반제 민족운동을 위해 항일연군 결성을 제기하는 한편 중국공산당은 조선인 공산주의자들로 하여금 직접적으로 조선 해방을 위한 혁명 투쟁에 매진할 것을 내용으로 하는 '동북인민혁명군 제2군의 조선독립을 위한 부대로의 전환'이라는 새로운 방침이 결정되었다. 그리고 통일전선운동 대상으로 천도교를 구체적으로 지목하였다. 당시 공산주의자들의 천도교에 대한 적의는 뿌리가 깊은데, 그것은 천도교가 하나의 종교단체로 그치지 않고 국내에서 일제와 타협적인 노선을 취하였기 때문이다. 그럼에도 불구하고 조국광복회가 천도교와 통일전선을 결성하고자 하였던 것은 천도교가 반일 단체로서 중심적 역할을 하였기 때문이다.

둘째, 천도교와 조국광복회의 통일전선운동은 김일성의 천도교에 대한 인식 및 항일 투쟁과 박인진의 반일민족의식이 서로 결합하면서 두 차례의 회담을 통해 공감대가 형성되었다. 일제하에서 천도교의 조직만으로 척왜와 보국안민에 성공할 수 없고, 조국광복회의 활동만으로 조선독립을 성취할 수 없다는 현실적 인식이 통일전선운동을 추동했다. 또한 무엇보다 이들 지역의 천도교인들의 민족의식이 투철하였다. 박인진을 비롯한 이들 지역의 천도교인들은 비록 공산주의자들은 아니었지만 조국광복회과 반일 통일전선 구축이 가능하였던 것은 대부분의 천도교인들이 조국의 독립을 천도교 신앙의 일차적인 목적으로 삼을 정도로 반일의식이 강하였기 때문이다. 이러한 반일의식은 천도교를 통하여 자연히 형성되었으며 특히 동학혁명 과정에서 일제와 전투를 경험한 동학군들이 이들 지역으로 피신, 정착하면서 그대로 유지되었다. 박인진의 경우도 부친이 동학혁명의 우금치 전투에서 일본군과 전투, 참패한 경험을 통해서 형성된 반일의식이 박인진에게 많은 영향을 주었다. 박인진은 김일성과의 회담에서 조국광복회의 강령과 선언문에 대한 설명을 듣고 반일 통일전선운동에 적극 참여할 수 있었다. 이러한 점에 대하여 김일성은 '진보적인 천도교인'이라고 표현하고 있다.

셋째, 천도교는 조국광복회와 통일운동 결성한 후 그 하부 조직을 구성하는데 적극으로 활동하였다. 장백현 상강부 17도구의 천도교 장백현 종리원과 천도교인을 중심으로 왕가동지회와 종리원촌 분회를, 국내에서는 갑산군을 비롯하여 풍산군, 삼수군, 혜산군 지역에 천도교 종리원을 중심으로 지회와 분회, 그리고 생산유격대를 조직하였다. 조국광복회의 하부 조직은 만주 장백현과 함남 지역, 평안도 일부 지역에서 결성되었는데 이 중 장백현과 갑산, 풍산, 삼수 지역의 하부 조직이 가장 핵심 조직이었다는 점에서 천도교와 관련된 하부 조직은 매우 중요하다고 볼 수 있다.

넷째, 박인진, 이전화, 이경운, 이창선 등 영북 지역 천도교인들이 조국광복회 가입에 적극적이었다. 장백현 일원과 갑산, 풍산, 삼수, 혜산 등 5개 종리원을 관할하는 지원포 도정 박인진의 김일성과의 회담과 장백현 종리원 대표회의 후 관내 교인 및 청년당원들은 대부분이 조국광복회에 가입하였으며 동북항일연군에 입대하여 항일무장투쟁에 참여하기도 하였다. 그러나 통일전선운동에 천도교 전체가 참여하는 데는 실패하는 한계성을 드러내었다. 그럼에도 불구하고 천도교의 교세가 가장 많은 함남과 평북 지역에서 조국광복회에 참여, 반일 민족통일전선운동을 형성한 것은 중요한 의미를 갖는다.

끝으로 조국광복회는 북한 정권을 수립한 김일성이 주도하고 천도교인들이 이에 참여하였다는 점 때문에 그동안 독립운동사에서 배제 또는 축소되어 왔다. 그리고 김일성의 역할을 한편으로는 긍정적으로 다른 한편에서는 부정적으로 서술하고 있다. 그러나 중요한 것은 조국광복회가 일제 식민지하에서 조선의 독립을 위하여 무장 투쟁을 하였다는 사실이다. 그리고 조국광복회의 반일 통일전선운동에서 민족주의 세력으로 천도교가 참여하였다는 사실이다. 또 천도교와 조국광복회의 통일전선운동은 1920년대부터 천도교가 전개하였던 사회주의 세력과의 연대 운동의 연장선상에서 이해되어야 한다.

천도교는 3·1운동에서 중심적 역할을 하였던 종교 세력이었으며 전국 규모의 조직을 바탕으로 사회주의 세력과도 다양한 방법을 통하여 반일 민족통일전선운동을 적극 모색하였다. 이러한 점에서 사회주의 세력도 민족통일전선운동을 위한 가장 유력한 제휴 대상으로 천도교를 주목하였다. 더욱이 1932년 국내에서 사회주의 또는 공산주의자들과 민족운동의 영도권을 놓고 사상 논쟁을 전개한 바 있는 천도교인들로서는 비록 조국광복회가 공산주의자를 중심으로 결성되었지만 일제하 식민지라는 상황에서 반일 민족통일전선 운동체를 조직하는 데 장애가 되지 않았다.

천도교 구파의 6·10만세운동

장석흥*

1. 6·10만세운동의 새로운 이해를 위한 시각

6·10만세운동은 천도교와 조선공산당, 학생층 등 다양한 주체들이 서로 다른 정치 이념을 초월하여 깊은 연대 아래 계획·추진되었던 점에서 독립운동사상에 중요한 의미를 지니고 있다. 민족 독립을 위해 3·1운동이 종교 이념을 초월하였다면, 정치 이념을 초월한 6·10만세운동은 1920년대 중반 통일전선운동의 새로운 지평을 여는 것이었다.

때문에 이들 주체에 대한 연구는 6·10만세운동의 실상을 파악하고 성격을 규명하기 위한 선행 과제가 되고 있다. 그리하여 기왕의 연구들을 통해 이들 주체에 대한 해명이 이루어져, 조선공산당이나 학생층 등에 대해서는 어느 정도 실상이 밝혀진 바 있다.1

---

* 국민대학교 부교수

천도교 측 부분에 대해서도 몇 편의 연구 성과가 있었고,2 그에 의해 조선공산당과 연대한 박래원朴來源의 활약상과 천도교청년동맹을 중심한 천도교의 역할이 규명된 바 있다. 그럼에도 천도교 측의 가담이 어느 수준에서 이루어졌는가 하는 문제에 대해서는 여전히 과제로 남겨져 있는 실정이다. 일제 경찰이나 재판 기록대로 천도교 측의 가담 정도가 단순히 박래원을 비롯한 몇몇의 천도교 인사들이 관여한 것이었는지, 또는 근래의 연구 성과대로 천도교청년동맹의 차원에서 참가한 것이었는지,3 아니면 자료에서 명시적으로 드러나지는 않았지만 천도교의 교단적 차원에서 참가하였던 것인지 하는 문제가 남아 있다고 하겠다.

이와 관련하여 주의할 것은 일제가 6·10만세운동을 의도적으로 축소시키려 했던 점을 간과해서 안 된다는 점이다. 일제는 3·1운동에 이어 식민지 통치의 모순을 극명하게 노정시킨 6·10만세운동의

---

1 6·10만세운동에 관한 선행 연구의 검토는 張錫興, 「6·10萬歲運動研究」, 국민대 박사학위논문, 1995 참조.
2 6·10만세운동과 천도교의 관계를 주제로 다룬 연구는 다음과 같다.
표영삼, 「6·10만세와 천도교」(상·하), 『신인간』1992. 11·12; 劉準基, 「6·10萬歲運動과 天道教」, 『吳世昌敎授華甲紀念論叢』, 1995.12; 表暎三, 「천도교와 6·10만세운동」, 『한국민족운동사연구』14, 한국민족운동사연구회, 1996.12; 조규태, 「천도교청년동맹의 조직과 활동」, 『忠北史學』9집, 충북대학교 사학회, 1997.3.
3 조규태, 앞의 논문 참조. 조규태는 박래원을 비롯하여 朴來弘·孫在基 등 천도교청년동맹의 중심 인사들이 6·10만세운동에 가담한 사실에 주목하여 천도교청년동맹 차원에서 6·10만세운동에 참가했음을 밝히고 있다.

본질을 은폐하기 위해, 이 운동을 학생들에 의한 '단순사건'으로 호도하고자 하였다. 그리하여 만세 참가자 5, 6백 명에 대한 당초의 구속 방침을 변경하여 11명만 재판에 회부했으며, 또한 조선공산당과 천도교 계열의 인사들에 대해서는 분리하여 심문 처리하는 태도를 보였다.4 때문에 일제 기록에만 의존할 경우 실상 복원은 기대하기 어려운 형편이다.

그렇게 볼 때 다음 사실들에 주목할 필요가 있다. 우선 6·10만세운동에 사용할 격문이 천도교 기관잡지사인 개벽사開闢社에서 발각되었으며, 그 격문의 인쇄를 천도교 측이 담당한 점, 그리고 격문에 사용되었던 '대한민국임시정부인大韓民國臨時政府印' 등이 천도교 교주 박인호朴寅浩의 집인 상춘원常春園에서 발견된 점,5 그리고 구파의 중진 권동진權東鎭이 박래원의 청을 받고 1만원의 운동 자금을 지원하기로 내락한6 점, 또한 지방의 만세운동에서 천도교 조직을 활용하여 확산시키려 했던 점 등을 미루어볼 때 천도교 세력의 관여는 기왕에 밝혀진 것 이상으로 깊게 되었을 가능성이 높다고 하겠다. 여기에 더하여 1926년 3월 천도교 구파의 권동진·이종린李鍾麟 등이 조선공산당과 '민우회民友會' 내지는 '국민당'이란 이름으로 연대를 모색해 갔던 점을 감안해 본다면, 6·10만세운동에서 보여준 천도교와 조선공산당의 연대는 보다 깊은 관계에서 이루어진 것임을 짐

---

4 張錫興, 「6·10萬歲運動硏究」, 국민대 박사학위논문, 1995, 13~14쪽.
5 경북경찰부, 『高等警察要史』, 1934, 290쪽.
6 김준엽·김창순, 『한국공산주의운동사』2, 464쪽.

작게 해 준다.

  이 글에서는 이러한 사실들에 유의하면서 6·10만세운동에서 천도교 측이 담당한 역할을 살펴보고자 한다. 이를 위해 먼저 운동을 전후한 시기 천도교 진영의 동향을 보다 면밀하게 추적해 보기로 한다. 이무렵 천도교의 사정, 즉 당시 심화되었던 천도교 내부의 신·구파의 분열이 6·10만세운동에 어떻게 영향을 미치고 있었는지, 또 구파의 정치 노선을 통하여 천도교 구파가 조선공산당과 제휴를 모색해 갔던 배경과 과정을 밝히고자 한다. 그리고 그러한 배경 위에서 만세운동에 참가한 천도교 구파의 실상을 규명하려 한다.

2. 1920년대 중반 천도교 세력의 분화

  3·1운동 직후 천도교 운영 체제를 놓고 1차 신·구파의 분립을[7]

---

[7] 金正仁,「1910-25년간 天道敎 勢力의 동향과 民族運動」,『韓國史論』32, 1994, 151~159; 박래원,「춘암상사의 행적」,『신인간』297호, 1972. 6·7, 21쪽. 1921년 4월 중앙의 전제적 교단 운영에 반발한 吳知泳 등의 혁신세력은 1인에 의한 교단의 독단 운영을 타파할 것을 주장하며 淵源制의 타파 등 5개조의 개혁안을 내세우고, 중앙집권적인 천도교 운영체제에서 지방분권체제로 전환할 것과 선거에 의한 議事院 구성과 衆議制의 실현을 주장하였다. 이에 淵源의 개정 문제를 둘러싸고 혁신세력과 교주 朴寅浩 세력 간에 갈등이 증폭되는 상황에서, 3·1운동으로 투옥되었다가 출옥한 최린, 권동진, 오세창 등이 보수 세력에 가담하고 중풍으로 투병 중이던 孫秉熙도 복구운동을 지지하자 혁신세력은 1922년에 탈퇴하고 말았다.

겪은 천도교는 1925년에 다시금 춘암春菴 박인호朴寅浩의 교주教主 인정 문제를 놓고 2차 신·구파의 분립을 보기에 이르렀다.

2차 신·구파의 분립은 교단敎團 차원에 머물지 않고 사회문제로 비화됨으로써 사회적 파장을 크게 몰고 왔다. 그것은 천도교가 민족 사회에서 차지하고 있던 위상만큼이나 커다란 것이었다.8

1922년 5월 천도교의 절대적 카리스마를 행사하던 손병희孫秉熙9의 서거와 춘암 박인호의 교주 사퇴 후, 천도교의 운영권은 권동진, 최린崔麟, 이종린, 정광조鄭廣朝 등의 중진이 장악하는 체제로 유지되어 갔다. 그런데 천도교 지도 집단은 교단 내의 주도권 문제와 정치적 입장의 차이 등 복합적 이유로 말미암아 최린·정광조를 축으로 하는 세력과 권동진·이종린을 축으로 하는 양 세력 간에 균열이 드러나기 시작했다.

1922년 혁신파가 이탈해 갈 무렵만 해도 이들은 적어도 교단 운영 방식에서 같은 입장을 취하고 있었다.10 이들은 모두 손병희와의 인연으로 천도교에 입단하였으며,11 그것을 배경으로 성장한 인물들

---

8 朝鮮總督府, 『朝鮮の類似宗敎』, 1935, 522~526쪽. 천도교는 3·1운동 때 국내 민족 세력 가운데 가장 강한 결집력을 형성하고 있었다.
9 崔起榮, 「韓末 東學의 天道敎로의 개편에 관한 검토」, 『한국학보』76집, 1994 가을, 118~120쪽. 『天道敎大憲』의 규정에 따라 大道主로 취임한 손병희는 모든 교권을 장악하면서 1906년경부터는 聖師로 불리면서 카리스마를 행사했다. 『천도교대헌』의 작성은 손병희 측근인 권동진·오세창·양한묵 등에 의해 이루어진 것이었다.
10 앞의 주7) 참조.
11 최린은 그의 자서전에서 의암 손병희에 대한 경모와 민족운동을 위한 유

이었다. 따라서 이들은 천도교의 기본조직인 연원12에 뿌리를 내리지 못한 채, 개인의 명망과 더불어 중앙집권적인 교단 운영 체제에 의존하며 지도력을 유지하였다.

그런 가운데 지방 조직의 확보에 먼저 눈을 돌린 것은 최린 측이었다. 혁신 세력 이탈 후 최린은 주로 북부 지역의 세력 확보에 힘을 기울였다.13 그 결과 최린 계열의 세력은 1년여 만에 급성장을 이루며14 1923년 4월의 종리사 선거 때 10명의 종리사 가운데 9명을 자파 세력으로 확보하면서15 권동진·이종린 등의 세력을 압도하게 되

일한 진로로서 천도교에 입교하게 되었다고 밝히고 있다(『如庵文集』, 175~177쪽). 정광조는 손병희의 사위였다. 손병희의 망명 시절에 입교한 권동진은 동학에서 천도교로 개편될 때 크게 활약했으며, 구한말 언론 분야에서 활동하던 이종린은 권동진의 권유에 의해 천도교에 입교하였다.

12 淵源은 천도교로 개편되기 전 동학의 초기 시절부터 존재해 온 동학의 기본적 조직 체계였다. 淵源의 특징은 중앙에서 지정된 것이 아니라 포교의 범위에 따라 구획되어지고, 그렇게 해서 생겨진 淵源의 운영은 연원의 책임자를 중심으로 이루어지면서 동학의 기초 조직으로서 기능하고 있었다. 그리고 연원은 1905년 천도교로 개편된 이후에도 여전히 존재하면서 새롭게 창설된 지방교구와 함께 천도교 지방 조직의 이원적 구조를 이루고 있었다.

13 김정인, 앞의 논문, 168쪽. 이돈화, 박사직 등 최린 계열은 북부 지역을 돌며 講道會를 개최하고 최린도 여기에 가세하여 세력 기반을 확충해 갔다.

14 1922년 8월 종리사 9명 가운데 최린 측은 최린·이인숙·정광조 등 3명뿐이었다(『天道教會月報』 1922년 9월호).

15 이때 선출된 10명의 종리사는 최린, 이돈화, 金玉斌, 정광조, 桂淵集, 洪一昌, 崔丹鳳, 李斗星, 李炳憲, 권동진으로 권동진을 제외한 나머지 인사

었다. 그리고 천도교청년당과 조선농민사의16 결성으로 최린 세력은 세력 확장에 더욱 박차를 가했다.

　최린 세력의 급성장은 일제의 분열 정책에 따른 정략적 지원에 힘입은 바 적지 않았다. 3·1운동 후 '문화정치'를 표방한 일제는 천도교 세력 내 회유 대상으로서 최린과 정광조를 일찍부터 점찍어 놓고 있었다.17 여기에 최린 등은 일제 식민지 통치를 인정하고 자치 운동을 벌이는 것이 가장 현실적인 정치 활동이라는 판단 하에 동아일보 계열과 연계하여 자치 운동을 준비해 갔다.18

　1925년에 들어서면서 천도교 내 양자 간의 갈등은 교단 운영을 놓고 표면화되었다. 문제의 발단은 1925년 4월에 기념일記念日을 재정비하는 과정에서 최린 측이 박인호의 승통기념일을 기념일에서 제외함으로써 비롯되었다. 당시 천도교에는 앞서의 최린과 이종린의 두 세력 외에도 천도교의 정치 지향적 성향을 반대하고 순수 종교적 태도를 견지하는 세력이 있었다. 그것은 종법사 오영창吳榮昌의 세력으로,19 이들은 최린 측의 처사에 크게 반발하면서 교주제敎主制 부

는 모두 최린의 계열이었다.
16　1925년 10월 천도교청년회가 주선해서 설립한 조선농민사는 초기에는 천도교 외부 인사들도 많이 참여함으로써 천도교 직할단체의 성격을 띠지는 않았다.(趙東杰,「朝鮮農民社의 農民夜學」,『韓國民族主義의 발전과 獨立運動史硏究』, 1993, 180~181쪽).
17　姜東鎭,『日帝의 韓國侵略政策史』한길사, 1980, 394쪽.
18　박찬승,「1920년대 중반-1930년대 초 민족주의 좌파의 신간회운동론」,『한국사연구』80, 1993, 60쪽.
19　오영창의 세력 기반은 평안도와 황해도 지역의 일부 연원 지도자들이 근

활과 지방자치제도 실시를 주장하였으며,20 1925년 8월 14일 지일기념일地日記念日에는 지방교인 2백여 명과 함께 서울에서 천도교 교인대회敎人大會를 열고 교단 간부의 퇴진과 교주제 부활을 결의하였다.21

이때 권동진·이종린 등은 양자의 갈등 조정을 표명하면서 천도교통일기성회天道敎統一期成會를 구성하였다. 당시 천도교통일기성회 측은 최린 계열과는 정치적 지향을 달리하고 있었고, 또 교인대회 계열이 주장하는 교주제 부활에도 반대하는 입장이었다.22 그러나 교단의 중앙 교권을 놓고 크게 대립되던 최린 세력에 대한 거부감은 더욱 큰 것이었다. 이에 세력 만회의 호기를 잡은 통일기성회 측은 교인대회 측의 교주제 부활에 동의하면서 1925년 11월 '천도교 중앙위원회中央委員會'라는 이름 하에 합동을 이룰 수 있었다.

그리고 이를 바탕으로 최린 측과 합동 교섭을 벌였지만, 연원淵源의 운영 방식을 놓고 대립이 심화될 뿐이었다.23 그런데 통일기성회와 교인대회 측이 합동한 구파舊派 측에서 1926년 1월 중앙위원회를 중앙종리원中

간을 이루고 있었다.
20 그는 평안도와 황해도 지역의 2천여 교인을 기반으로 중앙교단으로의 誠米 납부를 거부한 채 직접 자치제를 실시하였다.
21 『동아일보』 1925년 8월 17일 2면.
22 김정인, 앞의 논문, 176쪽.
23 신파인 중앙종리원 측은 機關敎化와 宗理師會의 부활을 내세우고, 중앙 간부는 현간부 유임 등을 주장했던 데 비해 구파인 중앙위원회 측은 精神敎化, 양측대표회 결성, 중앙간부의 대표회 公選 등을 주장하였다.

央宗理院으로 개칭하고 임원을 개선할 때, 통일기성회 측 인사들이 중앙간부를 장악하게 되자, 교인대회 측은 통일기성회 측에 반발하면서 독립을 선언하고 구파를 뛰쳐 나가고 말았다.24 이로써 구파는 이종린 등의 통일기성회 측이 주도하게 되었다.

중앙 교단이 신·구파로 분립된 천도교 세력은 지방에서도 신·구파의 세력권이 뚜렷이 구분되었다. 신파는 이무렵 천도교의 세력 중심을 이루던 평남·평북·함남 지역25을 기반으로 삼고, 구파는 동학의 초기 세력 기반을 이루던 경기·전라·충청 지역을 기반으로 삼고 있었다. 그렇지만 세력의 규모로 볼 때는 북부 지역을 장악한 신파新派가 월등하게 우세를 보이고 있었다.26

신·구파의 분화는 천도교청년당의 분화도 가져왔다. 신파가 주도하는 천도교청년당에서 구파의 청년들이 탈퇴하고 1926년 4월에 별도로 천도교청년동맹天道敎靑年同盟을 결성해 갔던 것이다.27 천도교

---

24 朝鮮總督府警務局,「最近ノ天道敎ト其ノ分裂ヨリ合同ヘノ過程」, 1930. 5(『齋藤實文書』10, 463~465쪽.) 이들은 1927년 9월 '각 군의 종리원을 스스로 다스리고 정신통일교화기관으로 六任所를 설치한다'는 선언서를 발표하고 평안북도 영변에 육임소를 설치하였다. 이어 동년 10월에는 천도교중앙총부를 조직하고 오영창을 대표 법도사로 선출한 뒤 주로 평안남북도와 황해도를 중심으로 활동하였다.
25 천도교 세력은 주로 북부지역, 평안남도(43%), 함경남도(25%), 평안남도(15%), 황해도(4%) 지역에 기반하고 있었다. 19세기 후반 동학의 근거지였던 삼남지방에는 10% 미만의 미미한 세력만이 존재할 뿐이었다.
26 『동아일보』1925년 8월 21일 2면. 경기, 충청, 전라 지역에 분포된 舊派 세력 규모는 천도교 전체 세력 중에서 5%에 불과할 뿐이었다.

청년동맹은 박래홍朴來弘과 박래원朴來源의 주도 아래 4월 3일 창립총회를 열고28 박래홍, 박래원, 손재기孫在基, 이기설, 김재계를 전형위원으로 선출한데 이어29 다음날 1회 총회에서는 박래홍을 대표위원으로 선출하였다.30

이상에서처럼, 천도교는 교단의 운영권과 함께 개량 국면의 분위기에서 세력 간에 정치적 차이를 보이다가 1925년 4월 이래 교주 문제를 놓고 내분이 표면화되었으며 결국 1926년 1월에 이르러서는 완전히 신파와 구파로 분화되고 말았다. 그리고 1926년 4월에 이르러 신파가 장악하던 천도교청년당에서 구파가 탈퇴하여 천도교청년동맹을 결성함으로써 양파의 세력 분립은 더욱 뚜렷해 졌다.

3. 천도교 구파의 노선과 사회주의와의 연대

천도교의 신·구파는 교단 내에서의 문제뿐 아니라 1924년 이래

---

27 조규태, 앞의 논문(1997) 참조.
28 같은 날 오전에 발기회를 가졌는데, 규약 기초위원에는 박래홍, 박래원, 曺定昊 3인이 피선되었다(「天道敎靑年同盟發起會錄」,『天道敎會月報』184호, 1926년 4월호, 39쪽).
29 「天道敎靑年同盟創立總會會錄」,『天道敎會月報』184호, 1926년 4월호, 39쪽.
30 「天道敎靑年同盟執行委員會第1回會錄」,『天道敎會月報』184호, 1926년 4월호, 39쪽.

정치적 입장에서도 차이를 보이고 있었다. 최린의 신파가 자치론을 내세우며 타협적 태도를 보였던 것에 비해 이종린의 구파는 비타협적 태도를 견지하고 있었다. 그리고 이들의 노선 차이는 천도교의 분파에 그치지 않고 사회적으로 파급되면서, 6·10만세운동의 참가 여부 및 신간회新幹會 창립에 이르기까지31 민족운동에 크게 영향을 미치게 된다.

천도교 구파의 인사들로는 권동진·오세창·이종린·오상준吳尙俊·김완규 등의 중진과 박래홍·박래원 등의 청년 인사들이 주류를 형성하고 있었다. 이 가운데 이종린은 천도교 구파에서 가장 두드러진 사회활동을 펴고 있었다.

1884년 충남 서산에서 출생한 이종린은 성균관 박사 출신의 인사로32 구한말에 제국신문의 기자로 언론에 발을 들여 놓은 이래 1910년 경 권동진·오세창 등의 권유에 의해 천도교에 입교하여『천도교회월보天道敎會月報』의 발행과 3·1운동 당시『조선독립신문』의 발행을 주도하면서 언론의 중진으로 활약하였다. 그리고 1923년 1월에 조선물산장려회의 창립 때 이사로 참가하는33 한편 민우회民友會의 이사로 활동하였다. 그는 1923년 신문지법출판법개정기성회의 결성을 주도하였고, 사회주의자와 함께 언론집회압박탄핵회를 결성했다

---

31 朝鮮總督府警務局, 앞의 글 471~472쪽. 신간회에 구파가 적극으로 참가하자, 신파에서는 신간회의 성립이 천도교를 괴멸시키려는 기도에서 비롯된 것이라며 신간회에 대한 거센 공격을 퍼부었다.
32 경성삼천리사,「조선사상가총관」,『삼천리』1933. 2, 23쪽.
33『동아일보』1923년 1월 27일 3면.

가 체포된 일이 있었다.34 그리고 천도교 내에서는 오상준과 함께 천도교청년동맹의 고문으로 활약하였다.

이종린의 노선은 우선 1924년 조선노동총동맹朝鮮勞農總同盟 창립총회 무렵 강달영姜達永과 나눈 대화를 통해 살펴볼 수 있는데, 강달영의 진술 형식으로 전하는 대화 내용은 다음과 같다.

> 1924년 4월 경에 노농총동맹의 창립총회에 나도 참가하고자 상경하였을 때에 현 천도교 간부 이종린이 총회 회장인 경성 종로 기독교청년회관에서 나와 조용히 담화하는 가운데, 주의고 뭐고 할 것 없이 조선의 현황으로서는 대중의 대동단결만이 가장 필요한 일이니 어떤 방법으로라도 대동단결의 방법이 없겠느냐고 하였다.(밑줄: 필자) 그동안 여러 가지로 이야기는 하였으나 이렇다 할 묘안이 떠오르지 않기 때문에 나도 귀하의 의견에는 동감이나 퍽 힘들 것이라고 하여 이야기를 끊어버린 일이 있다. 그로부터 나는 염두에서 떠내 버리지 않고 생각하고 있었다. 그러다가 이번에 조선공산당 조직을 위하여 상경한 뒤 이종린의 의견과 흡사한 대동단결의 필요론이 동지들 사이에 화제로 되어 차제에 민족운동자와 제휴하여 한다는 말이 조선공산당 중집에서 제의되었으므로 이종린, 기타의 민족운동자와 회담하기로 하였다.35

위의 자료는 통일전선 문제와 관련하여 자주 인용되는 내용이지

---

34 주혁, 「조선사정연구회의 연구」, 한양대 석사학위논문, 1992, 20쪽.
35 김준엽·김창순, 『한국공산주의운동사』2, 453~454쪽.

만, 이를 통해서 이종린이 한국의 현실에서 대동단결大同團結이 무엇보다 필요하다는 것을 인식하고 있음과, 그를 위해서는 주의나 이념 같은 정치 사상의 차이를 떠나서 결합해야 한다는 수준에 도달하고 있음을 볼 수 있다. 결합에 대한 구체적 방도를 갖지는 못하였지만, 적어도 민족세력의 대단결을 위한 방편으로 사회주의자와 연대하겠다는 의지를 내보이고 있는 것이다.

 그런데 궁금한 것은 이종린이 사회주의 세력과 연대를 강력히 희망했던 배경이 무엇일까 하는 점이다. 우선 1924년 초 「민족적民族的 경륜經綸」의 발표와 함께 자치론自治論이 제기되자 그에 대한 반자치론적反自治論的 대응 방안이란 측면에서 이해될 수 있을 것이다. 이종린의 의중에는 자치론 세력에 대항하기 위해서는 주의를 떠나 단결해야 한다는 것으로, 최린 측의 자치운동에 대한 비판적 견해가 담겨져 있다고 보아야 할 것이다. 그리고 이것은 정치적 태도뿐 아니라 앞서 보듯이 천도교 교단 내 주도권 문제와도 관련 지워 생각해 볼 수 있을 것이다. 즉 최린을 중심으로 한 세력들이 천도교 교단을 장악해 감에 따라 교단의 중심적 위치에서 멀어져 가던 상황을 만회하기 위한 방도로 사회적 활동의 폭을 확장시키려 한 측면도 고려될 수 있을 것이다.

 그러나 이무렵 사회주의자들은 아직 전위당前衛黨이 결성되기 전이었으므로, 우선 목표는 전위당 건설에 두어야 할 형편이었다. 때문에 이종린의 그와 같은 제안은 논의 자체로 끝날 수밖에 없었다. 그런데 이 과정에서 주목할 것은 사회주의와 자유주의 양 진영으로 갈라진 상황에서 이종린 등의 천도교 측에 의해 먼저 민족 세력의 연합전선이 제의되고 있던 점이다.

　이와 같은 이종린의 인식은 1년 뒤인 1925년 중반 '치안유지법'이 발포되는 상황에서 보다 구체적으로 드러나고 있다.

　　첫째는 參政權運動者이니 그에 대하여는 勸하는 者도 없고 制止하는 者도 없고 그양 그대로 일반이 放過하는 界線에 있지마는 그도 이후로 상당히 擡頭를 할 것도 같으며, 둘째로는 소위 中立派이니, 즉 자기의 意思 如何를 남에게 말도 아니하고 현대의 정치가 엇더니 사회의 풍조가 엇더니 하는 등 모두 干涉이 없이 아직까지는 자기가 정면에서 나서서 운동은 아니하나 속으로는 상당히 고찰을 하고 있는 계급이 있고, 셋째는 己未運動에 참패를 당한 계급이니 목하의 형편으로는 하등 接息이 없는 듯도 하지마는 그 역시 內面에는 의연히 일 계급을 형성하여 있을 것이오. 넷째는 소위 무산대중의 해방운동자이니 그것이 오늘날 기분적으로나마 理想의 사회를 생각코 있는 바이올시다. 그러나 치안법이 실시된 금일에 있어서는 표면적 운동은 하지 못할 것도 정해 놓은 일 아닙니까. 그러고 보니 어쨌든지 인제부터는 기분적은 그만두고 실질적으로 나아가는 것이 옳다고 하는 말이올시다. 현하의 퇴폐한 조선에 있어서는 어느 것이 급하지 아니하겠습니까마는 무엇보다도 이 混沌한 사상계를 整頓하는 것이 최선 급무라 합니다.

　　그리고 또 농촌문제가 한 필수조건이올시다. 아직껏 의식이 박약한 농민들에게 급격히 사회운동을 시킨다는 것은 말이 안 될 것이오. 또 기타 무엇무엇하더라도 첫째 알아듣지 못하는데 어떻게 한단 말씀이오? 그러니까 산업의 발전에 노력하며 그에 상당한 교육을 시켜서 내용을 충실하

는 데에 注精用力할 것이라고 합니다.36

위에서 보면, 이종린은 '혼돈한 사상계'의 세력 형세를 크게 넷으로 구분하고 있음을 알 수 있다. 즉 참정권운동자參政權運動者, 중립파中立派, 3·1운동 세력, 무산대중의 해방운동자 세력 등이 그것이다. 그리고 이들 세력의 정황에 대해서는, 첫째 참정권 운동자는 이후 세력이 상당히 대두할 것으로 판단하고 있으며, 둘째 중립파는 사회문제에 '일체 표현은 없어도 속으로는 상당히 고찰하는' 세력으로, 셋째 3·1운동에 참패당한 세력은 현재 행동은 없어도 내면에는 의연히 일 계급을 이루고 있으며, 넷째 소위 무산대중無産大衆의 해방운동자解放運動者는 '기분적으로나마 이상적 사회를' 생각하고 있으나 향후에는 '실질적'으로 나아가야 할 것이라고 했다.

그리고 그에 의하면 당시 겉으로 활동하는 세력으로는, '표현'이 없는 중립파와 '행동'이 없는 3·1운동 세력을 제외한 '참정권 운동자'와37 '무산대중의 해방운동자'만이 있는 셈이 된다. 그렇다고 할 때 그는 '3·1운동에 참패'한 셋째 부류에 속한다고 할 수 있는데, 넷째의 무산대중의 해방운동자(사회주의: 필자 주) 세력을 '기분적으로나마 이상적'인 것이라 평하고 있음이 주목된다. 그리고 치안유지법이 시행되는 가운데 사회주의 진영의 계급적 운동이 표면적으로는

---

36 李鍾麟 談, 「混沌한 思想界의 整頓이 急務」, 『正論』1-1, 1925.6, 11쪽.
37 여기서 참정권운동자는 자치론자를 포함하여 타협적 세력을 총칭해서 사용한 것으로 보인다.

더 이상 어렵다는 판단 아래, '혼돈한 사상계의 정돈'을 위한 실질적인 운동 방도를 주문하고 있다. 그런데 한편으로는 첫째의 자치론 세력에 대해서는 크게 대두할 것을 예기하면서도 그것을 민족사회에서 방기하는 것에 대해 우려하고 있는 모습도 읽혀진다.

즉 이종린의 이러한 상황 인식에는 '3·1운동' 세력의 재기 분발과 '중립파'의 민족적 각성을 통한 행동 표현, 사회주의 세력의 실질적 노선이 서로 힘을 합하여 자치론의 대두에 대비해야 한다는 것을 은연중에 내비치고 있다고 보아야 할 것이다. 즉 자치 세력에 대한 반자치 세력의 연합전선에 대한 구도를 보여주는 것이라 하겠다.

그런데 농민의 사회적 역할에 대해서는 대단히 부정적인 인식을 갖고 있음도 살필 수 있다. 그는 농민들의 의식이 박약하기 때문에 사회주의 사상에 의한 계급적 운동을 시기상조로 보면서, 우선해야 할 일은 산업 발전에 노력하는 것이고 그 다음에 농민을 교육시켜야 한다는 것이다. 즉 현 단계의 한국 농민에게는 계급적 의식의 주입보다는 산업 발전에 의한 계몽적 운동이 필요하다는 것으로, 물산장려운동의 생산 증식 논리[38]와 같은 입장을 견지하고 있음을 확인할 수 있고, 그런 점에서 상층 지향의 정치 성향을 엿볼 수 있다고 하겠다.

그의 정치적 입장은 1926년에 들어서 보다 구체적으로 나타나고 있음을 볼 수 있다. 1926년 3월 초 그는 강달영과의 만남에서, 2년 전 나눈 바 있던 '대동단결大同團結'의 문제가 그동안 답보상태에 있

---

[38] 윤해동, 「일제하 물산장려운동의 이념과 그 전개」, 서울대 석사학위논문, 22~23쪽.

다면서 다음과 같은 구상을 내보였다.

민족의 대동단결을 놓고 또 필요한 일인 바, 그러면 民友會라는 기관이 있으니 그 명칭을 부활하여 그 간판 밑에서 우리 민족운동자가 종교계, 교육계, 사회운동단체로부터 대표적 인물을 망라하여 민족적 대동단결로써 조선의 독립을 도모하는 것이 첩경일 줄로 생각한다.39

즉 독립 달성을 위해서는 각계의 민족운동자들이 민우회民友會란 이름 아래 대동단결체大同團結體를 조직해야 한다는 것이었다. 원래 민우회民友會는 1922년 6월에 박영효朴泳孝·이상재李商在 등 40여 명의 사회 인사들이 생활상 일반 권리의 보장, 산업 및 교육의 장려 발전, 사상 통일과 여론의 선도, 폐습 타파와 사회 개선 등을 주창한 계몽적 단체였다.40 이때에 와서는 유명무실한 상태로 되어 있었는데, 자신이 이사로 활동한 바 있던 민우회의 명칭을 되살려 대동단결을 이루어 보자는 것이었다.

이어 3월 10일 권동진의 집에서 천도교 구파의 주선으로 박동완朴東完, 유억겸俞億兼, 안재홍安在鴻, 오상준吳尙俊, 신석우申錫雨, 강달영姜達永 등과 함께 모인 자리에서, 이종린은 최린의 자치 운동을 격

---

39 김준엽·김창순, 『한국공산주의운동사』2, 455쪽.
40 김준엽·김창순, 『한국공산주의운동사』2, 9~10쪽. 이종린은 민우회의 성립이 일본이 자치를 허용하게 될 때를 대비하여 정당의 준비에 충당하기 위해 설립된 것이라고 했다.

렬히 비판하며41 다시 한번 민우회를 통한 대단결을 주장하였다. 그런데 이종린의 이러한 주장은, 최린에 대한 견해 차이를 빼고는42 강달영은 물론 조선공산당 측에서 구상하고 있던 '국민당國民黨' 계획과도43 상당히 근접하는 것이었다.

이상에서 보듯이, 이종린은 1924년 초부터 자치론에 대해서 비판적 견해를 가지고 있었으며, 자치 운동에 대한 대응으로서 사회주의 세력과의 연대를 기대하고 있었다. 그것은 최린을 중심으로 한 세력과 대립된 상황에서 천도교 내 교권 장악의 문제와도 결합되어 나타

---

41 이종린은 다음과 같이 최린을 반박하였다. "우리 민족주의자들은 동일보조로서 대동단결의 필요가 있는데도 최린파 등은 자치 운동에 찬성하고 있는 것 같으니 참으로 통탄할 일이 아닐 수 없다. 지금 천도교청년당 안에서도 최린과 같은 재식겸비의 인물은 없어 참으로 아껴야 할 인물임에도 그 행동이 이래서는 참으로 한심한 일이고 그는 안창호의 심복인 이광수, 동아일보사 측 및 흥사단장 안창호 등과 제휴 연락을 취하여 수양단인가 연정회인가를 조직한 것도 그 출발은 여기에 있는 것이다. 천도교 안에 농민사를 조직한 것도 그 뜻은 다른 것이 아니다. … 또 일본에서 온 代議士 井上準之助, 경성일보 사장 副島道正, 동아일보사 간부 등과의 왕래가 빈번한 점으로 미루어 보더라도 아무래도 그들과 제휴하여 자치 운동을 추진하고 있는 것은 의심할 여지가 없다."(김준엽·김창순, 앞의 책, 456쪽).

42 이때 박동완은 '최린은 조선의 정객으로서 얻기 힘든 인물'이라면서 결코 자치론에 기울어질 인물이 아니라고 반박했으며, 강달영도 박동완의 주장에 동조하는 입장이었다.

43 제2차 조선공산당 중앙집행위원회에는 1926년 2월 26일 천도교를 중심한 국민당 계획의 조사 착수를 결의하였다(「朝鮮共産黨 中央執行委員會 會錄」, 『朝鮮共産黨事件重要書類證據物』(연도미상의 등사본), 2쪽).

나고 있었다. 그러나 이종린의 제의는 사회주의 진영에서 아직 전위당을 건설하기 이전이었으므로 구체적 실천 단계까지에는 이르지 못하였다. 그런데 1925년 말부터 자치론이 다시 고개를 들면서 민족운동 세력 간에 쟁점화되자 이종린 등은 민우회란 조직 아래 반자치 反自治 세력의 결집을 보다 공고히 해 가면서 조선공산당의 인사들과 연합전선을 구체화시켜 나갔던 것이다.

그런데 농민문제에서 보이듯이 물산장려회 방식과 한편으로는 1926년 3월에, 시들해진 민립대학설립운동을 부활하는데 참가하는 등 상층 지향의 정치적 성향을 내보이기도 했다.44 따라서 이종린의 노선은 사회주의 세력의 정치 지향과는 일정한 차별성을 지닌 것이었다. 그럼에도 자치론의 대두와 개량 국면이 고조되는 상황에서 반자치론 세력의 응집이 요구되었으며, 그에 따라 대동단결의 기치 아래 천도교 구파와 사회주의 세력들의 연대가 모색될 수 있었다고 보아야 할 것이다. 그리고 이같은 인식은 권동진·오상준45 등의 구파 지도자들 간에도 대체로 공유되고 있었던 것으로 보여진다.

구파의 장로격인 권동진의 사회주의에 대한 인식과 태도는 1923년에 발표된 다음의 글을 통해 잘 나타나고 있다.

---

44 『동아일보』, 1926년 3월 6일 2면; 李明花, 「민립대학 설립운동의 배경과 성격」, 『한국독립운동사연구』5집, 한국독립운동사연구소, 1991, 47쪽.
45 평남 肅川 출신으로 1901년경 동학에 입교한 오상준은 1923년 7월 조선노동대회의 집행위원을 맡으며 사회문제에 깊은 관심을 보였고, 이종린과 함께 1926년 4월 천도교청년동맹의 고문을 맡으며 천도교 구파의 중진으로 활약하였다(조규태, 앞의 논문(1997), 45~46쪽).

나는 그 모든 主義 중에 人類主義가 가장 우리의 이상에 적당한 것으로 믿습니다. … 인류주의라 하면 말이 대단히 광범하여 파악키 어려운 문제입니다. … 인류주의에는 두 가지 派流가 있음을 알 수 있습니다. 한 가지는 無形에 속한 진리 그것이오, 한 가지는 有形에 속한 물질 그것입니다. 그리하여 전자는 종교 혹 도덕의 형식으로 나타났고 후자는 근일의 대문제인 社會主義 혹은 共産主義 같은 것이 되어 나타나졌습니다.46

인류주의를 최상의 이상으로 추구하는 권동진에게 사회주의는 인류주의의 실현 논리로 포용되고 있음을 볼 수 있다. 그리고 사회주의는 종교와 더불어 모순되지 않는 것으로 받아들여지고 있었다. 뿐만 아니라 사회주의는 인류주의의 실현을 위하여 무형적인 종교보다도 실질적인 것으로 인식되기까지 하였다.

인류주의는 일층 나아가 외적되는 社會改造를 힘쓰지 아니하면 안 될 것입니다. 보시요 宗敎와 道德이 아무리 平等自由를 부르짓는다 할지라도 그에는 物的 改造가 병행치 못하는 까닭에 항상 말뿐에 떨어질 뿐만 아니라 심하여는 종교와 도덕은 항상 정치적 수단의 玩弄物과 같이 되여온 것은 근세의 역사가 이를 가르친 배 아니오니까. 그럼으로 오늘날 이후의 인류주의의 실행에는 空論과 空談에 있지 아니하고 실지 실행인 物的 改造에 있다합니다. 이 점은 社會主義가 가장 선견의 명을 가졌다 할

---

46 權東鎭, 「人類主義는 나의 가장 贊誦하는 이상이다」, 『開闢』 1923년 3월호(통권 33호), 450~451쪽.

수 있습니다. … 어쨋든 어떠한 社會主義든지 한 가지로 사회제도의 改造를 목적한 것은 사실이겠습니다. 그 개조의 목표가 長短高下는 서로 다르다 할지라도 다소간이라도 이 현상으로부터 초월하여 斬新한 제도를 요구하게 되는 것은 現代의 필요한 운동임과 동시에 그 운동을 良心으로 負擔한 자는 곧 사회주의가 될 줄로 생각합니다.

누가 생각하여 보든지 오늘날이 현상 그대로써 능히 만인의 공통한 행복을 건설치 못할 것은 명약관화한 사실입니다. 현대 사회 조직의 그 결함이 이미 그 근저로부터 탄로되여졌습니다. 현대의 사회제도에 가장 나타난 해독은 권력의 해악이라 하는 것인데 특히 貧富의 差別로부터 생하는 金權萬能主義는 가장 그를 대표한 害毒입니다. 생각컨대 금일 이후의 인류의 방향은 그 해독을 제거하고 인류 자기네의 꽃다은 理想鄕을 건설코자 함이 인류의 최고 이상이 아닐까 합니다.[47]

이상에서 볼 때, 그는 종교와 도덕적인 힘에 의한 사회 개조의 한계를 절실히 느끼고 있었으며, 실질적 사회 개조의 새로운 힘의 원천으로 사회주의를 주목하고 있는 것이다. 아울러 자본주의의 폐해인 제국주의의 모순을 사회주의 이론에 의거하여 직시하면서, 민족 독립을 위하여 사회주의 운동과의 연대 내지 결합을 제시하고 있음을 볼 수 있다.

권동진의 사회주의에 대한 이 같은 사고와 인식은 향후 사회주의 세력과의 연대를 담보하는 것이었고, 구파 청년층의 핵심 인사들인

---

47 위와 같음.

박래홍과 박래원 등이 행동하는 실천으로 사회주의를 수용해 갈 수 있었던 기반이 되는 것이었다. 그리고 6·10만세운동에서 천도교 구파가 조선공산당과 결합하게 되는 바탕이 되었던 것이다.

4. 천도교 구파와 만세운동의 추진

6·10만세운동의 계획을 구체화시켰던 조선공산당 임시 상해부는 계획 초기부터 천도교를 가장 유력한 제휴세력으로 간주하고 있었다.48 따라서 조선공산당의 투쟁지도부는 6·10만세운동의 거사를 위해 천도교 세력과 연대를 모색해 갔다. 이무렵 조선공산당과 천도교 구파와의 연결은 고려공산청년회의 책임비서인 권오설權五卨과 박래원을 통해 이루어지고 있었다.

먼저 박래원의 인적 사항을 보면 다음과 같다. 박래원은 원래 동학의 집안에서 생장한 사람이었다. 그의 아버지 박광호朴光浩는 동학의 지도자로 1893년 2월 교조신원운동 때 소두로 활약한 인물이었으며, 천도교 교주 박인호朴寅浩는 재종숙再從叔이 되고, 박인호의 아들 박래홍은 삼종형三從兄이 되는 사이였다. 특히 그에게 있어 박래홍은 절대적 후견인이 되었다.49 이러한 관계로 그는 박인호의 도움

---

48 張錫興, 「朝鮮共産黨 臨時上海部의 통일전선과 6·10만세운동」, 『韓國民族運動史硏究』于松趙東杰先生停年紀念論叢2, 나남출판, 1997, 770~771쪽.

으로 보성학교를 거쳐 종로 기독교청년회에서 수학했으며,50 1920년 천도교청년회와 천도교청년동맹天道敎靑年同盟이 분리될 때 박래홍과 함께 천도교청년동맹의 창립 주역으로 활동하였다.

박래원은 천도교 청년계에서 주역으로 활동하는 한편으로 박래홍의 후원에 의해51 사회주의운동에도 깊게 관여하고 있었다. 대일인쇄기계회사大日印刷機械會社에 근무할 무렵 사회주의운동에 투신한 그는 경성노동연맹, 인쇄직공조합연맹, 경성인쇄직공청년동맹52 등의 인쇄직공 계통과 화요회 계열의 청년·사상단체에서 활발할 활동을 전개하였다.53 그리고 1925년 4월 고려공산청년회의 회원으로,54 2차 조선공산당에서는 경성야체이카의 언론기관 프랙션에서 활동했

---

49 표영삼, 앞의 논문(상), 16쪽.
50 이때 박래원은 2년여 정도 중국어를 배웠다고 한다.
51 박의섭, 「나의 아버지 현파 박래홍」, 『新人間』1995년 12월호(통권 제545호), 72~73쪽. 박래원의 회고에 의하면, 그가 사회주의운동에 참가하게 된 것도 박래홍의 후원에 의한 것이었음을 밝히고 있다.
52 그는 1925년 3월 권오설의 지시에 의해 경성인쇄직공조합을 조직하였으며, 경성인쇄직공청년동맹을 조직하였다(「강달영외 48인, 의견서」(고대 아세아문제연구소 소장자료, 문서번호97), 1442~1443쪽).
53 「박래원 신문조서(1회)」(고대 아세아문제연구소 소장자료, 문서번호100), 1926. 10. 14, 382~384쪽. 그는 돈화청년회, 한양청년연맹, 신흥청년동맹, 신흥청년사 동인, 화요회, 정우회, 화염사 동인, 鉛友社 동인, 혁청단원, 조선기근구제회, 무산자동맹, 조선노농총동맹 등에서 활동한 화려한 경력을 지니고 있었다.
54 「박래원 신문조서(1회)」, 1926. 10.14, 369쪽. 이때 그는 김동명의 권유로 가입하였다고 한다.

다.55 이 과정에서 권오설과는 깊은 동지적 관계를 이루었으며, 그러한 그의 경력은 조선공산당과 천도교의 양 세력을 연결하는 매개고리로 역할하는 바탕이 되었다.

그는 조선공산당이 6·10만세운동을 계획하기에 앞서 추진한 메이데이 기념시위에서도56 깊숙하게 관계하고 있었다. 당시 조선공산당은 1926년 5월 1일 메이데이를 기해 국내의 사회단체와 연대하여 대대적인 시위 투쟁을 전개할 계획이었으며, 표면으로는 조선노농총동맹을 앞세워 기념 시위를 전개하고자 했다.57 이때 박래원은 조선노농총동맹의 핵심 간부로 기념 시위의 제반 준비를 담당했던 것으로 파악된다. 그런데 추진되던 메이데이 기념 시위는 4월 25일 융희황제隆熙皇帝의 승하와 함께 급변하는 상황에서 만세운동으로 전환되어 갔다.58

그렇게 볼 때 일제의 신문조서에는 박래원이 권오설로부터 만세운동에 대한 계획을 처음 알게 된 것은 1926년 5월 10일 경으로 되어 있지만,59 그것은 처음 연락을 받은 것이 아니라 만세운동에서의

---

55 「강달영 외 48인, 의견서」(고대 아세아문제연구소자료, 문서번호 97), 1443~1444쪽.
56 Шабшина Ф. И., ИСТОРИЯ КОРЕЙСКОГО КОММУНИСТИЧЕСКОГО ДВИЖЕНИЯ(1918-1945 гг.), Москва, "Наука", Гдавня редакц восточнй литературы, 1988, 115~116쪽.
57 이러한 사실은 4단체 합동으로 거행하기로 한 메이데이 기념행사를 조선노농총동맹이 주관하기로 했다고 하는 기사를 통해서 짐작해 볼 수 있다(『동아일보』 1926년 4월 25일).
58 장석흥, 앞의 논문(1997), 766~767쪽.

구체적 임무가 전달된 때로 보아야 할 것이다. 박래원이 그의 회고에서 융희왕제 승하 직후 3·1운동과 같은 만세운동을 구상하고 있었음을 밝히고 있는 것60을 통해서도 이전부터 만세운동에 대한 계획은 진행되었다고 보아야 할 것이다.

그런데 여기에서 주목해 볼 것은 천도교와의 연락을 맡은 박래원이 과연 개인 수준에서 천도교 동지들을 포섭하여 거사를 계획 추진해 갔던가 하는 점이다. 그와 관련해서는 다음의 사실들을 유의해 볼 필요가 있다. 박래원은 권오설로부터 6·10만세운동에 대한 임무 부여와 함께 가장 먼저 권동진에게 이 사실을 알렸으며,61 교주 박인호와 이종린·박래홍 등에게도 알렸다. 그리고 이들로부터 6·10만세운동에 대한 적극적 승낙을 받아낼 수 있었다.62

앞서 보듯이 박래원의 삼종형인 박래홍은 박래원의 후견인인 동시에 동지적 관계를 이루었던 인사이다. 1894년 9월 충남 덕산에서 동학교도 박상호朴尙浩의 아들로 태어난 박래홍은 당시 동학대접주인 박인호의 사자嗣子가 되었으며, 서울로 올라와 1910년에 경성관립정동학교에 입학한 뒤 보성중학교를 졸업하고 보성전문학교에 다

---

59 「박래원신문조서(1회)」 318~320쪽.
60 박래원은 자신의 회상기에서 권오설과 접촉하기 이전부터 3·1운동과 같은 만세운동을 구상하고 있었음을 밝히고 있다(「六·十만세운동 회상」, 『新人間』1976년 6월호, 14쪽).
61 「햇불은 흐른다 반세기의 증언」(박래원 회고담), 『조선일보』 1964년 4월 26일.
62 표영삼, 앞의 논문(상), 22~23쪽.

니던 중, 중국 북경의 북경대학을 1년여 다니다가 귀국하였다.63 그는 천도교 내에서 국제공산주의자로 지목되기도 하였다.64 당시 박래홍은 천도교청년동맹의 대표로서 천도교 구파 청년 조직의 중심적 역할을 담당하고 있었다.

박래홍은 6·10만세운동과 관련하여 겉으로 드러나지는 않았지만, 박래원의 배후에서 지원하였다고 한다.65 그리고 박래홍의 이러한 배후 지원은 곧 천도교 교주 박인호의 승낙과도 같은 의미로 볼 수 있을 것이다. 격문에 사용한 인장을 박인호 교주의 집에 묻을 수 있었던 것 역시 그 같은 배경에서 이해될 수 있을 것이다.

또한 거사일이 임박해 오는데 자금이 없어 격문을 배포하지 못할 때 박래원이 권동진에게 1만원의 자금을 요청하니 쾌락했다는 사실과 천도교당내에 격문을 감춰 둘 수 있었던 것, 그리고 만세시위에 천도교의 지방 조직을 적극 활용하려 했던 사실 등은 곧 천도교 구파의 지도자들이 배후에서 적극 지원하였음을 보여주는 것이라 하겠다. 그것은 연원에 기반한 천도교 조직의 속성을 통해서라도 충분히 짐작될 수 있는 것이었다. 그러나 박래원은 거사에 따른 모든 일을 절대 비밀리에 진행토록 지시를 받았다.66

그러면 천도교 구파의 지도자들이 6·10만세운동의 계획을 지지

---

63 「玄波君의 略曆」, 『천도교회월보』214, 1928. 10, 23쪽.
64 조규태, 앞의 논문, 42쪽.
65 박의섭, 「나의 아버지 현파 박래홍」, 앞의 『新人間』, 72~73쪽.
66 앞의 「햇불은 흐른다 반세기의 증언」

하고 지원하였음에도 일선에 참가하지 않은 이유는 어디에서 찾아볼 수 있을까. 이에 대해서는 당시 천도교의 내부 사정과 관련하여 다음과 같이 추정해 볼 수 있을 것 같다.

천도교는 3·1운동을 주도했다가 막대한 피해를 입은 경험을 가지고 있었다. 천도교 교단의 재산이 일제에게 압수되었고, 지방교구와 전교실이 폐쇄되기까지 하였다. 그리고 일제는 청림교靑林敎, 제우교濟愚敎 등 동학 계열의 사이비 종교단체를 급조하면서 천도교 세력의 분열에 온갖 방법을 동원하였다. 이로써 천도교 교단은 1905년 교단 선포 이래 최대의 위기를 맞이하고 있었다. 여기에 천도교는 신·구파 분화로 더욱 어려운 상황을 맞이하고 있었다. 그러한 상황에서 구파의 인사들이 만세운동에 참가하게 될 경우 또 다시 옥고를 치를 것은 뻔한 일이고, 그렇게 되면 구파 세력은 붕괴되고 말 형편이었다. 당시 천도교 구파는 그 어느 때보다 세력이 약화되어 있던 때였다. 그것은 교인의 수에서 보더라도 잘 나타나고 있다. 천도교의 세력은 천도교 창건 이래 3·1운동 때 가장 왕성했던 것에 비해 1926년은 가장 최저치를 보이고 있었다.67 이러한 연유로 이들 지도자들은 일선에 나서지 않은 채 배후에서 청년 세력의 활동을 지원하는 정도에서 참여하였으며, 그리고 만일에 대비하여 그와 같은 지원 사실도 절대로 비밀에 붙였던 것으로 판단된다.

이러한 사정은 조선공산당의 경우도 비슷하였다. 조선공산당이 6·10만세운동을 계획·추진하는 과정에서 고려공산청년회를 중심

---

67 朝鮮總督府, 『朝鮮の類似宗敎』, 1935, 524~527쪽.

으로 진행시켜 갔던 것은 조직 보전을 위한 방책에서였다. 당시 조선공산당은 조직된 지 불과 1년여밖에 되지 않았고, 1925년 11월에는 1차 조선공산당이 발각됨으로써 크게 타격을 입은 이래 겨우 당의 진용을 재정비한 상황이었다. 따라서 조선공산당에서는 만약의 경우 당의 충격을 줄이고자 만세시위의 추진을 당 중앙 기관과 분리된 형식으로 취하기로 결정하는68 등 당의 보전책을 강구하였던 것이다. 그렇게 볼 때 천도교 측에서 박래원 등의 청년 인사를 앞세워 6·10만세운동을 추진해 갔던 사정을 짐작해 볼 수 있을 것이다.

이 과정에서 6·10만세운동의 추진체로 탄생한 것이 '대한독립당大韓獨立黨'이었다. 격고문檄告文의 명의 주체인 대한독립당은 물론 정식으로 결성된 조직은 아니었지만, 6·10만세운동의 추진 주체들이 '사회주의·민족주의·종교계·청년계의 혁명 세력을 총결집하기 위한'69 통일전선의 상징적 조직이었다. 이에 따라 6·10만세운동의 주체들은 혁명 세력의 결집에 힘을 기울여 나갔고, 그 가운데 천도교 구파는 가장 유력한 세력이었다.

한편 박래원은 천도교연합회 측의 이상우李祥宇와도70 접촉하면서

---

68 조두원, 「6·10운동과 조선공산당」, 『청년해방일보』1946년 6월 9일.
69 姜德相 編, 『現代史資料』29, p. 425.
70 6·10만세운동 계획의 발각에 결정적 원인이 되었던 격문의 사전 누출에서 이상우와 그의 처 고우섭이 관련되고 있음을 주목해 볼 필요가 있다. 박래원이 이상우와 만세운동에 대해 협의를 거쳤던 점이나, 權五卨이 (비록 부정확하지만) 자금을 구하기 위해 격문을 安正植에게 주었다고 한 점을 미루어 격문의 사전 누출은 우연이 아니 라 자금 모집과 관련되

만세운동에 대한 협의를 나누기도 하였다.71 천도교의 혁신 세력과 연결되었던 이상우는 최동희崔東曦 등과 동지적 유대를 가지며 자금 조달을 맡던 인물이었다.72 그러한 이상우李祥宇가 6·10만세운동에 사용할 격문을 건네 받았던 점으로 미루어 볼 때, 만세운동과 무관해 보이지는 않는다. 이에 대한 구체적 내용을 밝혀주는 자료가 확인되지는 않지만, 박래원은 자금 조달 내지는 조직 동원과 관련하여 천도교의 혁신 세력 인사들과도 폭넓게 연대를 모색했던 것으로 추측되어 진다.73

6·10만세운동에서 박래원을 중심한 천도교 측의 주요 임무는 격문 인쇄 및 배포와 지방 조직의 활용을 통한 지방 만세운동의 확산에 있었다.74 격문 인쇄의 임무는 박래원의 인쇄소 근무 경력과 인쇄직공조합에 대한 영향력 때문이었을 것이고, 지방 조직과의 연락

었을 것으로 유추되어 지기도 한다.
71 표영삼, 「6·10만세와 천도교(상)」, 『新人間』통권510호, 1992.11, 17쪽. 이때 이상우와 협의한 내용이 무엇이었는지는 알려지지 않고 있다.
72 최정간, 『해월 최시형가의 사람들』, 웅진, 1994, 231쪽. 이상우(1880~1962)는 전북 익산 출신으로 일찍이 동학의 접주를 지냈으며, 최동희와 함께 고려혁명당 설립에 참가하였다.
73 현재 이 부분에 대해서는 새로운 자료 발굴을 기대하는 것과 함께 조밀하게 살펴질 필요가 있다는 뜻에서 문제를 제기해 두는 것으로 그칠 수밖에 없다.
74 「박래원신문조서(1회)」, 1926.10.14. 325~328쪽; 「권오설신문조서(3회)」, 1926.10.11(문서번호 100), 141~145쪽. 이때 박래원은 권오설로부터 6백 원의 자금을 받았다.

은 천도교 조직의 활용을 계산하면서 맡겨진 것이었다. 비록 천도교 구파의 세력이 신파에 비해 열세였고, 또 천도교청년동맹이 생긴 지 얼마 안 됐다고는 하나 천도교의 조직 기반은 전국적이었으며 세력 규모도 민족 세력 중에서는 여전히 유력한 것이었다.75

그러한 배경 아래 박래원은 천도교청년동맹과 인쇄직공조합의 인사들을 중심으로 동지 규합에 나서 손재기孫在基·백명천白明天·양재식梁在植·민창식閔昌植·이용재李用宰 등을 포섭할 수 있었다. 손재기는 의암 손병희의 종손으로 당시 개벽사 제본부원으로 근무하면서 박래원과 함께 천도교청년동맹을 주도한 인사였다.76 백명천은77 천도교인으로 명심당이라는 작은 인쇄소 겸 인장포를 경영하고 있었다.78 보성고보 출신의 양재식 역시 천도교인으로 경성인쇄직공조합의 집행위원을 맡고 있었다.79 민창식은 1925년 3월 박래원 등과 서울인쇄직공청년동맹을 조직하고 집행위원으로 활동하였으며, 경성인쇄직공조합의 집행위원을 겸하면서 1925년 8월 경성노동연맹을 조직하여 집행위원이 되었고, 한양청년연맹의 검사위원으

---

75 박래원은 당시 천도교가 동원시킬 수 있는 군중의 수가 20만 정도였다고 회고하였다. (『조선인민보』1926년 6월 10일, 박래원의 증언) 그러나 이것은 조금 과장된 것으로 보인다. 일제 조사 기록에 구파의 세력이 1만도 채 안 되는 것과는 너무 차이가 많이나기 때문이다.
76 「박래원 인터뷰」, 김준엽·김창순, 앞의 책 2, 464쪽.
77 백명천은 1919년 7월 '보안법위반' 위반으로 6개월 옥고를 치른 경험이 있었다(「백명천신문조서(1회)」, 1926.11.1(문서번호 100), 521쪽).
78 표영삼, 앞의 논문(상), 23쪽.
79 「양재식신문조서(1회)」 1926.11.1 (문서번호 100), 484~485쪽.

로80 활동했고,81 정달헌의 권유로 1926년 3월 조선공산당에 가입하였다.82 이용재는 양주공립보통학교를 졸업하고 인쇄소 해영사海英社에서 일하면서 신흥청년동맹, 연우사, 신흥청년사 동인으로 활약했다.83

이렇듯 동지를 규합한 박래원은 권오설로부터 받은 자금으로 인쇄에 필요한 소형 인쇄기 2대와 용지 20매, 활자, 기타 필수품을 구입함으로써 인쇄 준비 작업을 마칠 수 있었다. 그리고 이들이 인쇄에 착수한 것은 5월 15일경 권오설에게서 격고문과 전단의 원고를 받고서 5월 17, 8일부터였다.84 처음에 이들은 안국동 36번지 백명천의 집을 거점으로 삼아 밤낮을 가리지 않고 격문을 인쇄하였다. 그런데 이 과정에서 이웃에서 위조지폐를 제조한다는 소문이 돌자 5월 27일 경에 인쇄기를 몰래 민창식의 집으로 옮겨 5월 31일까지 약 5만 매의 격문 인쇄를 무사히 마칠 수 있었다. 그리고 인쇄가 완

---

80 「강달영외 48인, 의견서」(고대 아세아문제연구소 자료, 문서번호 97), 1446~1447쪽.
81 그는 이 밖에도 경성노동연맹집행위원, 경성인쇄직공조합 상무위원, 연우사 동인, 한양청년연맹 검사위원, 신흥청년동맹 회원, 신흥청년사 동인, 혁청당원, 돈화청년회 회 원, 화요회원, 불꽃사 동인, 정우회원, 고려공산청년회 경성부간부를 지냈다. 「강달영 외 48인, 의견서」, (문서번호, 97), 1284~1286쪽.
82 「민창식 신문조서」, (문서번호, 100), 1926.10.15, 428쪽.
83 「이용재신문조서(1회)」 1926.11.1(문서번호 100), 516~518쪽.
84 「박래원 신문조서(1회)」,(고대 아세아문제연구소 소장자료, 문서번호 100호), 1926.10.14, 325~326쪽.

료된 격문은 비밀을 보존하기 위해 석유상자 등에 나누어 넣은 뒤 경운동 88번지 천도교당 안에 있는 손재기의 집에 숨겨 두었다.

그리고 박래원은 인쇄 작업이 진행 중이던 5월 23, 24일경 백명천에게 '대한민국임시정부인大韓民國臨時政府印'과 '대한독립당大韓獨立黨' 등 2개의 인장 조각을 부탁하여 그 중 '대한독립당'은 격고문 1만 장 가량에 날인한 뒤 불태워 소각했고, 나머지 대한민국임시정부인은 동대문 밖 상춘원, 천도교 박인호 교주의 집에 숨겨 두었다.[85]

한편 박래원과 관계자들은 격문의 지방 배포와 지방 조직과의 연락을 위해 두 가지 방법을 세워 놓고 있었다. 우선 격문은 지방의 조선일보 지사, 개벽지사, 소비자조합, 천도교 교구, 기타 청년단체 등에 보내기로 하고 발송 지역을 다음과 같이 정하였다.

> 전라남도(광주·목포·순천·광양), 전라북도(전주·군산·정읍·남원), 충청남도(공주·대전·예산·홍성·천안), 충청북도(청주·충주·음성), 경상남도(진주·마산·부산·하동·고성), 경상북도(대구·안동·상주·영천·포항), 경기도(인천·개성·강화·의정부·수원), 황해도(황주·해주·사리원·재령·신천), 평안남도(평양·진남포·안주), 평안북도(신의주·선천·철산·정주), 함경남도(함흥·정평·홍원·영흥·원산·북청), 함경북도(청진·나남·온성·웅기)[86]

---

85 「권오설외 11인 예심청구서」(고대 아세아문제연구소 소장 자료, 문서번호 100호), 22~24쪽.
86 앞의 「박래원 신문조서(1회)」 340~343쪽; 박래원, 「6·10만세운동 회

격문의 송달 방법은 『개벽開闢』, 『신민新民』, 『신여성新女性』 등의 잡지에 약간매를 넣어 보낼 계획이었다. 또한 이들 지역에서의 만세운동을 추동하기 위해 책임자를 선정하여 파견하기로 하였다. 그리하여 전국을 철도선에 의해, 호남선·경부선·경원선·경의선 방면 등 4개 지역으로 나누고, 박래원은 호남선 방면과 경부선 방면의 중심지인 대전, 민창식은 경의선 방면의 중심지인 사리원이나 경의선 방면의 중심지인 원산을 근거로 활동할 계획을 세워 놓고 있었다.[87] 그리고 서울 시가지에는 6월 8일 밤을 기해 배포할 계획으로 있었다.[88]

그리고 이 과정에서 천도교청년동맹원을 통한 지방 확산 계획도 세워놓고 있었다. 이에 천도교청년동맹의 중심 인사인 박래홍이나 손재기 등이 교인 동원을 약속하였으며,[89] 집행위원인 최병현崔炳鉉과 김덕연金德淵 등이 6·10만세운동 직전에 자신의 고향에 내려가 있다가 일경에 가택 수색을 당했던 것에서도 살펴지는 것이다.[90]

그러나 상해上海의 김단야金丹冶로부터 6월초까지 오기로 한 격문

　상」, 『신인간』통권 337호, 1976, 15쪽 참조. 이들 두 기록은 조금 차이를 보이는데, 양쪽에서 지명되고 있는 지역은 모두 표시했다.
　앞의 「박래원 신문조서(1회)」 347~348쪽에 기록된 지역은 박래원과 권오설이 함께 지정한 것이다.
87 앞의 「박래원 신문조서(1회)」 338~340쪽.
88 앞의 「박래원 신문조서(1회)」, 344~345쪽.
89 조규태, 앞의 논문(1977), 56~58쪽.
90 『동아일보』1926년 6월 10일 5면, 6월 12일 2면.

과 자금이 전달되지 않으면서 출발이 지연되었고, 이 상황에서 박래원은 권동진에게 자금을 요청하여 1만 원 가량의 자금 지원을 약속받고 기다리던 중 그 사이에 예기치 못한 상황이 벌어지면서 발각되고 말았던 것이다.91

5. 만세운동의 사전 발각과 일제의 탄압

6·10만세운동의 계획이 한참 추진 중이던 1926년 5월 경, 일제는 중국인 위조지폐범이 일본 대판大阪에서 서울로 잠입했다는 정보에 따라 범인 색출을 위해 혈안이 되어 있었다. 그런데 1926년 6월 4일 도렴동 50번지 이동규李東圭의 집을 수색하던 중 화장실에서 위조지폐를 발견하는 것과 함께 대한독립당 명의로 된 격고문 1매를 발견하였던 것이다. 그리하여 수사망을 좁혀간 일제는 결국 이것이 이상우를 통해 안정식安正植에게 건네 준 것이 다시 이동규에게 건네진 연결 통로를 밝혀내고 이상우의 처인 고우섭高宇燮이 근무하는 개벽사를 급습하여 발각되기에 이른 것이었다.92

천도교 인사들은 박래원을 비롯하여 천도교당 현장에서 50여 명이 체포된데 이어 발각 당일에만 천도교 간부와 개벽사 인사 80여

---

91 『동아일보』1926년 6월 8일 2면, 6월 20일 2면; 『조선인민보』1946년 6월 10일자, 박래원의 증언.
92 지중세 역편, 『조선사상범 검거실화집』, 1946(돌베개, 1984), 28쪽.

명이 체포되는 수난을 겪어야 했다. 여기에 기타 사회단체에서 2백여 명이 검거됨으로써93 지방으로의 연락 계획은 좌절되고 말았던 것이다.94

6월 6일 천도교와 조선공산당 계통의 계획이 발각되자 일제 당국의 관심은 천도교 진영의 동향에 집중되었다. 그것은 격문이 천도교 기관 잡지사인 개벽사에서 발각된 때문도 있지만, 3·1운동 때 천도교가 주도했던 경험도 크게 영향된 것이었다.

6·10만세운동의 계획이 발각된 직후 일경은 일차적으로 지방의 관계자들을 검색하는 한편 격문 등의 선전문이 전국에 배포되는 것을 차단하고자 하였다. 그리하여 일제는 전국의 지방 주요 도시 정거장에서 지방으로 배송되는 물품을 일일이 검색하는 등 철통 같은 경계를 펼쳤다.95 경기도 경찰부 고등과에서는 연일 긴급 통보를 발하며 주요 각처에 일경을 파송하여 관계자들을 검속하고 체포하였는데, 불과 2, 3일만에 각 도로부터 체포되어 서울로 압송되어 온 사람만 하여도 수십 명에 달하였다.96 특히 천도교에 대한 탄압은 엄중하였는데, 그와 관련되는 사례를 정리해 보면 다음과 같다.

* 6월 6일 평양지방법원 검사국에서 평남의학강습소 학생 김병걸의

---

93 『동아일보』, 1926년 6월 8일 2면.
94 『조선인민보』, 1946년 6월 10일자, 박래원의 증언.
95 『동아일보』 1926년 6월 9일 2면.
96 『동아일보』 1926년 6월 10일 5면.

가택을 수색, 그는 천도교의 인물로서 조선공산당 발각과 관련 문서 은닉의 혐의로 수색.(동아, 6.11 1면)

＊6월 7일 대구경찰서에서 사회단체 7명, 예수교 장로·목사 5명, 개인 요시찰 인물 6명 등 20여 명 검거, 가택 수색하여 다수의 증거품 압수, 서울과 연결된 것으로 보인다는 경기도 경찰부의 통보를 받음. 6월 13일에 대부분 풀려남.(동아, 6.9 2면, 6.14 2면)

＊6월 7일 평양경찰서에서 천도교 간부들의 집을 수색, 6월 8일에는 사상단체인 노농연합회, 청년동맹, 면옥노농조합 등의 사무소 수색.(동아, 6.10 5면, 6.13 5면)

＊6월 7일 선천경찰서에서 천도교종리원을 엄밀 수색.(동아, 6.10 5면)

＊6월 7일 원산경찰서에서 엄중 경계를 펴며 천도교당 수색, 교인 명부와 청년회원 명부 압수, 중심 교인들을 6월 8일까지 수색.(동아, 6.11 1면)

＊6월 7일 함남 고원경찰서에서 천도교종리사 김태일 등을 검속, 6월 8일에 종리원을 두 차례 수색.(동아, 6.11 1면)

＊6월 7일 진남포경찰서에서 천도교종리원 엄중 수색, 종리사 및 교도의 가택을 수색하고 철야 경계.(동아, 6.12)

＊6월 7일 강경경찰서에 천도교 가택 수색.(동아, 6.14 2면)

＊6월 8일 안주경찰서는 서울의 운동 계획과 관련하여 천도교 부속학교 등 십 수처 가택을 수색, 동아·조선·시대일보 및 호외 압수.(동아, 6.9 2면)

＊6월 8일 순창경찰서에서 천도교 신자 조동환 등의 가택 수색.(동아,

6.11 1면)

　＊6월 8일 신의주경찰서에서 주의자 등을 검속, 천도교종리원 김성옥 등 다수를 검속, 만주로부터 조선으로 들어오는 사람마다 주소 성명을 조사하고, 몸까지 수색하여 물 샐 틈 없는 경계.(동아, 6.10 5면, 6.12 2면)

　＊6월 8일 전북 남원에서 천도교종리원 및 교도 수 명의 가택 수색, 조선일보지국 수색.(동아, 6.12 2면)

　＊6월 8일 의주경찰서에서 천도교종리원과 천도교청년당 사무실을 일일이 수색.(동아,6.11 1면)

　＊6월 8일 창령경찰서에서 천도교종리원과 종리사 河尙俊 및 청년회 간부 河萬浩 가택을 수색.(동아, 6.12)

　＊6월 8일 이원에서 천도교 수색.(동아, 6.14 2면)

　＊6월 8일 당진에서 천도교 관계 인사들 가택 수사.(동아, 6.14 2면)

　＊6월 8일 홍성경찰서에서 고 손병희 댁과 방정환 댁을 수색, 모종의 서류 압수.(동아, 6.12 2면)

　＊6월 8,9일 통영에서 천도교종리원 수색, 백지 5백장을 압수. 농민사지부장 梁在完, 개벽사지사장 姜性鎬, 종리원 간부 등을 검거.(동아, 6.13 2면)

이상에서 보듯이, 일제는 6월 6일 천도교와 조선공산당의 계획이 탄로되는 것과 함께 동시에 전국에서 천도교 인사들에 대한 검색・체포를 실시하고 나섰다. 그리고 6월 7일과 8일 이틀 동안에 집중적으로 전국의 천도교 기관 및 관계 인사들을 대상으로 대대적인 검색에 나서는 것을 볼 수 있다. 이때 일경은 심지어 교인 명부와 청년회원 명부 등을 압수하면서 천도교인의 가택까지 수색하는 등 동태 파악에 집중적인 관심을 쏟고 있었다.

물론 일제의 탄압과 수색은 천도교 조직에만 국한된 것은 아니었다. 전국 전 지역을 대상으로 사회단체를 대상으로 철저하게 검색·체포가 이루어지고 있었다. 그리고 시기적으로 볼 때 일제는 천도교와 조선공산당의 계획이 발각된 이틀 후인 6월 8일부터 전국의 거의 전 지역에서 철야 경계에 돌입하였으며, 인산因山 봉도奉悼를 위해 상경하는 사람들을 저지함으로써 만세운동의 조짐이 지방으로 파급될 여지들을 철저하게 차단하고자 하였다. 그리고 시내의 여관이나 음식점 등을 수색하면서, 조금이라도 수상한 기미를 보이면 검속하는 한편 사람의 왕래가 잦은 정거장 등에 일경을 배치하여 왕래객에 대한 철저한 검문 검색을 단행하였다. 이와 같이 철통같은 경계를 펼치던 일제는 인산 당일인 6월 10일 새벽에 일제히 행동을 개시하여 요주의 인사들을 강제 구금하였다. 이는 혹시나 인산 당일에 만세시위가 일어날 것에 대비한 사전 방지책이었다.

일제의 경계는 인산이 끝난 뒤에도 늦추지 않았다. 오히려 주요 도시에서는 인산 이후에 경계를 더욱 강화시켜 가면서97 만세운동을 원천적으로 봉쇄하였던 것이다.

---

97 『동아일보』1926년 6월 12일에서 30일까지의 기사를 보면, 因山 이후에도 일제 군경이 평양, 신의주 등 전국 주요 도시에서 철야 경계를 펼치는 것을 확인할 수 있다.

6. 천도교 계열의 역할과 의의

3·1운동을 주도했던 천도교 진영은 1922년 천도교 내부의 운영 체제를 놓고 1차 신·구파의 분립을 겪은 데 이어 1925년에 다시금 춘암春菴 박인호朴寅浩의 교주敎主 인정 문제를 놓고 2차 신·구파의 분립을 보기에 이르렀다.

이때 신·구파의 분화는 표면상 4세 교주인 박인호의 승계 문제에서 비롯되고 있었으나, 교단 내 주도권 문제와 정치적 입장의 차이도 중요한 원인으로 작용되고 있었다. 1922년 손병희의 사후 천도교 교단의 운영은 집단지도체제로 유지되었다. 그런 가운데 최린 등은 세 확장에 힘을 기울임으로써 1923년경에는 중앙의 종리사를 독점하면서 권동진·이종린 등의 세력을 압도하게 되었다. 최린 세력의 급성장에는 일제의 분열 정책에 따른 정략적 지원의 영향이 큰 것이기도 하였다. 당시 최린 등은 식민지 통치하에서 자치 운동이 가장 현실적인 정치 활동이라는 판단 하에 동아일보 계열과 연계하여 자치 운동을 준비해 갔다.

반면에 권동진·이종린 등은 최린 세력의 급부상에 따라 교단 내 지도적 위치가 위협되는 상황이었고, 정치 노선 또한 자치론에 반대하는 비타협적 태도를 견지하고 있었다.

권동진·이종린 등은 자치론에 대응한 반자치反自治 세력의 결집을 위한 방안으로 사회주의 세력과의 연대를 모색하였다. 그리하여 이들은 1924년 조선노동총동맹의 사회주의 인사들에게 연대를 제의

하였고, 1926년 초 자치론이 다시 고개를 드는 상황에서 조선공산당의 강달영과 접촉하면서 민족 세력의 연합전선에 대한 협의를 구체적으로 진전시켜 갔다. 이들은 민우회란 조직 아래 사회주의 세력을 포함한 비타협적 세력이 망라된 민족적 조직을 구상하고 있었다. 6·10만세운동의 추진 과정에서 천도교 인사들과 조선공산당이 자연스럽게 결합될 수 있었던 것은 이러한 배경을 바탕으로 한 것이었다.

6·10만세운동에서 천도교 구파의 지도자들은 전면에 나서지 않고 배후에서 지원하는 전술을 취하였다. 3·1운동을 주도했다가 막대한 피해를 입은 바 있는 천도교는 이 무렵 일제의 온갖 분열에 휩싸여 1905년 창건 이래 최대의 위기를 맞이하고 있었으며, 여기에 신·구파의 분화로 더욱 어려운 상황을 맞이하고 있었다. 그러한 상황에서 구파의 인사들이 만세운동에 참가하게 될 경우 또 다시 옥고를 치를 것은 뻔한 일이고, 그렇게 되면 구파 세력은 붕괴되고 말 형편이었다. 이러한 연유로 이들 지도자들은 일선에 나서지 않은 채 배후에서 청년 세력의 활동을 지원하였으며, 이 사실은 절대 비밀리에 붙여졌다. 천도교의 조직 속성으로 보더라도, 표면 활동을 담당한 박래원 등이 천도교 조직을 만세운동에 활용하고자 했던 계획은 천도교 지도층의 내락 없이 이루어질 수 없는 일이었다. 따라서 천도교의 6·10만세운동은 천도교 구파의 교단 차원에서 추진된 것으로 보아야 할 것이다.

한편 6·10만세운동에서 천도교는 격문檄文 인쇄 및 배포와 지방 조직의 동원을 통한 만세시위의 전국 확산 등의 역할을 맡았다. 그

것은 천도교의 전국적 조직 기반을 활용하기 위함이었다. 이에 따라 박래원을 중심한 행동대원 등은 격문檄文 인쇄 후 전국 배포를 위하여 지방의 58개 도시에 개벽지사開闢支社, 천도교 교구 및 기타 청년단체 등에 보낼 것과 격문의 송달은 『개벽』, 『신민』, 『신여성』 등의 잡지에 약간 매를 넣어 보낼 계획을 세워놓고 있었다. 또한 전국을 철도선에 따라 4개 지역으로 나누고, 박래원과 민창식이 직접 내려가 지방의 만세운동을 추동할 계획이었다.

그러나 상해의 김단야로부터 6월초까지 오기로 한 격문과 자금이 전달되지 않으면서 출발이 지연되었고, 이 상황에서 박래원은 권동진에게 자금 요청을 하여 1만원 가량의 자금 지원을 약속받고 기다리던 중 예기치 못한 상황이 벌어지면서 발각되고 말았던 것이다.

천도교와 조선공산당이 추진한 6·10만세운동 계획은 결행 직전에 불발로 그치고 말았지만, 이 과정에서 보여준 통일전선운동의 정신과 기운은 신간회로 계승 발전되어 갔다는 점에서 중요한 의의를 지닌다.

참고문헌

제1부 통섭의 종교철학: 전통과 근대의 통섭

의암 손병희의 성심관: 『무체법경』을 중심으로 / 오문환

『동경대전』『무체법경』
崔起滎·朴孟洙 編, 『韓末天道敎資料集』1·2, 서울: 國學資料院, 1997.
牟宗三, 民79, 『心體與性體』, 臺北: 正中書局.

의암 손병희의 심성론과 한울 이해: 불교적 심성론을 중심으로 / 정혜정

『大宗正義』『明理傳』『無體法經』『授受明實錄』『後經一』
『後經二』『成唯識論』『十地經』『心性論』『栗谷全書』
『退溪先生文集』『顯正論』『韓國佛敎全書』4/6/7
금장태, 『한국유학의 心說: 심성론과 영혼론의 쟁점』, 서울: 서울대학교 출판부, 2002.
김병제, 「성신쌍전의 의의」, 『신인간』79, 1934.5.
이종수, 「雲峯禪師心性論」, 『佛敎原典硏究』7/8, 서울: 동국대학교 불교문화연구원, 2006.11.
정혜정, 「허응당 보우의 일정론과 사상적 의의」, 『동양철학』23, 한국동양철학회, 2005.7.
정혜정, 「동학사상의 탈근대성과 교육철학적 전망」, 『동학학보』10-1,

2006.6.

황종원,「중국유학의 생철학과 동학의 생태적 이념」,『한국사상사학』25, 2005.12.

쓰치다 겐지로,『북송도학사』, 서울: 예문서원, 2006.

야나기타 세이잔 주해, 양기봉 역,『달마어록』, 김영사, 1993.

松本史朗,『禪思想批判的硏究』, 東京: 大藏出版株式會社, 1994.

柳田聖山,『臨濟錄』, 東京: 大藏出版株式會社, 1972.

한말 동학의 천도교 개편과 인내천 교리화의 성격 / 김용휘

『東經大全』(韓國學文獻硏究所編,『東學思想資料集』1권, 亞細亞文化社, 1979).

『龍潭遺詞』(韓國學文獻硏究所編,『東學思想資料集』1권, 亞細亞文化社, 1979).

『海月神師法說』(天道敎中央總部,『天道敎經典』, 天道敎中央總部, 1993).

『義菴聖師法說』(天道敎中央總部,『天道敎經典』, 天道敎中央總部, 1993).

『無體法經』(崔起榮・朴孟秀編,『韓末 天道敎 資料集 1』, 國學資料院, 1997).

『天道敎會史草稿』, 韓國學文獻硏究所編,『東學思想資料集』1 亞細亞文化社, 1979.

『大宗正義』, (『韓末天道敎資料集 1』, 국학자료원)

이돈화,『天道敎創建史』, 京仁文化社,1970.

조기주,『東學의 原流』, 天道敎中央總部出版部, 1982.

조기주 편저,『천도교종령집』, 천도교중앙총부출판부, 1983.

최동희,『韓國宗敎思想史3』, 연세대학교출판부, 1999.

신일철,「천도교의 민족운동」,『동학사상의 이해』, 사회비평사, 1995.

김경재, 「崔水雲의 神槪念」, 『韓國思想』제12집, 1974.
김경재, 「수운의 시천주 체험과 동학의 신관」, 『동학연구』제4집.
황선희, 「1900年代 天道敎의 開化運動」, 『중제장충식박사화갑기념논총』, 단국대출판부, 1992.
-----, 『한국근대사상과 민족운동 I―동학·천도교편』, 혜안, 1996.
최기영, 「韓末 東學의 天道敎로의 개편에 대한 검토」, 『한국학보』76.
고건호, 「韓末 新宗敎의 文明論: 東學·天道敎를 中心으로」, 서울대학교 박사논문, 2002.
김정인, 「日帝强占期 天道敎團의 民族運動 연구」, 서울대학교 박사논문, 2002.

천도교 개신기 '종교'로서의 자기 인식 / 고건호

『帝國新聞』『駐韓日本公使館記錄』『日本外交文書』
『대한매일신보』『황성신문』
조기주 편, 『동학의 원류』, 천도교중앙총부, 1979.
최기영·박맹수 편, 『한말 천도교자료집』2, 1997.

제2부 갑진개화운동: 사회적 근대성의 통섭

천도교 정신사의 맥락에서 본 갑진개혁운동 / 윤석산

『東經大全』『본교역사』『용담유사』『義菴聖師法說』
『천도교창건사』『천도교회사 초고』『해월신사법설』
김지하, 『김지하 전집 1』, 실천문학사, 2002.
의암손병희선생기념사업회, 『의암손병희선생전기』, 기념사업회, 1967.

윤석산, 『동학교조 수운 최제우』, 모시는사람들, 2004.
윤석산, 『용담유사연구』, 도서출판 모시는사람들, 2006.
이현희, 「갑진개화운동의 역사적 의의」, 『해월최시형의 사상과 갑진개화운동』, 모시는사람들, 2003.

갑진개화운동의 근대 통섭주의 철학 / 홍경실

최제우, 『동경대전』, 계미판, 1883.
최제우, 『용담유사』, 계미판, 1883.
천도교중앙총부 편, 『천도교경전』, 천도교중앙총부출판부, 1981.
최동희, 『서학에 대한 한국 실학의 반응』, 고려대학교 민족문화연구소, 1988.
최동희·유병덕 공저, 『한국종교사상사-천도교·원불교』, 연세대학교출판부, 1999.
신일철, 『동학사상의 이해』, 사회비평사, 1995.
동학학회 편, 『해월 최시형의 사상과 갑진개화운동』, 모시는사람들, 2003.
부산문화예술대학 동학연구소 편, 『해월 최시형과 동학사상』, 예문서원, 1999.
민족문화연구소 편, 『동학사상의 새로운 조명』, 영남대학교출판부, 1998.
이돈화, 『천도교창건사』, 천도교중앙종리원, 1933.
이광순, 『의암 손병희』, 태극출판사, 1975.
이현희, 「갑진개화운동의 역사적 전개」, 『동학학보』제4호, 2002.
황선희, 「갑진개화혁신운동의 역사적 의의」, 『신인간』 통권 제648호, 포덕 145년 8월, 신인간사.
윤석산, 『동경대전주해』, 동학사, 1998.
-----, 『용담유사주해』, 동학사, 1999.

-----, 「최시형 법설의 기초문헌연구」, 『해월최시형의 사상과 갑진개화운동』, 모시는사람들, 2003.
김상일, 『동학과 신서학』, 지식산업사, 2000.
차옥숭, 『한국인의 종교경험—천도교·대종교』, 서광사, 1977.
황선명, 『종교학개론』, 종로서적, 1986.
박영지, 『서양의 신관, 동양의 신관, 창조신관』, 성광문화사, 2003.
김만규, 「종교적 사회운동으로서의 동서사상의 교감」, 『동학학보』제6호, 2003.
조항래, 「갑진개화혁신운동의 영향과 의의」, 『해월 최시형의 사상과 갑진개화운동』, 모시는사람들, 2003.
김용해, 「그리스도교와 천도교의 신관 비교」, 『동학학보』제6호, 2003.
심국보, 「오수부동, 친일과 항일의 사이에서」, 『신인간』 통권 제648호, 포덕 145년 8월.
이광래, 『한국의 서양사상 수용사』, 열린책들, 2003.
홍경실, 「베르그송의 종교관에 입각한 동학의 이해」, 『한국사상』제23집, 1996.

갑진개화운동의 정치사적 의미 / 김정인

『천도교회월보』『황성신문』『만세보』『대한협회회보』
국사편찬위원회, 「李祥憲에 대한 탐문서」, 『주한일본공사관기록』, 1997.
김도형, 「일제침략초기(1905~1919) 친일세력의 정치론 연구」, 『계명사학』3, 1992.
김태웅, 「근대 중국·일본의 지방자치론과 한말의 지방자치 문제」, 『역사교육』64, 1997.
이태훈, 「한말 대한협회 주도층의 국가인식과 자본주의 근대화론」, 『학림』21, 2002.
이광수, 「천도교 대령 정광조 종횡관」, 『동광』 1931년 1월호 15쪽.
細井肇 , 『現代漢城の風雲と名士』, 『구한말일제침략사료총서』12, 아세아문화사 所收, 1910.
삼천리사, 『조선사상가총관』, 1933.
최기영, 「한말 천도교와 양한묵」, 『역사학보』147, 1995.
천도교교사편찬위원회, 『천도교백년약사』상, 1981.
국사편찬위원회, 「이상헌의 신상조사의뢰건(1904)」, 『주한일본공사관기록』22, 1997.
渡邊彰, 『天道敎と侍天敎』, 1919.
최기영, 「한말 동학의 천도교로의 개편에 관한 검토」, 『한국학보』76, 1994.
조선총독부 경무국, 『천도교개론』, 1930.
김병제, 「진보회와 일진회」, 『혜성』 1932년 1월호.
이인섭, 1911, 『원한국일진회력사』, 1904년 8월 22일자.
경성헌병분대 편찬, 『일진회약사』, 1910.
西尾陽太郎, 『이용구소전』, 1977.
이태진, 「한국 병합은 성립하지 않았다」, 『한국병합, 성립하지 않았다』, 태학사.
박정동, 『시천교종역사』, 1915.
백대진, 「천도, 시천 양교의 내부를 해부하여 공평을 촉함(一)」, 『반도시론』 1917년 11월호.
졸고, 「대한제국기・일제강점기 시천교의 존재양태와 활동」, 『국사관논총』103, 2003.
졸고, 「만세보를 통해서 본 천도교의 정치개혁론」, 『동학연구』13, 2003.
한명근, 「일진회의 대일인식과 '정합방'론」, 『숭실사학』14, 2001 참조.

한명근, 「개화기 중추원의 정치적 기능(1894~1904)」, 『숭실사학』9, 1996.
樽井藤吉, 『大東合邦論』, 1893.
旗田巍, 「大東合邦論과 樽井藤吉」, 『일본인의 한국관』, 일조각, 1983.

제3부 3·1독립운동: 정치적 근대성의 통섭

사회운동으로 본 3·1운동 / 김용직

Baldwin, Frank, "The March First Movement: Korean Challenge and Japanese Response" Ph. D. Thesis, Columbia University, 1969.

Baldwin, Frank, 1979. "Participatory Anti-Imperialism: The 1919 Independence Movement", *Journal of Korean Studies*, 1: 123-62.

Calhoun, Craig, 1982, *The Question of Class Struggle: Social Foundations of Popular Radicalism during the Industrial Revolution*, Chicago: University of Chicago Press.

Cumings, Bruce, 1981, *The Origins of the Korean War*, Princeton: Princeton University Press.

Gamson, William, 1975, *The Strategy of Social Protest*. Homewood, IL: Dorsey.

Habermas, Jurgen, 1974. "The Public Sphere", *New German Critique*, 13.

Japan Chronicle, 1919. 3~4.

Kim Yong-Jick, 1992, "Formation of a Modern State and National Social Movement in Modern Korea: March First

Movement(1919) in Comparative Historical Perspective", Ph. D. Dissertation, University of North Carolina at Chapel Hill.

Lee, Hoon K, 1936, Land Utilization and Rural Economy in Korea, Chicago: University of Chicago Press.

McCune, Shannon, 1976, *The Mansei Movement: March 1, 1919*, Colloquium Paper #5, Center For Korean Studies, Honolulu: University of Hawaii Press.

Meyers, Ramon & M. Peattie. eds, 1984, *The Japanese Colonial Empire*, 1895—1945. Princeton: Princeton University Press.

Oberschall, Anthony, 1973, *Social Conflict and Social Movements*. Englewood Cliffs, NJ: Prentice—Hall.

Tarrow, Sidney, 1979, *Struggles, Politics and Reform: Collective Action, Social Movements, and Cycles of Protest*. Ithaca: Cornell University.

Tarrow, Sidney, 1994, *Power in Movement: Social Movements, Colllective Action and Politics*. Cambridge: Cambridge University Press.

Tilly, Charles, 1978, *From Mobilization to Revolution*. New York: Random House.

Tilly, Charles, 1984, "Social Movements and National Politics", *In Statemaking and Social Movements: Essays in History and Theory*. Ed. by C Bright et al. Ann Arbor: University of Michigan Press.

Tilly, Charles, 1975a, *The Rebellious Century 1830—1930*. Cambridge, MA: Harvard University Press.

Tilly, Charles, 1975b, "Food Supply and Public Order in Modern

Europe", In his (ed.) *The Formation of National States in Western Europe*. Princeton: Princeton University Press.

Weems, Benjamin, 1964, *Reform, Rebellion, and the Heavenly Way*. Tucson: University of Arizona.

독립운동사편찬위원회 편, ≪독립운동사≫ 2, 3, 4권, 1971.

강동진, 『일제의 한국침략정책사』, 한길사, 1980.

고병익, 「일차대전 전후의 아시아 민족운동―월남을 중심으로―」, 『삼일운동50주년논집』, 동아일보사, 1969.

고승제, 「만주농업이민의 사회사적 분석」, 윤병석 외편, 『한국근대사론I』, 지식산업사, 1977.

김대상, 「3·1운동과 학생층」, 『삼일운동50주년논집』, 동아일보사, 1969.

김양선, 「3·1운동과 기독교계」, 『삼일운동50주년논집』, 동아일보사, 1969.

김영모, 「3·1운동의 사회계층적 배경」, 『한국지배층연구』 2장, 일조각, 1982.

김용복, 「3·1운동의 역사적 언어 구조.」, 『한국 민중과 기독교』, 형성사, 1988.

김운태, 『일본 제국주의의 한국 통치』, 박영사, 1986.

김진봉, 「3·1운동과 민중」, 『삼일운동50주년논집』, 동아일보사, 1969.

김형석, 「한국 기독교와 3·1운동」, 이만열 외, 『한국기독교와 민족운동』, 종로서적, 1992.

김형석. 「3·1운동과 남강 이승훈」, 남강문화재단 편, 『남강 이승훈과 민족운동』, 남강문화재단출판부, 1988.

박성수 「3·1운동에서의 폭력과 비폭력」, 윤병석 외 편, 『한국근대사론 II』, 지식산업사, 1977.

박은식,『한국독립운동지혈사』상·하권, 서문문고, 1975.
성대경,「3·1운동시기의 한국 노동자의 활동」,『한국근대사론2』, 지식산업사, 1977.
신용하,「3·1독립운동 발발의 경위」,『한국근대사론2』, 지식산업, 1977.
윤병석 외 편,『한국근대사론II』, 지식산업사, 1977.
이훈구,『만주와 조선인』, 평양, 숭실전문학교, 1931.
장용학,「3·1운동의 발단 경위에 대한 고찰」,『삼일운동50주년논집』, 동아일보사, 1969.
조기준,『한국자본주의성립사론』전정판, 대왕사, 1977.
조용만,「3·1독립선언서의 성립경위」,『삼일운동50주년논집』, 동아일보사, 1969.

3·1운동과 천도교단의 임시정부 수립 구상 / 고정휴

東亞日報社編, 1969,『三·一運動 50周年 紀念論集』.
한국역사연구회·역사문제연구소 엮음,『(3·1운동 70주년 기념 논문집)3·1 민족 해방운동연구』, 청년사, 1989.
신용하,「3·1운동 연구의 현단계와 과제」,『한민족독립운동사』12, 국사편찬위원회, 1993.
金喜坤,「대한민국임시정부 연구의 성과와 과제」,『한국 근현대사 연구』3, 1995.
고정휴,「3·1운동과 임시정부 수립에 따른 몇 가지 문제제기」,『제40회 전국역사학대회 발표요지』, 1997.
朴賢緖,「三·一運動과 天道敎界」,『三·一運動 50周年 紀念論集』, 1969.

이현희, 「大韓民國臨時政府의 樹立計劃과 天道敎」, 『韓國思想』 20, 1985.

이현희, 「天道敎의 大韓民間政府 樹立 始末」, 『향토서울』 48, 1989.

崔起榮·朴孟洙 編, 『韓末 天道敎資料集』 2, 國學資料院.

康成銀, 「二十世紀初頭における天道敎上層部の活動と その性格」, 『朝鮮史研究會論文集』 24, 1987.

崔起榮, 「韓末 東學의 天道敎로의 개편에 관한 검토」, 『韓國學報』 76, 1994.

國史編纂委員會編, 『韓民族獨立運動史資料集』 12, 1990.

金正仁, 「1910~25년간 天道敎 勢力의 동향과 民族運動」, 『韓國史論』 32, 1994.

조규태, 「舊韓末 平安道地方의 東學─敎勢의 伸張과 性格에 대한 檢討를 중심으로」, 『東亞硏究』 21, 1990.

이은희, 『東學敎團의 '甲辰開化運動'(1904~1906)에 대한 연구』, 1990, 연세대 석사학위논문.

金炅宅, 『韓末 東學敎門의 政治改革思想 研究』, 연세대 석사학위논문.

趙基周 編, 『天道敎宗令集』, 天道敎中央總部出版部, 1983.

崔起榮, 「憲政研究會의 설립과 立憲君主論의 전개」, 『韓國近代啓蒙運動硏究』, 一潮閣, 1997.

李鉉淙, 「大韓協會에 關한 研究」, 『亞細亞研究』 13-3, 1970.

愼鏞廈, 「大韓民國 臨時政府의 역사적 의의」, 『大韓民國 臨時政府와 指導者의 役割』(島山思想研究會 주최, 제8회 島山思想 세미나 발표 요지문).

金良善, 「三·一運動과 基督敎界」, 『三·一運動 50周年 紀念論文集』, 1969.

朴杰淳, 「沃坡 李鍾一의 사상과 民族運動」, 『한국독립운동사연구』 9집,

1995.

金昌洙, 「沃坡 李鍾一의 思想과 行動」, 『吳世昌敎授華甲紀念 韓國近現代史論叢』, 1995.

李東初 編, 『鳳山集』 卷一, 東洋書籍公社, 1982.

김순석, 「이종린: 친일대열에 선 천도교계의 거물」, 『무크-친일문제연구』 2, 가람기획, 1995.

尹炳奭, 「硏究 노—트: '朝鮮獨立新聞'의 拾遺」, 『中央史論』, 1972.

李炫熙, 『大韓民國臨時政府史』, 集文堂, 1982.

國史編纂委員會, 『尹致昊日記』 7, 1986.

金元容, 『재미한인오십년사』, 1959.

盧載淵, 『在美韓人史略』 上/下(修正 2판), 1965.

潘炳律, 「大韓國民議會의 성립과 조직」, 『韓國學報』 46, 1987.

元聖玉 옮김, 『最初의 韓國議會』, 汎韓書籍株式會社, 1986.

義菴孫秉熙先生紀念事業會編, 『義菴孫秉熙先生傳記』, 1967.

姜德相 編, 『現代史資料』 25(朝鮮 1), 東京: みすす"書房, 1967.

金正明 編, 『朝鮮獨立運動』II(民族主義運動篇), 東京: 原書房.

高珽烋, 「世稱 漢城政府의 組織主體와 宣布經緯에 대한 檢討」, 『韓國史硏究』 97, 1997.

普成專門學校 校友會, 『會員名簿』(고려대학교 소장), 1938.

法學協會, 『法學界』 제1호, 1915.

李炳吉 編, 『敬菴李瓘先生文獻錄』, 敬菴李瓘先生紀念事業會, 1991.

박찬승, 「3·1운동의 사상적 기반」, 『3·1 민족해방운동 연구』, 청년사, 1989.

고정휴, 「3·1운동과 미국」, 『3·1 민족해방운동 연구』, 1989.

李敦化, 『天道敎創建史』, 天道敎中央宗理院, 1933.

3·1운동 시기 일제 언론의 한국 통치에 관한 논조 / 이동초

『東京朝日新聞』『大阪朝日新聞』『大阪每日新聞』
『東京日日新聞』『讀賣新聞』『萬朝報』『시사시보』『報知新聞』
『국민신문』『京城日報』『交時報』『東方時論』『批判』『改造』
『解放』『中央公論』『太陽』,『日本 및 日本人』
姜東鎭,「대정데모크라시운동」,『日本近代史』.
姜東鎭,『日帝言論界의 韓國觀』, 一志社, 1982.
姜東鎭,『日本近代史』, 한길사, 1985.
尹炳奭,「朝鮮獨立新聞의 拾遺」,『韓國近代史論』, 一潮閣, 1979.
金根洙,「1920年代의 言論과 言論政策」,『三一運動50周年紀念論集』, 東亞日報社.
申國柱,「三一運動과 日本言論의 反響」,『三一運動50周年紀念論集』, 東亞日報社, 1969.
朴賢緒,「三一運動과 天道敎界」,『三一運動50周年紀念論集』, 東亞日報社, 1969.

천도교의 민주공화주의 사상과 운동 / 오문환

김도형,『대한제국기 정치사상연구』, 지식산업사, 1994.
姜德相,『現代史資料』25(朝鮮), 東京:書房.
高建鎬,「韓末 新宗敎의 文明論: 東學·天道敎를 中心으로」, 서울대학교 대학원 종교학과 박사학위논문, 2002.
고정휴,「3·1운동과 天道敎團의 臨時政府 수립 구상」,『한국사학보』제3·4집(1998), 고려사학회, 1998.
곽준혁,「민주주의와 공화주의: 헌정체제의 두 가지 원칙」,『한국정치학회보』제39집 3호.

國史編纂委員會編,『韓國獨立運動史資料集』11, 1990.

國史編纂委員會編,『韓國獨立運動史資料集』資料5(3·1運動編1), 探求堂, 1975.

金正明 編,『朝鮮獨立運動』II(民族主義運動編), 東京: 原書房

김대영,「시민사회와 공론정치: 아렌트와 하버마스를 중심으로」,『시민사회와 NGO』제2권 제1호(2004), 2004.

김비환,「아렌트의 정치사상에서 정치와 법의 관계: 민주공화주의체제에서의 법의 본질을 중심으로」,『법철학연구』제2호, 2003.

朴明洙,「我天」,『天道敎會月報』第1號, 隆熙四年八月十五日

박찬승,『한국근대 정치사상사연구: 민족주의 우파의 실력양성운동론』, 역사비평사, 1992.

백영철,『제1공화국과 한국민주주의』, 나남, 1995.

鳳山,「宗敎의 信仰과 社會의 規則」,『天道敎會月報』第98號(布德 59年 9月. 1918).

서희경,「대한민국 건국헌법의 기초와 수정」,『공법연구』제31집4호 (2003.5), 2003.

신용하,「한말 애국계몽사상과 운동」,『한국사학』I, 한국정신문화연구원, 1980.

如菴先生文集編纂委員會,『如菴文集』上, 1971.

오문환,「천도교의 민회운동」, 미발표논문, 2006.

吳尙俊,『初等敎育』, 普文舘, 光武十一年(1907), 1907.

吳知泳,「聖師訓語」,『天道敎會月報』, 第102號(布德60年 2月), 1919.

尹大遠,「한말 일제 초기 正體論의 논의 과정과 民主共和制의 수용」,『中國現代史硏究』第12輯.

李敦化,「信念의 神聖」,『天道敎會月報』第9號, 明治明治四十四年四月十

五日.

李敦化, 「信仰性과 社會性」其四, 『天道敎會月報』, 第102號(布德60年 2月, 1919), 1919.

李敦化, 『新人哲學』, 천도교중앙총부, 1982.

이동수, 「하버마스에 있어서 두 권력」, 『정치사상연구』제5집(2001년 가을), 2001.

이승현, 「신민회의 국가건설사상」, 『정신문화연구』제29권제1호, 2006.

李鍾麟, 「吾道흔 平常이며 自由이며 時代니라」, 『天道敎會月報』, 第94號(布德59年 5月), 1918.

李炫熙, 『大韓民國臨時政府史』, 集文堂, 1982.

鄭桂玩, 「三新說」, 『天道敎會月報』第9號, 明治四十四年四月十五日

정원규, 「민주주의의 기본원리: 절차주의적 공화민주주의 모델을 제안하며」, 『철학』제71집, 2002.

정윤석, 「아렌트의 근대비판과 새로운 정치의 모색: 근대적 정치기획을 넘어서 공화주의에로」, 『철학사상』제11집, 2000.

조규태, 「3·1독립운동과 천도교계의 민족대표: 오세창과 나인협을 중심으로」, 『3·1독립운동 86주년기념: 제3회 '민족대표33인'의 재조명 학술대회』, 2005.2.28. 서울프레스센터19층, 민족대표33인유족회 주최 학술회의, 2005.

조기주, 『동학의 원류』, 천도교중앙총부출판부, 1982.

천도교중앙총부교서편찬위원회, 『천도교약사』, 천도교중앙총부출판부, 포덕147(2006).

천도교중앙총부, 『天道敎百年略史』上..

黃錫翹, 「法律經濟槪要」, 『天道敎會月報』, 第92號(布德59年 3月), 1918.

황선희, 「역사적 입장에서 본 천도교 100년」, 『한국사회에서의 천도교

100년, 그 진단과 전망』, 동학학회 주최, 2005. 11. 26. 프레스센터 20층 국제회의실, 2005.

Benjamin R. Barber, 1984, Strong Democracy: Participatory Politics for a New Age (University of California Press. 1984)

제4부 1920년 이후 천도교의 민족운동: 통섭의 약화와 갈등적 근대성

1920년대 전반기 천도교의 노선 갈등과 분화 / 김정인

『천도교회월보』『별건곤』『개벽』『소수선생 신유년일기』
『조선일보』『시대일보』『동아일보』

강인택, 「천도교청년회 실업부에 대하여」, 『천도교회월보』 1921년 12월호.

기간, 「천도교청년당의 과거 1년을 회고하면서」, 『천도교회월보』 1924년 12월호.

김기전, 「농촌개선에 관한 도안」, 『개벽』 1920년 12월호.

김봉국, 「만종교의 통일적 정신」, 『천도교회월보』 1920년 10월호.

묘향산인, 「농촌청년회의 설립을 촉함」, 『개벽』 1921년 1월호.

김병준, 「지상천국의 건설자 천도교청년당의 출현」, 『천도교회월보』 1923년 10월호.

김병준, 「우리 교회의 제도개선에 대하여」, 『천도교회월보』 1922년 2월호.

김병준, 「지상천국의 건설자 천도교청년당의 출현」, 『천도교회월보』 1923년 10월호.

김병준, 「우리는 이러한 소질이 있다」, 『산업계』 1923년 12월호.

김병준, 「조선의 특이한 처지와 이에 대한 특이한 구제책」, 『개벽』 1923년 1월호.

졸고, 「1910~25년간 천도교 세력의 동향과 민족운동」, 『한국사론』 32, 1993.

동양실주인, 「만인주시의 흥미 중에 쌓인 금후의 천도교」, 『개벽』 1922년 10월호.

박달성, 「시급히 해결할 조선의 이대문제」, 『개벽』 1920년 6월호.

박달성, 「세계와 공존키 위하여 교육문제를 재거(再擧)하며 위선 서당개량을 절규함」, 『개벽』 1920년 11월호.

박달성, 「동서문화사에 나타나는 고금의 사상을 일별하고」, 『개벽』 1921년 3월호.

박달성, 「모든 행동을 좀더 무겁게 가지소서」, 『개벽』 1922년 5월호.

박사직, 「천도교 양차 분규 비화(1)」, 『신인간』 1930년 7월호.

박사직, 「천도교 양차 분규 비화(三)」, 『新人間』 1930년 10월호

배성룡, 「조선사회운동의 사적 고찰(1)」, 『개벽』 1926년 3월호.

백두산인, 「문화주의와 인격상 평등」, 『개벽』 1920년 12월호.

신식, 「문화의 발전 급 기운동과 신문명」, 『개벽』 1921년 8월호.

오영창, 「도주제의 부활을 주장함」, 『신민』 1925년 9월호.

원암(오지영), 「연원문제」, 『천도교회월보』 1921년 2월호.

이돈화, 「생활의 조건을 본위로 한 조선의 개조사업」, 『개벽』 1921년 9월호·10월호.

이돈화, 「문명화한 야만인」, 『개벽』 1926년 2월호.

이종린, 「6월 12일 그날」, 『천도교회월보』 1922년 8월호.

이종린, 「창간사」, 『산업계』 1923년 12월호.

이종린, 「본회의 제2회 총회를 경과하고서」, 『산업계』 1924년 7월호.

조선총독부 경무국, 「최근의 천도교와 그 분열에서 합동으로의 과정」,

『재등실문서』10, 1930.
정창선, 「과도기에 입한 여의 신운동」, 『개벽』 1921년 3월호.
조규태, 「1920년대 천도교연합회의 변혁운동」, 『한국근현대사연구』4, 1996.
조규태, 「1920년대 천도교의 문화운동 연구」, 서강대 박사학위논문.
韓東朝, 「天道敎와 朝鮮」, 『천도교회월보』 1922년 10월호.
김도형, 「1920년대 천도교계의 민족운동 연구」, 『역사와현실』30, 1998.
이준식, 「최동희의 민족혁명운동과 코민테른」, 『역사와현실』32, 1999.
이용창, 「1920년대 천도교의 분규와 민족주의운동」, 『한국근현대이행기연구』, 신서원, 2000.
이기훈, 「1920년대 '어린이'의 형성과 동화」, 『역사문제연구』8, 2002.
허수, 「일제하 이돈화의 사회사상과 천도교 : '종교적 계몽'을 중심으로」, 서울대학교 박사논문, 2005.
이애숙, 「1922~1924년 국내의 민족통일전선운동」, 『역사와 현실』28, 1998.
창해거사, 「조선인과 정치생활」, 『개벽』 1922년 11월호.
최린, 「합의제는 시대에 가장 적당함」, 『신민』 1925년 9월호.
편집실, 「천도교의정회 제1회 회록」, 『천도교회월보』 1922년 1월호.
한동조, 「천도교의 통일중심주의」, 『천도교회월보』 1922년 8월호.
김준엽·김창순, 『한국공산주의운동사』2, 1986.

1930년대 천도교의 반일 민족통일전선운동
: 조국광복회를 중심으로 / 성주현

김창수, 「高麗革命黨의 組織과 活動」, 『汕耘史學』4, 汕耘學術文化財團, 1990.

조규태, 「1920년대 천도교연합파의 변혁운동」, 『한국근현대사연구』4, 한국근현대사연구회, 1996.
박 환, 「정이형(1897~1956) 연구-고려혁명당의 조직과 활동을 중심으로」, 『한국민족운동사연구』, 우송조동걸선생정년기념논촌간행위원회, 1997.
丁原鈺, 「在滿抗日獨立運動團體의 全民族唯一黨運動」, 『白山學報』19, 白山學會, 1975.
황민호, 「만주지역 민족유일당운동에 관한 연구」, 『숭실사학』5, 숭실대학교사학회, 1988.
김영범, 「1920년대 후반기의 민족유일당운동에 대한 재검토」, 『한국근현대사연구』1, 한국근현대사연구회, 1994.
조규태, 「천도교 구파와 신간회」, 『한국근현대사연구』7, 1997.
성주현, 「1920년대 경기지역의 천도교와 청년동맹 활동」, 『경기사학』4, 경기사학회, 2000.
김정인, 「1920년대 중후반 천도교세력의 민족통일전선운동」, 『한국사학보』11, 고려사학회, 2001.
장석흥, 「천도교구파와 6·10만세운동」, 『북악사론』4, 국민대학교 국사학과, 1997.
신주백, 「1930년대 반일민족통일운동운동의 전개과정」, 『역사와 현실』제2호, 한국역사연구, 1989.
이준식, 「항일무장투쟁과 당재건운동」, 『일제하 사회주의운동사』, 한길사, 1991.
백동현, 「한인조국광복회운동에 관한 연구」, 『白山學報』제49호, 白山學會, 1997.
이종석, 「북한지도집단과 항일무장투쟁」, 『해방전후사의 인식』5, 한길사, 1990.

성주현, 「평생을 만주에서 민족운동에 바친 강제하」, 『신인간』.
성주현, 「영원한 혁명투사 문암 박인진」, 『新人間』통권577호, 1998
조선총독부, 『朝鮮의 類似宗敎』, 조선총독부, 1935.
김을천, 「조국광복회가 수행한 혁명적 역할―조국광복회 창건 30주년에 제하여」, 『력사과학』제3호, 1966.
이준식, 「항일무장투쟁과 조선민족해방동맹」, 『일제하 사회주의운동사』, 한길사, 1991.
와다 하루끼, 이종석 역, 『김일성과 만주항일투쟁』, 창작과 비평사, 1992.
金正柱 편, 『朝鮮統治史料』8, 한국사료연구소, 1960.
姜德相 편, 『現代史資料』30, みすず書房, 1977.
김일성회고록 『세기와 더불어』5, 조선노동당출판사, 1994.
조선천도교중앙지도위원회, 『천도교개요』1, 조선천도교중앙지도위원회, 1975.
과학백과사전출판사, 『조선전사』19, 과학백과사전출판사, 1981.

천도교 구파의 6·10만세운동 / 장석흥

張錫興, 「6·10萬歲運動硏究」, 국민대 박사학위논문, 1995.
표영삼, 「6·10만세와 천도교」(상·하), 『신인간』1992. 11·12월호.
劉準基, 「6·10萬歲運動과 天道敎」, 『吳世昌敎授華甲紀念論叢』, 1995. 12.
表暎三, 「천도교와 6·10만세운동」, 『한국민족운동사연구』14, 한국민족운동사연구회, 1996.12.
조규태, 「천도교청년동맹의 조직과 활동」, 『忠北史學』9집, 충북대학교 사학회, 1997.3.

김준엽·김창순,『한국공산주의운동사』2.
金正仁,「1910-25년간 天道敎 勢力의 동향과 民族運動」,『韓國史論』 32, 1994.
박래원,「춘암상사의 행적」,『신인간』297호, 1972. 6·7월호.
朝鮮總督府,『朝鮮の類似宗敎』, 1935.
崔起榮,「韓末 東學의 天道敎로의 개편에 관한 검토」,『한국학보』76집, 1994 가을.
姜東鎭,『日帝의 韓國侵略政策史』한길사, 1980.
박찬승,「1920년대 중반-1930년대 초 민족주의 좌파의 신간회운동론」,『한국사연구』80, 1993.
편집실,「天道敎靑年同盟創立總會會錄」,『天道敎會月報』184호, 1926년 4월호.
주혁,「조선사정연구회의 연구」, 한양대 석사학위논문, 1992.
李鍾麟 談,「混沌한 思想界의 整頓이 急務」,『正論』1-1, 1925.6.
윤해동,「일제하 물산장려운동의 이념과 그 전개」, 서울대 석사학위논문.
權東鎭,「人類主義는 나의 가장 贊誦하는 理想이외다」,『開闢』1923년 3월호(통권 33호).
張錫興,「朝鮮共産黨 臨時上海部의 통일전선과 6·10만세운동」,『韓國民族運動史硏究』于松趙東杰先生停年紀念論叢2, 나남출판, 1997.
박의섭,「나의 아버지 현파 박래홍」,『新人間』, 1995년 12월호(통권 제545호.
조두원,「6·10운동과 조선공산당」,『청년해방일보』, 1946년 6월 9일.
표영삼,「6·10만세와 천도교(상)」,『新人間』통권510호, 1992.11.
최정간,『해월 최시형가의 사람들』, 웅진, 1994.
지중세 역편,『조선사상범 검거실화집』, 1946(돌베개, 1984).

찾아보기

[용어편]

【ㄱ】

가정부假政府 312
가정부조직설 291, 293, 320
각심 32, 35, 40
각자위심各自爲心 107, 160
각천覺天 59
갑오농민전쟁 283
갑오동학농민전쟁 193
갑오동학혁명 162, 170, 179
갑진개혁운동 155, 157, 174, 387
갑진개화운동甲辰開化運動 113, 179, 190, 202, 205, 206, 208, 228, 285
갑진개화혁신운동 181, 191, 192, 194, 195, 200, 201
갑진혁신운동 405
강원도 264, 265
개벽開闢 113, 158, 392, 421, 436, 461, 521, 529
개벽사開闢社 491, 522
개벽운동 113
개인주의 198
개조改造 372
개체성 388, 391, 393
개화 89, 111, 115

개화당 226
개화자강 107
격고문檄告文 516
격문檄文 529
견성 26, 29, 30
견성각심見性覺心 18, 26, 32
견성법 78
견성해 18, 26, 29
경기 260
경기도 261, 263
경물 166
경상도 256, 258, 274
경성야체이카 511
경성일보京城日報 335, 336, 345, 346, 353, 365, 370
경인 166
경전經典 188
경천 166
계급운동 426
계급의식 393
계몽 132
계몽 언론 123, 126
계몽운동 228
계몽주의 406
계보학系譜學 181
고려공산청년회 511, 515
고려혁명당高麗革命黨 448
고려혁명당운동高麗革命黨運動 452
공개인公個人 388, 394, 414
공空 64

공공선 385, 393
공공성 394
공공영역 268, 270
공단空斷 38
공도公道 39
공도공행公道公行 39, 75, 77, 83
공동전수심법식 191
공동체 271, 273, 403
공동체주의 389
공동체주의자 393
공산주의자 455
공생 167
공약삼장 410
공적空寂 67
공적영지空寂靈知 64
공적활발 59, 62
공진회 212
공천제公薦制 225
공행公行 39
공화국가 320
공화민주주의 386, 409, 414
공화심共和心 42, 79
공화정 385, 403
공화정체 397
공화주의共和主義 385, 396, 402, 403, 410, 415
관혼상제冠婚喪祭 162
교권 429
교리강습소 206
교리서 발간 206

교리화 86, 106, 116
교시보交時報 372
교우구락부 427
교우동지구락부 212
교육 143, 234
교육문제 424
교인대회敎人大會 496
교정분리敎政分離 200, 282, 319
교정쌍전敎政雙全 112, 410
교정일치敎政一致 112, 199, 206
교조신원운동 162, 170, 189
교종敎宗법경 188
교주敎主 429, 493, 527
교주 불신임 430
교주제 420, 432, 445
교주제敎主制 495
교회분석敎會分析 143
교훈가 186, 189
구미산의 개화開花 49
구파舊派 420, 448, 452, 489, 492, 497, 499, 515, 528
국가 399
국가의식 399
국가이성 393
국가주의 400
국가학 221
국교 216
국력 405
국무총리 304
국민 219

국민국가 399
국민당國民黨 491, 506
국민대회 290
국민보國民報 303
국민신문 329
국시國是 220
국제정세 217
군인총독제軍人總督制 355, 359, 380
귀신鬼神 30
귀신자오야鬼神者吾也 48
귀족정 385
균형 169
극락 30, 32
극락설 19, 31
극락심極樂心 42, 79
근대국가 232, 275
근대사회 156
근대성(modernity) 202
근대화 225
근대화 노선 421
근대화운동 113, 205, 403, 404
기독교 129, 184, 216, 238, 241, 246, 247, 269, 275, 466
기독교국 302
기독교도 239, 247
기독교청년회 511
기미독립선언문 243
기발氣發 54
기화작용氣化作用 169
김일성회고록 455, 462

【ㄴ】

나 394, 398
남부 지방 273
남접 205
내유신령內有神靈 98
내재적 발전 96
내지연장주의內地延長主義 375
노동자 262
노령임시정부露領臨時政府 298, 300, 412
노령임시정부안 280
논학문 184
농민 504
농촌문제 424

【ㄷ】

다시개벽 42, 158, 174, 175, 177
다신론 183
단발령 175
단발흑의斷髮黑衣 405
대고천도교 120, 131, 133, 136
대고천하大告天下 93
대동단결大同團結 504
대동단결선언 383
대동합방론大東合邦論 218
대승기신론 52, 54
대원경지大圓境智 75
대의정치 223

대의제 220, 403
대인접물待人接物 188
대일인쇄기계회사 511
대정大正데모크라시 335
대종정의大宗正義 95, 192, 423
대중운동 233
대지大智 56
대통령大統領 282, 321, 413
대통령제 289, 303
대판大阪매일신문 237, 341, 346, 359, 370
대판조일신문 335, 336, 358, 365
대한공화국임시정부 302
대한국민의회大韓國民議會 280, 298, 412
대한독립당大韓獨立黨 516, 520
대한독립혈전기 298, 300
대한매일신보 120, 126, 130
대한민간정부안 292, 297
대한민국 383
대한민국임시정부인大韓民國臨時政府印 491, 520
대한인국민회 300, 301
대한자강회 213
대한제국 209
대한협회大韓協會 212, 223, 287
도교 51
도덕 145, 385
도덕문명道德文明 145
도덕성 402, 424

도덕적 시민 393
도령부령都領府令 305
도연구도道研究圖 396, 400
도일기념일 445
도전道戰 172, 195
도종道宗법경 188
독립 115
독립 시위운동 254
독립선언 241, 247, 277, 281, 291
독립선언서 244, 290, 292, 316, 317, 318, 410
독립신문 250, 499
독립운동 231, 235
독립운동사 454, 487
독립청원 241, 281, 291
독립청원서 237
독립협회 209, 228
독매신문 329
동강회의 465, 468
동경 120
동경대전 136, 182, 188
동경연의東經演義 95
동경일일신문 329
동경조일신문 329, 337, 344, 350, 354, 356, 357, 359, 362, 365, 369, 370
동귀일체同歸一體 49, 159, 410, 414, 416
동도주의東道主義 205, 448
동맹론 218

찾아보기 555

동방시론東方時論 372
동북아시아 161
동북항일연군 455, 456, 474
동아일보 380, 442
동아일보 계열 495, 527
동아일보계 442
동양경제신문 359, 366, 370
동양사상 203
동질적 기화氣化 168
동학東學 85, 86, 114, 116, 119, 130, 131, 136, 142, 149, 158, 179, 201, 202, 205, 228, 286, 468
동학교단 88, 157
동학농민운동 257
동학농민전쟁 207
동학당東學黨 121, 438
동학론 184
동학운동 193
동학의 종교화 선언 121
동학의 천도교 개신 121
동학혁명 387, 462
동화정책 356, 379
동화주의同化主義 375

【ㄹ】

러시아혁명 348
러일전쟁 121, 208
릴리지온 140

【ㅁ】

마음 23, 34
마음공부 32
마음하늘 28, 29
마탈심魔奪心 19, 40, 42
만세보萬歲報 95, 145, 206, 217, 221, 226, 285
만조보 329, 336, 339, 354, 357, 369, 370
망명정부 321
메이데이 기념시위 512
멸고창신蔑古創新 216
명리전明理傳 92, 148, 172, 194, 214, 397
명치유신明治維新 160, 228
모심의 철학 158
몸하늘 28, 29
묘관찰지妙觀察智 75
무관武官총독제 336, 365, 370
무교주제 431
무궁無窮한 나 105
무궁사无窮社 422
무궁성 83
무극 59
무단통치 326
무명회無名會 443
무산대중無産大衆 503
무신론無神論 183, 187, 198
무심행無心行 77

무애행 77
무자성無自性 67
무장투쟁 453, 456
무정리천無情理天 28
무체법 49
무체법경無體法經 17, 23, 47, 102, 198, 393
무체성無體性 63
무형천無形天 28, 29
묵암비망록黙菴備忘錄 280, 292, 320
문관총독 359
문관총독제 362, 380
문명 145, 148
문명개화開明文化 88, 129, 132, 145, 216, 226
문명개화노선文明開化路線 206, 217, 285, 322, 425
문명개화론 172, 214
문명개화운동 150
문명개화파 205, 206, 215, 227
문명충돌 48
문명화 148
문무관병용제文武官倂用制 367
문화계몽운동 421, 444
문화계몽운동론 425
문화운동 150, 421, 423, 426
문화정치 495
문화통치 326
문화파 439
물물천物物天 사사천事事天 92

물산장려운동 423, 439, 504
물자체 20
물정심 80
미국 308
민 387
민국民國 306, 413
민력 405
민우회民友會 491, 499, 505, 528
민족 자결 237, 245
민족 자결의 원칙 346
민족개벽 438
민족공동체 416
민족대표 277, 282, 289
민족문화수호운동본부 296
민족사회운동 231, 244, 248, 260, 270, 275
민족운동 노선 435, 440, 444
민족유일당운동民族唯一黨運動 452
민족자결주의 308, 318, 323, 343, 379, 409, 410
민족주의 236, 404
민족주의운동 451
민족통일전선운동 448, 451
민주 정체 318, 413
민주공화국 383, 384, 402, 413
민주공화제 383
민주공화주의 383, 386, 394, 402, 414, 416
민주정 385, 403, 404
민주주의 385, 403, 404

민중 162, 267
민중종교 206
민회民會 88, 113, 179, 195, 205, 387, 402
민회운동 121, 138, 403, 404, 406, 407, 409, 413, 415
믿음 189

【ㅂ】

반제민족통일전선노선 466
방어적 동원 271, 274
배일당 213
배일파 213
백두산 밀영 470
백서 사건 192
범신관적 유신론 198
범인 40, 78
법경法經 188
법설 188
법성法性 20
법학계法學界 313
변계소집성 74
보국안민輔國安民 87
보디사트바Bodhisattva 26
보디Bhodii 26
보성법률상업학교 292
보성사 296, 411
보성전문 313
보성전문학교 513

보수적 민족운동 275
보수파 419, 428, 431, 432, 435, 439
보용담步勇談 348
보우 52, 55
보지신문 345
본교력수 136
본래 나 73
본래아本來我 52, 73, 79, 83
본래의 나 18, 23, 27, 53
본래적 자아 67, 80, 82
본원주의 49
부문운동 407
북송 도학 60
북접 205
북한 454
분열 정책 495
불가佛家 20, 44, 47, 52, 60
불가적 담론 48
불공不空 63, 64
불교 51, 60, 72, 74, 127
불령선인不逞鮮人 338
불성佛性 20, 55, 60
불연기연不然基然 169
불연不然 44
불이불염不二不染 67
붓다Buddha 26
붓디Bhuddi 26
비각성比覺性 29, 74, 83
비인격성 98

비장秘藏 67
비타협파 451
비판 372
비폭력 251

【ㅅ】

사단四端 56
사대강령 405
사람성주의 423
사상휘보思想彙報 479
사인여천事人如天 109, 167, 182
사인여천 사상 188
사인여천주의 434
사지四智 75
사천여부모事天如父母 189
사회개벽 438
사회성 401, 415
사회운동 232
사회주의 426, 508, 509
사회주의세력 506
사회주의운동 511
살육전 348
삼경 162
삼경사상三敬思想 109, 166
삼균주의 385
삼남 지방 275
삼부경전三部經典 188
삼성과 18, 23, 29
삼심관 18, 32, 36

삼심三心 75
삼전 172
삼전론三戰論 148, 173, 194, 214, 216
상극의 문명개화론 173
상相 66
상생相生 167, 172
상생의 문명개화론 173
상소문 208
상춘원常春園 491, 520
상해임시정부上海臨時政府 303
생멸문生滅問 52, 54, 58
생활의 성화聖化 111
서교 130
서구 247
서양 131, 160
서양사상 203
서울 120, 261
서울청년회 426
서학 137, 186, 192
서학西學 286
선가仙家적 통로 48
선거 403
선언서 211
선천개벽 42
성 23
성령출세설性靈出世說 199
성리 72
성리性理 60
성리학 60

찾아보기　559

성미　446
성미제誠米制　284
성범설　19, 40
성誠·경敬·신信　189
성性　20, 36, 54, 58, 60, 66, 82
성소작지成所作智　75
성속일치　200
성심性心　17, 21, 24, 61
성심관　17, 47, 48
성심변　17, 19, 22
성심본체　21, 38, 45, 46, 48
성심분별　47
성심불이性心不二　43, 44
성심수련　18, 26, 36, 47
성심신삼단　18, 23, 29, 52, 53, 59, 68
성심천性心天　66
성인　32, 40, 78
성즉리性卽理　56
성천性天　29, 52, 59
성품　33, 47
성품자리　33
성품하늘　28, 29
성화聖化　81, 114
성훈요의聖訓要義　95
세기와 더불어　455
소년운동　422
소분천小分天　97
소통　48
수도修道　102

수련　81
수심정기　197
수양론　100, 115
수운심법강의　182
습관천習慣天　28, 29
승조　64
시간성　245
시대상　160
시민적 덕　385
시사신문　380
시사신보　329, 359
시侍　158
시운時運　158
시위 파도　248
시천侍天　52, 59, 82
시천교　212
시천주侍天主　47, 86, 90, 91, 92, 96, 116, 158, 182, 185, 390, 392, 395
시천주 사상　184, 187, 193
식민지 정책　334
식민지 파시즘　326
신·구파　444, 492, 497, 498, 527
신·구파 분화　419, 420, 447
신　32
신간회新幹會　499, 529
신간회운동新幹會運動　452
신관神觀　97, 100, 186
신도神道　206
신문 사설　336, 341, 360, 367

신문명 424
신문화운동 194
신민 529
신민新民 521
신민주주의 407
신민회新民會 181, 383
신앙성 401
신여성新女性 521, 529
신원 193
신유사옥 192
신종교 123
신천身天 29, 52, 59
신통神通 32, 35
신통고 18, 32, 35
신통력 35
신파 420, 448, 497
신한민국정부 306
신한민보新韓民報 301
신한청년당 236, 238
신흥종교 267
실력양성론 217, 222, 406
실력양성운동 423, 444
심心 54, 58, 82
심성心性 62
심성론心性論 52, 56, 82
심즉리心卽理 56
심즉천心卽天 58, 91, 92, 96, 116
심천心天 29, 52, 59
심통성정론心統性情論 52
쌀소동 334

【ㅇ】

아상我相 44
애국계몽운동 406
야마도신문 341
약법約法 307
약육강식 167
양천주養天主 189
언론 143
언론집회압박탄핵회 443, 499
언전言戰 172, 195
여래장如來藏 67
여래장자성청정심如來藏自性淸淨心 44
여여如如 37
여여심如如心 36, 75, 77, 83
연립정부 308
연원淵源 494, 496, 514
연원제 432
연정회 442
연통제 266
영靈 159
영부靈符 44
오수부동五獸不動 172
오심즉여심吾心卽汝心 48, 105
오영창계 420, 445
왕권 385
외인론外因論 350, 381
용담연원龍潭淵源 49, 432
용用 56, 82

용담유사 182, 188
우주적 공동체 395
우파 419
원각성圓覺性 29, 74, 83
원리原理 20
원리원소 36
원성실성 74
원소元素 20
원인론 355
위위심爲爲心 19, 40, 42, 79
유·불·선 184
유가 62, 72
유가적 담론 48
유교 127, 189, 216, 261, 272
유림 225
유무 중도中道 66
유사종교 123
유신론 183
유신론적 범신론 187
유일신唯一神 185
유정심천有情心天 28
유정천有情天 28, 29
유지 273
융희황제 512
은도시대 189, 193
음양陰陽 30
의병 286
의암성사법설 198
의정회 428
의타기성 74

의회 404
이념 157
이발理發 54
이성理性 60
이신환성以身換性 53, 80, 84, 105, 116
이원론 54
이이제이 194
이일理一 60
이일분수理一分殊 60
이종린계 439, 440, 442, 446
이질적 기화氣化 168
이천식천以天食天 162, 166, 189
이타심利他心 42, 79
이태왕국장의李太王國葬儀 336
이태윤 431
인간 187, 191
인간 중심주의 112, 187, 198
인간관 115
인격성 98
인급천人及天 191, 199
인내천人乃天 48, 82, 85, 86, 87, 90, 91, 92, 93, 94, 96, 100, 106, 112, 116, 182, 187, 191, 199, 206, 388, 395, 423
인내천사상 182, 187, 190, 197, 201, 202
인내천요의 182, 423
인내천주의人乃天主義 182, 423, 433
인도 34

인류주의 508
인민 222
인본주의 106
인쇄직공조합 518
인시천人是天 91, 92, 116, 189
일반의지 393, 403
일본 131, 160, 171, 206, 216
일본 및 일본인 372, 374
일본 언론 325, 378
일본 유학생 242
일심一心 58
일심이문一心二門 52, 54, 58
일제 247, 490, 495, 515
일제신문 336
일진회一進會 89, 132, 138, 196, 205, 210, 211, 213, 227, 282
일진회선언서 196
일체유심조一切唯心造 34
임시약법 431
임시정부 279, 289, 290, 302, 384, 411, 413
입헌제 221

【ㅈ】

자강 89, 111, 115
자리심自利心 42, 79
자성自性 20, 389
자심自心 389
자심자각自心自覺 393
자심자경自心自敬 387, 388
자심자배自心自拜 387
자심자법自心自法 388
자심자성自心自誠 388
자심자신自心自信 388
자유 393
자유민주주의 396
자유심自由心 36, 39, 42, 75, 79, 83
자유주의자 388
자주 390
자주성 390
자천자각自天自覺 27, 78, 387, 388, 389, 393
자치 370, 373, 442
자치론自治論 359, 374, 381, 501, 504, 506, 527
자치정국 448
재미한인사략 298
재미한인오십년사 298, 303
재전財戰 172, 195
적자생존適者生存 167
전단정부傳單政府 294, 306
전도사회 428
전도사회傳道師會 427
전라도 257, 258, 259
전일성 73, 83
전적全的 운동 387, 407
전향적 동원 267, 268
절대이성 393
절정기 260

정교분리 134, 149
정당정치 223
정대평등론 433
정도령正都領 282, 307, 308, 321, 413
정동 교회 243
정부 수립 277
정신개벽 438
정언명령 393
정情 54
정치 주체 386, 395, 414
정치개혁론 220
정치공동체 387
정치권력 396
정치사회운동 392
정치참여 386, 387
정치참여운동 414
제1차 한인회의 302
제1파도 251
제2파도 255
제3파도 260
제4파도 264
제국신문帝國新聞 119, 133, 136, 140
제국주의 441
제암리 264
제우교濟愚敎 515
제헌헌법 384
조국광복회 451, 453, 456, 457, 465, 470, 472, 474, 475, 485, 487
조국광복회 선언문 471
조국광복회운동사 455, 481
조국광복회祖國光復會 453
조선공산당 489, 490, 491, 506, 510, 515, 525, 528
조선국민대회 412
조선기근구제회 443
조선노농총동맹 512
조선노동총동맹 500, 527
조선농민사朝鮮農民社 448
조선독립신문朝鮮獨立新聞 280, 289, 291, 292, 320, 325, 411
조선독립인대회 290
조선민국대회朝鮮民國大會 306
조선민국임시정부 298, 305, 309, 412
조선민국임시정부안 280
조선소요경과朝鮮騷擾經過 329
조선인 340
조선일보 380, 444
조선일보계 442
조선자주당연합회朝鮮自主黨聯合會 306, 412
조선청년회연합회 433
조선총독부 275, 335
조화 169
조화정 47
종교 85, 116, 122, 126, 134, 136, 140, 146, 149, 187, 234, 509

종교성 415
종교철학 386, 388, 416
종교체험 185
종교화 122
종교화운동 139
종령宗令 90, 141
종리사宗理師 431
종의원 430
종합잡지 372, 377
종합주의Syncretism 48
좌파 419, 435
주자어류 62
주자학 51
주재성 73, 83
주체 395
주체성 389, 390, 400
주체적 인격 388
준비시대 145, 214, 215, 219, 223, 406
중국 160, 265
중국공산당 456, 464
중립파 503, 504
중앙공론中央公論 372, 373
중앙종리원中央宗理院 496
중앙총부中央總部 282
중외상업신보 329
중용 20
중추원中樞院 222, 359
지공무사至公無私 395
지기至氣 98, 99

지기일원론至氣一元論 408
지방자치제 224
지상천국 159
지역 유지 272
진공묘유眞空妙有 64
진보 219
진보주의 219
진보회進步會 132, 155, 196, 205, 209
진심眞心 79
진심불염眞心不染 18, 19, 26, 43
진여문眞如問 52, 54, 58
진정원 301
집단지도체제 420, 431, 527
집중執中 36

【ㅊ】

참정권參政權 381
참정권운동자 503
창도 시대 192
창립장정創立章程 280, 305, 307, 314, 321, 412
척양척왜斥洋斥倭 193
척왜양창의斥倭洋倡義 410
천거제 224
천덕 39
천도天道 39, 42, 49, 137, 396
천도교 85, 106, 116, 119, 131, 134, 135, 136, 143, 149, 156,

157, 179, 181, 188, 194, 196,
201, 211, 218, 219, 225, 228,
237, 239, 241, 246, 269, 275,
279, 283, 284, 308, 309, 313,
314, 337, 343, 384, 386, 392,
394, 398, 401, 409, 414, 435,
452, 454, 459, 465, 466, 468,
470, 474, 485, 487, 490, 491,
523, 525, 528
천도교 개편 85, 89, 90, 96, 106, 111, 115
천도교 선포 197
천도교 제일주의 437
천도교 종리원 454
천도교 중앙위원회中央委員會 496
천도교 청년회 421
천도교개요 455, 481
천도교경전 188
천도교교헌天道敎敎憲 431
천도교단 281, 321, 455
천도교당 520, 522
천도교대헌天道敎大憲 90, 143, 281, 426, 430
천도교도 247, 253
천도교리독본 182
천도교소년회 422
천도교연합회 431, 516
천도교인 429
천도교종헌天道敎宗憲 429
천도교중앙위원회 447
천도교중앙총부 192, 293
천도교중앙총부天道敎中央總部 90
천도교지天道敎志 95
천도교창건사 191
천도교청년교리강연부 421
천도교청년당 407, 435, 438, 497
천도교청년동맹 490, 500, 511, 518, 521
천도교청년동맹天道敎靑年同盟 497
천도교청년회 387, 425
천도교통일기성회天道敎統一期成會 446, 496
천도교혁신단天道敎革新團 431
천도교회월보天道敎會月報 206, 292, 315, 389, 392, 411, 499
천도구국단天道救國團 296
천도태원경天道太元經 95
천리天理 42
천심天心 391
천인공화天人共和 400, 415
천종天宗법경 188
천주 98, 415
천주교 184
천지부모 47
천지天地 30
천체天體 42
천황 216
천황씨 32
청림교靑林敎 515
청일전쟁 194

체體 56, 82
체용일치 66
초등교육初等敎育 397
최린 계열 494
최린 세력 495
최린계 435, 437, 440, 442, 445
출판 143
충청 260
충청 지방 272
충청도 271, 274
치안유지법 502
친일 139, 212
칠정七情 56

【ㅋ】

코민테른 456, 485
크레스틴테른 449

【ㅌ】

타타타Tathata 37
타협파 451
탁사현법託事顯法 72
탄도유심급 34
탑골공원 250
태양太陽 372
태화관 241
토지 수용 정책 363
토지조사사업 235

통감부 222
통섭 180, 202
통섭(心統性情) 54
통섭주의 179, 182
통유문通喩文 92
통일전선운동 465, 470, 475, 485, 489
통일철학 414
통전전국 448
통합 48
통합주의 410, 415

【ㅍ】

파리 강화회담 236
파리강화회의 308
평등성지平等性智 75
평민신문平民新聞 333
평안북도 265
평양 254
포덕 179
포함包含 184
포함삼교包含三敎 51
폭력 251
풍류도 51
풍산군종리원 482

【ㅎ】

하늘마음 28

하늘성품 29
하라내각 375
학생단체 241, 270
한국민족 379
한성정부漢城政府 303, 306
한울 63, 68
한울 이치 69
한울님 83, 191
한울본체 77
한울사람 159
한인민족해방동맹 474
한일합방 333
합방청원서 121, 138
합방청원운동 212
해방解放 372
해월신사법설 188
해탈 26, 27, 78
해탈심解脫心 80
향벽설위向壁設位 162
향아설위向我設位 162, 164
향자치鄕自治 223
향자치안 405
향촌사회 273
향촌자치제 406
허광심虛光心 36, 75, 77, 83
허령虛靈 64
헌법 383
헌법제정위원회 307
헌정연구회憲政研究會 212, 287
혁명 428, 429

혁신운동 157, 426, 427
혁신파 419, 426, 428, 429, 431, 432, 448, 493
현도 시대 194
혈각성血覺性 29, 74, 83
협동전선 443
혜산사건惠山事件 462, 474
혜산종리원 477
혼원일기渾元一氣 416
혼합정 385, 403
화두話頭 74
화성의숙 459
활발발지活潑潑地 66
활발活潑 67
황성신문 132
황해도 265
황황상제 28
회광반조回光返照 37
회교동망會敎同亡 212
회통 180, 202
후경 24
후천개벽 42
후천개벽운동 166
후팔절 199
흑의단발黑衣斷髮 156, 174, 210

【기타】

105인사건 240
10대 강령 457, 465, 471

13인회 443
1920년대 419, 448, 452, 489, 492
1925년 445, 447, 493, 527
1930년대 451
2·8 독립선언 236
2·8 독립선언서 242
3·1 독립선언 298
3·1독립운동 156, 253, 323, 327, 378, 387, 409, 415
3·1운동 202, 232, 233, 239, 242, 245, 257, 266, 268, 270, 274, 277, 279, 281, 294, 302, 319, 324, 337, 348, 355, 360, 383, 402, 403, 409, 413, 426, 451, 462, 487, 489, 504, 515
3·1운동 세력 503
3·1월간 472
3·1정신 384
3대 개벽 438
3대 원칙 281
4대 강령 209, 210
5·4운동 245
6·10만세운동萬歲運動 449, 452, 489, 490, 499, 510, 515, 521, 522, 528
YMCA 243

[인명편]

【ㄱ】

간디Gandhi 245
강기덕康基德 244, 316
강달영 443, 500, 505, 528
강병선康秉旋 474
강인택 426
강제하 452, 459
계연집 436
곽종석 315
권동진權東鎭 95, 207, 212, 238, 282, 287, 294, 412, 429, 435, 439, 491, 493, 496, 499, 508, 509, 514, 527
권영달權永達 474
권영욱 468
권오설權五卨 510, 512, 519
권희목 310
길선주 239, 240
김가진 213
김규식金奎植 294, 298, 301, 304
김기전金起田 422, 436
김단야 521, 529
김덕연 521
김마리아 244
김병수 243
김병조 240
김병준 440
김봉국 426, 430, 431, 433, 452
김성수 441
김세환 243
김영우 298
김옥빈 436
김완규 440, 499
김원벽 244
김원용金元容 298
김윤식金允植 294, 307
김일성 453, 454, 459, 467, 475, 485, 487
김재계 498
김재범(김평) 468, 470
김한 430

【ㄴ】

나용환 427, 430
나인협 427
남형우 298, 301
노백린盧伯麟 294, 307
노재연盧載淵 298

【ㄷ】

다루이 도키치 218
달마 64
대신사 32
데라우치 363

득통 기화 52, 54

【ㄹ】

루소 393
류동열 298, 301

【ㅁ】

마르크스 393
마조선사 70
문창범文昌範 294, 298
민영기 224
민찬호閔瓚鎬 307
민창식 518

【ㅂ】

바버 393
박달성朴達成 422, 424, 434, 436
박동완 505
박래원朴來源 443, 490, 498, 499, 510, 517, 519, 528
박래홍 498, 499, 510, 513, 521
박리은朴理垠 310, 313
박병기朴秉基 478
박사직 436
박영효朴泳孝 287, 298, 301, 304, 505
박용만朴容萬 294

박용하 480
박인진朴寅鎭 454, 459, 462, 469, 474, 475, 477, 485, 487
박인호朴寅浩 95, 207, 292, 404, 427, 430, 445, 491, 493, 495, 510, 513, 514, 520, 527
박일병 430
박희도 240, 243
반병률 298
방정환 525
백명천 518, 520
볼드윈(Baldwin) 255

【ㅅ】

사이토齊藤實 367
선우혁 238
손병희孫秉熙 17, 51, 87, 92, 102, 120, 132, 135, 147, 150, 179, 181, 194, 201, 205, 206, 209, 211, 216, 218, 281, 284, 287, 294, 296, 298, 301, 302, 303, 304, 307, 311, 316, 318, 319, 321, 388, 412, 413, 419, 420, 428, 429, 430, 493, 525, 527
손시병孫時秉 207
손재기 498, 518, 520, 521
송계백 237, 238, 242
송병준宋秉畯 210, 212, 282
송진우 238, 240, 242, 441

송헌 426, 430, 431
수운水雲 59, 103, 158, 160, 201
수운 최제우 51
신석우 442, 505
신숙 452
신홍식 240, 243

【ㅇ】

안재홍 442, 505
안창호安昌浩 181, 294, 298, 300, 301, 307
양재식 518
양전백 239, 240
양한묵 95, 208, 212
여운형 236
오기선 240
오버샬 237, 394, 431, 440, 500, 505
오상준吳尙俊 397, 499
오세창吳世昌 95, 207, 212, 238, 282, 287, 294, 307, 412, 429, 431, 499
오영창吳榮昌 420, 427, 445, 495
오지영 426, 430, 432
오화영 240
운봉 대지 52
운봉선사 82
운봉雲峰 56, 71
원우관 430

위증민魏拯民 456, 467
윌슨 237, 323, 346, 410
유공삼 431
유길준 175
유억겸 505
유여대 240
윤시병 210
윤용선 208
윤익선尹益善 292, 307, 314, 426
윤치호 227
윤현진 298, 301
윤효정 213
율곡 72
의암義菴 17, 22, 31, 42, 46, 47, 51, 52, 53, 57, 58, 59, 60, 62, 66, 71, 82, 87, 155, 161, 171, 180, 190, 194, 196, 396
이갑성 243
이경운李景云 474, 482, 487
이관李瓘 315, 413
이광수 236, 442
이교홍 440
이규완李圭完 207
이근택 224
이기설 498
이돈화 94, 182, 191, 198, 392, 401, 422, 423, 434, 436
이동구 426, 430, 452
이동국 452
이동규 522

찾아보기 571

이동녕李東寧 294
이동락 426, 430
이동휘 298, 301
이두성 436
이례영李禮泳 478, 479
이명용 240
이상李相 307, 315
이상우李祥宇 426, 516
이상재李商在 505
이상헌李祥憲 194, 207
이승만李承晩 294, 298, 300, 301, 302, 303, 304, 307, 321, 412
이승훈 239, 242
이시영李始榮 294
이완영李完泳 478
이완용李完用 366
이용구李容九 89, 121, 207, 282
이용익 224
이용재 518
이윤용 208
이인숙 431
이전화李銓化 470, 474, 487
이정李政 311
이종린李鍾麟 291, 292, 293, 411, 420, 432, 435, 439, 440, 443, 444, 491, 493, 496, 499, 505, 507, 513, 527
이종일李鍾一 280, 291, 292, 296, 316, 411
이종훈 207, 430, 431

이지용 224
이지용李址鎔 366
이진호李軫鎬 287
이창선李昌善 468, 469, 474, 482, 487
임예환 427
임제 선사 66, 82

【ㅈ】

정계완 430, 431
정광조鄭廣朝 427, 430, 435, 493, 495
정춘수 240
조기간 436, 438
조병수趙炳秀 480
조완협 480
조용은趙鏞殷 307
조인성 428, 430
조희문趙義聞 207, 287
조희연趙義淵 287
주자 52, 60, 82
주종건 430
지눌 64

【ㅊ】

최남선 238, 239
최단봉 436
최동오 452, 459

최동희崔東曦 186, 426, 430, 433, 452, 517
최린崔麟 238, 239, 242, 282, 294, 410, 412, 420, 429, 430, 435, 444, 473, 493, 495, 505, 527
최병현 521
최시형崔時亨 51, 87, 91, 98, 109, 111, 181, 182
최안국 431
최익현 225
최익환崔益煥 286
최제우 95, 98, 107, 111, 181, 182, 205
최준모 428

함태영 240
허익환 310, 312
헤겔 393
현순玄楯 300
혜능 45
홍기조 427
홍병기 207, 404, 427, 430, 431
홍일창 436
황에스터(黃愛施德) 244
황사영 192
후쿠자와 91

【ㅋ】

카와카미川上又次 207
칸트 20, 393

【ㅌ】

퇴계 54

【ㅎ】

하버마스 386
해월海月 45, 47, 51, 64, 87, 161, 162, 188, 193
한위건 244

의암 손병희와 3·1운동: 통섭의 철학과 운동

인쇄일 2008년 2월 10일
발행일 2008년 2월 20일
지은이 오문환 정혜정 김용휘 고건호 윤석산 홍경실
        김정인 김용직 고정휴 이동초 성주현 장석흥
펴낸이 박길수
펴낸곳 도서출판 모시는사람들(1994.7.1 제1-1071)
        110-775 서울시 종로구 경운동 88 수운회관 1207호
        전화 02-735-7173 팩스 02-730-7173
        http://www.donghakbook.net | sichunju@hanmail.net
편집인 소경희
디자인 이주향
출력소 삼영그래픽스(02-2277-1694)
인쇄소 (주)상지피엔비(031-955-3636)
배본소 (주)문화유통주(031-937-6100)

값은 뒷표지에 있습니다.
ISBN 978-89-90699-55-8